国家社科基金后期资助项目
出版说明

后期资助项目是国家社科基金设立的一类重要项目，旨在鼓励广大社科研究者潜心治学，支持基础研究多出优秀成果。它是经过严格评审，从接近完成的科研成果中遴选立项的。为扩大后期资助项目的影响，更好地推动学术发展，促进成果转化，全国哲学社会科学工作办公室按照“统一设计、统一标识、统一版式、形成系列”的总体要求，组织出版国家社科基金后期资助项目成果。

全国哲学社会科学工作办公室

国家社科基金
GUOJIA SHEKE JIJIN HOUQI ZIZHU XIANGMU
后期资助项目

行政组织立法研究

Study on the Legislation of
Administrative Organization

金国坤 著

法律出版社
LAW PRESS · CHINA
——北 京——

图书在版编目(CIP)数据

行政组织立法研究 / 金国坤著. -- 北京 : 法律出版社, 2022
ISBN 978 -7 -5197 -6573 -6

Ⅰ. ①行… Ⅱ. ①金… Ⅲ. ①国家行政机关－机构组织法－立法－研究－中国 Ⅳ. ①D922.104

中国版本图书馆 CIP 数据核字(2022)第 051468 号

行政组织立法研究
XINGZHENG ZUZHI LIFA YANJIU

金国坤 著

策划编辑 沈小英
责任编辑 沈小英 刘雪莲
装帧设计 李 瞻

出版发行 法律出版社
编辑统筹 法治与经济出版分社
责任校对 晁明慧
责任印制 吕亚莉
经 销 新华书店

开本 710 毫米×1000 毫米 1/16
印张 21 **字数** 376 千
版本 2022 年 6 月第 1 版
印次 2022 年 6 月第 1 次印刷
印刷 北京虎彩文化传播有限公司

地址:北京市丰台区莲花池西里 7 号(100073)
网址:www.lawpress.com.cn
投稿邮箱:info@lawpress.com.cn
举报盗版邮箱:jbwq@lawpress.com.cn

销售电话:010－83938349
客服电话:010－83938350
咨询电话:010－63939796

书号:ISBN 978 -7 -5197 -6573 -6
定价:116.00 元
凡购买本社图书,如有印装错误,我社负责退换。电话:010－83938349

基金项目
国家社会科学基金后期资助项目，项目批准号：17FFX014

前　言

改革开放40多年以来，随着经济体制改革的发展，行政管理体制也发生了重大变化：转变政府职能、地方分权、实行大部门制、开展综合执法、社会组织参与社会管理，行政变革急切需要行政组织法律制度的回应和规范。在行政法学研究视野越来越宽、研究理论越来越深、研究方法越来越科学、研究队伍越来越壮大的过程中，行政组织法仍然鲜有问津。

综观我国行政组织立法，出现过两次热潮：一是中华人民共和国成立之初，从《中央人民政府组织法》（已失效）到大行政区、省、市、县、市辖区、区公所、乡镇人民政府组织通则，形成了一套完整的行政组织法律体系，被称为行政组织立法的“黄金时期”；二是党的十一届三中全会后，重新制定宪法、中央和地方政府组织法尤为必要。从中可以看到，行政组织法是政权建设的客观需要。

随着全面依法治国时代的到来，党的十八届四中全会提出要完善行政组织和行政程序法律制度，推进机构、职能、权限、程序、责任法定化。党的十九大报告提出要统筹使用各类编制资源，形成科学合理的管理体制，完善国家机构组织法。2018年《中共中央关于深化党和国家机构改革的决定》更加具体明确地提出要研究制定机构编制法。可以预见，第三次行政组织立法的热潮必将到来。

在新时代，行政组织立法应当顺应时代的发展，应当回应改革实践提出的问题。我国的行政体制是在计划经济条件下建立起来的，适合计划经济体制的需要；在市场经济条件下，转变政府职能，下放权力，管理理念、方式都发生了根本的转变，对原来的行政管理体制进行修补、对机构进行简单的撤并已难以适应经济社会的发展，需要进行整体改革，实现行政体制的优化。社会治理主体的多元化要求行政组织的开放性，行政组织法不再仅是国家机关内部法，社会服务机构也应成为行政组织法研究的视野范围。

正是基于此，笔者在对行政组织问题进行专题研究的基础上，从2011年开始，进行系统梳理和研究，力图呈现一部较系统的行政组织法专著，对行政组织法理论的构建和行政组织立法实践提出一些自己的看法。笔者对行政组织法问题的关注，始于1982年。彼时笔者刚接触行政法，姜明安老师讲行政法主要就是讲行政组织法;硕士研究生阶段,兴趣点在于监察机关的设置,硕士毕业论文是在龚祥瑞先生指导下完成的《中国行政监察制度研究》,其背景是1989年国家恢复设立监察部;博士研究生论文则是《行政机关权限冲突解决机制研究》,专门就行政机关间的关系进行探讨。在近年的中国法学会行政法学研究会上,适逢行政管理体制改革和行政组织立法成为年会关注的重点,笔者提交了系列与行政组织法有关的论文并有机会同与会者交流,如《论政府对社会组织管理的机制创新——"民办非企业单位"引发的行政法思考》(2010年)、《论社会管理新格局的形成与行政主体理论的变迁》(2011年)、《国家治理体系现代化视域下的行政组织立法》(2014年)、《组织法视角下的市场监管体制改革研究》(2016年)、《党政机构统筹改革与行政法理论的发展》(2018年)。正是得益于点点滴滴的钻研,笔者对行政组织法的研究才得以持续,最终形成一个整体框架。

正当行政组织法研究书稿即将付梓时,国家社科基金后期资助项目给予了机会,笔者得以根据评议专家意见进行全面系统的修改。党的十九大以后,新一轮的机构改革以前所未有的力度实现党政机构统筹改革,原有的行政机构体系需要按"五位一体"整体布局优化,相应的法律法规需要修改。这一切,也为研究行政组织立法提供了契机。笔者相信,不仅行政组织立法的"又一春"即将来临,而且行政组织法理论研究也将随着时代的变迁而成为显学。

目　录 Contents

第一章　行政组织法基本理论

《中共中央关于全面推进依法治国若干重大问题的决定》提出要完善行政组织和行政程序法律制度，为加强行政组织法理论研究和进行行政组织立法提供了新的契机。行政法学界应当顺应这一潮流，从理论上对行政组织法基本问题予以深入探讨，为行政组织立法提供理论依据。

一、行政组织法理论研究综述

（一）改革开放后行政组织法研究的兴起

应该说，行政法学界研究行政法，是从研究行政组织法开始的。1983年王珉灿教授主编的第一部行政法统编教科书《行政法概要》认为，行政法是规定国家行政机关的组织、职责权限、活动原则、管理制度和工作程序的各种法律规范的总和。在体例结构安排上，国家行政机关和国家行政工作人员是行政法的重要组成部分。① 1985年应松年教授、朱维究教授编著的《行政法学总论》认为，简单来说，行政法是关于国家行政组织及其行为，以及对行政组织及其行为进行监督的法律规范的总称，行政法学至少应该有下列内容：行政机关组织法、行政工作人员法、行政行为法和行政监督法。行政管理是国家通过行政机关和行政工作人员的管理活动实现的，管理和规范行政机关及其工作人员的法，统称为行政组织法。② 1986年姜明安教授的《行政法概论》也认为，行政组织法是行政法的重要组成部分，它规定国家行政机关组成、建立、变更和撤销的程序，以及国家行政机关的法律地位、职权、活动原则、会议制度、工作程序、工作方法、组织结构和编制，为国家行政机关的存在和行使职权提供法律根据和准则。③

当时对行政组织法研究的重视，与我国行政立法是从行政组织立法开始的有关。1980年《地方各级人民代表大会和地方各级人民政府组织法》（以下简称《地方组织法》）与1982年《国务院组织法》中的地方各级人民政府部分是直接的行政法规范。当时的法律文件中规定的内容很大一部分是有关行政机关的组织、任务和职权范围，以及国家行政工作人员的任

---

① 参见王珉灿主编：《行政法概要》，法律出版社1983年版，"目录"。

② 参见应松年、朱维究编著：《行政法学总论》，工人出版社1985年版，第18～19页。

③ 参见姜明安：《行政法概论》，北京大学出版社1986年版，第39页。

免、提拔、培养、考核、奖惩、监督、退职退休的。1982 年进行的新一轮机构改革，为行政组织立法带来了契机。1981 年国务院政府工作报告指出：在精简机构的同时，要用行政立法明确规定国务院和地方各级政府的各部门的职责权限，以及各个行政机构内部的各个组织和工作人员的职责范围。行政法学界不失时机地提出了“用行政立法来促进机构改革和巩固机构改革的成果”的观念，这是我国进行机构改革的必然要求，也是我国多次精简机构的经验总结。方彦、应松年、朱维究三位教授指出，当前正在进行的全国规模的精简机构和政治、经济体制的改革，是改变行政组织立法落后状态的最好时机。改革将推进行政组织立法工作，为制定行政组织法规提出新的要求，提供新的内容；行政组织立法也必将促进改革，巩固改革取得的成果。这次改革，涉及面广，遍及行政组织管理的诸多方面；行政机构组织立法也要与之适应，力求完整、系统。在机关管理和人事管理两方面，既要有总的、系统的法规，又要有各方面具体的法规；既要有“通则”，又要有“细则”，使之配套协调，严密完整。当前，我们的重要任务是使经验和成果逐步制度化、法律化，接受实践的考验，形成配套的行政法规。① 组织人事部门也意识到，制定各级行政机关组织条例是实行岗位责任制的前提。要改变那种分工不合理、职责不分明的状况，应当在实践中逐步制定国务院各部门的组织条例。需要用组织条例的办法把每个人的权力法律化。在组织条例或组织通则中，规定各单位的机构、人员及工作程序和制度，便于一个单位有条不紊地工作。制定各级各部门的组织条例或组织通则，应该有一定的批准程序，使之法律化。②

1986 年应松年教授《论行政机关组织法》一文，对行政组织法的范围、作用以及内容作了具体的论述，构建了行政组织法的框架体系。应松年教授认为，规范行政组织的法就是行政组织法。它是规定行政机关的任务、地位、职责、组成、编制和行政工作人员权利、义务、任用、调配、考核、培训、奖惩、晋升、监察等法律规范的总称。从大的范围来划分，行政组织法可分为行政机关组织法和行政工作人员法两大类。行政机关组织法大体包括以下基本内容：法律依据、隶属关系、机构性质、机构设置、职责权限、任职期限、工作原则、副职设置、生效要件。行政机关是由不同层次、级别的机构组织而成的，相关组织法也应该由不同层次和级别的机关组织法组成；

---

① 参见方彦、应松年、朱维究：《略论行政组织立法与行政机构改革的关系》，载《政治与法律》1982 年第 3 期。

② 参见方晓：《制定各级行政机关组织条例是实行岗位责任制的前提》，载《中国劳动》1984 年第 11 期。

一个行政机关组织法的系统，不仅要有国务院组织法，也要有各部、各委员会和各直属机构的组织法，还要有省、市、自治区、地区、自治州、市、县、自治县等组织法。①

20世纪80年代早期对行政组织法的研究，基本上是从行政组织学的角度即从行政组织的基本含义出发，从各种社会组织中区分出行政组织，然后分别就行政机关的性质、分类，各种行政机关的组成、职权、结构、工作原则等内容进行研究，其中还包括对行政工作人员的含义、分类及其具体管理制度，如职位分类制度、考试录用制度等加以阐释。随着行政法学研究的深入，这种研究角度被一些学者否定。有学者提出，行政法学上的行政组织不应从行政组织的原理、结构等方面进行研究，而应从行政组织法着手，对行政组织法的内容进行概括、阐释，所研究的内容应是行政组织法所规定的行政机关的含义、组成、职权、体制、工作原则和行政机关的基本状况。然而，这种观点在内容上与行政组织学角度的内容无实质区别。1989年《行政诉讼法》的颁布，使行政机关成为诉讼法律关系一方当事人，行政法学理论界开始从法律关系角度研究行政组织，行政机关在行政法上处于机关法人的法律地位，行政机关与其他社会组织一样是法律上的人格，行政组织在行政法上绝不仅是一种组织，行政组织法也并非简单地对行政组织加以规范，行政组织在法律上是一种人格，行政组织法是对行政组织法律人格的确认。②

（二）法律关系理念下的行政组织法研究

1989年罗豪才教授主编的高等学校法学试用教材《行政法学》（中国政法大学出版社1989年版），一改以往将行政法学分为行政组织、行政行为和行政救济三部分的习惯，不见行政组织的概念，更没有对行政组织进行全方位的阐释，而代之以"行政法律关系主体"，包括行政机关和个人、组织，前者后来被称为行政主体，后者被称为行政相对人。通说观点认为，行政法作为部门法，与民法等其他法律一样，是调整社会关系的；行政法是调整行政关系的法律规范的总称，从本质上说，就是规定行政关系各方当事人之间的权利义务关系。③ 行政机关在行政法中，是作为一方当事人出现的；行政法研究行政机关，不是研究其内部组织结构，而主要是研究其外部关系，包括行政机关设置的法律依据，行政机关的法律地位，行政机关相

---

① 参见应松年：《试论行政机关组织法》，载《政法论坛》1986年第1期。

② 参见张尚鷟主编：《走出低谷的中国行政法学——中国行政法学综述与评价》，中国政法大学出版社1991年版，第77～78页。

③ 参见罗豪才主编：《行政法学》，中国政法大学出版社1989年版，第2～3页。

互间的关系,法定代表人,行政机关资格的取得、转移与丧失等。嗣后罗豪才教授主编的高等教育法学教材《行政法学》(北京大学出版社 1996 年版)第二章"行政法律关系主体"进一步明确了"行政主体"与"行政相对方"的概念,行政主体包括行政机关和授权性组织,行政法研究行政组织只是研究具有行政主体资格的行政机关;也就是说,关注的是什么样的行政机关具有行政主体资格,取得行政主体资格的行政机关需要具备什么条件等。行政组织法本身已然淡出人们的视野。① 自此以后的行政法学,行政主体代替了行政组织,行政组织法在很长时间内已不为行政法学所关注。沈开举教授也看到,在学术研究层面上,这一时期中国行政法学界对于行政组织法的研究不再热切。因为从 1978 年到 2004 年,中国行政法学界公开发表的论文总计 12, 536 篇,其中 90% 的论文是在 1990 年以后发表的。其中,对于行政组织法的研究共计 477 篇;对于公务员法的研究则为 213 篇。同一时期专门对行政组织法进行研究的著作只有 28 部,其中围绕公务员和人事制度建设进行研究的占 15 部,研究行政机关机构改革和行政编制的著作则只有 7 部。②

究其原因,沈开举教授认为,行政组织法学术研究的不昌与国家权力机关的导向密切相关。因为中国的学术研究关注国家权力,希望服务于国家权力机关。从 1987 年到 1996 年这 10 年间,学界对行政编制法的学术研究掀起了研究"小高潮",据统计,这 10 年有关编制立法的论文达 32 篇。③ 学术研究的"小高潮"往往都与政府机构改革密切相关。这显示了国家权力机关对于学术研究和知识生产的刺激作用,也显示了学界对于制定行政编制法的期望以及追求行政组织法治化的努力。20 世纪 90 年代的中国行政法学界研究重点从行政组织法研究转向行政主体理论。之所以作出这样的选择,张树义教授认为,行政机关是一种客观存在,作为一种事实,它引发不同的意义。对于行政法学来说,重要的是这样一种组织是作为管理者存在,由其他管理所引发的法律问题则是行政机关的法律地位及其相关问题。在行政法上具有管理者地位的并不限于行政机关,但其他管理者却不在行政法学研究的视野之内。就法律地位而言,行政机关实际上具有双重地位,即行政主体和民事主体,笼统地提行政机关则难以区分这两种地位;即使是行政机关,也并非全部具有法律意义,有的只是作为内部管理机构存在,并不具有对外可以行使的职权;因此,无须行政法予以关

① 参见罗豪才主编:《行政法学》,北京大学出版社 1996 年版,第 48 页。

② 参见沈开举:《当代中国行政组织法的发展与反思》,载《学习论坛》2011 年第 9 期。

③ 参见刘莘、莫于川主编:《行政法治文苑》,中国政法大学出版社 2005 年版,第 94 ~ 95 页。

注。行政机关是一种生活中的用语,行政主体则是一个严格的法学概念,从而引导人们关注具有主体地位的行政机关。①

应松年教授在分析行政组织法研究现状时说到,到现在,学者对行政组织法的内涵和外延、行政组织法与行政主体的关系等都缺乏清晰的认识,这自然影响行政组织法的地位。从客观方面来说,由于行政权的特殊性,一些学者认为行政权的设定是一个事实问题而非法律问题。从主观方面来说,实践中,行政的组织形式、行政权的设定、行政组织的设置等行政组织法涉及的问题往往被视为行政机关的内部事务,或者认为行政组织法不过是将已经设置好的行政机关用法律的形式加以规定而已,没有认识到对行政的组织涉及多方利益,因而需要建立在民主、公正、理性的基础上,需要法律的规制。②

我国行政组织法的研究现状,与我国行政法制建设的发展历程不无关系。我国行政法制建设从制定和实施《行政诉讼法》开始。由于《行政诉讼法》确定被告的需要,行政主体理论得以引进,以确定行政主体资格作为适格被告。行政机关依法行政成为《行政诉讼法》颁布后对政府的法律要求,《行政处罚法》《行政许可法》《行政强制法》等规范行政行为的法律应运而生,行政程序法也呼之欲出。没有行政行为实体法和程序法,依法行政就无从谈起,行政审判也缺乏审理的法律依据。对行政机关,司法需要考虑的是其是否具有法定职权,行为有无法定依据并按法定程序实施;至于机构设置和内部关系,是行政组织自身的事情,与法律无关。这是一个自然的过程。待行政法制发展到一定阶段,在行政诉讼中各部门之间的权限冲突成了产生违法行政的一个重要原因,各部门职责权限需要进一步明确界定和法定化,对行政组织法律问题的关注将成为行政法学界的研究重点。

从宪法和组织法本身规定而言,规定各部和各委员会的任务和职责是国务院的职权范围;国务院统一领导全国地方各级国家行政机关的工作,规定中央和省、自治区、直辖市的国家行政机关的职权的具体划分;地方各级人民政府根据工作需要和精干的原则,设立必要的工作部门,工作部门的设立、增加、减少或者合并由本级人民政府报请上一级人民政府批准,并报本级人民代表大会常务委员会备案即可。

更主要的是,行政组织问题涉及许多方面,不是行政法能单独完成的。

---

① 参见张树义:《行政主体研究》,载《中国法学》2000 年第 2 期。

② 参见应松年、薛刚凌:《行政组织法研究》,法律出版社 2002 年版,第 1 ~2 页。

在我国,行政体系是党政群机构体系的组成部分,需要统筹协调党政群机构设置,《公务员法》对公务员范围的界定就说明了这一情况。随着全面依法治国和依法执政的深入、党内法规体系建设的加强,行政组织立法会有更大的空间。

(三)行政组织法研究的反思和呼吁

1998 年,《我国行政主体理论之检讨——兼论全面研究行政组织法的必要性》一文重新开启了行政组织法研究的历程。[①] 文章提出,对行政主体的探讨成为行政法学研究行政组织的主流,在很大程度上取代了对行政组织法的全面研究。法学界应当重新审视我国的行政主体理论,并重新开展对行政组织法的全面研究;唯此,才能真正推进行政组织的法治化,推进我国的行政法治进程。行政法学对行政组织的探讨,不同于行政管理学的研究:就行政机关的设置来说,行政管理学探讨的是行政机关设置的客观规律,如行政机关的设置要符合精简原则,管理层次应当适度等;而行政法学要探讨的是如何从法律制度上来保障行政机关的设置符合客观规律,此外,还要探讨如何在行政机关的设置上融入民主、公正的精神,真正符合法治要求。因此,在行政机关的设置问题上,行政法学具体要研究谁有权设置行政机关,通过什么方式设置(是否必须通过立法设定),行政机关的设置应当遵循哪些程序,行政机关的设置与公民权益的关系如何,行政机关的设置对经济、社会的发展有何影响等。行政组织法作为行政法的重要组成部分,当然应为行政法学体系所包容,完整的行政法学体系应涵盖对所有行政法律制度的研究。研究行政组织法是完善行政法学体系的需要。行政法学如果舍弃对行政组织法的整体研究,在内容上便有残缺,还会影响行政法律制度其他方面的研究。

应松年教授、薛刚凌教授的《行政组织法与依法行政》一文再次呼吁要更新观念,加强对行政组织法的研究。长期以来行政法学界有一种较流行的观点,认为行政组织法规范的是行政组织内部的事情,与行政机关的对外管理无关,因而行政组织法与依法行政没有多大关联,行政法学对其甚至没有必要进行研究。因此,长期以来,我国行政组织法的研究没有得到应有的重视。然而,如今,行政组织的改革与发展要求我们转变观念。事实上,行政组织法是规范和控制行政机关保障公民权益的法,是行政法的重要组成部分;行政组织法在规范行政法治建设中占有重要地位,是任

---

① 参见薛刚凌:《我国行政主体理论之检讨——兼论全面研究行政组织法的必要性》,载《政法论坛》1998 年第 6 期。

何其他法律不可取代的。行政法学界需要以一种开阔的视野对行政组织法展开全面系统的研究，对其重新予以定位。①

姜明安教授、沈岿教授的《法治原则与公共行政组织——论加强和完善我国行政组织法的意义和途径》一文从法治原则角度论述了加强和完善我国行政组织法的意义和途径。法治原则要求公共行政组织必须由宪法和法律予以规范，而不能由行政机关自行其是；行政机关只能在宪法和法律的明确授权之下，对公共行政组织的部分问题作出决定。这是民主和法治对公共行政组织的一个最基本的要求，被称为“行政组织法定主义”。在此基础上，该文章提出了建立健全行政组织法体系的设想并规划了行政组织法应当包括的内容范围。②

上述三篇集中论述行政组织立法的论文在行政组织法研究上造成了一定的声势，但嗣后对行政组织法问题的研究仍然是零散的。学者们就地方组织立法、中央政府部门组织立法、世界贸易组织（World Trade Organization，WTO）与行政组织法等进行了研究。据中国知网统计，1998年到2008年这10年间，有关行政组织法研究的论文共有17篇。值得一提的是，北京行政学院法学部就县级行政组织立法进行国家社科基金课题研究，出版了《中国县级行政组织立法研究》，系统地对县级行政组织立法的必要性、立法模式选择、指导思想和基本原则、职责和职权、领导体制和机构人员组成、规模和编制、权限冲突和协调以及监督制约机制等作了全方位研究，提出了有关县级行政组织立法的建议。③ 孟鸿志教授等著的《中国行政组织法通论》也在中国政法大学出版社出版，除对行政机关组织法和公务员法进行研究外，还专编对“行政违法与行政责任”（第三编）、“政府机构改革与行政组织法的立法模式”（第四编）进行了探讨。这两部专著给这个时期的行政组织法研究带来了一缕春风。④

2001年应松年教授和薛刚凌教授发表了《行政组织法基本原则之探讨》一文，认识到行政组织法的发展需要精神基础，也就是基本原则的指导，并认为依法组织原则、行政分权原则和组织效率原则是行政组织法的

---

① 参见应松年、薛刚凌：《行政组织法与依法行政》，载《行政法学研究》1998年第1期。

② 参见姜明安、沈岿：《法治原则与公共行政组织——论加强和完善我国行政组织法的意义和途径》，载《行政法学研究》1998年第4期。

③ 参见赵奇、刘太刚主编：《中国县级行政组织立法研究》，中国人民公安大学出版社2001年版，第257～270页。

④ 参见孟鸿志等：《中国行政组织法通论》，中国政法大学出版社2001年版，第219页、第259页。

三大原则。这三大原则相辅相成,互为保障。① 2002 年应教授和薛教授发表了《中央行政组织法律问题之探讨——兼论中央行政组织法的完善》,在研究中央行政组织的权力、比较分析中央行政组织的管理体制和组织结构的基础上,从体系与内容两方面设想了完善中央行政组织法的思路。② 2002 年,一部专门研究行政组织法律问题的专著《行政组织法研究》由法律出版社出版,应松年、薛刚凌两位教授在前述研究成果的基础上就行政组织法的基本理论、原则、内容,行政主体,行政权,中央和地方行政组织,社会中介组织以及立法模式等行政组织相关问题,作了系统的分析和研究。

在改革开放 30 年之际,薛刚凌教授再次提出了疑问:改革开放 30 年成就了中国行政法治的发展,然而,行政组织法的发展却与快速变革的实际需求存在差距。这主要有以下四个方面的原因:一是认识上的局限,认为行政组织法主要规范的是政府系统内部的事情,与相对人的权利无关;二是研究上的欠缺;三是立法动力不足,国务院对各部门的职能分工主要依据职能配置、内设机构和人员编制规定(以下简称"三定"规定)解决,中央和地方的利益分配则更多是靠政策调整;四是行政改革自身的局限,行政改革似乎就是行政机关的调整,不涉及多元行政利益的配置、实现和保障,因而对立法并没有太多需求。③

(四)行政组织法研究的复兴与发展

2008 年大部制改革,行政审批制度改革、政府职能转变、权力清单制度、电子政务、社会组织参与公共治理、国家治理现代化等大背景的变化,促使行政改革向纵深发展;与此相关的行政组织法律问题也随之出现,需要理论界跟进。行政组织法研究适应时代的需要,拓展了研究领域和范围;对行政组织法的研究开始引起行政法学界的关注和兴趣。

有学者研究大部制改革与行政组织法的完善,提出按照公共行政组织必须受制于法治原则的理念和要求,大部制改革不仅是政府机构和人员的精简,而且是政府转变职能,行政管理运行机制走向程序化、法治化的进程,更多地体现为对行政组织法治的需求。行政组织法不仅是政府机构改革的强大推动力,也是巩固机构改革成果的有力保障。大部制改革需要行政组织法的巩固和推动,应根据大部制改革所体现的我国政府机构改革的

① 参见应松年、薛刚凌:《行政组织法基本原则之探讨》,载《行政法学研究》2001 年第 2 期。

② 参见应松年、薛刚凌:《中央行政组织法律问题之探讨——兼论中央行政组织法的完善》,载《公法研究》2002 年第 00 期。

③ 参见薛刚凌:《行政组织法发展缺位之检讨》,载《江苏社会科学》2008 年第 5 期。

要求和目标完善行政组织法;这也是大部制改革是否成功的关键。①

有学者研究非政府组织兴起对行政组织法的影响,认为非政府组织的兴起及其背后所代表的公共行政变革和治理理论的兴起,将对包括行政组织法在内的整个行政法理论重构都产生影响,回应是需要以行政任务为导向重构行政组织法,并在对效率价值的重视和多元化立法模式下进行社会行政组织立法。②

有学者对社会管理主体多元化条件下行政组织法的发展进行了前瞻性研究,提出社会管理主体多元化必将对传统的行政组织理论以及行政组织法产生影响,回应社会管理主体多元化的现实需求,必须丰富行政主体理论,发展行政组织法,以明确多元社会管理主体的法律地位,引导、激励和规范其管理与服务行为,推进行政法治。作为调整和规范行政组织的法律体系,"行政组织法"不应只是针对国家行政组织的组织法,也应是包含履行社会管理职能的非政府公共组织的组织法,还应是包括规范国家行政组织与非政府公共组织之间关系的组织法。因此,非政府公共组织的设置、职能、权限、规模及其与国家行政组织之间的关系等问题应当纳入行政组织法的调整范围。③

有学者对行政审批、组织重构与行政组织法变革进行了研究,认为随着行政审批改革从最初的权力内部调整逐渐走向合作治理,行政审批权应不断分解、整合和下沉,趋向多中心、自主治理和权力交叠的行政规制样态。为厘清行政审批的边界和提高行政审批的效能,应建构以功能导向、权能独立和自主规制为进路的行政组织法。④

有学者预见到电子政务将为行政组织法的创新创造条件和提供机会。从技术层面而言,电子政务的实质就是部分繁杂的行政管理和日常事务都通过设定好的程序在网上实施,部分决策权下放给组织和个人,从而使行政权力结构会出现重构和再造的要求,即高度集中的金字塔式的纵向权力结构转向新的平行网络式权力结构,驱动行政组织向扁平化的方向发展。⑤ 回应电子政务带来的挑战,必须创新行政组织,通过完善行政组织法来引导和规范行政体制改革,保障电子政务的顺利实施,并为电子政务

① 参见邓海娟、黄利红:《大部制改革与行政组织法的完善》,载《江西社会科学》2008 年第 7 期。

② 参见俞楠:《非政府组织兴起对行政组织法的冲击》,载《山西省政法管理干部学院学报》2010 年第 3 期。

③ 参见石佑启、陈咏梅:《论社会管理主体多元化与行政组织法的发展》,载《法学杂志》2011 年第 12 期。

④ 参见叶正国:《行政审批、组织重构与行政组织法变革》,载《重庆社会科学》2014 年第 7 期。

⑤ 参见臧乃康:《电子政府与政府治理范式创新》,载《岭南学刊》2005 年第 6 期。

下的行政组织变革与服务型政府的构建提供有效的制度支撑。①

有学者为风险行政的组织法构造提出了前瞻性的设想。为了适应风险的特性,风险行政在组织上不仅要遵循传统行政的一般要求(如法治、协调、合作等),还要符合规制行政乃至风险规制行政的中立性、透明性、参与性和科学性等特别要求。风险行政法组织构造的一大特色就在于设置专门的风险评估机关。在风险社会的行政组织构造中,产业振兴与安全管理的职能应分离,风险管理机关中应加强辅助机关设置。②

有学者提出以建立权力清单制度为契机推动行政组织法发展。权力清单制度,实质上是根据组织法规定的职责权限梳理各级各类行政机关的职权范围,涉及的组织法问题主要是行政职权的行使主体。推行政府部门权力清单制度,落实职权法定原则,对行政组织法发展也将产生重要推动作用。③ 有学者从对地方立法实践的观察看到,附随在权力清单制度中推进的一种称为"行政权力挂起"的方式,是为了应付权力清单运动而催生的新型权力编排方式。④

有学者认识到行政任务变迁下行政组织法将发生重大变革。面对行政机关的法人化、行政机关的设置、由国家直接设立承担行政任务的私法组织的出现,以及非政府组织甚至是私人和行政机关合作趋势的明朗,行政法学者需要探究这些新生的行政组织形态,尝试赋予它们行政组织法上的应有地位。考虑到公共行政改革意在促进行政组织的效能革新,行政组织法除过去已经讨论的行政组织概念、行政组织法意义之外,新的行政组织法,应围绕行政任务,就行政组织的设置、内部运作、财政、人员和监督方式,作出全面规范。⑤ 有学者认为,在推进国家治理体系和治理能力现代化、统筹推进党政军群机构改革的形势下,行政任务视野下的行政组织法的研究对象不应再局限于行政系统之内,诸如中国铁路总公司等国有企业、证监会等事业单位、行业协会等社会组织、工会与妇联等人民团体各自承担着何种公共职能,适宜承担何种公共职能,如何调动各类组织资源共同完成一项任务,发挥各类组织在社会治理网络中的作用等问题,均可在行政任务视角下加以讨论;这就将行政组织法所关注的行政组织类型从

---

① 参见杨桦:《论电子政务与行政组织法的创新》,载《武汉大学学报(哲学社会科学版)》2008年第6期。

② 参见王贵松:《风险行政的组织法构造》,载《法商研究》2016年第6期。

③ 参见任进:《以建立权力清单制度为契机 推动行政组织法发展》,载《行政管理改革》2015年第7期。

④ 参见熊樟林:《权力挂起:行政组织法的新变式?》,载《中国法学》2018年第1期。

⑤ 参见郑春燕:《行政任务变迁下的行政组织法改革》,载《行政法学研究》2008年第2期。

“法定形式”,特别是“法律法规规章授权”的形式化标准中分离出来,从而拓展研究对象。① 也有学者提出,公私合作主体的兴起,不仅给行政组织法的调整界限和调控重心、行政主体的组织形态和组织程序、行政组织法的基本原则与实体性组织规范带来了挑战,而且助推了新行政组织法的产生和成长。公私合作下行政组织法的新发展,需要扩展行政组织法的调整范围,根据不同种类进行不同密度的调整;促进行政主体向“公共任务承担体”组织形态的转型,建立健全以行政过程为导向的组织程序;构建组织法治、行政分权与合作、行政民主、组织效能等基本原则,革新行政组织法的实体性组织措施。②

有学者就行政组织法的功能拓展及其制度设计进行了研究,认为面对现代国家行政任务的多元化和复杂化,行政组织法应当关注各种行政组织形态的基本样貌及其类型化特质,并从事其与特定行政任务之间匹配性、关联度的研究。③ 有学者提出,行政组织法理论需要回应现代行政任务的变迁,将行政任务视角引入行政组织法研究视角,行政组织是行政任务完成的结构性前提。④ 也有学者提出,结合我国实际,行政机关的组织立法既应考虑宪法规范的要求,还应保障组织设置灵活合理,能够适应不断变化的行政环境。⑤

有学者从行政组织法的载体方面进行研究,提出了行政组织法功能的行为法机制,认为行政组织法关于行政机关之间横向关系规则的内容,事实上我国行政组织法并未作出规定,可以由宪法加普通法、分散的实体法或者统一行政程序法加以创设。⑥

笔者也曾从国家治理体系现代化视域审视行政组织立法,认为在治理视域下,行政组织法不再仅是政府内部的结构法,而是包括协调党政群关系、体现共同治理的治理主体法。从优化组织结构、体现党政群协调共治出发,积极回应国家治理现代化对行政组织的要求,通过行政组织立法明确行政组织的职权范围,将中央与地方的关系、部门和地方间的横向协作关系法律化,确立社会组织的行政主体地位,为党委领导、政府负责、社会

---

① 参见贾圣真:《行政任务视角下的行政组织法学理革新》,载《浙江学刊》2019 年第 1 期。
② 参见邹焕聪:《公私合作主体的兴起与行政组织法的新发展》,载《政治与法律》2017 年第 11 期。
③ 参见朱新力、罗利丹:《行政组织法的功能拓展及其制度设计》,载《法治研究》2012 年第 11 期。
④ 参见贾圣真:《行政任务视角下的行政组织法学理革新》,载《浙江学刊》2019 年第 1 期。
⑤ 参见步超:《原理与实践:行政组织法定原则再认识》,载《法治现代化研究》2019 年第 3 期。
⑥ 参见叶必丰:《行政组织法功能的行为法机制》,载《中国社会科学》2017 年第 7 期。

协同、全民参与的治理体系提供法治保障。①

这一时期对行政组织法的研究,已不再简单地呼吁对被遗忘的行政组织法的重新重视,而是在新的视角下对行政组织法现象进行前瞻性的理论探讨,以回应行政实际的需要,对完善行政组织法制起到引领作用。对行政组织法的基本理论问题,学者们也开始深入思考。《行政组织法基本范畴与新课题》一文,对行政组织法的定义、范围、归属和原则进行了分析,并就现代行政组织法的发展趋势和新课题进行了理论论述。② 有关行政组织问题的著作也不断问世,如任进的《行政组织法研究》(国家行政学院出版社 2010 年版)和《行政组织法教程》(中国人民大学出版社 2011 年版)、张迎涛的《中央政府部门组织法研究》(中国法制出版社 2011 年版)、钱宁峰的《行政组织法立法论研究》(东南大学出版社 2015 年版)、董娟的《当代中国政府行政派出组织研究》(人民出版社 2015 年版)。介绍海外行政组织和翻译的著作也纷纷问世,如日本学者盐野宏著、我国学者杨建顺译的《行政组织法》(北京大学出版社 2008 年版),应松年、王龙江主编的《美英德法日行政体制与组织法研究》(法律出版社 2014 年版),关保英主编的《行政组织法史料汇编与点评(1950—1960)》(中国政法大学出版社 2012 年版),杨向东的《建国初期(1949—1954 年)行政组织法认识史》(山东人民出版社 2013 年版)。这些著作为行政组织法的研究提供了丰富的历史资料。

近年来,中国行政法学研究会注重将行政组织法问题纳入行政法学年会的主题。2013 年行政法学年会讨论关于行政组织法制完善,大会回顾了中华人民共和国成立以来行政组织法制发展的历程,提出新时期完善我国行政组织法应该注意的几个问题:行政组织法在依法行政中的地位和作用,行政组织要与经济社会发展相适应,职权法定问题,中央行政机关组织法完善以及地方政府组织法完善。2014 年东亚行政法学会第十一届国际学术大会会议设置了“行政组织法制完善”专题,各国(地区)的学者不约而同地提到,相较于行政改革实践进程,行政组织法的理论探索与研究显得相对滞后与薄弱。我国报告人将其表现总结为三个方面:第一,组织法研究还未梳理出清晰的学术脉络。行政组织法究竟包含了哪些内容,要解决哪些问题,并没有形成统一意见。第二,学术界和实务界没有形成互动

---

① 参见金国坤:《国家治理体系现代化视域下的行政组织立法》,载《行政法学研究》2014 年第 4 期。

② 参见任进:《行政组织法基本范畴与新课题》,载《北方法学》2012 年第 3 期。

的研究机制。第三,研究方法和视角上的滞后。[①] 2014年行政法学年会以"行政体制改革与行政组织法的完善"为议题,与会人员围绕国家治理体系现代化视野下的行政组织立法,行政组织立法的总论与各论,行政组织法的原则、机制,行政体制改革与完善行政组织法的关系,行政决策机关、辅助机关、咨询机关、执行机关、监督机关等相关方面的问题进行了讨论。2018年年会根据党的十八届三中全会关于党政机构统筹改革的决定,以"机构改革与行政法理论革新"为议题进行了探讨。学者们认为,本轮改革的最大特色为党政机构协同,在此基础上分析了本轮机构改革对行政法制度与理论的挑战,并认为提出相关的应对措施是行政法学界的任务。面对相关的现实问题,传统意义上的行政组织法理论已经捉襟见肘。与此同时,行政组织法理论也亟须回应现代行政任务的变迁。从组织法角度来看,明确党政机关合署办公的标准,可以实现澄清概念,确立党政机关合署办公独特逻辑、结构,引导组织设置的规范化、法治化等三项功能。

二、完善行政组织法的意义

完善行政组织法的意义也就是行政组织法所能发挥的功能和作用。行政组织法作为行政法的重要组成部分,无论对行政法体系的完善和行政法规范的科学运行,还是对确保行政机关依法行政,保护公民、法人和其他组织的合法权益,都具有难以替代的作用。

(一)完善行政组织法是完善行政法体系、实现行政法治化的需要

行政法由行政组织法、行政行为法和行政救济法三部分组成,在国家行政法制发展进程中,可以先行政救济,其次行政行为,最后行政组织,但从行政法的最终目标和行政法治的实现而言,最基础的行政法是行政组织法。作为规范和控制行政权的法,行政法的实现形式表现为对违法行为依法追究相应的法律责任,行政复议、行政诉讼的过程本质上是审查行使行政权力的主体是否在法定职权范围内依法定程序行使权力;而审查是否超越权限、是否不履行法定职责,标准是组织法律规范对各部门职责权限的明确具体划分。对于行政执法机关而言,如果执法主体不统一、执法权限不明确,即使严格按法定程序行政,也难免因为管辖权不清楚而发生越权行政或不作为等情况,行政法律规范难以得到有效的执行。只有制定统一明确的行政组织法律规范,实现组织法定、权限法定,行政法律规范执行主

---

① 参见王凌光、宋尧玺:《行政组织法与行政复议法的新发展——东亚行政法学会第十一届国际学术大会综述》,载《行政法学研究》2015年第4期。

体明确,才能保证既定法律得到全面执行,争议裁决机关也能依法进行有效的裁决。

(二)完善行政组织法是行政体制改革的有力保障

我国自1982年以来到党的十九大,一共进行过七次大规模的行政改革。从历次改革的动力机制看,都是通过政府内部革新的方式推进的。自己改革自己,确实十分不易。有学者指出,我们现在面临的问题似乎更多是行政机关在设定组织、编制、结构,聘任公务人员,配置行政权力等方面的不规范状态。改变这种局面,需要用法治原则来建立秩序。① 运用法律对改革进行推动,不仅使改革符合法治精神,且有助于保障改革的成效。

我国2013年开始的以转变政府职能为目的的新一轮行政体制改革,从根本上说,是社会利益格局的调整和变动,是对政府与个人、市场、社会之间的利益关系进行重新调整,并转化为法律对权力和权利的界定、保障和促进,在公权力与私权利之间、个人利益与公共利益之间寻求必要的张力和动态平衡,使原来的社会利益结构向着新的、更合理的社会利益结构转变。这样的转变离不开法治的支撑。在行政体制改革领域,所有的改革措施对利益的调整和分配只有都转化为法学中对权力和权利的调整与配置问题,以法律形式规定各行政机关的行政权力范围,才能真正处理好政府与公民、政府与社会、政府与市场的关系。行政改革的过程也就是行政组织法不断完善的过程:通过行政组织法,明确行政组织法定原则;通过行政组织法,进一步确立决策、执行和监督既适当分离又相互制约的权力运行原则;通过行政组织法当中编制的规定以及法律责任和机构精简的强制性规定,防止机构改革中人员和机构的重新膨胀等,以巩固改革的成果。② 党的十九大提出,要统筹使用各类编制资源,形成科学合理的管理体制,完善国家机构组织法。以党政机构统筹设置为特点的第八轮行政改革后,通过完善行政组织法,依法科学配置党政部门及内设机构权力、明确职责,可以将改革的成果固化。《中共中央关于深化党和国家机构改革的决定》指出,要依法依规完善党和国家机构职能,依法履行职责,依法管理机构和编制;既发挥法治规范和保障改革的作用,在法治下推进改革,做到重大改革于法有据,又通过改革加强法治工作,做到在改革中完善和强化法治。中央明确提出要推进机构编制法定化,认为机构编制法定化是深化党和国家机构改革的重要保障。要研究制定机构编制法,依法管理各类组织机构,

---

① 参见邝少明、张威:《论行政改革权》,载《中山大学学报(社会科学版)》2002年第6期。

② 参见邓海娟、黄利红:《大部制改革与行政组织法的完善》,载《江西社会科学》2008年第7期。

加快推进机构、职能、权限、程序、责任法定化。

(三)完善行政组织法是切实保障公民权利的本质要求

长期以来存在这样一种观点,行政组织只有在对外发生作用时,才与公民有切身利害关系,而行政组织内部的结构,是行政机关自身的事情,与法律无关,以保障公民权利为目的的行政法因而无人问津。其实不然,行政组织问题不仅是行政机关内部的事情,而且直接影响公民的权利和利益。不仅行政机关的规模影响公民的税负,而且行政机关的存在和运作直接影响公民的生活。行政机关的设置和权力配置涉及国家、地方政府、社会组织以及个人的权力分配,如个人在多大范围拥有个人空间,地方政府和社会组织在多大程度上可以实行自治,国家对社会组织和自治团体如何进行监控等。政府对经济和社会生活管制减少,就可以给企业、社会组织和公民个人更多的自由空间,社会自治的机会增加,社会组织也有更多的机会参与社会治理。

行政机构能否科学理性设置,不仅影响服务效率和质量,而且与公民的生活直接相关。行政机关职能交叉重叠会导致职责不清,求告无门,公民的权益得不到及时有效的保障。机构"叠床架屋",不仅造成行政效率低,而且给公民造成极大的不便和麻烦,行政审批中心成为行政审批局使便民原则得以实现。进一步,如果行政组织法能够遵循行政组织设立的民主理性原则,规定公民有权利对行政机关的设置和权限的确定提出自己的意见,行政机构变更事先征求意见,就可以保障公民对行政组织行为的参与权。在服务型政府理念下,行政机关的设置和调整应当根据服务的需要而定,不断听取群众的呼声,才能使行政机关体系符合经济社会发展的要求。

三、行政组织法概念范围之界定

对于行政组织法的概念和范围,在计划经济年代,行政组织法就是行政机关组织法,是规范国家行政机关和行政工作人员的法律,一般由行政机关组织法、编制法和行政工作人员法三部分组成。它是规定行政机关的任务、地位、职责、组成、编制和行政工作人员的权利、义务、任用、调配、考核、培训、奖惩、晋升、监察等法律规范的总称。① 有学者指出,行政组织法规定国家行政机关组成、建立、变更和撤销的程序,以及国家行政机关的法律地位、职权、活动原则、会议制度、工作程序、工作方法、组织结构和编制,

① 参见应松年、朱维究编著:《行政法学总论》,工人出版社1985年版,第118页。

为国家行政机关的存在和行使职权提供法律根据和准则。① 也有学者认为，所谓的行政组织法，主要是指有关行政组织设置的程序、行政组织的编制、行政组织的运作等内容的法律规范。②

（一）行政组织法相关概念之界定

正确界定行政组织法的定义和范围，首先需要对行政组织及其相关概念有一个清晰的认识。行政组织作为一种国家组织，是与社会组织相对而言的。在宪法上，行政组织，是指中央和地方各级人民政府；所谓组织法，也就是国务院组织法和地方各级人民政府组织法；组织法定，即国务院的组织和地方各级人民政府的组织由法律规定。在行政法上，行政组织是作为行政主体出现的，是行政法律关系一方当事人，与行政相对人相对。作为行政法律关系一方当事人，我国行政法学界所理解的行政主体，是指享有行政职权、能够独立对外管理并能独立承担责任的组织。而所谓能独立承担责任，也就是行政法上责任的归属者。这种责任归属的表现就是行政主体作为行政复议中的复议被申请人、作为行政诉讼中的被告、作为行政赔偿中的赔偿义务机关。因此，行政主体也就是各级各类行政机关的集合，也包括不属于行政机关序列而经法律、法规授权从事国家公务的公务法人，即授权性组织。

行政主体制度，是指因行政法研究行政法律关系的需要而建立的法律制度。严格地说，行政主体不等同于行政组织，行政主体的范围大于行政组织；尽管行政组织不完全等同于行政机关，非行政机关也可以是行政组织，但并不是所有的经法律、法规授权的行政主体都可以成为行政组织。在我国，能成为行政组织的只能是专门从事行政行为的事业单位；一般性的公立大学，虽然是授权性组织，可以成为行政诉讼的被告，但不是行政组织。有学者称这类组织为类行政组织。类行政组织，是指承担一定社会管理职能、专门从事社会管理活动的公共组织；类行政组织属于非行政组织，不是行政组织。③ 行政组织法意义上的行政组织，是指专门从事行政行为的组织。专门成立的具有管理公共事务职能的事业单位，可以成为行政组织，应当纳入行政组织法范畴。但一般的授权性组织，如社会组织，既是民事主体，又是行政主体，只承担部分行政职能，其行为不完全是行政行为，因而不能简单地认为公立学校就是行政组织。行政机关以外的组织作为行政组织，是指尽管不属于行政机关，不是行政编制，可能是事业单位，但

① 参见姜明安：《行政法概论》，北京大学出版社 1986 年版，第 39 页。

② 参见高秦伟：《完善行政组织法　加快建设法治政府》，载《行政管理改革》2014 年第 11 期。

③ 参见吴刚：《类行政组织发展与行政体制改革》，载《国家行政学院学报》2000 年第 3 期。

性质是依法从事公共治理行为的组织，也就是说，其从事的就是行政机关应当从事的行为，实施的是一种公务活动，因而称为公务法人或法定机构更符合行政组织法属性。

行政组织法不仅要研究组织的外部关系，更要研究组织的内部关系。行政组织的外部关系包括行政组织在国家组织中的地位，组织的性质、职责权限和法律责任等，内部关系包括机构设置、隶属关系、工作程序、会议制度等。

提到机构设置，这里又涉及行政机关与工作部门、行政机构、派出机构等概念的关系。

一般而言，行政机关包括中央和地方人民政府及其工作部门，行政机构是行政机关的组成部分。根据《地方组织法》的规定，省、自治区、直辖市的人民政府的工作部门是厅、局、委员会，自治州、县、自治县、市、市辖区的人民政府的工作部门是局、科。地方各级人民政府的各工作部门受人民政府统一领导。各级人民政府及其工作部门都是行政机关。省、自治区的人民政府设立的派出机关，县、自治县的人民政府设立的区公所以及市辖区、不设区的市的人民政府设立的街道办事处，虽然不是一级政府机关，但也是行政机关。基于分工原则，行政机关内部通常划分为若干小规模的分支组织，分别掌理该机关职权范围内的特定事务；这种行政机关内部的部门，称为内设机构，如司、处、科、室。除此之外，行政机关有时也可能有外设单位，被称作派出机构。这种派出机构在空间或组织上，虽然具有某些独立性，但仍仅为该行政机关的一部分，而并非另一独立的行政机关，如派出所、税务所、工商所。而内设机构和派出机构统称为行政机构。行政机关与行政机构的区别在于：行政机关是独立的组织体，可以本身的名义行使行政职权，并对外发生一定的法律效果；行政机构则非独立的组织体，无单独法律地位，仅分担行政机关的一部分职权，一切对外行为原则上均应以行政机关名义进行，才能发生法律效力。一般来说，行政机关与行政机构可以从名称上予以区分，名称为厅、局、委员会的为行政机关。

当然，行政机构这一概念也是相对的。宪法学中的国家机构被定义为国家机关的总和，包括行政机关、军事机关、监察机关、审判机关和检察机关。《国务院行政机构设置和编制管理条例》和《地方各级人民政府机构设置和编制管理条例》中将行政机构作为行政机关的上位概念。国务院行政机构根据职能分为国务院办公厅、国务院组成部门、国务院直属机构、国务院办事机构、国务院组成部门管理的国家行政机构和国务院议事协调机构。国务院组成部门都是国务院的行政机构。这是相对于国务院这一中央人民政府而言的;这些组成部门都是国务院的内设机构,统一由国务院管理,其意义不同于行政组织法中所说的行政机构。当然也有学者提醒,由于宪法学对国家机构的研究仅停留在机关的层面,不会深入机关的内部,所以将国家机构作为国家机关的上位概念不易导致两者发生混淆。但是,行政法学对行政组织的研究不能仅停留在机关层面,而要深入机关内部,甚至机关里面具体的某个职位、某个人。如此,再将行政机构作为行政机关的上位概念,必将产生行政机构与行政机关的混乱。[①] 宪法学意义上的行政机构,实质上就是行政法意义上的行政主体,是一个集合概念,指的是行政机构体系,或行政组织体系,是一个个行政机关的总和。行政组织法意义上的行政组织相当于宪法意义上的行政机构,是一个集合概念,是一个体系,是行政机关和其他行政主体的总称。

根据以上分析,回到本源,什么是行政组织?行政组织也是一种组织,根据《辞海》的解释,组织,是指按照一定的目的、任务和形式所编制的集体。行政组织这种集体应不限于行政机关,还包括行政法学上讲的某些法律、法规授权的组织或公务法人、法定机构等。同时,组织必然是人、财、物的集合体,这一点任何组织皆然,行政组织也不例外;行政工作人员和公产公物如办公场所和财政预算等,也是行政组织法所规范的内容。因此,行政组织法就是规范行政机关和其他行政主体的组织状态和组织行为的法律规范的总称。

正如行政组织有静态意义的行政组织和动态意义的行政组织一样,行政组织法既规范静态行政组织,也规范动态行政组织。静态行政组织,是指行政机关作为行政主体存在的客观现象,行政机关的性质、地位、职责权限范围,行政领导和工作人员的配备等基本情况。动态行政组织,是指行政机关设置、变更和撤销的程序和过程,行政领导的产生和工作人员的选用等,是一种行政组织行为。静态和动态也是相对的,如行政权力的配置,作为每一个行政机关的法定职责权限范围是由法律规定的,是静态的;但权限争议的裁定、权力的转移和委托是动态的。

(二)行政组织法的内容范围之界定

对于行政组织法的范围,有学者认为,应包括法律依据、隶属关系、机构性质、机构设置、职责权限、任职期限、工作原则、副职设置和生效要件。[②] 有学者认为,对行政机关组织问题的规定都应具备一定的框架和一

---

① 参见王锴:《行政组织法上若干概念之辨析》,载《河南省政法管理干部学院学报》2010 年第 4 期。

② 参见应松年:《试论行政机关组织法》,载《政法论坛》1986 年第 1 期。

些基本内容,其中主要包括法律依据,行政机关的基本组成,相应行政机关的地位、性质和同上级行政机关的关系,相应行政机关内部机构的设置和各机构相互之间的关系,相应行政机关的职权、职责(行政组织法最重要的内容),相应行政机关行使职权、职责的基本方式、程序和原则等,相应行政机关设立、变更和撤销的程序,法律责任。① 有学者将行政组织法的内容分为四个方面:一是法律命令的依据;二是组织权的归属问题;三是行政组织的基本事项,包括隶属系统、职权、单位内设机构、员额;四是行政组织的体制。②

以往对行政组织法的研究,主要局限于行政机关系统而不是行政组织体系,而且主要是从静态的角度加以研究,而没有从动态过程考虑,因而研究的范围有较大的局限性,不能适应公共治理和行政多元化的需求。从行政组织行为角度出发,行政组织法应当包括以下方面的基本内容:

1. 行政组织产生和存在的宪法和法律依据

组织法定主义要求行政组织的成立必须有宪法和法律依据。中央和地方各级人民政府根据宪法和组织法设立,这一点宪法和立法法的规定是明确的。而中央和地方各级人民政府工作部门、政府派出机关以及公务法人的设立,虽不是必须由法律规定,但也应当依法成立。组织法需要进一步明确成立、变更或撤销行政组织的法定依据。

2. 行政组织的性质和地位

行政组织既包括各级人民政府,也包括人民政府各工作部门,还有不属于工作部门的特设机构、公务法人以及法律法规授权的组织。就组织性质而言,包括决策机构、执行机构、咨询机构和监督机构等;有委员会性质的,也有首长负责制的。不同性质的行政组织来源不同,地位不同,责任也不尽相同;行政组织法需要明确各类不同的行政主体的特点、权利义务以及相互关系。

3. 行政组织的职责权限

行政组织的任务是什么,可以行使哪些职责权限,根据权由法定的依法行政原则,任何行政组织的职责权限都是由法律规定的;没有法律、法规的规定,任何行政组织不得作出影响公民权利的决定。所谓"三定"规定或权力清单制度只不过是将法定的权力予以梳理和合理配置而已,并不产生新的权力。

---

① 参见姜明安、沈岿:《法治原则与公共行政组织——论加强和完善我国行政组织法的意义和途径》,载《行政法学研究》1998 年第 4 期。

② 参见钱宁峰:《行政组织法立法论研究》,东南大学出版社 2015 年版,第 21 ~27 页。

4. 行政组织的设定权

行政组织的设定权是行政组织法的核心内容。行政组织从设定开始，行政组织法应当明确什么样的行政组织由什么机关设定，是由同级国家权力机关设定还是由本级人民政府设定，行政机关是否可以设置相应的行政机构。行政组织依法设定，是组织法定主义的主要组成部分。如《国务院组织法》第11条规定，国务院可以根据工作需要和精简的原则，设立若干直属机构主管各项专门业务，设立若干办事机构协助总理办理专门事项……《地方各级人民政府机构设置和编制管理条例》第9条规定，地方各级人民政府行政机构的设立、撤销、合并或者变更规格、名称，由本级人民政府提出方案，经上一级人民政府机构编制管理机关审核后，报上一级人民政府批准；其中，县级以上地方各级人民政府行政机构的设立、撤销或者合并，还应当依法报本级人民代表大会常务委员会备案。《公安机关组织管理条例》第6条第1款规定，设区的市公安局根据工作需要设置公安分局。市、县、自治县公安局根据工作需要设置公安派出所。第7条规定，县级以上地方人民政府公安机关和公安分局内设机构分为综合管理机构和执法勤务机构。执法勤务机构实行队建制，称为总队、支队、大队、中队。

5. 行政组织的设置原则

根据《地方各级人民政府机构设置和编制管理条例》第8条第1款的规定，地方各级人民政府行政机构应当以职责的科学配置为基础，综合设置，做到职责明确、分工合理、机构精简、权责一致，决策和执行相协调。行政组织的设置应当遵循相应的组织原则。

6. 行政组织的组成和内部结构

类似于公司的治理结构，行政组织内部也存在一个科学的治理体系，涵盖组织层次的划分、领导职数和副职配置、行政组织的组成成员和相互权利义务关系、处室的设立等内容。尽管这些问题是行政组织内部的事情，但为了避免乱设内设机构、派出机构或者临时机构，副职、虚职过多，也应当依法规定设定的权限和程序。例如，《地方组织法》第82条第1～2款规定，各厅、局、委员会、科分别设厅长、局长、主任、科长，在必要的时候可以设副职。办公厅、办公室设主任，在必要的时候可以设副主任。

7. 行政组织的工作程序和办事制度

《地方组织法》第78条规定，政府工作中的重大问题，须经政府常务会议或者全体会议讨论决定。工作程序和办事制度，主要是行政程序法和行政管理法规定的内容；但涉及行政组织日常管理制度的，也应由行政组织法规定，如建立行政机关间可以联合办公、“一站式”办公、“一网通办”等制度。

8. 行政组织的编制和工作人员

行政编制和公务人员管理是行政组织法的重要组成部分，涉及组织系统人、财、物的要素。在公共治理理念下，社会服务机构人员、志愿者参与行政行为，已经不是以往行政机关“临时工”或协管员的身份，行政编制的公务人员、事业编制人员以及社会服务机构人员，包括协管员与行政组织间的归属关系，是行政组织法不可回避的重要内容。

9. 行政组织的财产

我国行政法学者将“公产编”置于行政组织和公务员之后，纳入行政法的研究视野。① 作为使用国家财政资金从事公共服务行为的行政组织，其办公场所、办公设备，工作人员和聘用人员的报酬，向行政相对人提供的免费服务的支出，均属于行政成本的范畴，很显然是与行政组织直接相关的，也应纳入行政组织法研究视野。至于行政公产，包括国家税收、行政收费以及土地收入等；在给付行政社会，是行政组织法所难以承受的，需要专门立法研究。

10. 行政组织间的关系以及行政代理、行政协助

行政组织间的关系包括纵向关系和横向关系：在纵向关系上，上下级之间是领导关系或是业务指导关系；在横向关系上，是合作关系，或是委托关系。行政组织间的协作配合关系是行政组织作为整体得以有效运转的“润滑剂”，在行政组织法立法和研究中应当具有重要的地位，不可或缺。行政组织间的代理、行政协助关系一般是行政程序法规定的范围，但这部分内容从性质上说也是行政组织法关于职责权限划分和组织程序的一部分。

11. 行政组织的合并、分立和撤销

行政组织行为从过程看，包括行政组织的设立、变更和撤销。机构改革的过程，也就是行政组织的重组过程。历次机构改革都是对既有行政机构的合并、分立，并在此基础上增设新的机构、撤销不必要的机构。机构的变更，产生行政职能的转移，作为行政法律关系主体的行政方当事人的转变，对另一方当事人行政相对人也会产生一定的影响，在一定程度上破坏行政的安定性。因此，机构改革应当依法进行，在组织法轨道上推进行政组织的重组。行政组织法应当对行政组织的分立、合并、撤销的权限、程序以及由此产生的继承问题作出明确的规定，以确保行政组织的变动对行政

① 参见朱维究、王成栋主编：《一般行政法原理》，高等教育出版社 2005 年版，第 192 页。

秩序的影响控制在最小的范围内。《地方各级人民政府机构设置和编制管理条例》第9条规定，地方各级人民政府行政机构的设立、撤销、合并或者变更规格、名称，由本级人民政府提出方案，经上一级人民政府机构编制管理机关审核后，报上一级人民政府批准；其中，县级以上地方各级人民政府行政机构的设立、撤销或者合并，还应当依法报本级人民代表大会常务委员会备案。

12. 权限争议解决机制

虽然权力清单制度和明确各部门的职责权限界线在很大程度上可以解决行政组织之间职责不明的问题，但是，现实公共治理的复杂性使行政组织在权限上的争议仍然无法彻底避免。其不仅是行政组织系统内部职权归属问题，在很多情形下也直接影响公民的权益。为及时解决权限争议，使公民相关的权利义务尽快摆脱不稳定状态，有必要在行政组织法中规定专门的权限争议解决条款，建立起一套有效的权限争议解决机制。

13. 对行政组织的监督

对行政组织的设立、权限配置和变更、撤销等行政组织行为，行政组织法应规定严格的监督制度。我国《宪法》第27条第2款规定，一切国家机关和国家工作人员必须依靠人民的支持，经常保持同人民的密切联系，倾听人民的意见和建议，接受人民的监督，努力为人民服务。这里的国家机关，数量最大、人数最多、与人民关系最密切的是国家行政机关，接受人民监督是落实宪法规定的人民民主的需要，行政组织法规定对行政组织行为的监督制度是必不可少的。一方面，规定人民监督行政机关和行政工作人员的途径；另一方面，建立起内部的监督制度。例如，国务院机构编制管理机关对国务院行政机构的机构设置和编制执行情况进行监督检查。国务院行政机构应当每年向国务院机构编制管理机关提供其机构设置和编制管理情况的报告。县级以上地方各级人民政府机构编制管理机关应当按照管理权限，对机构编制管理的执行情况进行监督检查。县级以上的地方各级人民政府设立审计机关，依照法律规定独立行使审计监督权。

14. 法律责任

法律责任是任何法律的最终条款，行政组织法也不例外。违法组织行为，应当建立起责任追究制度，包括公民对于违法组织行为提起救济的途径。违反行政组织法的行为必须承担一定的法律责任，并由国家有权机关通过监督机制予以追究。例如，根据《地方各级人民政府机构设置和编制管理条例》第26条第1、2项的规定，有擅自设立、撤销、合并行政机构或者变更规格、名称的，或者擅自改变行政机构职责等行为的，由机构编制管理机关给予通报批评,并责令限期改正;情节严重的,对直接负责的主管人员和其他直接责任人员,依法给予处分。

四、行政组织法体系

行政组织法体系是行政组织法律规范所构成的相互联系的整体,不是一部行政组织法所能包容的。根据行政组织的性质,行政组织有国家行政机关,也有公务法人。国家行政机关中既包括各级人民政府,也包括人民政府下属的各职能部门;人民政府还要根据需要设置派出机关。公务人员和行政公产也是行政组织的组成部分。现行规范中央和地方各级人民政府的组织法有《国务院组织法》《地方组织法》,也包括曾经实施的《城市街道办事处组织条例》(已废止)。规范职能部门的较少,如《公安机关组织管理条例》。可以说,行政组织法尚处于大部分空缺状态,离形成完整的行政组织法体系还有一定距离。

从行政组织的静态意义——组织本身和动态意义——组织行为考量,完善的行政组织法体系应包括以下部分。

(一)行政机关组织法

行政机关组织法包括:

1. 中央和地方各级人民政府组织法

中央和地方各级人民政府组织法包括国务院组织法、地方县级以上各级人民政府组织法和乡镇人民政府组织法。地方县级以上人民政府包括省人民政府、自治区人民政府、直辖市人民政府、设区的市人民政府、不设区的市人民政府、县人民政府,直辖市和设区的市人民政府还有各区人民政府,都应当有组织法规范。也有学者建议,在中央和地方的关系问题上,中央和地方的行政权如何划分,中央和地方的关系怎样协调,为解决这些问题,就需要在宪法和组织法中适当增加中央和地方权责关系的内容,并在时机成熟时制定一部"中央和地方权责关系规则"。① 中央和地方政府的权责关系,理应是行政组织法需要研究解决的一个重要关系;在地方适度分权的原则下,中央与地方的关系也需要法律调整,包括中央与地方的权限配置和冲突问题。首都不同于一般的地方,需要专门立法,制定"首都法"明确首都的地位、功能和行政机构设置等。首都的行政机构设置显然有其特点,如需要设立服务中央的机构,很多行政机关冠以首都而不是地方名称,如首都规划建设委员会办公室等。

---

① 参见杨勇萍:《行政组织法治化与政府机构改革》,载《江汉论坛》2001 年第 10 期。

2. 中央和地方各级人民政府职能部门组织法

中央和县级以上地方各级人民政府的委办局和厅局,都是具有行政主体资格的行政机关,依法承担法定的行政职能,并对外承担相应的法律责任。中央和地方之间有些是领导关系,有些是业务指导关系,有些是监督关系。按行业系统,制定各部门组织条例,是行政组织法的重要任务。现行组织法专门规定组织条例的很少,更多是在行业管理法中规定主管机关,这部分内容也可以认为是行政组织法的组成部分。如《统计法》专章规定了统计机构和统计人员,其第 27 条规定,国务院设立国家统计局,依法组织领导和协调全国的统计工作。国家统计局根据工作需要设立的派出调查机构,承担国家统计局布置的统计调查等任务。县级以上地方人民政府设立独立的统计机构,乡、镇人民政府设置统计工作岗位,配备专职或者兼职统计人员,依法管理、开展统计工作,实施统计调查。

3. 派出机关组织法

根据《地方组织法》第 85 条的规定,人民政府可以设立派出机关。这些派出机关尽管不是一级政府机关,但相对独立地代表上级人民政府行使相应的职能,应当由组织法予以规范,如城市街道办事处组织条例、经济技术开发区条例。

(二)法定机构法

法定机构在我国行政组织中还没有形成制度,但实践中不断探索的管理体制改革实际上已超出了既有的组织法体系范围,如中关村科技园区的管理体制,已不再是经济技术开发区的范畴。《中关村科技园区条例》要求中关村科技园区应当按照体制创新和精干、高效、减少层次的原则,建立符合先进生产力发展要求,适应市场经济需要,有利于服务高新技术企业和其他市场主体,有利于发挥中关村科技园区核心区智力密集优势的管理体制。中关村科技园区的管理体制由市人民政府确定和调整。市、区人民政府及其有关部门应当根据权力下放的原则,将有关中关村科技园区高新技术企业以及其他市场主体的行政审批事项和其他经济管理事项,交由园区管理机构办理。具体办法由市人民政府制定。由此可见,中关村科技园区管理机构应当成为法定机构。法定机构可以是地域法人,也可以是社团法人,有的国家称为公务法人。以后随着法定机构的增多,这类组织在行政组织法中会占较大比重,也是行政组织法学需要关注研究的一个重点领域。有些行政组织法研究成果将社会组织或法律、法规授权的组织纳入行政组织法范畴,是将行政组织等同于行政主体。行政组织作为一种组织形态,与作为法律上具有行政权能的行为主体资格是不一样的。社会组织如果是专门从事公务活动的,可以认为是法定机构或公务法人;否则,即使是公立学校,也不属于行政主体范畴。

(三)公务员法和行政公产法

公务员和行政公产是行政组织的构成要件,没有人、财、物,行政组织就无法运转,因而一般将公务员法和行政公产法也纳入行政组织法的范畴;但它们也具有相对独立性,行政组织法研究公务员法和行政公产法,主要就公务员与行政组织的关系,行政组织对国家财产占有、使用和处分的权能而言,如对于财政预算,行政组织必须遵循严格的财务制度。《公务员法》《预算法》《政府采购法》等相关法律中的内容,可以认为是行政组织法的一部分。

(四)行政机构设置法

行政机构的设置一般在各级人民政府组织法中已有所规定。但一方面,我国机构改革产生了新的需要;另一方面,政府组织法对机构设置的规定较原则。而且,按照宪法和组织法的授权,人民政府工作部门可以由本级人民政府按需要自行设置。因此,专门制定行政机构设置法对行政组织的设立、变更和撤销等条件、权限和程序作出统一规定尤为必要。

(五)编制法

控制行政机构规模和数量的主要是编制,编制法是行政组织的基本法之一。行政机关是国家机关的组成部分,可以统一制定适用于各类国家机关的编制法。但行政机关机构最庞大,人数最多,机构编制法主要是规范行政机关的,因而必须是行政组织法的重要组成部分。

(六)行政组织程序法

在统一制定行政组织程序法时,可以将其内容纳入统一的行政组织程序法典,规定行政程序主体一章,主要规定管辖、行政协助、行政组织相互间的关系等内容。目前专门制定行政程序规定的省市,均已将这部分内容纳入其中。但不管在哪里规定,从内容性质上说,仍然是行政组织法的内容,属于动态的行政组织法。

五、行政组织法的法律性质

(一)行政组织法的宪法属性

国家机构是宪法规定的主要内容之一。在我国人民代表大会制度下,国家行政机关是国家权力机关的执行机关,由人民代表大会产生,对它负责,受它监督。宪法规定了国务院和地方各级人民政府的性质、地位、组成、领导隶属关系和职权,宪法关于行政机关的规定是行政组织法的直接法律渊源。同时,宪法规定,国务院、地方各级人民政府的组织由法律规定。《国务院组织法》和《地方组织法》属于宪法性法律。根据中国特色社会主义法律体系由宪法相关法、民法商法、行政法、经济法、社会法、刑法、诉讼与非诉讼程序法这七个法律部门组成的有机统一整体的划分,宪法相关法是与宪法相配套、直接保障宪法实施和国家政权运作等方面的法律规范,调整国家政治关系,国家机构的产生、组织、职权和基本工作原则方面的法律;《国务院组织法》和《地方组织法》就是宪法相关法,也就是宪法性法律。作为宪法性法律意义上的行政组织法,主要是将行政机关作为国家机构的重要组成部分,规定行政机关在国家机构体系中的地位、行政机关与国家权力机关的关系、行政机关的职权等基本组织问题。根据《立法法》关于立法权限的规定,有关各级人民政府的产生、组织和职权的事项,只能制定法律,属于立法保留。如果说宪法与行政法密不可分,那么主要是指宪法与行政组织法密不可分。行政组织法是宪法的重要组成部分,行政组织立法的直接法律依据就是宪法。也正因为将行政组织法视为宪法的一部分,行政法学界也就放松了对行政组织法的研究。而宪法研究行政组织不会深入行政组织的内部结构,而只是将其作为国家机构的一部分予以研究,宪法研究国家机构的重点在于国家权力机关,对国家行政机关重在监督和控制,因而正面研究行政组织法应是行政法的任务。

(二)行政组织法的行政法属性

我国行政法学研究之初,一般在行政法学教科书中设"行政组织法"和"行政工作人员法"两章,而且占有较大篇幅;除"绪论"外,一般认为行政法由行政组织法、行政行为法和行政监督法组成。进入20世纪90年代,在我国行政法学体系中,行政组织法的内容被行政主体代替,在行政主体篇中设"行政机关"一章,与行政相对人相对应,不再设行政组织专章。主流观点认为,行政法学是从法学的角度研究行政机关,主要应研究其在法律关系中的地位,研究其权利(职权)、义务(职责),而不应过多地研究其组织问题,组织问题应放到行政学(公共行政)中去研究。但也认识到,行政法学不研究行政组织问题,应指不研究行政组织的技术问题,而不应将行政组织的法律问题也都摒弃。行政法学既然要研究行政权的运作,就不能不研究行政权的运行主体——行政机关,不能不研究行政机关的法律地位及其职权、职责,而行政机关的法律地位、职权、职责等均是由行政组织法规定的。①

---

① 参见姜明安主编:《行政法与行政诉讼法》(第5版),北京大学出版社、高等教育出版社2011年版,第88页。

研究行政组织法是行政法义不容辞的责任。部门法之间的区别表现为不同的部门法有不同的法律关系。行政法作为研究行政法律关系的部门法,行政主体制度将行政法律关系局限在了外部法律关系,即行政主体与行政相对人之间的法律关系。其实,完整的行政法律关系不仅包括行政主体与行政相对人之间的法律关系,也包括行政组织相互之间以及行政组织与公务员之间的法律关系。后者就是行政组织法研究的内容。不同的行政机关之间纵向和横向的关系,行政机关与其工作人员之间的关系,不是一种纯粹的内部行为,对相对人的权利义务也会产生相当大的影响。职能部门之间的互相推诿、重复执法和执法不作为,损害公民的权益或社会公共利益,根源在于行政机关间的横向关系没有纳入法治轨道,产生的权限冲突和争议无法通过法律途径化解。离开了行政组织法,行政法就会成为无源之水、无本之木,对行政权的规范和控制的源头是组织规范,实现组织法定、权力法定,才能确保具有行政主体资格的行政组织在法定权限内依法定程序行使行政权,对行政权监督也才有监督对象和责任归属。因此,在宪法授权的基础上,对行政组织的设立、职权划分和运行程序进行规范,是行政法的任务。

(三)行政组织法作为一门分支学科

当然,行政组织法庞杂的内容,是行政法所不能完全承受的。行政组织法作为行政法组成部分的同时,也可以成为一门独立的分支学科,正如行政诉讼法之于行政法。行政诉讼法作为行政救济法的重要组成部分,被认为是行政法的一部分。而在其他法律部门的分类中,实体法和程序法是分开的:刑法是实体法,刑事诉讼法是程序法;民法是实体法,民事诉讼法是程序法。在行政法中,为解决这一问题,有的教科书称为"行政法与行政诉讼法",①有的教科书将行政诉讼部分内容称为司法审查。② 行政法研究行政诉讼,只是从监督行政行为角度对行政行为进行司法审查而已,并不关心行政审判的程序。行政审判的程序可以由专门的行政诉讼法学研究。与此同理,行政组织法固然是行政法的三大组成部分之一,但行政法研究行政组织,主要是从法律关系角度研究。即使超越行政主体的范畴研究内部行政行为,也只局限于行政组织的主体资格、行政组织之间的法律关系、行政组织与其工作人员之间的法律关系,而对于行政组织的内部结构和组织行为本身,与对行政权规范和控制的行政法核心内容关联度不

① 如姜明安主编:《行政法与行政诉讼法》(第5版)(北京大学出版社、高等教育出版社2011年版)。

② 如罗豪才主编:《行政法学》(北京大学出版社1996年版)。

大。而在法治政府的大背景下，要求职权法定、内部行政关系也纳入法治轨道；对于职能部门间的权限划分、行政组织与工作人员之间的关系，也应当依法规定；它们之间的纠纷，也应当通过法律途径解决。行政组织的问题，除了科学设置行政机构等属于行政学研究的范围之外，更多的是法律问题，即使是行政学研究的成果，也应当将其法治化。因此，为促使行政组织问题全面法治化，应当由独立的行政组织法学对行政组织法进行专题研究。

六、行政组织法的发展趋势

对行政组织法的研究，行政法学界开始于行政法初创时期，后来被行政主体概念代替。近来学者们认识到了行政组织法对于行政法的重要性，呼吁加强行政组织法研究和行政组织立法，但关注更多的是对被遗忘的行政组织法理论和内容的恢复性研究。其实，经过40多年的改革开放，行政组织环境已发生了重大变化，现今意义上的行政组织法已发生了质的变化，与当年所述行政组织法不可同日而语。行政组织实践提出了很多新课题，走在了行政改革的前列，需要行政法学理论界予以指导和提供法理支撑，行政组织法理论研究和立法实践应当根据新的形势和任务需求，与时俱进，认识到行政组织法发展的新动向、新趋势。

有学者注意到，随着行政体制改革不断深入，当前理论界面临着许多新的课题：(1)在政企分开、政事分开、政府与社会中介组织分开的原则指导下，如何加快政府职能转变，重新界定行政机关的职能权限，并从体制上合理配置地方政府及其部门的职能，如何按照行政职能配置科学化的要求，在全面履行职责的基础上，突出各层级政府履行职能的重点，是值得深入研究的新课题。(2)按照统一、精简、效能原则和决策权、执行权、监督权既相互制约又相互协调的要求，应确立哪些原则、建立哪些制度，使行政机关设置更加科学，运转更加高效，组织结构更加优化，机构设置更加规范，权责更加明确。(3)对目前实践中运用很广的法律法规授权、行政授权、行政机关依法委托等问题，理论界应及时研究并解决，特别要对委托组织、派出机关和机构的行政主体资格从理论上加以明确。(4)在组织法的系统建设上，理论界应提出现实可行的方案，既要注意行政组织间合理的权限分工，又要保证行政组织内部精简统一、运转高效，即在统一的组织法指导下逐步完善各部门各地方的组织法。①

① 参见任进：《行政组织法基本范畴与新课题》，载《北方法学》2012年第3期。

在今后的行政组织法研究中，至少将发生以下变化：

1. 对行政组织的研究从单纯对行政机关的研究转向对行使行政权的组织的系统研究，研究范围更加广泛

行政法教科书关于行政组织主要是从行政机关组织法、行政工作人员法和编制法三部分展开。在行政主体理论研究中，尽管将法律、法规授权的组织纳入行政主体范畴，但法律、法规授权的组织不是行政机关而是事业单位，能否将其称为行政组织，在授权性组织与行政组织之间的关联问题上需要理论进一步论证。行政主体主要研究授权性组织有无主体资格，能否成为行政诉讼的适格被告；授权性组织的性质与内部结构则与其无关。在公共治理理念下，国家不再包揽行政事务，国家与社会的界限将日趋模糊。社会参与行政管理，决定了以后进行行政行为的组织将是多元的：既有行政序列的，也有非行政序列的；在行政序列中，既有以政府及其工作部门出现的，也有以法定机构或公务法人的形式出现的。是否只要是从事国家公务活动的组织，不管是否为行政机关，都应当纳入行政组织的范围？行政组织法研究将呈现其复杂性。行政主体理论从权力来源可以将公立学校等称为授权性组织；而在行政组织法上，是否是行政组织，还需要从组织成立的依据、权力来源和组织结构等方面予以认定。授权性组织不一定是行政组织，有些授权性组织只是法律、法规授予其一定的行政权，同时又是民事主体。作为行政组织的非行政机关有哪些，公务法人、法定机构的法律地位和组织行为这些问题，将成为今后行政组织法关注的重点。

2. 行政组织法研究目的更加明确，切近行政法本质

有些传统的行政观念认为，对行政的组织是行政机关自己的事，因而行政组织法无须考虑公民参与行政组织过程的问题。

现代社会的公民有更多参与行政的机会：有直接参与，如地方自治；有间接参与，如通过选举和监督等。因此，行政组织制度中将更多注入民主因素，行政组织的设置应当以民意为基础，为公民直接参与行政提供条件，在行政组织的建构上充分体现公正、效率的价值。在以后的行政组织法研究中，将更加重视行政组织行为的民主性。在权力配置上，更多地赋予公民、企业自主权，给予行业更多的自律权，政府行为的范围严格实行权力清单制度；在政府机构设置和机构改革上，以公众需要为前提，听取纳税人的意见；在行政机构组织结构上，更多地实行“一站式”办公、行政中心的形式。有学者提出，在行政组织立法中，应增加公民权利保障条款。行政机关的权限职责直接关涉公民的权利义务。如果行政组织法只是笼统地规

定各个行政机关的管理权范围,可能给一些行政机关在其管理领域任意限制公民权利、设定公民义务提供可乘之机。因此,在基本组织法律之中,有必要增加关于公民权利保障的原则条款,如“未经法律授权,任何行政机关都不得规定公民基本义务和限制公民基本权利”①。

3. 行政组织的内容从关注行政组织学向更多关注行政法学转变,行政组织法治化程度更高

行政法学界早期对行政组织问题的研究,的确与行政管理学相差无几,这也是后来放弃对行政组织法的研究而转向行政主体理论的一个因素。在行政实践中,也没有将行政组织问题作为法律问题对待;部门权限的划分根据“三定”方案或“三定”规定;行政机关间的权限争议由上级协调,不被认为是法律争议;行政机关对行政机关工作人员的奖惩、任免等决定不属于人民法院受案范围。可以说,在行政法领域,行政组织法治化程度较低。在法治政府建设的大背景下,首先要考虑的是政府自身的法定化,职权法定要求行政机关的职权来源是法定的,依法行政要求主体法定、权力法定、责任法定。主体法定要求行政机关必须依法设立,通过立法成立行政机关;权力法定要求权力清单出自法律、法规的规定。职能配置、内设机构和人员编制“三定”规定是对法律规定的具体化;与之相对应,权限争议发生纠纷,也应当由法律工作机构而不是编制机构依法予以界定,或者通过行政复议和行政诉讼途径解决。有学者提出,机关诉讼可以成为完善我国行政组织法的一个思路。② 因为机关诉讼的存在与行政组织法的不完善密切相关,正是由于行政组织法没有、客观上也不可能对各行政机关的职责权限作出毫无遗漏的规定,才催生了机关诉讼这种制度。因此,建立机关诉讼,可以及时发现和纠正行政组织运行中出现的各种问题,促进行政组织法的发展与完善,推动社会主义法治政府的建立和完善。

---

① 姜明安、沈岿:《法治原则与公共行政组织——论加强和完善我国行政组织法的意义和途径》,载《行政法学研究》1998 年第 4 期。

② 参见王太高:《论机关诉讼——完善我国行政组织法的一个思路》,载《河北法学》2005 年第 9 期。

第二章 行政组织立法的历史发展

尽管我国的行政法制建设总体上到20世纪80年代才开始，但行政组织立法起步很早。中华人民共和国成立后的短短几年内，行政组织立法无论是在数量、质量，还是覆盖面上，都有良好的开端。到20世纪50年代后期，已经形成了以宪法为核心的从中央到地方、从政府到各部门甚至派出机构的行政组织法体系，这一时期被誉为行政组织法制建设的“黄金时期”。[①] 在当下我国行政组织立法尚不满足法治政府建设需要的情况下，回顾中华人民共和国成立初期我国行政组织立法勃兴的辉煌成就，分析党和政府重视行政组织立法的原因，对于今天我们加强行政组织立法、恢复和发展行政组织法制，具有重要的参考意义。

一、中华人民共和国成立初期的行政组织立法

在人民民主政权建立过程中，我党从一开始就重视行政组织法制化建设。早在民主革命时期，就颁布了一系列关于政府组织的规范性文件，如《陕甘宁边区政府组织条例》《晋察冀边区县政府组织大纲》《华北人民政府组织大纲》等。1949年9月29日，中国人民政治协商会议第一届全体会议通过了起临时宪法作用的《中国人民政治协商会议共同纲领》（以下简称《共同纲领》）。《共同纲领》根据先前根据地政权建设的经验，规定人民行使国家政权的机关为各级人民代表大会和各级人民政府。各级人民代表大会闭会期间，各级人民政府为行使各级政权的机关。在中央，全国人民代表大会闭会期间，中央人民政府为行使国家政权的最高机关。作为过渡，《共同纲领》规定了在普选的全国人民代表大会召开以前，由中国人民政治协商会议的全体会议执行全国人民代表大会的职权，制定中华人民共和国中央人民政府组织法，选举中华人民共和国中央人民政府委员会，并授之以行使国家权力的职权。在人民政府委员会与人民代表大会的关系上，规定人民政府委员会向人民代表大会负责并报告工作。《共同纲领》特别明确了中央和地方、上级人民政府和下级人民政府的领导隶属关

① 参见杨向东：《建国初期（1949—1954）行政组织法认识史》，山东人民出版社2013年版，第12页。

系。各下级人民政府均由上级人民政府加委并服从上级人民政府。全国各地方人民政府均服从中央人民政府。中央人民政府与地方人民政府间职权的划分,应按照各项事务的性质,由中央人民政府委员会以法令加以规定,使之既利于国家统一,又利于因地制宜。

(一)中央国家行政机关组织法

1949 年 9 月 27 日,中国人民政治协商会议第一届全体会议通过了《中央人民政府组织法》,这是中华人民共和国第一部专门的行政组织法,奠定了中央人民政府的法律基础。《中央人民政府组织法》第 4 条规定,中央人民政府委员会对外代表中华人民共和国,对内领导国家政权。第 5 条规定:中央人民政府委员会组织政务院,以为国家政务的最高执行机关;组织人民革命军事委员会,以为国家军事的最高统辖机关;组织最高人民法院及最高人民检察署,以为国家的最高审判机关及检察机关。当时人民政府的概念,不同于现在的国家行政机关,是一个综合性的政权机关,包括行政、军事、监察、司法等在内。政务院是最高国家行政机关。当时为什么叫政务院而不叫国务院,负责起草《中央人民政府组织法》的董必武委员说:"关于政务院的名称,原来有人主张用国务院,但国务院包括军事,不太合适;有人主张用行政委员会,但中央人民政府委员会是委员会,最高行政机关下还有指导性的委员会一级,其下还有各种委员会,这样名称容易混淆。至于部长会议或部会长会议也不合乎我们的实际,在我们的最高行政机关中,部长不一定是政务委员。所以最后我们仍采用了政务院的名称。"①

《中央人民政府组织法》规定了政务院的性质、地位、组成、职权、会议制度和内设机构等内容。政务院由中央人民政府委员会任命总理一人,副总理若干人,秘书长一人,政务委员若干人组成。

政务院对中央人民政府委员会负责并报告工作。政务院行使下列职权:一是颁发决议和命令,并审查其执行;二是废除或修改各委、部、会、院、署、行和各级政府与国家的法律、法令和政务院的决议、命令相抵触的决议和命令;三是向中央人民政府委员会提出议案;四是联系、统一并指导各委、部、会、院、署、行及所属其他机关的相互关系,内部组织和一般工作;五是领导全国各地方人民政府的工作;六是任免或批准任免除中央人民政府委员会依据政务院的提议任免或批准任免的各大行政区和各省市人民政府主席、副主席和主要行政人员以外的各县市以上的主要行政人员。

① 董必武:《中华人民共和国中央人民政府组织法草拟的经过及基本内容》,载《董必武选集》,人民出版社 1985 年版,第 247 ~ 248 页。

在政务院的机构设置上,《中央人民政府组织法》具体列举了政务院设立的各委、部、会、院、署、行。政务院设政治法律委员会、财政经济委员会、文化教育委员会、人民监察委员会和下列各部、会、院、署、行,主持各该部门的国家行政事宜:内务部、外交部、情报总署、公安部、财政部、人民银行、贸易部、海关总署、重工业部、燃料工业部、纺织工业部、食品工业部、轻工业部(不属上述四部门之工业)、铁道部、邮电部、交通部、农业部、林垦部、水利部、劳动部、文化部、教育部、科学院、新闻总署、出版总署、卫生部、司法部、法制委员会、民族事务委员会、华侨事务委员会。政务院下设的专管行政部门之所以共有 30 个,是因为国家转向建设的需要,不得不多设几个部门去管财政经济的工作。① 组织法对政务院各部门的列举规定,使每一个工作部门都有了组织法上的依据,为机构的稳定性打下了基础。各委、部、会、院、署、行、厅的增加、减少或合并,必须由中央人民政府委员会决议决定。例如,1952 年中央人民政府委员会第十七次会议根据情报总署成立 2 年多以来的工作实践,证明情报总署的工作完全可以与中央人民政府外交部下属的情报司合并,因此,决定撤销中央人民政府情报总署。但更多是增设,到 1953 年年底,政务院工作部门增加至 42 个。

在各职能部门的基础上,规定了由各委员会分别指导相关各部。立法时曾经有三种意见:一是算作一级;二是不算一级,不发号施令;三是不规定是否算一级,由事实发展去决定。最后考虑到,政务院下设 30 个部门,如每周召开一次政务会议,各部门的工作每月都无法轮到讨论一次。故为了弥补这个缺陷,决定把它列为一级,以便联系和指导与其工作有关的各部门工作。政治法律委员会指导内务部、公安部、司法部、法制委员会和民族事务委员会的工作;财政经济委员会指导财政部、贸易部、重工业部、燃料工业部、纺织工业部、食品工业部、轻工业部、铁道部、邮电部、交通部、农业部、林垦部、水利部、劳动部、人民银行和海关总署的工作;文化教育委员会指导文化部、教育部、卫生部、科学院、新闻总署和出版总署的工作。另专设人民监察委员会负责监察政府机关和公务人员是否履行其职责。为进行工作,各负指导责任的委员会得对其所属各部、会、院、署、行和下级机关颁发决议和命令,并审查其执行。

1949 年 10 月 19 日,中央人民政府委员会第三次会议通过政务院及所辖委、部负责人名单。周恩来任总理,在 4 名副总理中,民主党派和无党派

---

① 参见董必武:《中华人民共和国中央人民政府组织法草拟的经过及基本内容》,载《董必武选集》,人民出版社 1985 年版,第 249 页。

人士有2人;在15名政务委员中,民主党派和无党派人士有9人;在政务院下属的4个指导性委员会16名正副主任中,民主党派和无党派人士有6人;在政务院34个委、部、院、会、署、行机构的正职负责人中,民主党派和无党派人士有14人,担任副职的有27人;政务院32名参事则全部由民主党派和无党派人士担任。1949年10月21日,周恩来总理主持召开第一次政务会议,宣布政务院成立。① 政务院各委、部、会、院、署、行以华北人民政府为基础建立工作机构,于同年11月1日正式开始办公。

《中央人民政府组织法》第17条规定,政务院的政务会议,每周举行一次,由总理负责召集。总理根据需要,或有1/3以上的政务委员的请求,得提前或延期召开会议。政务院的会议,须有政务委员过半数的出席始得开会,须有出席政务委员过半数的同意始得通过决议。政务院的决议和命令,以总理单独签署行之,或由总理签署外并由有关各委、部、会、院、署、行的首长副署行之。从1949年10月至1950年10月,政务院的政务会议由周恩来主持,共召开了55次会议。周总理说过,"为什么政务会议每个星期要开一次呢?难道我也是闲着没事干,高兴每个星期开一次会吗?不是的。这是有好处的"。好处在哪里?从根本上来说,这是建设社会主义民主政治的需要,是按《共同纲领》所规定的民主集中制处理国家事务。对作为建设国家领导核心的中国共产党来说,有必要虚心听取各种意见,所谓"兼听则明,偏信则暗",正是这样一个道理。曾任周恩来办公室秘书的吴群敢说:"我们都更有感触的是每周一次的政务会议。恩来对政务会议内容不仅亲自审定,尽量安排重要议程,而且只要他在北京,不论事务多忙,必定亲自主持,以便让党外人士充分与闻政要,并可与他直接接触。会上讨论的文件原件已经党内研究甚至中央批准,但周恩来仍鼓励大家畅所欲言,对提得对的欣然采纳,对不了解情况或片面失当的则耐心恳切加以说明。"②

《中央人民政府组织法》在对政务院的机构设置作出统一规定的情况下,要求政务院及各委、部、会、院、署、行、厅拟定组织条例,由中央人民政府委员会制定或批准实施。政务院为拟定《政务院及其所属各机关组织通则》,成立了专门小组,由黄炎培副总理召集,提出草拟组织通则的原则。在政务院下属各部门正式开始办公之前,周恩来又主持召开了政务院第三次政务会议,初步通过了《政务院及其所属各机关组织通则》。1949年12

---

① 参见中共中央党史研究室:《中国共产党历史第二卷(1949—1978)》(上册),中共党史出版社2011年版,第18页。

② 李琦:《在周恩来同志身边的日子》,中央文献出版社1998年版,第223页。

月2日,政务院第九次政务会议通过、中央人民政府委员会第四次会议批准了《政务院及其所属各机关组织通则》。该通则要求各机关须拟定组织条例,经政务院核准后,先试行若干时期,再送请中央人民政府委员会批准施行。该通则对各机关的机构设置和会议制度等机关事务作了指导性规定,规定各机关得设办公厅;为分掌业务,得设司或处;厅、司或处以下得设处或科。其工作有半独立性质者得设局;其工作有特定性质者得设室(如参事室、会计室、资料室)、组(如财经组、文教组)、所(如研究所)或会(如高等教育委员会)。各委得设秘书长、副秘书长,一般机关均得设秘书。各机关得视工作需要,分别酌设顾问、参事、专门委员、工程师、技师、视察等。关于厅、司、处、科、局、室、组、所及会的职掌,应为列举的规定。

政务院初步通过《政务院及其所属各机关组织通则》后,各部门便开始根据该通则拟定本部门的组织规则草案。以政治法律委员会为例,1949年11月4日,董必武主持政治法律委员会第二次委员会议。会议听取了关于《政治法律委员会组织条例草案》起草经过的报告,经修正,通过了该条例草案。1949年11月9日,政治法律委员会第一次委务会议讨论了政治法律委员会所属各部、会组织条例(修正草案)。截至1949年12月30日,政务院参事室共审查了33件条例草案,唯有贸易部的条例草案尚未送交政务院参事室审查。1949年12月30日,政务院政务会议批准了《海关总署试行组织条例》;1950年10月24日,政务院政务会议批准了政治法律委员会等4个委员会的试行组织条例。各部门的组织规则有两种形式:第一种是政务院各部门的组织条例,只规定政务院所属该部门的组织规则;第二种是各级人民政府某个部门的组织通则,既规定政务院所属该部门的组织规则,又规定地方各级人民政府所属该部门的组织规则。各级人民政府某个部门的组织通则一般需要经过中央人民政府主席的批准,例如,1952年8月,政务院就将《各级人民政府民族事务委员会试行组织通则》报请中央人民政府主席批准。从1949年至1954年,政务院共批准了15个部门的试行组织条例或组织通则。

(二)地方国家行政机关组织法

1954年《宪法》颁布以前,是地方政权的建立和过渡时期。这个时期,《共同纲领》未对地方层级作统一规定,主要划分为大行政区、省、市、县、乡(行政村)和大城市的区。此外划有苏北、苏南、皖北、皖南、川东、川西、川南、川北8个行政区,地位相当于省,分设“人民行政公署”。1952年以后,全国地方层级统一变为“三实三虚”:省、县、乡3个实级,大行政区、专区、区3个虚级。所谓“实级”,是指该区域通过召开人民代表大会产生的人民政府;“虚级”则是上级政府的派出单位,直接委任组成。省仍采取委员制,置主席;市、县仍采市长、县长制,一律由上级委任。“行政督察专员公署”改称“专员公署”,“区公署”改称“区公所”。1952 年后,开始将以前实行自治的乡、镇改为地方一级基层政权,但原先的“乡公所”“镇公所”大多保留和沿用。

1949 年 12 月 16 日,政务院第十一次政务会议通过了《大行政区人民政府委员会组织通则》;1950 年 1 月 6 日,政务院第十四次政务会议通过了《省人民政府组织通则》《市人民政府组织通则》《县人民政府组织通则》;1950 年 11 月 3 日,政务院第五十七次政务会议通过了《大城市区人民政府组织通则》;1950 年 12 月 8 日,政务院第六十二次政务会议通过了《区人民政府及区公所组织通则》《乡(行政村)人民政府组织通则》。对各级地方政权的隶属关系、组成、职权、机构等作了明确规定,使地方各级政权的建立有了初步的法规依据。① 到 1951 年,全国共建立 29 个省、1 个自治区、8 个省级行署、13 个直辖市人民政府,140 个市人民政府及 2283 个县级(包括县、旗、宗、自治区等)人民政府,形成了从中央到地方的一整套政权机构。②

组织通则是地方各级人民政府政权组织和机构设置的基本准则。中华人民共和国成立初期,地方人民政府包括大行政区、省、市、县、区、乡各级,在大城市设区一级政权机关。

1.《大行政区人民政府委员会组织通则》

根据 1949 年 12 月 16 日政务院第十一次政务会议通过的《大行政区人民政府委员会组织通则》的规定,各大行政区人民政府委员会是该区所辖省(市)高一级的地方政权机关,并为中央人民政府政务院领导地方政府工作的代表机构。

大行政区人民政府委员会行使下列职权:(1)对所属各省市转发政务院的决议和命令,并在其职权范围内颁布决议和命令,并审查其执行;(2)拟定与地方政务有关的暂行法令条例,报告政务院批准或备案;(3)提请中央人民政府政务院任免、批准任免或提经政务院转请中央人民政府委员会批准任免除大行政区主席、副主席和委员会以外的人员;(4)任免或批准任免前项所规定以外的大行政区及所属省(市)县(市)的重要行政人

① 参见杨尚东:《建国初期(1949—1954 年)行政组织法认识史》,山东人民出版社 2013 年版,第 17 页。

② 参见中共中央党史研究室:《中国共产党历史第二卷(1949—1978)》(上册),中共党史出版社 2011 年版,第 38 ~ 39 页。

员;(5)在整个的国家概算或预算规定范围内,编制各该大行政区的概算或预算报请中央核准,并核准所属各省市县的预算、决算转报中央核准;(6)联系、统一并指导所属各委、部、会、署、行、局、处的相互联系、内部组织和一般工作;(7)领导所属各省、市、县地方人民政府的工作。

各大行政区人民政府委员会由主席1人,副主席及委员各若干人组成。各大行政区人民政府委员会设秘书长1人,副秘书长若干人。各大行政区人民政府委员会内设办公厅,在秘书长领导下进行工作。各大行政区人民政府委员会的内部组织及其所属各机构的内部组织,必要时得由全体委员会议决增减或合并之。

各大行政区人民政府委员会应根据工作需要,设立各部门工作机构,原则上规定如下:(1)政法方面,应设民政部、公安部、司法部;在民族事务较多之区,得设民族事务委员会(或在民政部下设民族事务委员会)。(2)财经方面,得设财经委员会,并得设财政、工业、贸易、交通、农林、水利、合作事业、劳动等部、局。(3)文教方面,得设文教委员会,并得设文教、卫生、新闻出版等部、局,或在文教委员会下设文教、卫生、新闻出版等处。(4)各大行政区应设人民监察委员会。

《大行政区人民政府委员会组织通则》特别规定了各大行政区人民政府委员会对上下级的工作关系:(1)各大行政区人民政府委员会对于其主管范围内之重要工作,应于处理后报告政务院,对于有全国性影响的工作,应事先向政务院请示,事后报告。(2)中央人民政府委员会和政务院对于全国各省(市)县(市)的通令、公告,及对某一省(市)的工作指示均由大行政区转发;各省(市)县(市)的请示、请求亦由大行政区转报。(3)关于某一特殊问题之询问与答复,中央与省市亦得直接令、报,但同时须抄送各大行政区人民政府委员会。(4)中央各委、部、会、院、署、行,得根据已定政策、方针并就业务与技术的指导范围内行文致大行政区人民政府委员会或其所属各委、部、会、署等机构;大行政区人民政府委员会或其所属各委、部、会、署等机构亦得就同样范围内向中央各有关部门请示、请求。但中央各委、部、会、院、署、行与大行政区各委、部、会、署等机构之间的行文,如涉及全局性者,均应抄送大行政区人民政府委员会。

根据上述通则要求,各大行政区人民政府委员会应依据该通则的一般规定和各该地区的实际情况拟定其组织条例草案,送请政务院核准后,先试行若干时期,再送中央人民政府委员会批准。1950年6月9日,中央人民政府政务院修正批准了《西南军政委员会组织条例》,根据上述通则规定了西南军政委员会的组织和职权。

大行政区在我国地方政府组织体系中是一个过渡性的政权机构；它的产生有其历史必然性，撤销也是国家政治经济形势由稳定、恢复到发展的必然结果。大行政区的形成最早可追溯到大革命失败后党在一些地区设立的中央局，如 1927 年 9 月在天津市成立的北方局、在汉口成立的长江局。它们作为党中央的地方代表机关，代表中央领导某一区或数省党的工作。中华人民共和国成立时，以党的六大中央局为依托，在 1949 年前后设立了六大行政区，即东北人民政府（1946 年 8 月成立东北行政委员会，1949 年 9 月改称东北人民政府）、华北人民政府（1948 年 9 月成立，不久改成中央人民政府华北事务部，归政务院直接领导）和华东、中南、西北、西南 4 个军政委员会（都是 1949 年 12 月成立）。

为什么要设立大行政区这样一级地方政权机构？1949 年 12 月 9 日，周恩来在政务院第十次政务会议讨论《关于各大行政区组织通则》时作过解释。他提出，在目前情况下，大行政区应该成为一级政权组织，由它领导一个大的地区的工作。这个地区，在经济、政治、民族等方面有许多共同点，在军事上是连成一片的，绝不会因为有大行政区一级而不统一。中国是一个大国，地大人多，经济发展不平衡，必须在经济发展的条件下，才能逐渐走向完全的统一。政权组织的划分，要既有利于国家统一，又有利于因地制宜，不能只强调一面。要在统一政策领导下因地制宜，在因地制宜的发展中求统一。这样的因地制宜不但不妨碍统一，而且为进一步的统一创造条件。要在统一政策下发挥地方的积极性。只有这样，才能获得战争的完全胜利，医治战争创伤，完成全国的土地改革，以及恢复和发展生产。在组建大行政区的过程中，周恩来主持审定了东北人民政府和西北、华东、中南、西南 4 个军政委员会的主席、副主席、委员人选，经政务院讨论决定，提请中央人民政府任命。在 1949 年 12 月中央人民政府委员会第四次会议上，毛主席指出："中国是个大国，必须设立这样一级的有力量的地方机构，才能把事情办好。"①1949 年 12 月 16 日，政务院第十一次政务会议通过了《大行政区人民政府委员会组织通则》，其规定：凡军事行动已经结束，土地改革已经彻底实现，各界人民已有充分组织的大行政区，即应实行普选，召开大行政区的人民代表大会，正式选举大行政区的人民政府委员会。在大行政区人民政府委员会成立以后，军政委员会即宣告结束。因此，以后有的军政委员会就改制成了人民政府委员会。

---

① 《会议讨论通过二十六项任命，毛主席说明必须统一》，载《人民日报》1949 年 12 月 4 日，第 1 版。

六大行政区与当时形成的六大军区管辖的范围大体上一致,大行政区的领导人往往也是各大军区的首脑,同时也是各大中央局的主要领导人。大行政区是一个组织机构庞大而完整的行政组织。例如,西南军政委员会下设4个委员会,即财政经济委员会、文化教育委员会、民族事务委员会和人民监察委员会。财政经济委员会下设财政、工业、交通、劳动、农业、渔业和水利等部。文化教育委员会下设卫生部、文化教育部及新闻出版处。到1951年年底,又建立了政治法律委员会领导民政部、公安部、司法部和土地改革委员会。

1952年11月,中央人民政府委员会召开第十九次会议,会议通过了《关于改变大行政区人民政府(军政委员会)机构与任务的决定》。大行政区人民政府或军政委员会一律改为行政委员会。大行政区行政委员会是代表中央人民政府在该地区进行领导和监督地方政府的机关,其主席、副主席和主要的行政人员由政务院提请中央人民政府委员会任免。原属于大行政区人民政府或军政委员会的政治法律、财政经济、文化教育、人民监察4个分委员会和办公厅的机构仍然保留,其所设各部在行政委员会成立后,一律改为局(处),其中一部分局(处)并交中央各主管部门直接接管。此后大行政区所设的局(处)从业务领导上分为两种:一种由各大行政区行政委员会领导或并受行政委员会的政法、财经、文教等有关委员会的指导;另一种则由中央各主管部门直接领导,成为中央各部门在大行政区设立的若干专业管理局,其建制属于中央的主管部门,并受大行政区行政委员会及其有关委员会的指导和监督。这就在实际上取消了大行政区作为一级政府的地位。同时大行政区人民政府的机构大大缩减,其中大部分如工业、财政、交通、贸易、金融、粮食、高教等部门改由中央各主管部门直接领导,大行政区的职能极大地被削弱了。

2.《省人民政府组织通则》

根据《省人民政府组织通则》的规定,省人民行使政权的机关为省人民代表大会(或省各界人民代表会议)和省人民政府。在省人民代表大会闭会期间,省人民政府为省的行使政权的机关。省人民政府委员会为省一级的地方政权机关,受主管大行政区人民政府委员会(或军政委员会)的直接领导;在不设大行政区人民政府的地区,省人民政府委员会受中央人民政府政务院的直接领导。

省人民政府委员会在中央人民政府政务院或大行政区人民政府委员会的领导之下行使下列职权:(1)执行并对所辖各县、市转发中央人民政府政务院和主管大行政区人民政府的决议和命令,并在其职权范围内颁发决议和命令,并审查其执行。(2)实施省人民代表大会通过的并经中央人民政府政务院或主管大行政区人民政府批准的决议案。(3)拟定与省政有关的暂行法令条例,报告主管大行政区人民政府转请中央人民政府政务院批准或备案(在不设大行政区人民政府的地区,由省人民政府径报中央人民政府政务院)。(4)遵照中央人民政府政务院关于任免工作人员暂行办法的规定,分别提请上级人民政府任免或批准任免,或由省人民政府委员会自行任免或批准任免省的与所属县的重要行政人员。(5)废除或修改所属县、市人民政府或县、市人民代表大会(或县、市各界人民代表会议)与上级人民政府决议命令相抵触的决议和命令。(6)在国家概算或预算规定的范围内,编制各该省的概算或预算和决算报请大行政区人民政府委员会审核转报中央核准,并审核所辖县、市的概算或预算和决算转报大行政区转请中央核准。(7)统一领导和检查省人民政府各工作部门的工作并领导和检查所辖各专员公署及各县、市人民政府的工作。

省人民政府委员会应根据省区之大小及工作需要,设立各部门工作机构,原则上规定如下:(1)政治方面,应设民政厅、公安厅,在民族事务较多之区,得设民族事务委员会(或在民政厅下设民族事务委员会)。(2)财经方面,得设财政、工商、交通、农林、劳动等厅、局、处,必要时得设财经委员会指导之。(3)文教方面,得设文教、卫生、新闻、出版等厅、处。(4)在华侨事务较多之省,得设华侨事务委员会(或在民政厅下设华侨事务委员会)。(5)省设省人民监察委员会。(6)省设省人民法院。(7)省设省人民检察署。

省人民政府委员会由省人民代表大会选举省人民政府主席一人,副主席若干人及委员若干人组成之,并呈报中央人民政府委员会批准任命。省人民政府主席主持省人民政府委员会会议并领导省人民政府委员会的工作,副主席协助主席执行职务。省人民政府委员会的任期为二年,连选得连任。省人民政府委员会设秘书长一人,副秘书长若干人;秘书长承主席之命,主持日常事务,副秘书长协助秘书长执行工作。在秘书长领导下设办公厅。省人民政府各工作机构的编制,应以精简为原则,其编制人数由人民政府委员会按实际需要拟定,报请大行政区人民政府核转中央人民政府政务院核准之,其机构之增减、合并时同。各省根据需要划分若干专员区,各设专员一人,并得设副专员一至二人。专员公署为省人民政府委员会之派出机关。

《省人民政府组织通则》亦规定了对上下级的工作关系:(1)省人民政府委员会对主管范围内的重要工作,应于处理后报告大行政区人民政府并转报政务院;对于有全区乃至全国性影响的工作,应事先向大行政区人民政府或经大行政区人民政府向政务院请示,事后报告。(2)中央和大行政区的通令、公告,及对某一县、市的指示均由省转发;县、市的报告,请示或请求亦由省转报。(3)关于某一特殊问题的询问与答复,大行政区与县、市间亦得直接令、报,但须同时抄送省人民政府委员会。(4)中央和大行政区各委、部、会、院、署等机构得根据已定政策、方针,就业务与技术的指导范围内行文致省人民政府委员会或其所辖各委、厅、会、局、处等机构;省人民政府委员会或其所辖各委、厅、会、局、处等机构亦得就同样范围内向大行政区的或经大行政区转中央的各有关部门请示、请求,但这种有关部门之间的上下行文如涉及全局性者,均应抄送省人民政府委员会。

《省人民政府组织通则》要求各省人民政府委员会依据该通则的一般规定和各省的实际情况,拟定其组织条例草案,送经大行政区人民政府转请政务院核准后,试行若干时期,再送中央人民政府委员会批准。

3.《市人民政府组织通则》

根据《市人民政府组织通则》的规定,市人民行使政权的机关为市人民代表大会(或市各界人民代表会议)和市人民政府。在市人民代表大会闭会期间,市人民政府为市的行使政权的机关。市人民政府委员会为地方政权机关,按其隶属关系分别受中央或大行政区或省的直接领导。

市的建制可追溯到民国时期。20世纪20年代初,广州设市由省直辖,为我国最早的省辖市;最早设立的中央直辖市是1926年汉口特别市,1927年上海、南京也相继成为中央直属的特别市。1928年7月南京国民政府颁布的《普通市组织法》和《特别市组织法》,确定普通市由省直辖,特别市由中央直辖;1930年5月,颁布统一的《市组织法》,将特别市改为中央行政院辖市。1947年,全国共有南京、上海、北平、重庆、青岛、天津、哈尔滨、大连、广州、汉口、西安、沈阳这12个院辖市。同年,内政部曾拟定《直辖市自治通则(草案)》,对直辖市的设置条件、审批程序和权限作了规定,但未能实施。中华人民共和国成立初期,直辖市分属中央、大行政区和省三个层次,北京、天津为中央直辖市,南京、上海、武汉、广州、重庆、西安、沈阳、旅大(今大连)、鞍山、抚顺、本溪这11个城市为分属华东、中南、西南、西北和东北的大行政区级直辖市,哈尔滨市、青岛市是分属黑龙江省和山东省的省辖市。1953年,大行政区级直辖市改为中央直辖,并将哈尔滨市和青岛市两个省辖市改为中央直辖。1954年六大行政区撤销后,保留了北京、天津、上海三个中央直辖市。此后,天津市曾经于1958~1967年划归河北省管辖,后又恢复为直辖市。

市人民政府委员会由市人民代表大会选举市长一人(必要时得设副市长)及委员若干人组成。市长主持市人民政府委员会会议,并领导市人民政府委员会的工作,副市长协助市长执行职务。市人民政府委员会的任期为一年,连选得连任。市人民政府委员会全体委员会议每月举行一次,市人民政府行政会议每周举行一次,由市长召集之。

市人民政府委员会在其上级政府领导下行使下列职权:(1)执行上级人民政府的决议和命令;(2)实施市人民代表大会通过并经上级人民政府批准的决议案;(3)拟定与市政有关的暂行法令条例,报告上级人民政府批准施行;(4)遵照中央人民政府政务院关于任免工作人员的单行办法,提请上级人民政府任免或批准任免主要行政人员,并在市的职权范围以内任免上述人员以外的行政人员;(5)在国家概算或预算规定范围内,编制概算或预算和决算,提请市人民代表大会审查通过后,报请上级人民政府核准;(6)统一领导和检查市人民政府各工作部门的工作。

市人民政府委员会,应根据市区之大小及工作需要,设立各部门工作机构,原则上设民政、公安、财政、建设、文教、卫生、劳动等局、处、科,并得设财经委员会。同时,市设人民监察委员会,市设人民法院,市设人民检察署。

市人民政府委员会设秘书长一人,承市长之命,主持日常事务;必要时得设副秘书长若干人,协助秘书长工作。在秘书长领导下设秘书厅或处。市人民政府各工作机构的编制,应以精简为原则,其编制人数由市人民政府委员会拟定,报请上级人民政府核准,其机构之增减、合并时同。

上述通则要求各市人民政府委员会应依据该通则的一般规定和市的实际情况拟定其组织条例草案,分别层报或径送政务院核准后,试行若干时期,再送请中央人民政府委员会批准。

4.《大城市区人民政府组织通则》

1950年11月,中央人民政府认为,一年来北京、广州等城市建政的经验证明,大城市在市人民政府的集中领导下,需要设立区一级政权机关,作为市人民政府贯彻施政方针和推行各项工作的助手。中央人民政府政务院颁布了《大城市区人民代表会议组织通则》和《大城市区人民政府组织通则》。在大城市,凡经大城市人民政府批准,并呈报上级人民政府备案的区,可以作为一级政权,建立区政权机关。根据《大城市区人民政府组织通则》的规定,区人民行使政权的机关为区人民代表大会(或代行职权的区各界人民代表会议)和区人民政府。在区人民代表大会闭会期间,区人民政府为区的行使政权的机关。区人民政府委员会为区一级的地方政权机关,受市人民政府委员会的领导。

区人民政府委员会,由区人民代表大会选举区长、副区长及委员若干人,提请市人民政府批准任命组成。区人民政府委员会的任期为一年,连选得连任。区长主持区人民政府委员会会议,并领导区人民政府所属各室、科(股)工作。副区长协助区长执行职务。

区人民政府委员会在市人民政府委员会领导下行使下列职权:(1)执行市人民政府的决议和命令。(2)实施区人民代表大会通过并经市人民政府批准的决议案。(3)统一领导区人民政府各部门的工作。(4)根据市人民政府各有关局、处的业务指示,监督与协助或指导各局、处在本区内各分支机构的工作。(5)向市人民政府反映市人民的意见和要求,并提出兴革意见。

区人民政府工作机构,由市人民政府根据工作需要和精简原则,酌设秘书室及民政、文教、卫生、建设、工商劳动等科(股),区以下在公安派出所内设民政干事1~3人。这样,就不但使居民联系政府时更方便,而且使公安派出所和群众的联系更密切,并因有专人管理民政工作而收到分工负责、通力合作之效,对于公安工作与民政工作的加强,都有积极意义。区人民政府各室、科(股)的编制,由市人民政府根据政务院指示之原则具体核定。

加强区政权建设,并不是放松市的统一集中领导。区政府是在市的集中领导下,分区实现领导的一级政权;分区实现领导不是为了分散而是为了更好地集中。凡是属于全市性的问题仍应集中于市统一解决,区只能在市的统一方针政策下受市的指挥,执行一定的工作任务。它的工作范围,应该看它的工作发展和各种具体条件来确定,由小而大、由少而多是比较妥当的。针对有的大城市不顾及区的实际情况,一下子把太多的和不能由区独立进行的工作都推到区去执行,《人民日报》曾发社论指出,这样是不妥当的。另外,市里管不到的可能由区解决的问题,则应由区处理。各大城市在建立区政权时应该特别注意这两点。①

1955年6月9日,国务院作出了《关于设置市镇建制的决定》,规定市是属于省、自治区、自治州领导的行政单位。聚居人口10万以上的城镇,可以设置市的建制。人口在20万以上的市,如确有分设区的必要,可以设市辖区。

5.《县人民政府组织通则》

根据《县人民政府组织通则》的规定,县人民行使政权的机关为县人

① 参见《开展大城市区的政权建设》,载《人民日报》1950年11月14日,第3版。

民代表大会(或县各界人民代表会议)和县人民政府。在县人民代表大会闭会期间,县人民政府为县的行使政权的机关。县人民政府委员会为县一级的地方政权机关,受省人民政府委员会的领导及主管分区专员的监督指导。

县人民政府委员会由县人民代表大会选举县长一人(必要时得设副县长)及委员若干人组成,并呈请省人民政府层报中央人民政府政务院批准任命。县人民政府委员会的任期为一年,连选得连任。县长主持县人民政府委员会会议,并领导县人民政府委员会的工作,副县长协助县长执行职务。县人民政府委员会全体委员会议每月举行一次,县人民政府行政会议每周举行一次,由县长召集。

县人民政府委员会在省人民政府委员会领导下行使下列职权:(1)执行中央人民政府及各上级人民政府的决议和命令。(2)实施县人民代表大会通过并经省人民政府批准的决议案。(3)拟定与县政有关的单行法规送请省人民政府批准或备案。(4)除遵照执行中央人民政府政务院关于任免工作人员暂行办法的规定外,分别提请省人民政府任免或批准任免,或自行任免或批准任免县的及所辖区、乡(行政村)的行政人员。(5)废除或修改所辖区、乡(行政村)人民代表大会的与上级人民政府的决议命令相抵触的决议和命令。(6)在国家概算或预算规定的范围内,编制各该县的概算或预算和决算,提请省人民政府审核并层报中央核准,并监督审核区、乡(行政村)财政收支。各县的概算或预算和决算应提经县人民代表大会审查通过或追认。(7)统一领导和检查县人民政府各工作部门的工作,并领导和检查所辖区、乡(行政村)人民政府的工作。

县人民政府委员会应根据县区之大小及工作需要,设立各部门工作机构,原则上设民政、财政、教育、公安等科或局。县设县人民监察委员会、人民法院和人民检察署。

县人民政府委员会设秘书,承县长之命主持日常事务。县人民政府各工作机构的编制,应以精简为原则,其编制人数由县人民政府委员会拟定,报请省人民政府委员会核准,其机构之增减、合并时同。

该通则要求各县人民政府组织条例应由各省人民政府委员会根据该通则之一般规定和各地方的实际情况拟定草案,送请大行政区人民政府转报中央人民政府政务院核准后,试行若干时期,再送请中央人民政府委员会批准。

6.《区人民政府及区公所组织通则》

根据《区人民政府及区公所组织通则》的规定,凡需作为一级政权的区,得由县人民政府呈请省人民政府批准设区人民政府;凡不需作为一级政权的区,设区公所,为县人民政府的派出机关。

区人民行使政权的机关为区人民代表大会(或代行其职权的区各界人民代表会议)和区人民政府。在区人民代表大会闭会期间,区人民政府为区的行使政权的机关。区人民政府委员会为区一级的地方政权机关,受县人民政府领导。

区人民政府委员会由区人民代表大会选举区长一人,副区长及委员各若干人组成,并由县人民政府报请省人民政府批准任命。区长、副区长及委员的任期为一年,连选得连任。

区人民政府委员会在县人民政府委员会领导下行使下列职权:(1)执行上级人民政府的决议和命令。(2)执行区人民代表大会通过并经上级人民政府批准的决议事项。(3)领导、检查区人民政府各部门及所辖各乡的工作。(4)提请县人民政府任免所辖各乡人民政府的乡长、副乡长及委员。(5)废除、修改或提请县人民政府废除、修改所辖各乡人民代表大会与上级人民政府政策法令相抵触的决议。区长主持区人民政府委员会会议及行政会议,并领导区人民政府的工作,副区长协助之。

区人民政府设秘书一人及助理员若干人,分工办理各项工作。区人民政府因工作需要,得设各种经常的及临时的委员会。

区公所执行县人民政府交办事项,并承县人民政府之命,指导、监督与协助所辖乡人民政府的工作。区公所设区长一人,副区长、秘书及助理员若干人,由县人民政府委派。区公所因工作需要得设各种经常的及临时的委员会。区公所为便于传递政策、联系群众、推动工作,得召开干部扩大会议,乡人民政府乡长、副乡长参加。

7.《乡(行政村)人民政府组织通则》

在新解放区的农村,各地方结合清匪反霸、减租减息等斗争,已经进行了对旧政权的改造。各地陆续废除了旧保甲制度,农民通过乡农民协会会员大会或农民代表会议,民主选举乡人民政府。1950年12月,政务院颁布《乡(行政村)人民政府组织通则》;根据这一通则,乡人民行使政权的机关为乡人民代表大会(或乡人民代表会议)和乡人民政府。在乡人民代表大会闭会期间,乡人民政府即为乡的行使政权的机关。乡人民政府委员会为乡一级的地方政权机关,受区人民政府委员会的领导;不设区人民政府的地区,受县人民政府领导及区公所的监督指导。

乡人民政府委员会由乡人民代表大会选举乡长一人,副乡长及委员各若干人组成,乡长、副乡长及委员经区报县人民政府批准任命。乡长、副乡长及委员的任期为一年，连选得连任。乡长主持乡人民政府委员会会议，并领导全乡工作，副乡长协助之。

乡人民政府委员会行使下列职权：(1)执行上级人民政府的决议和命令。(2)实施乡人民代表大会通过并经上级人民政府批准的决议案。(3)领导和检查乡人民政府各部门的工作。(4)向上级人民政府反映本乡人民的意见和要求，并提出兴革意见。

乡人民政府设文书一人，承乡长之命办理文书事宜；视工作需要设各种经常的及临时的委员会，其主任委员得由乡人民政府委员兼任。

8. 地方人民政府工作部门组织通则

在对地方各级人民政府进行立法的同时，对地方人民政府部门也依法予以规范，制定地方人民政府各部门组织通则。1951 年 7 月 6 日，政务院第九十二次政务会议通过了《大行政区人民政府(军政委员会)人民监察委员会试行组织通则》《省(行署、市)人民政府人民监察委员会试行组织通则》。1950 年 12 月 9 日，江西省人民政府颁布了《县(市)人民监察委员会试行组织通则(草案)》。1952 年 12 月 27 日，政务院颁布了《省(市)以上各级人民政府财经机关与国营财经企业部门监察室暂行组织通则》。1956 年 10 月 18 日，劳动部颁发了《省、直辖市、市劳动厅、局组织通则(草案)》。该通则明确，省、直辖市、市劳动厅、局组织通则，根据《地方组织法》第 31、32、39、40 条及《中华人民共和国劳动部组织简则》(已失效)(以下简称《劳动部组织简则》)制定。省人民委员会设劳动厅(局)，直辖市、市人民委员会设劳动局(劳动工作不多的市可以设劳动科)。省、直辖市、市劳动厅、局是省、市人民委员会统一管理本行政区域内劳动工作的机关。省、直辖市劳动厅、局受省、直辖市人民委员会领导，并且受劳动部领导；市劳动局受市人民委员会领导，并且受省劳动厅(局)领导；省、直辖市、市劳动厅、局领导下级劳动部门的工作。该通则规定了劳动行政工作机关的职权和机构设置，授权各省、直辖市、市劳动厅、局可以根据该通则拟定自己的组织机构和工作细则，报请人民委员会批准，并且报上级劳动部门备案。

(三)中华人民共和国成立初期行政组织立法的特点

中华人民共和国成立初期的政权建设，是以组织法的制定为依据的。《中央人民政府组织法》及各种通则、简则形成了行政组织法律体系。中华人民共和国成立初期的行政组织立法，呈现以下特点：

1. 行政组织的设置必须由组织法规定

1954 年《宪法》规定，国务院和地方各级人民委员会的组织由法律规定。中央人民政府根据1954年《宪法》,制定了《国务院组织法》《地方组织法》,规定了国务院和地方各级人民委员会的组成、职权和机构设置。无论是《中央人民政府组织法》还是《国务院组织法》,都明确列举了政务院或国务院部门的具体名称和数量,这使每一个部门的成立都有组织法的依据。组织法要求,政务院及各委、部、会、院、署、行、厅的组织条例,由中央人民政府委员会制定或批准。根据组织法的规定,中央人民政府政务院制定了政务院及各部门、大行政区、省、市、县、区及区公所、乡以及大城市区人民政府组织通则,并要求根据组织通则制定各地方各部门的组织条例。每一级政府、每一个政府部门甚至包括派出机关的组成、职权和内设机构都法定化,有明确的法律规范依据。组织法定化保证了组织的稳定性。在有组织法明确规定的情况下,行政机构的变化必须通过修改法律规范的形式进行。例如,1955年7月30日,第一届全国人民代表大会第二次会议决定撤销燃料工业部,设立煤炭工业部、电力工业部、石油工业部、农产品采购部,就必须通过决议,在《国务院组织法》第2条第1款条文内删去燃料工业部,增加煤炭工业部、电力工业部、石油工业部、农产品采购部以及第三机械工业部。

2. 行政组织立法的内容涵盖了行政组织的各个方面

行政组织法规定了行政机关的地位、组成、职权、机构设置、领导隶属关系、会议制度等基本内容,是各级人民政府和各职能部门的总章程,为行政机关的组建和运作提供了基本的操作规范,保证了全国各级各类行政机关的一致性,避免了机构设置的随意性。中华人民共和国成立初期的政府组织法对行政机关的机构设置作出了严格详细的规定,可以内设哪些部门、可以配备什么职位均有明确的法律规定,甚至在组织条例中列举。

3. 中华人民共和国成立初期的行政组织具有政权机关性质

1954年《宪法》以前的中央和地方各级人民政府,既是最高国家行政机关,也是政权机关。地方组织通则规定,人民行使政权的机关为地方人民代表大会(或各界人民代表会议)和地方人民政府;在地方人民代表大会闭会期间,地方人民政府为地方的行使政权的机关。中华人民共和国成立初期制定的行政组织法,不仅规范行政组织,而且大多也规范权力机关、司法机关或军事机关。在地方人民政府中,包括地方人民法院和地方人民检察署。因此,有学者称为"不纯粹"的行政组织法。由此可见,中华人民共和国成立初期的行政组织法的研究对象,不仅指行政组织,而且指广义的政府——国家政权机关,即行政组织、立法组织、司法组织均包括在内。人们对政府概念的理解有广义与狭义之分:广义的政府,是指一个国家内行使国家权力的全部组织体系;而狭义的政府,主要是指各级国家行政机关,包括中央和地方行政机关。

4. 中央和地方各级人民政府实行委员会制

中央成立中央人民政府委员会,地方成立大行政区、省、市、县、乡人民政府委员会。地方人民政府委员会由地方人民代表大会选举产生。例如,省人民政府委员会由省人民代表大会选举省人民政府主席1人,副主席若干人及委员若干人组成。县人民政府委员会由县人民代表大会选举县长1人(必要时得设副县长)及委员若干人组成。地方人民政府委员会全体委员会议每月举行1次,由省人民政府主席、市长、县长等召集;主席、市长、县长等根据需要,或经1/3以上委员提议,可提前或延期召集。全体委员会议须有过半数的委员出席始得开会,须有出席委员过半数的同意,始得通过决议。组织法的这些规定,体现了行政机关采取的是集体领导制度,实行票决制。

5. 重视行政机关间的协调和上下级关系,强调中央的统一领导

为保证政令统一,使中央和地方人民政府各部门既分工负责,又协调配合,组织法对各部门之间的关系作了较明确的规定。《中央人民政府组织法》规定,政务院联系、统一并指导各委、部、会、院、署、行及所属其他机关的相互关系,内部组织和一般工作。政务院设政治法律委员会、财政经济委员会、文化教育委员会分别指导各自所属各部、会、院、署、行的工作。《大行政区人民政府委员会组织通则》明确了各大行政区人民政府委员会对上下级的工作关系,如中央人民政府委员会和政务院对于全国各省(市)县(市)的通令、公告,以及对某一省(市)的工作指示均由大行政区转发;各省(市)县(市)的请示请求亦由大行政区转报。《省人民政府组织通则》明确了省人民政府委员会对上下级的工作关系,如中央和大行政区的通令、公告,以及对某一县、市的指示均由省转发;县、市的报告,请示或请求亦由省转报。在行政首长的任命、财政预决算和机构编制上,地方人民政府应当报中央核准。

当然,也有学者指出,综观这一时期的行政组织法规,仍然呈现不系统、不完备的特点,主要体现在以下几个方面:第一,没有一部完整的比较详细的严格规定国务院各部委机构设置、职权范围、定员编制的行政组织法。第二,虽然制定了一些部、委、局的单行组织法规,但数量很少。第三,相关行政组织法的条文规定较为笼统,弹性较大;对同一条文,可以有不同的理解。[①]

---

① 参见周觅、梁则乾:《建国初我国行政组织法特征分析》,载《丝绸之路》2010年第22期。

(四)中华人民共和国成立初期重视行政组织立法的原因分析

1. 统一建立政权机关的客观需要

中华人民共和国成立之初之所以重视中央和地方各级人民政府的组织立法,首先是统一建立新生的人民政权机关的需要。组建人民政府的过程是一个从无到有的过程,各级各类政权组织全部需要设置。

1949 年 9 月 27 日,中国人民政治协商会议第一届全体会议通过了中华人民共和国第一部组织法——《中央人民政府组织法》,该法规定了中央人民政府的组成和职权。政务院作为中央人民政府的组成部分,《中央人民政府组织法》规定了政务院各部门的名称,但各部门的职能如何分配、各部门内部应当设立哪些机构、各部门需要确定哪些工作制度、各部门应当配备多少人手等问题都留待政务院自己想办法解决。如果不通过制定部门组织法确立政务院各部门组建的具体规则,完全放手让各部门自行决定本部门的各项组织事项,那么可能出现各部门职能交叉重复、内部机构杂乱、管理层次混乱的现象。为了统一政务院各部门的组织架构、明确划分各部门的职能,防止上述问题的出现,制定各部门的组织规则来规范各部门的设置就显得尤为重要。因此,在 1949 年 10 月 21 日政务院第一次政务会议上,周恩来总理就提出了设立专门小组,研究起草政务院及所属各部门组织通则。1949 年 11 月,政务院第八次政务会议讨论政务院及所属各机关组织通则时,周恩来总理针对有人提出不需要搞什么条文的倾向指出,要制定完善的条例是不可能的,但文字要合乎逻辑,内容不要错,什么条文都不要,只强调有群众就行,有号召力就行,是不对的……条文可以有约束作用,有了条文规定,全国就有了准绳。[①] 1949 年 12 月 2 日,政务院第九次政务会议通过了《政务院及其所属各机关组织通则》。

在地方上,《共同纲领》未对地方层级作统一规定。民国时除实行省、县两级地方制度外,还首创了市制。县(市)以下的乡、镇实行自治,不是一级地方政府,由县(市)分区管理。随着革命在全国的胜利,需要建立地方政权。总体而言,中华人民共和国成立初期省、市、县各级地方政府除数量和辖区有所变动外,体制上变化不大,只是将民国时的省政府、市政府、县政府改称省人民政府、市人民政府、县人民政府,均加“人民”两字以示政权性质区别。行政督察专员公署改称专员公署,区公署改称区公所。但在政权组织形式上,“在我们新民主主义政权下,是不是可以沿用旧的机

① 参见马永顺:《周恩来组建与管理政府实录》,中央文献出版社 1995 年版,第 139 页。

构？我们答复，同样不可以”。[1] 由于各地政权是随着解放逐步建立的，当时并没有制定统一的地方政府组织法，而是形成一个过渡时期。

在过渡时期，地方政制的最大变化是大行政区一级政权的建立。大行政区制度的设立，是中共根据当时客观情况作出的重要决策。1949 年 3 月，党的七届二中全会确定了将全国划分为不同行政区域的方针。同年 9 月，中国人民政治协商会议第一届全体会议通过的《中央人民政府组织法》规定：依据政务院的提议，任免或批准任免各大行政区和各省市人民政府的主席、副主席和主要的行政人员。大行政区制度在法律上得到确定。同年 12 月，中央人民政府委员会分别任命东北、华东、中南、西北、西南五大行政区领导人；政务院于 1949 年 12 月 16 日第十一次政务会议通过了《大行政区人民政府委员会组织通则》，大行政区制度正式建立。随后，1950 年 1 月 6 日政务院第十四次政务会议通过了《省人民政府组织通则》《市人民政府组织通则》《县人民政府组织通则》，1950 年 11 月 3 日政务院第五十七次政务会议通过了《大城市区人民政府组织通则》，1950 年 12 月 8 日政务院第六十二次政务会议通过了《区人民政府及区公所组织通则》《乡（行政区）人民政府组织通则》。

这些通则为各级地方政府的建立和运转提供了统一的组织法依据；特别是县乡政权的建立，既是一件大事，又有一定的难度，需要作出样式和得到上级的帮助。当时华北事务部曾将《县人民政府组织通则》和《关于人民民主政权建设工作的指示》等文件印发各县，要各县长、专员和省以下各级民政工作负责人学习，并要考试，使其予以重视。依照政务院公布的《县人民政府组织通则》，县人民政府建立相应的工作部门，如民政、财政、教育、公安等科或局；只有县级政权机关的主要部分依法建立起来了，才有可能加强全县范围内的乡（村）的建政工作。董必武同志提出，有了组织法，没有上级帮助，乡（村）政权是不容易照上级所规定的法令建立起来的。他在华东局发现，有些区、乡干部甚至不知政府有关于区、乡（村）政权机关组织通则这回事。照这种情形看，要想在乡（村）依中央人民政府法令建立政权，事先还要好好布置一番。中央人民政府颁布的乡（村）政权机关组织的两个通则必须印发下去，并要向县区乡干部讲解清楚，他们才好遵照去做。[2] 董必武同志为此给毛主席写了信；毛主席回信认为信的内容

---

① 董必武：《论新民主主义政权问题》，载《董必武政治法律文集》，法律出版社 1986 年版，第 33 页。

② 参见董必武：《关于县乡政权建设问题给中共中央毛泽东主席的信》，载《董必武选集》，人民出版社 1985 年版，第 316 ~ 318 页。

是正确的，可以抄发华东局以外各中央局负责同志一阅，促其注意这件事，并且特别注明可将"我答复你的几句话，一起抄发"。

大行政区、省、县、市乃至区、乡人民政府组织通则的颁布施行，在《地方组织法》施行以前起到了地方组织法的作用，对地方行政组织的设立、职权配置、机构设置和工作机制的建立提供了统一的规范，是中华人民共和国政权建设的迫切需要，也是行政组织合法化的保障。

2. 领导群体良好的法律素养和对法治的重视

早在 1948 年 5 月，作为中央人民政府前身的华北人民政府还在酝酿成立时，倡导并领导设立华北人民政府的刘少奇，就开始考虑新政府施行法治的方略了。5 月 25 日，他在与谢觉哉、陈瑾昆谈话时指出："华北大部分地区已没有敌人，可以着手建立正规法治。刑法和民法先就旧的改一下施行，边做边改，有总比无好。"①在这次谈话中，刘少奇同时提出，在即将成立的华北人民政府中，要谢觉哉当司法部部长，陈瑾昆当法院院长。7 月中旬，刘少奇在与董必武晤谈时，针对谢觉哉主持起草的《华北区村县人民政权组织条例》等几个文件发表意见时又说："乡县政权组织纲要和选举条例及危害解放区治罪条例三草案都很好。希望赶快把民刑法草拟出来备用。"②

1948 年 9 月 26 日，董必武在当选华北人民政府委员会主席后发表的施政讲话中，明确提出了政府工作讲求正规化、讲究"形式"和手续的施政要求："现在政府各部门都成立起来了，这个政府是由游击式过渡到正规式的政府。正规的政府，首先要建立一套正规的制度和办法。过去好多事情不讲手续，正规化起来，手续很要紧。"③1949 年 5 月，在华北人民政府迁往北平后，董必武在全体工作人员大会上又对这一施政原则作了强调："我们在工作中要学习一定的程序和格式，没有好的形式，本质就不易表现出来，要注意保存文件档案，办事要讲求一定的手续和程式，老干部游击作风较深，此点尤要注意。"④

中华人民共和国成立之初重视法治，也与当时中央领导层内集中了一批有深厚的法律知识功底的人有关。例如，作为华北人民政府主席，曾任

① 中共中央文献研究室编：《刘少奇年谱（1898—1969）》（下卷），中央文献出版社 1996 年版，第 148 页。

② 中共中央文献研究室编：《刘少奇年谱（1898—1969）》（下卷），中央文献出版社 1996 年版，第 153 页。

③ 董必武：《董必武政治法律文集》，法律出版社 1986 年版，第 31 页。

④ 董必武：《董必武政治法律文集》，法律出版社 1986 年版，第 52 页。

中央财经委员会主任、政务院副总理、政务院政法委员会主任的董必武,是党内公认的法律专家。

二、立宪后行政组织法的定型

(一)1954 年《宪法》规定的行政组织

根据 1954 年《宪法》第 47 条的规定,中华人民共和国国务院,即中央人民政府,是最高国家权力机关的执行机关,是最高国家行政机关。国务院由下列人员组成:总理、副总理、各部部长、各委员会主任、秘书长。全国人民代表大会根据中华人民共和国主席的提名,决定国务院总理的人选;根据国务院总理的提名,决定国务院组成人员的人选。全国人民代表大会有权罢免国务院总理、副总理、各部部长、各委员会主任、秘书长。在全国人民代表大会闭会期间,全国人民代表大会常务委员会决定国务院副总理、各部部长、各委员会主任、秘书长的个别任免。国务院对全国人民代表大会负责并报告工作;在全国人民代表大会闭会期间,对全国人民代表大会常务委员会负责并报告工作。

国务院行使下列职权:根据宪法、法律和法令,规定行政措施,发布决议和命令,并且审查这些决议和命令的实施情况;向全国人民代表大会或者全国人民代表大会常务委员会提出议案;统一领导各部和各委员会的工作;统一领导全国地方各级国家行政机关的工作;改变或者撤销各部部长、各委员会主任的不适当的命令和指示;改变或者撤销地方各级国家行政机关的不适当的决议和命令;执行国民经济计划和国家预算;管理对外贸易和国内贸易;管理文化、教育和卫生工作;管理民族事务;管理华侨事务;保护国家利益,维护社会秩序,保障公民权利;管理对外事务;领导武装力量的建设;批准自治州、县、自治县、市的划分;依照法律的规定任免行政人员;全国人民代表大会和全国人民代表大会常务委员会授予的其他职权。

国务院总理领导国务院的工作,主持国务院会议。副总理协助总理工作。各部部长和各委员会主任负责管理本部门的工作。各部部长和各委员会主任在本部门的权限内,根据法律、法令和国务院的决议、命令,可以发布命令和指示。

1954 年《宪法》第 48 条第 2 款特别明确,国务院的组织由法律规定。

1954 年《宪法》第 62 条规定,地方各级人民委员会,即地方各级人民政府,是地方各级人民代表大会的执行机关,是地方各级国家行政机关。第 54 条第 2 款规定,自治区、自治州、自治县设立自治机关。自治机关的组织和工作由 1954 年《宪法》第二章第五节规定。

地方各级人民委员会分别由省长、市长、县长、区长、乡长、镇长各一人,副省长、副市长、副县长、副区长、副乡长、副镇长各若干人和委员各若干人组成。地方各级人民委员会每届任期与本级人民代表大会每届任期相同。地方各级人民委员会都对本级人民代表大会和上一级国家行政机关负责并报告工作。

地方各级人民委员会依照法律规定的权限管理本行政区域的行政工作。地方各级人民委员会执行本级人民代表大会的决议和上级国家行政机关的决议和命令。地方各级人民委员会依照法律规定的权限发布决议和命令。

县级以上的人民委员会领导所属各工作部门和下级人民委员会的工作,依照法律的规定任免国家机关工作人员。县级以上的人民委员会有权停止下一级人民代表大会的不适当的决议的执行,有权改变或者撤销所属各工作部门的不适当的命令和指示以及下级人民委员会的不适当的决议和命令。

在中央与地方的关系上,1954 年《宪法》第 66 条第 2 款规定了全国地方各级人民委员会都是国务院统一领导下的国家行政机关,都服从国务院。

1954 年《宪法》第 63 条第 3 款也特别明确了地方各级人民委员会的组织由法律规定,充分体现了组织法定原则。这也是制定 1954 年《国务院组织法》和地方组织法的宪法依据。

(二)1954 年《国务院组织法》

1954 年《宪法》通过后,政务院改为国务院。《宪法》规定了国务院的组成和职权,明确国务院的组织由法律规定。1954 年 9 月 21 日,第一届全国人民代表大会第一次会议上同时通过了《宪法》和《国务院组织法》。《国务院组织法》秉承《中央人民政府组织法》,以列举的形式规定了国务院的机构设置,其中第 2 条第 1 款规定,国务院设立下列各部和各委员会:内务部、外交部、国防部、公安部、司法部、监察部、国家计划委员会、国家建设委员会、财政部、粮食部、商业部、对外贸易部、重工业部、第一机械工业部、第二机械工业部、燃料工业部、地质部、建筑工程部、纺织工业部、轻工业部、地方工业部、铁道部、交通部、邮电部、农业部、林业部、水利部、劳动部、文化部、高等教育部、教育部、卫生部、体育运动委员会、民族事务委员会、华侨事务委员会。1954 年《国务院组织法》通过的时候国务院部委一共是 35 个。但这之后,依组织法成立的国务院开始增设机构,到 1956 年,机构总数达 81 个,形成了中华人民共和国成立以来政府机构数量的第一次高峰。根据 1954 年《国务院组织法》第 2 条第 2 款的规定,国务院各部和各委员会的增加、减少或者合并，经总理提出，由全国人民代表大会决定，在全国人民代表大会闭会期间由全国人民代表大会常务委员会决定。除了部委以外，国务院可以按照需要设立若干直属机构，主办各项专门业务。这些机构的设立、合并或者撤销，由总理提请全国人民代表大会常务委员会批准。国务院也可以按照需要设立若干办公机构，协助总理分别掌管国务院所属各部门的工作。对于直属机构和办公机构，1954 年《国务院组织法》没有具体列举，随需要而设。当时设立了国家统计局、国家计量局、中国人民银行、中央手工业管理局、中国民用航空局、中央气象局、中央工商行政管理局、新华通讯社、广播事业局、中国文字改革委员会、对外联络文化局、国务院宗教事务局、国务院法制局、国务院人事局、国务院档案局、中央机要交通局、国务院参事室、专家工作局、国务院机关事务管理局和总理办公室等 20 个直属机构，国务院设立第一办公室、第二办公室、第三办公室、第四办公室、第五办公室、第六办公室、第七办公室、第八办公室等八大办公室作为办公机构。到 1959 年，国务院设 39 个部委，21 个直属机构和办事机构，机构总数达 60 个（如图 1 所示），比 1956 年减少 21 个。

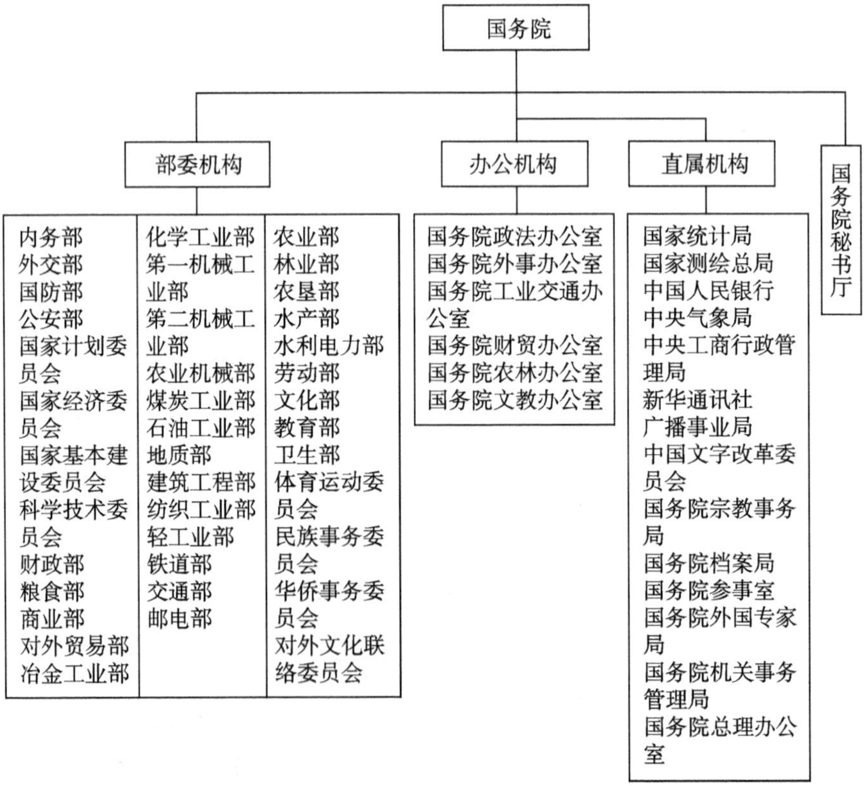

图 1　1959 年国务院组织机构

根据《政务院及其所属各机关组织通则》,国务院所属各机关拟定了组织条例。例如,1955 年 10 月 26 日国务院常务会议批准了《国家计划委员会暂行工作条例》,规定了国家计划委员会的工作任务、原则和设立的具体工作部门等。1956 年 9 月 17 日国务院常务会议批准《劳动部组织简则》,规定了劳动部的性质、任务和职权,列明了劳动部设立办公厅、工资局、劳动力调配局、技术工人培养训练局、劳动保护局、锅炉检查总局、干部司和编译出版室等工作机构,各厅、局、司、室按照需要,经部长批准可以设立处、科、室,分别管理各项业务。《体育运动委员会组织简则》《监察部组织简则》《国务院人事局组织简则》《国务院秘书厅组织简则》《国务院法制局组织简则》《国务院机关事务管理局组织简则》等也纷纷拟定、批准和实施。从 1954 年至 1957 年,国务院共批准了 12 个部门的部门组织简则或工作条例。

这些组织简则,都是根据 1954 年《国务院组织法》拟定,由国务院常务会议批准通过的。根据 1954 年《宪法》和《国务院组织法》的规定,国务院有权发布决议和命令,但没有行政法规的制定权;这些决议实质上属于现在所说的行政法规的范畴,只不过从形式上而言,似乎应经人大批准更合乎程序。如《国务院关于国家行政机关工作人员的奖惩暂行规定》是 1957 年 10 月 23 日全国人民代表大会常务委员会第八十二次会议批准后,1957 年 10 月 26 日由国务院以命令形式公布的。根据 1949 年《中央人民政府组织法》的规定,政务院及各委、部、会、院、署、行、厅的组织条例,由中央人民政府委员会制定或批准。这里的中央人民政府,作为立法机关,相当于后来全国人民代表大会的地位。

(三)1954 年《地方各级人民代表大会和地方各级人民委员会组织法》

1954 年《宪法》第 62 条规定,地方各级人民委员会,即地方各级人民政府,是地方各级人民代表大会的执行机关,是地方各级国家行政机关。地方各级人民委员会的组织由法律规定。与此同时颁布的《地方各级人民代表大会和地方各级人民委员会组织法》第三章专章规定了地方各级人民委员会,规定了省、直辖市、县、市、市辖区、乡、民族乡、镇的人民委员会的组成和任期。省人民委员会每届任期由 2 年改为 4 年,直辖市、县、市、市辖区、乡、民族乡、镇的人民委员会每届任期由 1 年改为 2 年。

1954 年《地方各级人民代表大会和地方各级人民委员会组织法》没有对各级地方政府单独立法,而是笼统地规定县级以上人民委员会在本行政区域内行使的职权和乡、民族乡、镇人民委员会在本行政区域内行使的职权,但在组织机构设置上,仍然区分规定省、直辖市和设区的市、不设区的市、县、市辖区、乡(民族乡、镇)可以设立的机构。省人民委员会按照需要可以设立民政、公安、司法、监察、计划、财政、粮食、工业、商业、交通、农林、水利、劳动、文化、教育、卫生、体育运动等厅、局、处或者委员会,并且可以设立办公厅。民族事务较多的省按照需要可以设立民族事务委员会。华侨事务较多的省按照需要可以设立管理华侨事务的机构。直辖市和设区的市的人民委员会按照需要可以设立民政、公安、司法、监察、计划、财政、粮食、税务、工业、商业、劳动、文化、教育、卫生、体育运动、各项市政建设和公用事业等局、处或者委员会,并且可以设立办公厅。民族事务较多的直辖市和设区的市按照需要可以设立民族事务委员会。华侨事务较多的直辖市和设区的市按照需要可以设立管理华侨事务的机构。不设区的市的人民委员会按照需要可以设立民政、公安、财政、粮食、税务、工商、建设、劳动、文化教育、卫生等科或者局,并且可以设立办公室。县人民委员会按照需要可以设立民政、公安、财政、粮食、税务、工商、农林、交通、文化教育、卫生等科或者局,并且可以设立办公室。市辖区人民委员会按照需要可以设立民政、生产合作、工商管理、建设、劳动、文化教育、卫生等科或者股,并且可以设立办公室。直辖市、市人民委员会的公安、税务等局可以在市辖区设立分局。乡、民族乡、镇人民委员会按照需要可以设立民政、治安、武装、生产合作、财粮、文化教育、调解等工作委员会,吸收本级人民代表大会代表和其他适当的人员参加。乡、民族乡、镇人民委员会在需要的时候,可以设文书一人。人口和工商业较多的镇的人民委员会,经县人民委员会批准,可以设立相关的工作部门。1955 年 6 月 9 日发布的《国务院关于设置市、镇建制的决定》规定,镇是属于县、自治县领导的行政单位。县级或者县级以上地方国家机关所在地可以设置镇的建制。不是县级或者县级以上地方国家机关所在地,必须是聚居人口在 2000 以上,有相当数量的工商业居民,并确有必要时方可设置镇的建制。少数民族地区如有相当数量的工商业居民,聚居人口虽不及 2000,确有必要时,亦得设置镇的建制。镇以下不再设乡。

1954 年《地方各级人民代表大会和地方各级人民委员会组织法》第 36 条规定,省、直辖市人民委员会的工作部门的设立、增加、减少或者合并,由人民委员会报请国务院批准。县、市、市辖区、乡、民族乡、镇人民委员会的工作部门的设立、增加、减少或者合并,由人民委员会报请上一级人民委员会批准。第 38 条规定,省、直辖市、设区的市的人民委员会按照需要可以设立若干办公机构,协助省长、市长分别掌管人民委员会所属各工作部门的工作。

根据 1954 年《地方各级人民代表大会和地方各级人民委员会组织法》

的规定,1954 年 12 月 15 日国务院常务会议通过了《国务院关于各省人民委员会设置工作部门和办公机构的决定》,原来省人民政府设有的民政、公安、财政、粮食、商业、工业、交通、农业、林业、水利、教育、卫生等厅……今后省人民委员会都要继续保留。原来省人民政府设的政法、财经、文教委员会都应撤销。今后省人民委员会为了加强对各工作部门的具体指导,密切有关部门的工作联系,可依照 1954 年《地方各级人民代表大会和地方各级人民委员会组织法》第 38 条的规定设置若干办公机构。各省人民委员会设立的工作部门,应依据 1954 年《地方各级人民代表大会和地方各级人民委员会组织法》第 36 条的规定报请国务院批准。

1954 年《地方各级人民代表大会和地方各级人民委员会组织法》第 42 条授权省人民委员会在必要的时候,经国务院批准,可以设立若干专员公署,作为它的派出机关。县人民委员会在必要的时候,经省人民委员会批准,可以设立若干区公所,作为它的派出机关。市辖区、不设区的市的人民委员会在必要的时候,经上一级人民委员会批准,可以设立若干街道办事处,作为它的派出机关。原来介于县和乡之间的区政府根据 1954 年《地方各级人民代表大会和地方各级人民委员会组织法》的规定已不是一级政府机关,只是作为派出机关可以设立区公所。

(四)1954 年《城市街道办事处组织条例》

中华人民共和国成立后各城市的街道组织不尽相同。在基层政权方面,除少数城市在公安派出所内设民政干事领导居民工作外,有的城市在区人民政府之下,成立了街人民政府,并召开过街人民代表会议;有的城市在区人民政府下,设立了街公所或街道办事处。为了避免此类不正常的现象,1953 年 6 月 8 日,彭真同志给毛泽东等中央领导同志专门写了一个报告,即《关于城市街道办事处组织、居民委员会组织和经费问题的报告》。

上述报告认为,街道居民委员会的组织是需要建立的,但它的性质是群众自治组织,不是政权组织,在组织上并不是基层政权的“腿”。城市街道不需要再建立一级政权。因为城市的许多工作都是需要集中统一处理的,不宜分散进行,如街设街政府,就很容易政出多门。随着国家工业化和向社会主义的过渡,工人阶级以外的街道居民将日益减少,街政权将更不需要更不应当建立。但由于我们现在的工业还很不发达,同时还处在向社会主义过渡的新民主主义社会阶段,即使在现代工业较发达的城市中,仍有很多不属工厂、企业、学校、机关的无组织的街道居民,这种人口在有的城市中,甚至占 60% 以上。为了把街道居民逐步加以组织并逐渐使之就业或转业,为了减轻现在区政府和公安派出所的负担,在很多城市中,除建立居民委员会外,还需要设立市或区人民政府的派出机关,我们的意见是设立街道办事处。①

1954 年 12 月 31 日,全国人大常委会第四次会议通过了《城市街道办事处组织条例》,规定了街道办事处的法律地位、管理体制和职责权限。同时颁布的还有《城市居民委员会组织条例》和《公安派出所组织条例》。《人民日报》为此发表社论指出,这些条例的颁布实施,将进一步改进城市基层政权的工作,对于加强城市治安工作,密切政府和人民群众的联系,深入贯彻政策法令以及满足居民日益增长的福利要求等,都有十分重大的意义。许多城市建立街道办事处的经验证明,街道办事处能够大大加强基层国家行政机关的工作,它是国家大规模经济建设时期的一种必要的组织形式。②

街道办事处,是指市辖区、不设区的市的人民委员会按照工作需要设立的派出机关。《城市街道办事处组织条例》规定,10 万人口以上的市辖区和不设区的市,应当设立街道办事处;10 万人口以下 5 万人口以上的市辖区和不设区的市,如果工作确实需要,也可以设立街道办事处;5 万人口以下的市辖区和不设区的市,一般不设立街道办事处。

街道办事处的任务如下:(1)办理市、市辖区的人民委员会有关居民工作的交办事项;(2)指导居民委员会的工作;(3)反映居民的意见和要求。

街道办事处设主任 1 人,按照工作的繁简和管辖区域的大小,设干事若干人,在必要的时候,可以设副主任 1 人。街道办事处共设专职干部 3 ~ 7 人,内有做街道妇女工作的干部 1 人。街道办事处主任、副主任、干事都由市辖区、不设区的市的人民委员会委派。街道办事处的办公费及工作人员的工资,由省、直辖市的人民委员会统一拨发。

市、市辖区的人民委员会的各工作部门,非经市、市辖区的人民委员会批准,不得直接向街道办事处布置任务。

(五)1954 年《公安派出所组织条例》

《公安派出所组织条例》的诞生,是由于中华人民共和国成立后实际工作的需要。最初,城市管理一律采用军事管制制度,以便迅速肃清残余反动势力,保障人民生命财产的安全。在党和政府组织逐步建立之时,军管的一部分重要力量就进入了公安局。军管之时就普遍建立起来的公安

① 参见彭真:《城市应建立街道办事处和居民委员会》,载《彭真文选》,人民出版社 1991 年版,第 240 ~ 241 页。

② 参见《改进城市基层政权工作的重要措施》,载《人民日报》1955 年 1 月 2 日,第 1 版。

派出所,后来就成了在社区、街道代表党和政府实施新社会管理的最基层机构。当时,在其他社会管理机构还都没有形成的时候,派出所就形成了。遍布城乡的派出所成了普通群众接触最多的代表国家的机构,以致当时很多群众称呼管片民警为"段长"。当时的公安派出所虽然警力有限,但要负责的事务众多。当时就有民警认为,有些事不应当是警察管的。但是,公安派出所的职责没有全面具体的法律规定。作为执法主体,其职责权力、组织结构、运行规则,应该有全面、具体的规范。20 世纪 50 年代的派出所人员来源复杂且使命重大,故也需要一部组织法对其予以规范。[①]

1954 年 12 月 31 日全国人民代表大会常务委员会第四次会议通过了《公安派出所组织条例》。它规定,为了加强社会治安、维护公共秩序、保护公共财产、保障公民权利,市、县公安局可以在辖区内设立公安派出所。公安派出所是市、县公安局管理治安工作的派出机关。公安派出所在市、县公安局或者公安分局的直接领导下进行工作。过去一个时期,由于城市公安派出所兼办一部分民政工作,不能很好地集中全部力量来维护社会治安;而公安派出所又因为本身职务关系,不可能用很大力量来系统地研究和了解民政工作方面的政策、情况和问题,也影响民政工作的开展。《公安派出所组织条例》的颁布和实施,有利于改善这一状况。公安派出所在解除原来兼管的民政工作之后,不仅能够把全部力量用来保障社会治安和公共秩序,保障国家法律和法令的贯彻实施,保障公共财产不被盗窃和破坏,保障公民权利不受侵害;而且也有可能进行系统的社会调查,使城市公安工作更加主动和更有计划。

(六)民族自治地方行政组织条例

根据 1954 年《地方各级人民代表大会和地方各级人民委员会组织法》的规定,自治区、自治州、自治县的自治机关的组织和工作,依照《宪法》第二章第五节的规定,不属于地方组织法规定的范围。根据 1954 年《宪法》第二章第五节的规定,自治区、自治州、自治县的自治机关的组织,应当根据《宪法》第二章第四节规定的关于地方国家机关的组织的基本原则。自治机关的形式可以依照实行区域自治的民族大多数人民的意愿规定。自治区、自治州、自治县的自治机关可以依照当地民族的政治、经济和文化的特点,制定自治条例和单行条例,报请全国人民代表大会常务委员会批准。

根据 1954 年《宪法》授予的地方立法权,各自治区、自治州、自治县制

---

① 参见宋识径:《公安派出所组织条例废止后的话题:废旧法后亟须立新法》,载《检察日报》2009 年 9 月 25 日,第 4 版。

定了自己的自治条例。

三、改革开放初期的行政组织立法

我国现行行政组织立法是党的十一届三中全会后重新构建起来的，是20世纪50年代行政组织法的延续和发展，是恢复国家政权建设的需要。1982年《宪法》更多地体现了1954年《宪法》的精神，而不是在1975年、1978年《宪法》的基础上修订而成的。改革开放初期，随着国家对民主与法制建设的日益重视，我国重新制定了《地方组织法》和《国务院组织法》，1979年12月重新颁布了1954年制定的《街道办事处组织条例》。1982年《宪法》全面规定了国务院和地方各级人民政府在国家机构中的地位、组织和职责，为改革开放后的行政组织立法奠定了宪法基础。行政组织立法在改革开放初期迎来了第二次辉煌。

（一）1979年《地方组织法》

1979年7月1日，第五届全国人民代表大会第二次会议通过了《地方组织法》。1982年《宪法》通过后，根据其关于地方各级人民政府的规定进行了修改，后又经1986年、1995年、2004年、2015年和2022年的几次修改，奠定了地方各级人民政府的组织法基础。

相对于1954年《地方组织法》，1979年《地方组织法》对地方政府机构设置规定得比较原则，即地方各级人民政府根据工作需要和精干的原则，设立必要的工作部门。至于可以设立哪些工作部门，并没有组织法的列举性规定，更没分别规定省级人民政府可以设哪些工作部门，县级人民政府可以设哪些工作部门。而1954年《地方组织法》明确列举了省、直辖市和设区的市、不设区的市、县等各级人民委员会按照需要可以设立的工作部门。

（二）1982年《宪法》规定的行政组织

1982年《宪法》第三章“国家机构”，其中第三节“国务院”规定了中央国家行政机关的组织和职权，具体内容包括：

1. 国务院的性质和地位

我国实行人民代表大会制度，国家行政机关由人民代表大会产生，对它负责，受它监督。中华人民共和国国务院，即中央人民政府，是最高国家权力机关的执行机关，对全国人民代表大会负责并报告工作；在全国人民代表大会闭会期间，对全国人民代表大会常务委员会负责并报告工作。国务院是最高国家行政机关，统一领导各部和各委员会的工作，并且领导不属于各部和各委员会的全国性的行政工作，统一领导全国地方各级国家行政机关的工作。

2. 国务院的组成

国务院由下列人员组成：总理、副总理、国务委员、各部部长、各委员会主任、审计长、秘书长。

3. 国务院的责任制度

国务院实行总理负责制。各部、各委员会实行部长、主任负责制。

4. 国务院的任期

国务院每届任期与全国人民代表大会每届任期相同，即每届任期5年。总理、副总理、国务委员连续任职不得超过两届。

5. 国务院的工作制度

总理领导国务院的工作。副总理、国务委员协助总理工作。总理、副总理、国务委员、秘书长组成国务院常务会议。总理召集和主持国务院常务会议和国务院全体会议。

6. 国务院的职权：

(1)根据宪法和法律，规定行政措施，制定行政法规，发布决定和命令；

(2)向全国人民代表大会或者全国人民代表大会常务委员会提出议案；

(3)规定各部和各委员会的任务和职责，统一领导各部和各委员会的工作，并且领导不属于各部和各委员会的全国性的行政工作；

(4)统一领导全国地方各级国家行政机关的工作，规定中央和省、自治区、直辖市的国家行政机关的职权的具体划分；

(5)编制和执行国民经济和社会发展计划和国家预算；

(6)领导和管理经济工作和城乡建设；

(7)领导和管理教育、科学、文化、卫生、体育和计划生育工作；

(8)领导和管理民政、公安、司法行政和监察等工作；

(9)管理对外事务，同外国缔结条约和协定；

(10)领导和管理国防建设事业；

(11)领导和管理民族事务，保障少数民族的平等权利和民族自治地方的自治权利；

(12)保护华侨的正当的权利和利益，保护归侨和侨眷的合法的权利和利益；

(13)改变或者撤销各部、各委员会发布的不适当的命令、指示和规章；

(14)改变或者撤销地方各级国家行政机关的不适当的决定和命令；

(15)批准省、自治区、直辖市的区域划分,批准自治州、县、自治县、市的建置和区域划分;

(16)决定省、自治区、直辖市的范围内部分地区的戒严;

(17)审定行政机构的编制,依照法律规定任免、培训、考核和奖惩行政人员;

(18)全国人民代表大会和全国人民代表大会常务委员会授予的其他职权。

7. 国务院各部委的设置、职权和工作制度

国务院各部部长、各委员会主任负责本部门的工作,召集和主持部务会议或者委员会会议、委务会议,讨论决定本部门工作的重大问题。

各部、各委员会根据法律和国务院的行政法规、决定、命令,在本部门的权限内,发布命令、指示和规章。

1982 年《宪法》第 91 条特别规定了国务院设立审计机关,对国务院各部门和地方各级政府的财政收支,对国家的财政金融机构和企业事业组织的财务收支,进行审计监督。审计机关在国务院总理领导下,依照法律规定独立行使审计监督权,不受其他行政机关、社会团体和个人的干涉。

相较于 1954 年《宪法》,1982 年《宪法》对国务院的规定增加了国务委员的设置,区分了国务院常务会议和全体会议,建立了行政首长负责制,赋予了国务院及其部委行政立法权。

1982 年《宪法》第三章“国家机构”第五节“地方各级人民代表大会和地方各级人民政府”规定了地方国家行政机关的组织和职权。第 95 条规定,省、直辖市、县、市、市辖区、乡、民族乡、镇设立人民代表大会和人民政府,自治区、自治州、自治县设立自治机关。自治机关的组织和工作根据《宪法》第三章“国家机构”第五节“地方各级人民代表大会和地方各级人民政府”和第六节“民族自治地方的自治机关”规定的基本原则由法律另行规定。

关于地方各级人民政府,1982 年《宪法》规定了以下几方面的内容:

(1)地方各级人民政府的性质和地位

地方各级人民政府是地方各级国家权力机关的执行机关,是地方各级国家行政机关。地方各级人民政府对本级人民代表大会负责并报告工作。县级以上的地方各级人民政府在本级人民代表大会闭会期间,对本级人民代表大会常务委员会负责并报告工作。地方各级人民政府对上一级国家行政机关负责并报告工作。全国地方各级人民政府都是国务院统一领导下的国家行政机关,都服从国务院。

(2)地方各级人民政府的责任制度

地方各级人民政府实行省长、市长、县长、区长、乡长、镇长负责制。

(3)地方各级人民政府的任期

地方各级人民政府每届任期与本级人民代表大会每届任期相同,即每届任期5年。

(4)地方各级人民政府的职权

县级以上地方各级人民政府依照法律规定的权限,管理本行政区域内的经济、教育、科学、文化、卫生、体育事业、城乡建设事业和财政、民政、公安、民族事务、司法行政、监察、计划生育等行政工作,发布决定和命令,任免、培训、考核和奖惩行政工作人员。县级以上的地方各级人民政府领导所属各工作部门和下级人民政府的工作,有权改变或者撤销所属各工作部门和下级人民政府的不适当的决定。

乡、民族乡、镇的人民政府执行本级人民代表大会的决议和上级国家行政机关的决定和命令,管理本行政区域内的行政工作。

省、直辖市的人民政府决定乡、民族乡、镇的建置和区域划分。

1982年《宪法》第109条特别规定了县级以上的地方各级人民政府设立审计机关。地方各级审计机关依照法律规定独立行使审计监督权,对本级人民政府和上一级审计机关负责。

(三)1982年《国务院组织法》

1982年《宪法》第86条第3款规定,国务院的组织由法律规定。1982年12月10日,第五届全国人民代表大会第五次会议通过了《国务院组织法》。这是规定中央人民政府组织和职权的专门行政组织法。

《国务院组织法》共11条,规定了以下内容:

1. 国务院的组成

国务院由总理、副总理、国务委员、各部部长、各委员会主任、审计长、秘书长组成。

2. 国务院的责任制度

国务院实行总理负责制。总理领导国务院的工作。副总理、国务委员协助总理工作。

3. 国务院的职权

《国务院组织法》没有列举国务院的职权,而是规定国务院行使《宪法》第89条规定的职权。

4. 国务院的会议制度

国务院会议分为国务院全体会议和国务院常务会议。国务院全体会议由国务院全体成员组成。国务院常务会议由总理、副总理、国务委员、秘书长组成。总理召集和主持国务院全体会议和国务院常务会议。国务院工作中的重大问题,必须经国务院常务会议或者国务院全体会议讨论决定。

5. 国务院领导的分工和工作制度

国务院发布的决定、命令和行政法规,向全国人民代表大会或者全国人民代表大会常务委员会提出的议案,任免人员,由总理签署。国务委员受总理委托,负责某些方面的工作或者专项任务,并且可以代表国务院进行外事活动。国务院秘书长在总理领导下,负责处理国务院的日常工作。国务院设副秘书长若干人,协助秘书长工作。

6. 国务院的机构设置

国务院设立办公厅,由秘书长领导。

《国务院组织法》没有规定国务院具体设立哪些部门,只是规定,国务院各部、各委员会的设立、撤销或者合并,经总理提出,由全国人民代表大会决定;在全国人民代表大会闭会期间,由全国人民代表大会常务委员会决定。

国务院可以根据工作需要和精简的原则,设立若干直属机构主管各项专门业务,设立若干办事机构协助总理办理专门事项。每个机构设负责人2~5人。

7. 国务院各部门的组成、责任制度、分工和工作制度

各部设部长1人,副部长2~4人。各委员会设主任1人,副主任2~4人,委员5~10人。各部、各委员会实行部长、主任负责制。各部部长、各委员会主任领导本部门的工作,召集和主持部务会议或者委员会会议、委务会议,签署上报国务院的重要请示、报告和下达的命令、指示。副部长、副主任协助部长、主任工作。

8. 国务院各部门的职权

各部、各委员会工作中的方针、政策、计划和重大行政措施,应向国务院请示报告,由国务院决定。根据法律和国务院的决定,主管部、委员会可以在本部门的权限内发布命令、指示和规章。

与1954年《国务院组织法》相比,1982年《国务院组织法》有以下几点变化:

第一,1982年《国务院组织法》明确规定了首长负责制。1954年《国务院组织法》没有规定国务院和国务院各部门的领导制度。1982年《国务院组织法》根据1982年《宪法》第86条关于国务院实行总理负责制,各部、

各委员会实行部长、主任负责制的规定，对国务院和国务院各部门的首长负责制作出了进一步规定。

第二，1982 年《国务院组织法》不再列出国务院各组成部门的名称。1954 年《国务院组织法》第 2 条列举了国务院设立的各部和各委员会名录。1982 年《国务院组织法》考虑到“二十多年来部委的设置变动较多，今后随着国家行政管理体制和经济管理体制改革的逐步推行，势必还会有所变化，为了保持法律的稳定性和严肃性”，①不再列出国务院各部和各委员会的名称。

第三，1982 年《国务院组织法》统一规定了国务院各部门负责人副职的职数。1954 年《国务院组织法》规定各部设部长 1 人和副部长若干人，各委员会设主任 1 人，副主任和委员各若干人。副职具体多少人数，没有统一规定。而 1982 年《国务院组织法》为了“巩固政府机构改革的成果，坚持精干的原则，提高工作效率，克服官僚主义”，②明确了各部设副部长 2 ~ 4 人，各委员会设副主任 2 ~ 4 人，委员 5 ~ 10 人。

第四，1982 年《国务院组织法》规定了国务院可以设立若干办事机构协助总理办理专门事项。1954 年《国务院组织法》规定国务院可以按照需要设立若干办公机构，协助总理分别掌管国务院所属各部门的工作。1982 年《国务院组织法》取消了办公机构，新规定了办事机构的设立，而且办事机构由国务院自主设置。办公机构与办事机构的主要区别在于，办公机构负责“协助总理分别掌管国务院所属各部门的工作”，而办事机构负责“协助总理办理专门事项”。可见，办公机构负责的事务比办事机构多，地位比办事机构高。

第五，1982 年《国务院组织法》规定了国务院可以根据工作需要和精简的原则，设立若干直属机构主管各项专门业务。鉴于“直属机构的负责人不是国务院组成人员，他们的任免并不经过全国人大常委会批准”，1982 年《国务院组织法》将国务院直属机构的设置权完全交由国务院行使，全国人大常委会不再对国务院直属机构设置行使批准权。③

第六，1982 年《国务院组织法》授权各部委可以根据法律和国务院的

---

① 全国人民代表大会常务委员会办公厅编：《中华人民共和国第五届全国人民代表大会第五次会议文件》，民族出版社 1983 年版，第 265 页。

② 全国人民代表大会常务委员会办公厅编：《中华人民共和国第五届全国人民代表大会第五次会议文件》，民族出版社 1983 年版，第 265 页。

③ 参见全国人民代表大会常务委员会办公厅编：《中华人民共和国第五届全国人民代表大会第五次会议文件》，民族出版社 1983 年版，第 265 页。

决定,在本部门的权限内发布命令、指示和规章,国务院部委享有了行政立法权。

第七,1982 年《国务院组织法》规定了部委重大事项应向国务院请示报告的制度。该法第 10 条规定,各部、各委员会工作中的方针、政策、计划和重大行政措施,应向国务院请示报告,由国务院决定。

第八,1982 年《国务院组织法》取消了关于国务院全体会议举行期限的规定,并且将"国务院发布的决议和命令,必须经国务院全体会议或者国务院常务会议通过"修改为"国务院工作中的重大问题,必须经国务院常务会议或者国务院全体会议讨论决定"。1954 年《国务院组织法》规定,国务院全体会议每月举行一次,在必要的时候由总理临时召集。"根据多年来的实践经验,对于国务院会议的期限和内容,在法律上不好作硬性的规定。"[①]因而 1982 年《国务院组织法》取消了这一规定。

第九,1982 年《国务院组织法》取消了部长助理一职的设置。1954 年《国务院组织法》规定了各部设部长一人和副部长若干人,并且可以按照需要设部长助理若干人。

① 全国人民代表大会常务委员会办公厅编:《中华人民共和国第五届全国人民代表大会第五次会议文件》,民族出版社 1983 年版,第 264 ~ 265 页。

第三章　行政组织立法的现状

以1982年《宪法》关于国务院和地方人民政府的规定为依据，以《国务院组织法》和《地方组织法》为基础，改革开放后我国已构建起一个庞大的行政组织法律规范体系。这个体系对我国行政机关的组织和活动产生着指导、规范和约束作用，体系的科学和完善可以使行政组织体系有条不紊地协力实现行政目的；相反，立法的欠缺和规范的不严密则可能导致组织行为的紊乱。为完善行政组织立法，首先需要对现行行政组织法规范体系进行全面的梳理、归纳和总结。

一、行政组织立法规范体系

就有关中央和地方各级人民政府的组织和职权的实体内容看，规定行政组织的法规性文件和其他规范性文件已经构成一个庞大的行政组织法体系。展现和研究这一行政组织法体系，也许对我们了解现行行政组织法全貌、掌握行政组织法特征、完善行政组织立法不无裨益。

（一）1982年《宪法》中关于国务院和地方各级人民政府组织和职权的规定

规定国家机关的组织和职权是宪法的主要内容之一，宪法中关于国务院和地方各级人民政府的规定，既是行政组织立法的依据，本身也是行政组织法的法律渊源。1982年《宪法》第三章"国家机构"，其中第三节"国务院"规定了中央国家行政机关的组织和职权，第五节"地方各级人民代表大会和地方各级人民政府"规定了地方国家行政机关的组织和职权。

（二）中央和地方各级人民政府组织法

中央和地方各级人民政府组织法，包括《国务院组织法》《地方组织法》中地方各级人民政府部分和特别地方的组织法。我国现行地方政府组织，除了《地方组织法》规定的一般地方政府组织外，还包括民族自治地方、特别行政区，分别由《民族区域自治法》《香港特别行政区基本法》《澳门特别行政区基本法》规定。广义而言，它们也是地方组织立法的组成部分。

根据《民族区域自治法》的规定，自治区、自治州、自治县的人民代表大会和人民政府是民族自治地方的自治机关。各民族自治地方的人民政府都是国务院统一领导下的国家行政机关，都服从国务院。自治区主席、自治州州长、自治县县长由实行区域自治的民族的公民担任。民族自治地方的人民政府实行自治区主席、自治州州长、自治县县长负责制。自治区主席、自治州州长、自治县县长，分别主持本级人民政府工作。《民族区域自治法》授予了民族自治机关较大的自治权，包括上级国家机关的决议、决定、命令和指示，如有不适合民族自治地方实际情况的，自治机关可以报经该上级国家机关批准，变通执行或者停止执行。民族自治地方的自治机关的组织和工作，根据宪法和法律，由民族自治地方的自治条例或者单行条例规定。

特别行政区属于特殊的地方政权组织。根据1982年《宪法》的规定，国家在必要时得设立特别行政区。在特别行政区内实行的制度按照具体情况由全国人民代表大会以法律规定。《香港特别行政区基本法》和《澳门特别行政区基本法》是地方行政组织法的组成部分。根据《香港特别行政区基本法》的规定，香港特别行政区是中华人民共和国的一个享有高度自治权的地方行政区域，直辖于中央人民政府。香港特别行政区政府是香港特别行政区行政机关。香港特别行政区政府的首长是香港特别行政区行政长官，代表香港特别行政区。香港特别行政区设立廉政公署、审计署，独立工作，对行政长官负责。香港特别行政区政府设政务司、财政司、律政司和各局、处、署。

（三）部门行政组织法

不同于新中国成立初期，现行行政组织法中对部门单行法没有具体要求。

中国人民银行作为国务院的组成部门，1995年全国人民代表大会通过、2003年修正的《中国人民银行法》尽管名称上是组织法，但内容不仅包括中国人民银行的组织和职权，也包括中国人民银行的业务活动。其中关于中国人民银行组织和职权部门，属于单行组织法内容。

1994年《审计法》第二章规定了审计机关和审计人员，第三章规定了审计机关职责，第四章规定了审计机关权限，属于审计机关组织法的内容。

1983年制定、2009年修订的《统计法》第四章规定了统计机构和统计人员，规定国务院设立国家统计局，依法组织领导和协调全国的统计工作。国家统计局根据工作需要设立的派出调查机构，承担国家统计局布置的统计调查等任务。县级以上地方人民政府设立独立的统计机构，乡、镇人民政府设置统计工作岗位，配备专职或者兼职统计人员，依法管理、开展统计工作，实施统计调查。

1987年制定,1996年、2016年、2020年3次修改的《档案法》第二章“档案机构及其职责”,规定了中央和地方各级档案管理机关的设置和任务。国家档案主管部门主管全国档案工作,对全国的档案事业实行统筹规划和组织协调,建立统一制度,实行监督和指导;县级以上地方档案主管部门主管本行政区域内的档案工作,对本行政区域内机关、团体、企业事业单位和其他组织的档案工作实行监督和指导;乡镇人民政府应当指定人员负责管理本机关的档案,并对所属单位、基层群众性自治组织等的档案工作实行监督和指导。《档案法》的规定,是设置档案管理机构的法律依据,县级以上地方各级人民政府应当依法设置档案行政管理机关。

更多的是在行为法中规定主管机关的机构和职权。例如,《矿产资源法》第11条规定,国务院地质矿产主管部门主管全国矿产资源勘查、开采的监督管理工作。国务院有关主管部门协助国务院地质矿产主管部门进行矿产资源勘查、开采的监督管理工作。省、自治区、直辖市人民政府地质矿产主管部门主管本行政区域内矿产资源勘查、开采的监督管理工作。省、自治区、直辖市人民政府有关主管部门协助同级地质矿产主管部门进行矿产资源勘查、开采的监督管理工作。

有些机构则是根据单行管理法的规定设立的,这些单行法是设立机构的法律依据。例如,《证券法》第十二章规定了证券监督管理机构的性质、任务和职责。该法第168条中规定,国务院证券监督管理机构依法对证券市场实行监督管理,维护证券市场公开、公平、公正。第169条规定了国务院证券监督管理机构在对证券市场实施监督管理中履行的职责。据此,国务院成立了中国证券监督管理委员会,作为国务院直属事业单位,依法对证券市场实行监督管理。为了切实有效地对证券市场进行监督管理,中国证券监督管理委员会还在全国中心城市设立了36个证券监管局,作为中国证券监督管理委员会的派出机构,履行监管职责。

根据《保险法》的规定,国务院保险监督管理机构依法对保险业实施监督管理。国务院保险监督管理机构根据履行职责的需要设立派出机构。派出机构按照国务院保险监督管理机构的授权履行监督管理职责。保险监督管理机构依照保险法和国务院规定的职责,遵循依法、公开、公正的原则,对保险业实施监督管理,维护保险市场秩序,保护投保人、被保险人和受益人的合法权益。国务院保险监督管理机构依照法律、行政法规制定并发布有关保险业监督管理的规章。据此规定,国务院设立了保监会。

《食品安全法》第5条第1款规定,国务院设立食品安全委员会,其工作职责由国务院规定。据此,2010年2月6日,国务院发布《关于设立国务院食品安全委员会的通知》,决定设立国务院食品安全委员会,作为国务院食品安全工作的高层次议事协调机构。国务院食品安全委员会设立国务院食品安全委员会办公室,具体承担委员会的日常工作。国务院食品安全委员会的主要职责是分析食品安全形势,研究部署、统筹指导食品安全工作;提出食品安全监管的重大政策措施;督促落实食品安全监管责任。

《反垄断法》第 9 条规定,国务院设立反垄断委员会,负责组织、协调、指导反垄断工作。反垄断委员会履行《反垄断法》规定的职责以及国务院规定的其他职责。关于国务院反垄断委员会的组成和工作规则由国务院规定。该法第 10 条还规定,国务院规定的承担反垄断执法职责的机构依照《反垄断法》的规定,具体负责反垄断执法工作。国务院反垄断执法机构根据工作需要,可以授权省、自治区、直辖市人民政府相应的机构,依照《反垄断法》的规定负责有关反垄断执法工作。据此,2008 年国务院成立了以时任国务院副总理王岐山为主任的国务院反垄断委员会,国务院办公厅为此发布了《关于国务院反垄断委员会主要职责和组成人员的通知》和《国务院反垄断委员会工作规则》。商务部成立反垄断局,承担《反垄断法》规定的国务院反垄断委员会具体工作。2018 年 3 月,根据第十三届全国人民代表大会第一次会议批准的国务院机构改革方案,将国务院反垄断委员会办公室职责整合,组建国家市场监督管理总局,国务院反垄断委员会具体工作由国家市场监督管理总局承担。

根据《行政处罚法》关于相对集中行政处罚权的规定,北京市人民政府发布了《北京市实施城市管理相对集中行政处罚权办法》,在北京市成立市区两级城市管理综合执法组织,规定城市管理综合行政执法机关是本级人民政府领导的行使相对集中处罚权的行政机关。市城管执法机关负责对本市相对集中处罚权行政执法工作进行组织指导、指挥调度、统筹协调和督促检查,并根据职责权限行使相对集中处罚权;区、县城管执法机关负责本辖区相对集中处罚权行政执法工作。该办法明确了城管执法机关行使的行政处罚权的范围,并规定,相对集中处罚权权限范围的确定和调整,由市人民政府决定。权限范围的确定和调整,应当根据城市管理发展的需要,坚持精简、统一、效能和权责一致的原则。城管执法机关和相关部门不得擅自对相对集中处罚权的权限范围进行调整、变更。

大部分行政管理单行法在总则中都确定了主管机关,有关主管机关的设立和职责,属于行政组织法的组成部分。例如,《税收征收管理法》第 5 条第 1 款规定,国务院税务主管部门主管全国税收征收管理工作。各地国家税务局和地方税务局应当按照国务院规定的税收征收管理范围分别进行征收管理。第14条明确了《税收征收管理法》所称税务机关是指各级税务局、税务分局、税务所和按照国务院规定设立的并向社会公告的税务机构。对于什么是“按照国务院规定设立的并向社会公告的税务机构”，《税收征收管理法实施细则》明确了其是指省以下税务局的稽查局，稽查局专司偷税、逃避追缴欠税、骗税、抗税案件的查处；国家税务总局应当明确划分税务局和稽查局的职责，避免职责交叉。

根据《公司法》对国有独资公司的特别规定，国有独资公司是由国家单独出资、由国务院或者地方人民政府授权本级人民政府国有资产监督管理机构履行出资人职责的有限责任公司，国有独资公司章程由国有资产监督管理机构制定，或由董事会制定报国有资产监督管理机构批准。由国有资产监督管理机构行使股东会职权，董事会成员和监事会成员由国有资产监督管理机构委派。由此，也可推断，国务院和地方各级人民政府成立国有资产监督管理委员会，是根据《公司法》的规定。但很显然，《公司法》不是行政组织法，是先有国资委，再履行出资人职责。

（四）有关行政组织的法律性文件

有关行政组织的法律性文件，是指全国人民代表大会及其常委会对有关行政组织作出的决议、决定。2018年3月17日，第十三届全国人民代表大会第一次会议听取了国务委员王勇受国务院委托所作的关于国务院机构改革方案的说明，审议了国务院机构改革方案，作出了《关于国务院机构改革方案的决定》。改革后，国务院正部级机构减少8个，副部级机构减少7个。按照国务院机构改革方案，新组建或重新组建自然资源部、生态环境部、农业农村部、文化和旅游部、国家卫生健康委员会、退役军人事务部、应急管理部、科学技术部、司法部，优化水利部、审计署的职责；不再保留监察部、国土资源部、环境保护部、农业部、文化部、国家卫生和计划生育委员会；除国务院办公厅外，国务院设置组成部门26个。根据《国务院组织法》的规定，这些机构的调整和设置，由全国人民代表大会审议批准。

另外，组建或重新组建国家市场监督管理总局及国家药品监督管理局、国家广播电视总局、中国银行保险监督管理委员会、国家国际发展合作署、国家医疗保障局、国家粮食和物资储备局、国家移民管理局、国家林业和草原局、国家知识产权局等。国务院组成部门以外的国务院所属机构的调整和设置，由新组成的国务院审查批准。

类似的法律性文件还有：

1988年第七届全国人民代表大会第一次会议通过的《关于国务院机

构改革方案的决定》,撤销国家计划委员会等12个部、委,新组建国家计划委员会等9个部、委,新华通讯社转为事业单位,改革后的国务院组成部委共41个。

1993年第八届全国人民代表大会第一次会议通过的《关于国务院机构改革方案的决定》,改革后撤销能源部等7个部,新组建国家经济贸易委员会等6个部、委,改革后国务院组成部委共41个。

1998年第九届全国人民代表大会第一次会议通过的《关于国务院机构改革方案的决定》,改革后除国务院办公厅外,列入国务院组成部门序列的共有29个部、委、行、署。

2003年第十届全国人民代表大会第一次会议通过的《关于国务院机构改革方案的决定》,设立国务院国有资产监督管理委员会,设立中国银行业监督管理委员会,组建商务部,组建国家食品药品监督管理局,将国家经济贸易委员会管理的国家安全生产监督管理局改为国务院直属机构,将国家计划生育委员会更名为国家人口和计划生育委员会,不再保留国家经济贸易委员会、对外贸易经济合作部。根据《国务院组织法》的规定,国务院组成部门的调整和设置,由全国人民代表大会审议批准。设立国务院国有资产监督管理委员会、中国银行业监督管理委员会,组建国家食品药品监督管理局,调整国家安全生产监督管理局的体制,由新组成的国务院审查批准。

2008年第十一届全国人大一次会议通过了《关于国务院机构改革方案的决定》。这次国务院机构改革的主要任务是,围绕转变政府职能和理顺部门职责关系,探索实行职能有机统一的大部门体制,合理配置宏观调控部门职能,加强能源环境管理机构,整合完善工业和信息化、交通运输行业管理体制,以改善民生为重点加强与整合社会管理和公共服务部门。

第十二届全国人大一次会议表决通过了《关于国务院机构改革和职能转变方案的决定》。2013年3月10日,国务院机构改革方案公布,除国务院办公厅外,国务院设置组成部门25个。

(五)关于行政组织机构设置和编制管理的单行行政法规

《国务院行政机构设置和编制管理条例》和《地方各级人民政府机构设置和编制管理条例》作为国务院的行政法规,开创了以行政立法规定行政组织法内容的先河,其内容突破了国务院组织法和地方组织法的相关规定,在行政组织立法中进行了尝试。

1997年国务院发布了《国务院行政机构设置和编制管理条例》,条例要求国务院行政机构的设置以职能的科学配置为基础,做到职能明确、分工合理、机构精简,有利于提高行政效能。国务院根据国民经济和社会发展的需要,适应社会主义市场经济体制的要求,适时调整国务院行政机构;但是,在一届政府任期内,国务院组成部门应当保持相对稳定。

该条例规定了国务院行政机构的组成。国务院行政机构根据职能分为国务院办公厅、国务院组成部门、国务院直属机构、国务院办事机构、国务院组成部门管理的国家行政机构和国务院议事协调机构。国务院办公厅协助国务院领导处理国务院日常工作。国务院组成部门依法分别履行国务院基本的行政管理职能。国务院组成部门包括各部、各委员会、中国人民银行和审计署。国务院直属机构主管国务院的某项专门业务,具有独立的行政管理职能。国务院办事机构协助国务院总理办理专门事项,不具有独立的行政管理职能。国务院组成部门管理的国家行政机构由国务院组成部门管理,主管特定业务,行使行政管理职能。国务院议事协调机构承担跨国务院行政机构的重要业务工作的组织协调任务。国务院议事协调机构议定的事项,经国务院同意,由有关的行政机构按照各自的职责负责办理。在特殊或者紧急的情况下,经国务院同意,国务院议事协调机构可以规定临时性的行政管理措施。

根据《国务院组织法》的规定,国务院设立办公厅、各部、各委员会,国务院可以设立若干直属机构和若干办事机构。《国务院行政机构设置和编制管理条例》在《国务院组织法》规定的国务院机构的基础上,增加了议事协调机构和国务院组成部门管理的国家行政机构,并且规定议事协调机构可以规定临时性行政管理措施,是对《国务院组织法》的突破。《国务院行政机构设置和编制管理条例》对议事协调机构,规定了严格的控制制度:可以交由现有机构承担职能的或者由现有机构进行协调可以解决问题的,不另设立议事协调机构。设立国务院议事协调机构,应当明确规定承担办事职能的具体工作部门;为处理一定时期内某项特定工作设立的议事协调机构,还应当明确规定其撤销的条件或者撤销的期限。国务院议事协调机构不单独确定编制,所需要的编制由承担具体工作的国务院行政机构解决。国务院议事协调机构的设立、撤销或者合并,由国务院机构编制管理机关提出方案,报国务院决定。

《国务院行政机构设置和编制管理条例》对国务院工作部门的设置条件、批准程序,以及国务院工作部门内设机构作了具体规定,对规范机构设置,避免滥设机构具有控制作用。国务院组成部门的设立、撤销或者合并由国务院机构编制管理机关提出方案,经国务院常务会议讨论通过后,由国务院总理提请全国人民代表大会决定;在全国人民代表大会闭会期间,提请全国人民代表大会常务委员会决定。国务院直属机构、国务院办事机构和国务院组成部门管理的国家行政机构的设立、撤销或者合并由国务院机构编制管理机关提出方案,报国务院决定。国务院办公厅、国务院组成部门、国务院直属机构、国务院办事机构在职能分解的基础上设立司、处两级内设机构;国务院组成部门管理的国家行政机构根据工作需要可以设立司、处两级内设机构,也可以只设立处级内设机构。国务院行政机构的司级内设机构的增设、撤销或者合并,经国务院机构编制管理机关审核方案,报国务院批准。国务院行政机构的处级内设机构的设立、撤销或者合并,由国务院行政机构根据国家有关规定决定,按年度报国务院机构编制管理机关备案。

2007年国务院发布了《地方各级人民政府机构设置和编制管理条例》,该条例规定了地方各级人民政府行政机构应当以职责的科学配置为基础,综合设置,做到职责明确、分工合理、机构精简、权责一致,决策和执行相协调。地方各级人民政府行政机构应当根据履行职责的需要,适时调整。但是,在一届政府任期内,地方各级人民政府的工作部门应当保持相对稳定。

《地方各级人民政府机构设置和编制管理条例》对地方各级人民政府的机构设置,根据地方组织法原则规定,作了具体的规定。地方各级人民政府行政机构的设立、撤销、合并或者变更规格、名称,由本级人民政府提出方案,经上一级人民政府机构编制管理机关审核后,报上一级人民政府批准;其中,县级以上地方各级人民政府行政机构的设立、撤销或者合并,还应当依法报本级人民代表大会常务委员会备案。在地方各级人民政府行政机构设置中,上述条例特别要求地方各级人民政府行政机构职责相同或者相近的,原则上应由一个行政机构承担。地方各级人民政府应当严格控制设立议事协调机构,可以交由现有机构承担职能的或者由现有机构进行协调可以解决问题的,不另设立议事协调机构。为办理一定时期内某项特定工作设立的议事协调机构,应当明确规定其撤销的条件和期限。县级以上地方各级人民政府的议事协调机构不单独设立办事机构,具体工作由有关的行政机构承担。上述条例规定地方各级人民政府行政机构,根据工作需要和精干的原则,可以设立必要的内设机构。县级以上地方各级人民政府行政机构的内设机构的设立、撤销、合并或者变更规格、名称,由该行政机构报本级人民政府机构编制管理机关审批。

（六）单行组织法规

国务院通过行政立法,以行政法规的形式对部分行政机关的组织进行了规定,也有一些行政法规规定了中央和地方各级人民政府必须设立什么机构。如2006年国务院通过的《公安机关组织管理条例》规定,公安部在国务院领导下,主管全国的公安工作,是全国公安工作的领导、指挥机关;县级以上地方人民政府公安机关在本级人民政府领导下,负责本行政区域的公安工作,是本行政区域公安工作的领导、指挥机关。该条例规定了公安机关的设置原则和程序,县级以上人民政府公安机关依照法律、行政法规规定的权限和程序设置。设区的市公安局根据工作需要设置公安分局。市、县、自治县公安局根据工作需要设置公安派出所。县级以上地方人民政府公安机关和公安分局内设机构分为综合管理机构和执法勤务机构。执法勤务机构实行队建制,称为总队、支队、大队、中队。

2009年国务院通过的《政府参事工作条例》规定了国务院和省、自治区、直辖市以及设区的市人民政府设立的参事工作机构,主管本级人民政府的参事工作。上级人民政府参事工作机构指导下级人民政府参事工作机构的工作。

2005年国务院通过的《信访条例》(已失效)规定了县级以上人民政府应当设立信访工作机构;县级以上人民政府工作部门及乡、镇人民政府应当按照有利工作、方便信访人的原则,确定负责信访工作的机构或者人员,具体负责信访工作。各级人民政府信访机构对本级人民政府其他工作部门和下级人民政府信访工作机构的信访工作进行指导。各级人民政府应当建立健全信访工作责任制。

1991年经国务院批准、原国家工商行政管理局颁布的《工商行政管理所条例》规定,工商所是区、县(含县级市)工商行政管理局的派出机构。工商所的人员编制、经费开支、干部管理和业务工作等由区、县工商局直接领导和管理。工商所的基本任务是:依据法律、法规的规定,对辖区内的企业、个体工商户和市场经济活动进行监督管理,保护合法经营,取缔非法经营,维护正常的经济秩序。工商所按经济区域设立。工商所的设立,由区、县工商局根据辖区大小、经济发展情况和管理任务需要,提出具体方案,报区、县人民政府批准。工商所设所长1人;任务较多的,设副所长1~2人;工作人员若干人。工商所实行所长负责制。

(七)地方性法规、规章对地方行政组织的规定

地方性法规尤其是由地方政府规章规定地方行政组织,在行政组织立法中占有很大比重,这也是国家行政组织立法供应不足的现实需要。

1. 街道办事处工作条例或办法

街道办事处在我国城市是普遍建立的实际上的基层政权组织,但中华

人民共和国成立初期制定的街道办事处条例被废止后，街道办事处一直处于无法可依的状态。1979 年《地方组织法》第 42 条第 3 款（现为 2022 年《地方组织法》第 85 条第 3 款）规定，市辖区、不设区的市的人民政府，经上一级人民政府批准，可以设立若干街道办事处，作为它的派出机关。为加强城市街道办事处建设，各地纷纷制定了街道办事处工作条例或办法。1995 年吉林省长春市通过了《长春市街道办事处工作条例》；2002 年内蒙古自治区呼和浩特市通过了《呼和浩特市街道办事处工作条例》；武汉市 1997 年通过、2018 年新修订了《武汉市街道办事处条例》。这些条例经过所有省、自治区人大常委会批准后在各自范围内施行。

北京市第十五届人民代表大会常务委员会第十六次会议于 2019 年 11 月 27 日通过了《北京市街道办事处条例》，自 2020 年 1 月 1 日起施行。该条例规定，为了规范、保障街道办事处依法履职，构建党委领导、政府负责、多元共治、简约高效的基层公共服务、城市管理和社会治理体制，推进基层治理体系和治理能力现代化，根据《地方组织法》等法律、行政法规，结合北京市实际，制定该条例。街道办事处是区人民政府的派出机关，在本街道党的工作委员会领导下，执行党的路线方针政策，依法履行辖区公共服务、城市管理、社会治理等综合管理职能，统筹协调辖区地区性、社会性、群众性工作。街道办事处根据北京市规定设立民生保障、城市管理、平安建设、社区建设、综合行政执法等工作机构，并做好政务服务、市民活动、诉求处置等工作。街道办事处的设立、撤销、更名、驻地迁移、管辖范围的确定和变更，由区人民政府向市人民政府提出申请，市人民政府批转市民政部门审核后，报市人民政府审批。街道办事处实行主任负责制。该条例对街道办事处的职责和职权作出了具体规定。

2. 开发区条例

在地方行政管理体制改革和经济开发中，以地方性法规的形式出台了一批某一地区的组织管理条例，如《天津滨海新区条例》《中关村科技园区条例》。2002 年天津市人大常委会通过的《天津滨海新区条例》规定，滨海新区管理委员会是市人民政府的派出机构，代表市人民政府行使有关滨海新区建设的管理权。滨海新区内各区人民政府、各功能经济区管理机构，根据各自职责负责各自辖区的行政管理工作，接受滨海新区管理委员会对经济建设工作的指导、协调。该条例授予滨海新区管理委员会包括审批滨海新区各功能经济区的发展计划和产业布局在内的需要对滨海新区开发建设和经济发展履行的职责。对滨海新区内各区人民政府、各功能经济区管理机构决定的事项，不符合天津市总体规划和滨海新区规划的，滨海新区管理委员会应当予以纠正，并向市人民政府报告。2015 年 5 月 21 日天津市第十六届人民代表大会常务委员会第十八次会议修订的《天津滨海新区条例》，赋予滨海新区更大的自主发展权。这样，事实上形成了介于市和各区之间的一级政权机关。

2000 年通过的《中关村科技园区条例》规定，中关村科技园区的管理体制由市人民政府确定和调整。市、区人民政府及其有关部门应当根据权力下放的原则，将有关中关村科技园区高新技术企业以及其他市场主体的行政审批事项和其他经济管理事项，交由园区管理机构办理。具体办法由市人民政府制定。根据北京市人大常委会 2010 年通过的《中关村国家自主创新示范区条例》的规定，市人民政府应当按照减少执法层次、适当下移执法重心的原则，推进核心区行政执法体制改革。核心区所在地的区人民政府承担市人民政府及其有关部门下放的行政审批项目的行政执法权。据此，中关村科技园由所在地区政府派出管委会，如海淀园区管委会、丰台园区管委会。

根据 2010 年 9 月 17 日珠海市人大常委会通过的《珠海经济特区横琴新区管理委员会行使部分市一级行政管理权规定》，横琴新区管理委员会是横琴的行政管理机关，依法对横琴新区内的经济和社会事务实行统一领导、统一管理，行使市一级的投资项目、土地、规划、建设、交通、环保、水务等与建设项目相关的行政管理权，实行一级财政管理，依法承担履行相关职权的法律责任。

在开发区和新区建设中，有的地方以政府规章的形式确定设立开发区管委会，作为政府派出机构，规定其职责权限，如 2011 年西藏自治区人民政府通过了《西藏拉萨国家级经济技术开发区管理办法》；有的则统一为开发区立法，如 1996 年湖南省人民政府通过的《湖南省开发区管理办法》，开发区管理办法，实际上是开发区的组织法，规定了机构性质，职责权限和机构设置等基本内容。

3. 机构设置和编制管理规定

有的地方还由省人民政府以地方政府规章的形式制定了机构设置和编制管理方面的规定。2000 年黑龙江省人民政府颁布了《黑龙江省各级人民政府行政机构设置和编制管理规定》，2008 年山西省人民政府颁布了《山西省机构编制管理规定》。这些地方政府规章的立法依据也是《地方组织法》。

有些地方还根据《地方各级人民政府机构设置和编制管理条例》制定了有关编制管理的具体规章，如 2010 年《山东省机构编制监督检查工作办法(试行)》《江苏省政府部门“三定”规定执行情况评估办法(试行)》。

(八)国务院关于机构设置的规范性文件

国务院规范性文件不属于《立法法》所确认的法的范畴,但其地位和效力有其特殊性,甚至高于地方性法规和规章,在论及行政组织立法时似乎无法将其排除在外,甚至在编排体例上是放在地方性法规和地方政府规章以前还是以后也存在疑惑。不过,国务院规范性文件,特别是“三定”规定,在行政组织法体系中实质上起到很大作用。

1998 年,为了适应机构改革的需要,国务院发布了《国务院关于机构设置的通知》《国务院关于部委管理的国家局设置的通知》《国务院关于议事协调机构和临时机构设置的通知》。在此基础上,1998 年国务院批准、国务院办公厅印发《国家经济贸易委员会职能配置、内设机构和人员编制规定》,根据第九届全国人民代表大会第一次会议批准的国务院机构改革方案和《国务院关于机构设置的通知》(国发〔1998〕5 号),设置国家经济贸易委员会,为国务院组成部门。国家经济贸易委员会是负责调节近期国民经济运行的宏观调控部门。国务院部门具体是根据“三定”规定设置的,“三定”规定了各部门的职责、机构设置和编制。“三定”规定经国务院批准后,通常由国务院办公厅以通知的形式发布,发文对象是各省、自治区、直辖市人民政府,国务院各部委、各直属机构,而不是社会公众。例如,2008 年 7 月 10 日,国务院办公厅印发了《民政部主要职责内设机构和人员编制规定》。

在没有部门组织单行法的情况下,国务院各部门的“三定”规定登上了历史舞台,扮演了部门组织单行法的部分角色。“三定”不仅列举了各部门的职责,而且具体规定了各部门的内设机构。例如,根据《国家经济贸易委员会职能配置、内设机构和人员编制规定》,确定了国家经济贸易委员会的 12 项职责,内设 20 个职能司(局、厅),机关行政编制为 450 名,其中主任 1 名、副主任 4 名、司局级领导职数 79 名。在职责规定和内设机构规定上,与新中国成立初期的各部门的组织简则相比,更为详尽,并且具体规定了人员编制,这是以前的组织简则所没有规定的。不同于组织简则的是,“三定”主要关注职位数,对其内部关系并没有具体规定。例如,根据《海关总署主要职责内设机构和人员编制规定》,海关总署为正部级的国务院直属机构。设署长 1 名、副署长 4 名,政治部主任(副部级)1 名,司局级领导职数 68 名。海关总署下设广东分署、天津特派办、上海特派办,协助总署指导和监督辖区内务直属海关的业务建设和队伍建设等方面工作。海关总署下设 41 个直属海关和 337 个隶属海关,承担关区内的各项海关业务工作。以上机构行政编制共55,041名(含缉私警察编制)。而新中国成立初期政务院通过、中央人民政府委员会批准施行的《海关总署试行组织条例》规定了海关总署的性质、地位、内部分工和组织系统,特别规定了地方海关的组织、任务、内设机构等,较重视机构设置和职务关系的确定。该条例规定,中央人民政府海关总署为中华人民共和国的国家行政机关,统一掌管全国一切海关事宜。中央人民政府海关总署受政务院的领导及政务院财政经济委员会的指导并与贸易部保持密切联系,执行贸易部根据中央人民政府对外贸易政策法令所颁布的有关进出口货物的决定。在成员分工和相互关系上,中央人民政府海关总署设署长1人,主持全署事宜;副署长若干人,协助署长执行职务。署长及副署长由中央人民政府委员会任命。中央人民政府海关总署设地方海关机构为关、分关、支关,各地海关直隶于海关总署,各分关、支关得依据海关总署之规定,隶属于地方海关,并且规定了地方海关的职务、领导职数设置和部门设置。从两者的区别可以看出,"三定"规定固然重要,但代替不了部门组织法。

根据《国务院办公厅关于建立国家土地督察制度有关问题的通知》,国务院授权国土资源部代表国务院对各省、自治区、直辖市,以及计划单列市人民政府土地利用和管理情况进行监督检查。国务院设立国家土地总督察1名,由国土资源部部长兼任;兼职副总督察1名,由国土资源部1名副部长兼任;专职副总督察(副部长级)1名。国家土地总督察、副总督察负责组织实施国家土地督察制度。在国土资源部设立国家土地总督察办公室(正局级),并由国土资源部向地方派驻9个国家土地督察局。派驻地方的国家土地督察局为正局级,每个国家土地督察局设局长1名、副局长2名和国家土地督察专员(司局级)若干名。派驻地方的国家土地督察局,代表国家土地总督察履行监督检查职责。国家土地督察行政编制360名,国家土地督察行政编制在国土资源部机关行政编制总额外单列。

中央编制办公室规范性文件是行政机构组织和职责的直接依据。例如,为了规范部门职责分工协调,理顺部门职责关系,提高行政效能,中央机构编制委员会2011年颁发了《中央和国家机关部门职责分工协调办法》,重点明确了协调的原则、适用范围、权限、部门协商以及机构编制部门协调裁决等事项,规范了职责分工协调的具体程序。该办法的出台,有利于用制度来规范职责分工协调工作,及时化解部门职责分工争议,合理界定部门职责,确保部门科学、高效履行职责,提升政府服务经济社会发展、服务人民群众的水平。

(九)国务院以及地方各级人民政府工作规则

国务院和地方各级人民政府制定的工作规则,属于机关内部文件,不同于一般的行政规范性文件,是一种自我规范,将其纳入行政组织法体系范围,的确比较勉强。但从这些工作规则规定的内容看,很大一部分是属于行政组织方面的,而且相当详尽,至少可以成为现行行政组织规范的重要组成部分,为完善行政组织立法积累一份详细的资料。

《国务院工作规则》根据《宪法》和《国务院组织法》制定,并由国务院全体会议通过。从性质上来看,属于国务院规范性文件。从内容上看,其中关于国务院组成人员的职责、会议制度和公文审批部分属于行政组织法的范畴。《国务院工作规则》适用于国务院及其各部委、各直属机构,国务院直属特设机构、办事机构、直属事业单位也适用本规则。从国务院组成人员的职责规定看,《国务院工作规则》是《国务院组织法》的具体化和补充。《国务院工作规则》的有些规定,重申了《国务院组织法》的规定,如国务院实行总理负责制。总理领导国务院的工作。副总理、国务委员协助总理工作。国务院秘书长在总理领导下,负责处理国务院的日常工作。有些则有所扩展,例如,《国务院组织法》规定,国务委员受总理委托,负责某些方面的工作或者专项任务,并且可以代表国务院进行外事活动。而《国务院工作规则》规定了副总理、国务委员按分工负责处理分管工作;受总理委托,负责其他方面的工作或专项任务,并可代表国务院进行外事活动。有些《国务院组织法》没有明确规定的,《国务院工作规则》进行了补充,如总理出国访问期间,受总理委托,由负责常务工作的副总理代行总理职务。

《国务院工作规则》对国务院会议制度作了详细规定,具有了当初政务院组织通则规定的内容特色。《国务院组织法》只是规定国务院工作中的重大问题,必须经国务院常务会议或者国务院全体会议讨论决定。哪些应当由全体会议讨论决定,哪些可以由国务院常务会议讨论决定,《国务院工作规则》作了明确划分。国务院全体会议的主要任务是:讨论决定国务院工作中的重大事项;部署国务院的重要工作。国务院常务会议的主要任务是:讨论决定国务院工作中的重要事项;讨论法律草案、审议行政法规草案;通报和讨论其他重要事项。并且规定,国务院全体会议由总理、副总理、国务委员、各部部长、各委员会主任、人民银行行长、审计长、秘书长组成,由总理召集和主持,根据需要可安排其他有关部门、单位负责人列席会议。国务院常务会议由总理、副总理、国务委员、秘书长组成,由总理召集和主持,一般每周召开一次,根据需要可安排有关部门、单位负责人列席会议。国务院领导同志不能出席国务院全体会议或国务院常务会议的,向总理请假。国务院全体会议和国务院常务会议的纪要，由总理签发。

在地方上，地方各级人民政府也规定了本级人民政府的工作规则，如《北京市人民政府工作规则》规定了北京市人民政府组成人员的职责、会议制度、文件审批制度和其他工作制度。制定《北京市人民政府工作规则》的依据是《宪法》《地方组织法》的有关规定和市政府工作要求。该工作规则规定了市长、副市长和市政府常务会议其他组成人员的职责。市政府实行全体会议、常务会议和市长办公会议制度。该工作规则规定了市政府全体会议、常务会议和市长办公会议的任务、召集和主持、会议召开频率、会议纪要签发等内容。从内容上看，也应属于行政组织立法的范畴。这种工作规则一直可以规定到县。

这些工作规则尽管内容大致相同，但无疑是庞大的行政组织法体系的重要组成部分，类似于新中国成立初期根据组织通则要求各地方制定的组织条例，不同的是在新中国成立初期对于各县人民政府组织条例不是由各县人民政府拟定的，而是由该县所在省人民政府根据县人民政府组织通则的规定和各地方的实际情况拟定的，并且要送请大行政区人民政府转报政务院核准，由中央人民政府委员会批准。现在各地的工作规则从性质上说带有组织条例的内容，但都是作为规范性文件由本级人民政府讨论通过后生效。仔细研究这些工作规则，不乏智慧，可以分析总结，成为地方组织立法的宝贵财富。

由工作规则规定各级人民政府的组成、职权、会议制度等行政组织法的内容，已是当前中央和地方各级行政组织规范化的主要方式，如何因势利导，将这些组织规则纳入行政组织法的范畴，是研究行政组织立法需要解决的一个问题。更进一步，县以下是否也可以制定相应的工作规则，有的县人民政府工作规则授权县政府各部门、各直属机构、各乡镇人民政府可以依据本规则制定相关工作制度。

二、现行行政组织法规范的特点

（一）由多层次法规范和其他规范性文件组成的体系

现行行政组织法体系是由《宪法》中关于国务院和地方各级人民政府的规定，《国务院组织法》和《地方组织法》以及其他有关行政组织的法律、行政法规、国务院决定乃至地方性法规、地方政府规章所组成的，不仅包括专门规定行政机关的组成和职权的专门行政组织法律规范和其他规范性文件，也包括在单行行为法中关于主管机关的机构设置和职权的行政法律规范，广义上说，还包括规定政府机关组成、职权、会议制度和工作规则的内部规范性文件。

（二）行政组织基本法以宪法形式体现，部门组织法则在管理法中规定，组织内部制度由专门的工作规则具体规范

行政组织法在我国作为国家政权建设的组成部分被载入《宪法》，成为《宪法》的重要内容，《国务院组织法》和《地方组织法》作为宪法相关法，成为宪法内容的重申。作为法律层面的行政组织法在行政组织法体系中不突出。各部门的组成、体系、职权和管理体制大多通过管理法专门规定，寓组织法于管理法之中。政府的工作规则，包括会议制度、公文处理等作为内部行政行为，不是通过立法规范，而是由各级人民政府制定规范性文件作详细规定。

组织法与行为法交叉在一起。组织法是静态的，行为法是动态的。一般情况下，应当由组织法规定组织的设立、领导管理体制、职责权限和机构设置等内容，行为法规定履行职责应当拥有的职权，行使职权的方式、程序和救济等内容。而实际上，除了人民政府基本的组织法和机构编制规定外，各部门组织和职权的规定大部分体现在行为法中，专业管理法规不仅规定主管机关，而且规定各机关的职能分工，包括国务院、省级人民政府和县级人民政府的职能分工。例如，《畜牧法》规定了国务院畜牧兽医行政主管部门负责全国畜牧业的监督管理工作，县级以上地方人民政府畜牧兽医行政主管部门负责本行政区域内的畜牧业监督管理工作。国务院畜牧兽医行政主管部门设立由专业人员组成的国家畜禽遗传资源委员会。作为内设机构，行为法对其作了规定。该法在具体条文中规定了国务院畜牧兽医行政主管部门的职责、省级以上人民政府畜牧兽医行政主管部门和县级以上人民政府畜牧兽医行政主管部门的职责。例如，国务院畜牧兽医行政主管部门应当制定畜禽标识和养殖档案管理办法，采取措施落实畜禽产品质量责任追究制度；县级以上人民政府畜牧兽医行政主管部门应当制定畜禽质量安全监督检查计划，按计划开展监督抽查工作；省级以上人民政府畜牧兽医行政主管部门应当组织制定畜禽生产规范，指导畜禽的安全生产。

（三）显现倒金字塔式的特征，上位法原则性强，下位法规定突破多

相较于20世纪50年代的顶层行政组织立法，法律层面原则性较强，《国务院组织法》不再列举部门，《地方组织法》不分省、市、县的不同职责。对于地方政府机构设置，只是原则性地规定地方各级人民政府根据工作需要和精干的原则，设立必要的工作部门。至于可以设立哪些工作部门，并没有组织法的列举性规定。上位法的原则性规定有赖于下位法的具体化，

而在具体化的过程中,容易突破上位法的规定,如《国务院行政机构设置和编制管理条例》在《国务院组织法》规定的国务院机构的基础上,增加了议事协调机构和国务院组成部门管理的国家行政机构,并且规定议事协调机构可以规定临时性行政管理措施。

三、现行行政组织立法存在的主要问题

改革开放以来,尽管我国制定了《国务院组织法》和《地方组织法》,中央和地方行政机构设置和编制管理条例也使行政组织行为基本上实现了法定化,但总的来说,行政组织立法仍然有待完善。

(一)行政组织法与行政实践的需要仍有差距

行政组织法是行政法的基础,凡行政组织的成立、职权划分和变更、撤销的行为都应当有明确的法律依据,这称为组织法定原则。无法律便无组织,没有组织法规定,行政机关不得自行设立行政组织。组织法定的前提是行政组织法律法规对各级各类行政组织有明确具体的规定,但事实上,除了《国务院组织法》《地方组织法》对中央和地方各级人民政府的组织有些原则性的规定外,行政组织很多方面还没有组织法依据,行政组织的设立、性质、地位、职权配置等处于无法可依状态。

行政组织法是一个体系,从宪法关于行政组织的原则性规定、宪法性法律对行政组织的分类规定,到具体法律对单个行政机关的具体规定,层层深入。但在中央,除《国务院组织法》外,国务院的部、委、直属机构、办事机构均无相应的组织通则;地方组织法关于地方各级人民政府的派出机构,没有派出机构的配套法规,缺乏对行政公署、区公所和街道办事处的统一规定,街道办事处的法律地位不明确。对国务院组成部门设置的派出机构的设立程序、职权等也没有具体的法律规定或法律层次较低。

随着市场经济改革的深入,行政体制也在发生变化,行政组织制度建设必须跟上时代的发展和组织实践的需要。市管县体制、开发区机构的性质和任务,相对集中行政处罚权、许可权的试点,行政社会化下对社会组织的主体定位,所有这些问题,亟待国家层面的行政组织立法予以回应。

(二)行政组织法位阶低

《立法法》关于法律保留的原则要求组织法定,在行政改革过程中当然也可以授权国务院规定。而在事实上,有关地方组织法,大部分是地方性法规和地方政府规章规定的。有关地方人民政府派出机关,相当于一级政府机关,理应由法律规定,但有关街道办事处、开发区等政府派出机关,中央没有立法,各地有的以地方性法规发布,有的以政府规章名义发布。

(三)行政组织立法主体多

在组织行为法方面,2007年国务院颁布了《地方各级人民政府机构设置和编制管理条例》。在国务院统一为地方政府机构设置和编制管理立法以前,有些省级立法机关就已经制定了地方上的行政机构设置和编制管理办法,例如,黑龙江省人民政府2000年就颁布了《黑龙江省各级人民政府行政机构设置和编制管理规定》。这些以地方政府规章形式出台的规定,直接立法依据是《地方组织法》等有关法律、法规。

国务院关于地方政府机构设置的行政法规颁布后,地方人民政府仍在出台新的关于地方政府机构设置的地方政府规章,如2009年江西省人民政府颁布了《江西省各级人民政府行政机构设置和编制管理办法》,根据是国务院《地方各级人民政府机构设置和编制管理条例》及国家其他有关规定,没有再提《地方组织法》。那么是否可以理解为,国务院的行政法规相当于组织通则,各地方都应当将其具体化?如果是具体化,是统一由省级立法机关具体化,还是较大的市也可以具体化?在浙江省,实际上形成了三层地方政府机构设置和编制管理的规范性文件,有国务院的行政法规、省人民政府的地方政府规章,还有所在市的地方政府规章,如2003年、2012年宁波市人民政府两次颁布了《宁波市行政机构设置和编制管理办法》,2004年杭州市人民政府颁布、2009年修改了《杭州市行政机构设置和编制管理办法》。

同样内容,有些地方以地方性法规的形式规定,如2000年广东省人大常委会通过了《广东省行政机构设置和编制管理条例》,2009年国务院条例出台后,该条例也进行了修订,立法目的和依据是规范行政机构设置,加强编制管理,提高行政效能,根据《地方组织法》《地方各级人民政府机构设置和编制管理条例》等有关法律、法规,结合广东省实际,制定本条例。2007年云南省人大常委会也曾以地方性法规的形式通过了《云南省机构编制管理条例》。

但在国务院已有行政法规规定的情况下,地方性法规或地方政府规章对其具体化,如果要保持一致,条文可能相似;如果要有特色,又可能产生各地的不一致。特别是在国务院已经通过行政法规对法律具体化的情况下,地方上对具体化的具体化,已没有太大空间。这样一来,不仅可能造成立法资源的浪费,而且可能制造立法的不统一。

(四)行政机关自我组织权有待规制

现行《宪法》对行政组织立法的立法权规定得很明确,《宪法》第86条中规定,国务院的组织由法律规定;第95条中规定,地方各级人民代表大会和地方各级人民政府的组织由法律规定。《立法法》关于法律保留事项也规定了各级人民代表大会、人民政府、人民法院和人民检察院的产生、组织和职权,只能制定法律。这一原则规定在改革开放初期得到了遵守和贯彻,国家权力机关相继制定了地方组织法和国务院组织法,重新颁布了街道办事处组织条例等组织法。但随后实践中开始出现了由国务院对有关主管机关的组织和职权以行政法规的形式予以规定的现象,如 1982 年《宪法》规定国务院设立审计机关;国务院 1988 年颁布了《审计条例》,规定了审计机关的领导体制、机构设置和职责权限,实质上是审计机关的组织条例。根据该条例,除了在国务院设立审计署、在县级以上地方各级人民政府设立审计机关以外,第 9 条还规定,审计机关根据工作需要可以在重点地区、部门设立派出机构,进行审计监督。从立法上说,国务院机构的设置,经国家权力机关决定后,对其组织、任务和职权的规定,是国务院分内之事,组织法定原则对部门而言,是国务院部门的组织和职权由行政法规规定。推而广之,国务院的所有工作部门都可以由国务院制定组织条例。2006 年国务院通过了《公安机关组织管理条例》,规定了公安机关的机构设置、领导管理关系、职责等组织法内容。从此,部门行政组织法的立法权成为国务院的职权。

1978 年改革开放之后,国务院已经获得了制定国务院部门组织基本法的主导权。1997 年《国务院行政机构设置和编制管理条例》则是由国务院全权制定的一部行政法规。

对于地方政府的组织和职权,国家权力机关将地方组织法作为地方行政机关的组织基本法,在对地方政府的组织和职权作出原则性规定后,对具体的地方组织立法权完全由国务院、地方权力机关和地方行政机关自行行使。2007 年国务院颁布的《地方各级人民政府机构设置和编制管理条例》成为地方各级人民政府机构设置的直接依据,“三定”规定成为设置的法定标准。为适应改革创新的需要,各地进行试验性立法,开发区管理条例、街道办事处条例或规定不尽相同,呈现不统一的地方行政组织立法局面。

行政组织立法权由国家权力机关向行政机关转移,使行政机关对机构设置的权力过大,国家权力机关对行政机构的改革缺乏法律上的确认。虽然历次国务院机构改革方案都需要得到而且实际上也都得到了全国人大的批准,但是全国人大仅仅是对国务院机构改革方案的确认,而且这种确认既不采取法律的形式,也并不具有很强的约束力。例如,《国务院组织法》第 8 条规定,国务院各部、各委员会的设立、撤销或者合并,经总理提出，由全国人民代表大会决定；在全国人民代表大会闭会期间，由全国人民代表大会常务委员会决定。而第11条规定，国务院可以根据工作需要和精简的原则，设立若干直属机构主管各项专门业务，设立若干办事机构协助总理办理专门事项。从中可以看出，虽然国务院设立部委必须由全国人大或全国人大常委会批准，但是设立直属机构和办事机构则可以自主决定，这些直属机构除了级别上低于各部委，其职能权限与部委和省级政府相比其实并没有多大差别。

《地方组织法》第79条规定，地方各级人民政府根据工作需要和优化协同高效以及精干的原则，设立必要的工作部门。省、自治区、直辖市的人民政府的厅、局、委员会等工作部门和自治州、县、自治县、市、市辖区的人民政府的局、科等工作部门的设立、增加、减少或者合并，按照规定程序报请批准，并报本级人民代表大会常务委员会备案。从中可以看出，地方各级人民政府设置工作部门时有一定的权力。

这种现象会导致行政组织立法的法律效力的等级较低。是全部行政组织，包括部门和派出机关都必须由法律规定，还是中央和地方各级人民政府的组织必须由法律规定，是组织本身和它的职权必须法定还是组织内部的机构设置和职能划分也必须法定，这一系列问题，不是一个组织法定所能概括的，需要有行政组织基本法予以划分组织立法权。

（五）责任条款有待进一步明确，组织违法行为宜加强救济途径

已有的行政组织立法既没有对行政组织法定原则予以确认，也没有对公民权利保障和救济予以规定，更没有对违反行政组织法的机构和人员的责任追究进行完整规定，以致有些地方政府机构设置和人员编制出现了某种程度上的模糊。《国务院组织法》《地方组织法》中没有关于行政机构设置的法律责任的规定。依照《地方组织法》第79条第3款的规定，省、自治区、直辖市的人民政府的厅、局、委员会等工作部门和自治州、县、自治县、市、市辖区的人民政府的局、科等工作部门的设立、增加、减少或者合并，按照规定程序报请批准，并报本级人民代表大会常务委员会备案。这种备案只是对本级人大及其常委会知情权的体现，而不是对人大及其常委会事后审查权、决定权的赋予，人大及其常委会对此缺乏强有力的监督权。《国务院行政机构设置和编制管理条例》《地方各级人民政府机构设置和编制管理条例》对于擅自设置行政机构相关负责人至多只是在内部进行通报批评；对于情节严重的，给予行政处分。只有中央编办、原监察部2007年颁布实施《机构编制监督检查工作暂行规定》规定了认为需要追究有关责任人员纪律责任的，属于监察对象的，移送监察机关处理；不属于监察对象

的,移送任免机关处理;涉嫌犯罪的,移送司法机关依法处理。但由于只是一个部门规章,编制管理机关对于国务院和地方各级人民政府所属行政机构、事业单位在机构编制工作中违反规定的行为,主要也只能是建议改正或者责令限期纠正,建议对负有直接责任的主管人员和其他直接责任人员给予处分。

四、现行行政组织法不健全的成因分析

(一)有关行政组织法不健全的主观原因探讨

对于行政组织法发展滞后,中国政法大学薛刚凌教授认为,重要原因之一是对其研究较单薄,主要体现在:第一,是缺乏多学科系统研究。探讨行政组织法律问题需要多学科的参与,包括政治学、管理学、经济学、社会学和法学(宪法学与行政法学)等,市场经济条件下需要建构哪些行政组织法律制度,这些制度如何构成一个有机的整体,这些制度的有效运行需要哪些经济、社会、政治和文化条件的支撑,都缺乏深入分析。第二,是学术界和实务界没有形成互动的研究机制。学术界对实践的了解不到位,问题意识不强,而实务界又很少参与行政组织法的研究,结果是行政组织法研究的针对性、实践性缺失,难以转化为立法成果。第三,是研究方法滞后。目前学界对行政组织法律制度的研究大多停留在理论层面,法学界更是侧重于规范分析和价值判断,很难为公共行政实践提供前瞻性的指导。第四,是对行政组织法的研究深度不够。行政组织法究竟包含了哪些内容,要解决哪些问题,并不清楚。[①]

郑州大学沈开举教授更是断定,学术研究和知识生产的不足制约了中国行政组织法的发展。他认为,尽管从终极意义上来说,法律的发展最终取决于社会发展的需要,但学术界能否提供足够的知识资源也是至关重要的。

也有学者提出,行政组织法理论的研究成果对于丰富、发展行政法基础理论,影响并促进国家机构及人事制度改革将起到重要作用。[②] 但认为由于学者们对行政组织法研究的不足,影响了国家行政组织法制建设的进程,可能高估了理论研究对于实践的推动作用。

行政组织法的不发达因素很多,有主观的,有客观的,有主要因素,也有次要因素,我们应当客观地分析。只有真正认清了影响行政组织立法的

① 参见薛刚凌:《行政组织法发展缺位之检讨》,载《江苏社会科学》2008 年第 5 期。
② 参见陈莉丽:《行政组织法理论研究亟待深化》,载《政治与法律》2004 年第 4 期。

决定性因素,才能为以后行政组织法的发展方向提供有益的参考意见和建议。

(二)行政组织立法不足的原因之管见

笔者认为,在探讨行政组织立法欠缺的原因时,下面三个因素或许是应当重点考虑的因素,这些因素决定着以后以及什么时候可能将行政组织立法重新提上议事日程。

研究行政组织立法,首先,要看行政组织立法的大背景。从新中国成立后的历史经验看,行政组织立法是建立和恢复国家政权机关的需要,行政组织立法先行是政权合法性的基础。反过来说,在国家政权正式定型后,作为宪法中关于国家机关具体化的组织法不宜变动,以体现政权机关的稳定性。党的十一届三中全会后,在已经制定国务院和地方组织法等组织基本法的前提下,对组织法只能进行小的修改,难以进行大的变动。宪法将行政机关的组织权大部分授予行政机关后,作为国家权力机关更不可能通过制定各种组织法的形式来规范行政机关的组织和职权。

其次,改革开放后频繁进行的行政管理体制和机构改革,特别是近期的大部门制改革和以转变政府职能为重点的政府改革,使行政组织长期处于不稳定状态。各地先行先试、撤并行政区域、撤销街道办事处等尝试,还在不断推陈出新、如火如荼地进行。尽管我们可以说应当"通过创立法律规则来建构一套新型的、明晰的、合理的秩序,包括改革过程本身也需要理性的规则来指导和规范",因为"法律的制定和实施可以最大程度减少改革的随意性,降低改革成本",但对于决策者而言,以行政手段推进行政改革更能放开手脚,不至于受到各种程序性规则的掣肘。

最后,行政法制建设,不仅在理论上,而且在实践上,重视外部行政行为,考虑到与行政相对人的权利义务关系,在认识上,认为行政组织法是内部行政行为,与行政相对人没有直接的利害关系,在以《行政诉讼法》为导向的行政法律规范中,行政组织法没有成为行政法的重要内容。在实践中,人们长期以来把行政的组织形式、行政权的设定、行政组织的设置等行政组织法涉及的问题视为行政机关的内部事务,没有认识到对行政的组织涉及行政相对人的利益。

第四章　行政组织立法的指导思想和目的宗旨

在新时代深化机构改革，加强行政组织立法，必须全面贯彻党的十九大精神，坚持以马克思列宁主义、毛泽东思想、邓小平理论、“三个代表”重要思想、科学发展观、习近平新时代中国特色社会主义思想为指导，以加强党的全面领导为统领，以国家治理体系和治理能力现代化为导向，以推进党和国家机构职能优化协同高效为着力点，统筹考虑各类机构设置，形成科学合理的管理体制，完善国家机构组织法，建设法治政府，为开启全面建设社会主义现代化国家新征程、实现中华民族伟大复兴的中国梦提供有力制度保障。

一、以习近平新时代中国特色社会主义思想为指导

党的十八大以来，以习近平同志为核心的党中央，坚持以马克思列宁主义、毛泽东思想、邓小平理论、“三个代表”重要思想、科学发展观为指导，坚持解放思想、实事求是、与时俱进、求真务实，坚持辩证唯物主义和历史唯物主义，紧密结合新的时代条件和实践要求，以全新的视野深化对共产党执政规律、社会主义建设规律、人类社会发展规律的认识，进行艰辛理论探索，取得重大理论创新成果，创立了习近平新时代中国特色社会主义思想。习近平新时代中国特色社会主义思想内容十分丰富，涵盖改革发展稳定、内政外交国防、治党治国治军等各个领域、各个方面，构成了一个系统完整、逻辑严密、相互贯通的思想理论体系。这一重大思想的核心要义，就是坚持和发展中国特色社会主义，具体体现在它从理论和实践结合上系统回答了新时代坚持和发展什么样的中国特色社会主义、怎样坚持和发展中国特色社会主义这个重大时代课题，回答了新时代坚持和发展中国特色社会主义的总目标、总任务、总体布局、战略布局和发展方向、发展方式、发展动力、战略步骤、外部条件、政治保证等基本问题，并且根据新的实践对经济、政治、法治、科技、文化、教育、民生、民族、宗教、社会、生态文明、国家安全、国防和军队、“一国两制”和祖国统一、统一战线、外交、党的建设等各方面作出理论分析和政策指导，为更好坚持和发展中国特色社会主义提供了思想武器和行动指南。

习近平法治思想是习近平新时代中国特色社会主义思想的重要组成部分，是全面依法治国的根本遵循和行动指南。习近平法治思想，从统筹中华民族伟大复兴战略全局和世界百年未有之大变局、实现党和国家长治久安的战略高度，深刻回答了为什么要全面依法治国、怎样全面依法治国这个重大时代课题，明确提出了当前和今后一个时期推进全面依法治国的总体要求，系统阐述了新时代推进全面依法治国的重要思想和战略部署。

党的十八大以来，我们党形成并积极推进经济建设、政治建设、文化建设、社会建设、生态文明建设“五位一体”总体布局，形成并积极推进全面建成小康社会、全面深化改革、全面依法治国、全面从严治党“四个全面”战略布局。“五位一体”和“四个全面”相互促进、统筹联动，深化了我们党对社会主义建设规律的认识，是事关党和国家长远发展的总战略。深化党和国家机构改革，加强行政组织立法，必须统筹推进“五位一体”总体布局和协调推进“四个全面”战略布局，全面贯彻习近平法治思想。总体布局从“三位一体”、“四位一体”到“五位一体”，在政府的职责范围、机构设置、职能配置上必然也要有所体现。胡锦涛同志在 2005 年省部级主要领导干部专题研讨班的重要讲话中首次明确提出“四位一体”的中国特色社会主义事业总体布局。按社会主义经济建设、政治建设、文化建设与社会建设四位一体布局的要求，推进我国社会主义现代化建设，就要坚持以经济建设为中心，全面推进政治建设、文化建设、社会建设，促进生产力与生产关系、经济基础与上层建筑相互协调，促进社会主义物质文明、政治文明、精神文明建设与和谐社会建设共同发展。党的十八大报告着眼于全面建成小康社会、实现社会主义现代化和中华民族伟大复兴，对推进中国特色社会主义事业作出经济建设、政治建设、文化建设、社会建设、生态文明建设“五位一体”的总体布局，将生态文明建设纳入推进中国特色社会主义事业的总体布局中。习近平新时代中国特色社会主义思想确定的“十四个坚持”基本方略之一是“坚持人与自然和谐共生”，提出建设生态文明是中华民族永续发展的千年大计，必须树立和践行绿水青山就是金山银山的理念，坚持节约资源和保护环境的基本国策，像对待生命一样对待生态环境，统筹山水林田湖草系统治理，实行最严格的生态环境保护制度，形成绿色发展方式和生活方式，坚定走生产发展、生活富裕、生态良好的文明发展道路，建设美丽中国，为人民创造良好生产生活环境，为全球生态安全作出贡献。

根据党的十九大报告确定的习近平新时代中国特色社会主义思想关于推进中国特色社会主义事业“五位一体”的总体布局，2018 年，《宪法修正案》将“推动物质文明、政治文明和精神文明协调发展，把我国建设成为富强、民主、文明的社会主义国家”修改为“推动物质文明、政治文明、精神文明、社会文明、生态文明协调发展,把我国建设成为富强民主文明和谐美丽的社会主义现代化强国,实现中华民族伟大复兴”。将《宪法》第89条“国务院行使下列职权”中的“(六)领导和管理经济工作和城乡建设”修改为“(六)领导和管理经济工作和城乡建设、生态文明建设”中,增加了领导和管理生态文明建设的职责。

在新时代深化政府机构改革,就是要加强和完善政府经济调节、市场监管、社会管理、公共服务、生态环境保护职能,结合新的时代条件和实践要求,着力推进重点领域、关键环节的机构职能优化和调整,构建起职责明确、依法行政的政府治理体系。在新一轮国务院机构改革中,为落实生态文明建设要求,组建自然资源部,负责对自然资源开发利用和保护进行监管,建立空间规划体系并监督实施,履行全民所有各类自然资源资产所有者职责,统一调查和确权登记,建立自然资源有偿使用制度,负责测绘和地质勘查行业管理等;组建生态环境部,负责拟订并组织实施生态环境政策、规划和标准,统一负责生态环境监测和执法工作,监督管理污染防治、核与辐射安全,组织开展中央环境保护督察等;为加大生态系统保护力度,统筹森林、草原、湿地监督管理,加快建立以国家公园为主体的自然保护地体系,保障国家生态安全,组建国家林业和草原局,监督管理森林、草原、湿地、荒漠和陆生野生动植物资源开发利用和保护,组织生态保护和修复,开展造林绿化工作,管理国家公园等各类自然保护地等。

“坚持在发展中保障和改善民生”是习近平新时代中国特色社会主义思想确定的又一基本方略。增进民生福祉是发展的根本目的。必须多谋民生之利、多解民生之忧,在发展中补齐民生短板、促进社会公平正义,在幼有所育、学有所教、劳有所得、病有所医、老有所养、住有所居、弱有所扶上不断取得新进展。这是社会建设的任务,根据履行政府的社会管理和公共服务职能的需要,新一轮政府机构改革为推动实施健康中国战略,树立大卫生、大健康理念,把以治病为中心转变到以人民健康为中心,预防控制重大疾病,积极应对人口老龄化,加快老龄事业和产业发展,为人民群众提供全方位全周期健康服务,组建国家卫生健康委员会,负责拟订国民健康政策,协调推进深化医药卫生体制改革,组织制定国家基本药物制度,监督管理公共卫生、医疗服务和卫生应急,负责计划生育管理和服务工作,拟订应对人口老龄化、医养结合政策措施等。为完善统一的城乡居民基本医疗保险制度和大病保险制度,不断提高医疗保障水平,确保医保资金合理使用、安全可控,推进医疗、医保、医药“三医联动”改革,更好保障病有所医,将人力资源和社会保障部的城镇职工和城镇居民基本医疗保险、生育保险职责，国家卫生和计划生育委员会的新型农村合作医疗职责，国家发展和改革委员会的药品和医疗服务价格管理职责，民政部的医疗救助职责整合，组建国家医疗保障局，作为国务院直属机构。同时，为加强社会保障基金管理和监督，理顺职责关系，保证基金安全和实现保值增值目标，决定调整全国社会保障基金理事会隶属关系，将全国社会保障基金理事会由国务院管理调整为由财政部管理，承担基金安全和保值增值的主体责任，作为基金投资运营机构。

在地方政府机构改革中，根据习近平新时代中国特色社会主义思想的总体布局和基本方略的要求，为履行好社会管理和公共服务的职能，也都整合和强化了相应的工作部门。深圳市在新一轮政府机构改革中，将市中小企业服务署的行政职能、市经济贸易和信息化委员会的相关职责整合，组建市中小企业服务局，由市工业和信息化局统一领导和管理；将市社会组织管理局由市民政局下设行政机构调整为市政府工作部门，由市民政局统一领导和管理。

二、党政机构统筹设置，加强党对政府工作的全面领导

以推进党和国家机构职能优化协同高效为着力点的党和国家机构统筹改革，特别是党的十九大报告提出，在省市县对职能相近的党政机关探索合并设立或合署办公，对行政组织法理论和行政组织立法将产生深远的影响，行政主体资格也将会重新界定。

（一）新时代的党政关系

党的十九大确立了习近平新时代中国特色社会主义思想，明确了中国特色社会主义最本质的特征是中国共产党领导。党政军民学，东西南北中，党是领导一切的。坚持党的领导不是一句口号，一句空话，而要体现在充分发挥党总揽全局、协调各方的领导核心作用上。在国家治理体系的大棋局中，党中央是坐镇中军帐的“帅”，车马炮各展其长，一盘棋大局分明。党中央作出的决策部署，党的组织、宣传、统战、政法等部门要贯彻落实，人大、政府、政协、法院、检察院的党组织要贯彻落实，事业单位、人民团体等的党组织也要贯彻落实。①

党政关系，从广义上说主要是党和国家的关系，是党的机构与国家机

---

① 参见闻言：《坚持党的领导　坚定不移走中国特色社会主义政治发展道路——学习〈习近平关于社会主义政治建设论述摘编〉》，载《人民日报》2017年8月29日，第5版。

构的关系，主要是党组织与国家权力机关的关系问题。这里所指的党政关系是狭义的党政关系，特指党的机构与国家行政机关的关系问题。

在坚持党对一切工作领导的原则下，党如何实现对政的领导权，也就是如何正确处理好党的机构与国家机关主要是国家行政机构的关系。从1949年以来的历史经验可以看到，在具体处理党政关系的认识和做法上，在不同的时期随着客观环境的变化和当时处理党政关系上存在的一些问题而经常会作出调整。不同时期的党政关系的不同提法总是跟当时存在的一种倾向相联系的，而不是作为一个纯粹的理论问题孤立地提出来的。

新中国成立后，中共中央宣传部发出指示，明确强调："在中央人民政府成立后，凡属政府职权范围的事，应经由政府讨论决定，由政府明令颁布实施。其属于全国范围者应由中央政府颁布。""不可党内党外不分"，不能再像过去那样"有时以中国共产党名义向人民发布行政性质的决定、决议或通知"。毛泽东同志后来认为政府工作中存在分散主义现象，决定从组织上加强中央对政府的控制。1953年，中共中央先后作出了《关于加强中央人民政府系统各部门向中央请示报告制度及加强中央对于政府工作领导的决定（草案）》《关于加强对中央人民政府财政经济部门工作领导的决定》及其他一些相关决议。这些决定的实质，就是建立了党中央的部门对政府部门的直接领导关系，规定政府各部门的党组织都接受这样的领导，政府工作中一切重要的方针、政策、计划和重大事项均须事先请示中央，经中央讨论决定、批准后方能执行。对政务院各口的工作，中央领导人员对应负责。1958年，中共中央决定成立财经、政法、外事、科学、文教小组，在党中央的领导下开展工作。

当前进入新时代，《中共中央关于深化党和国家机构改革的决定》指出，面对新时代新任务提出的新要求，党和国家机构设置和职能配置同统筹推进"五位一体"总体布局、协调推进"四个全面"战略布局的要求还不完全适应，同实现国家治理体系和治理能力现代化的要求还不完全适应。一些领域党政机构重叠、职责交叉、权责脱节问题比较突出……这些问题，必须抓紧解决。同时要看到，由于一个时期片面理解和执行党政分开，一些领域党的领导弱化的现象还不同程度存在，党的机构设置和职能配置还不够健全有力，保障党的全面领导、推进全面从严治党的制度和体制机制有待完善。[①] 深化党和国家机构改革，关键要把握好党的领导和国家治理

① 参见丁薛祥：《深化党和国家机构改革是推进国家治理体系和治理能力现代化的必然要求》，载《人民日报》2018年3月12日，第6版。

的关系,重点解决党和国家机构职能体系覆盖面问题,确保党的领导全覆盖,确保党的领导更加坚强有力。[①]

《中共中央关于深化党和国家机构改革的决定》要求把加强党对一切工作的领导贯穿改革各方面和全过程,完善保证党的全面领导的制度安排,改进党的领导方式和执政方式,提高党把方向、谋大局、定政策、促改革的能力和定力。加强党的全面领导,首先要加强党对涉及党和国家事业全局的重大工作的集中统一领导。上述决定提出党的有关机构可以同职能相近、联系紧密的其他部门统筹设置,实行合并设立或合署办公。为此,中共中央印发《深化党和国家机构改革方案》,要求以加强党的全面领导为统领,以国家治理体系和治理能力现代化为导向,以推进党和国家机构职能优化协同高效为着力点,改革机构设置,优化职能配置,积极构建系统完备、科学规范、运行高效的党和国家机构职能体系。党的十九届四中全会通过的《中共中央关于坚持和完善中国特色社会主义制度 推进国家治理体系和治理能力现代化若干重大问题的决定》要求完善党和国家机构职能体系,把党的领导贯彻到党和国家所有机构履行职责全过程,推动各方面协调行动、增强合力。

在处理党政关系上,我们始终以坚持共产党的领导为核心。这次党政关系调整,与历次党政关系调整,都是在特定的历史条件下针对党政关系中存在的问题展开的。学术界对党政关系的研究,基本上形成两种模式,即"党政合一"与"党政分开"。在我国,党政关系错综复杂,简单地分与合无法高度概括,亦无法把握其实质。[②] 党政关系中党的领导是原则,党对国家的领导是一种领导权,国家的大政方针由党决定,不可能党政机构和党政职能完全分开,更不可能党政权力分离。但是,政府是行政主体,是国家机关体系的重要组成部分。政府依据宪法、组织法和国家法律拥有行政权,向人大负责并受人大监督。在党政关系问题上法律上需要明确什么是必须由党讨论决定的"重大问题",明确政府在什么程度及范围内拥有管理国家和社会事务的决策权等。[③] 要求理顺党政机构职责关系,保证党实施集中统一领导,保证其他机构协同联动、高效运行。[④] 这是新时代理顺

① 参见杨晓渡:《构建系统完备、科学规范、运行高效的党和国家机构职能体系》,载《人民日报》2018 年 3 月 14 日,第 6 版。

② 参见曾宁:《社会主义国家党政关系的历史探索及启迪》,载《前沿》2018 年第 1 期。

③ 参见王侃:《党政关系现代化是国家治理现代化的核心内容——基于马克思主义总体方法论的视野》,载《浙江社会科学》2015 年第 5 期。

④ 参见刘鹤:《深化党和国家机构改革是一场深刻变革》,载《人民日报》2018 年 3 月 13 日,第 6 版。

党政关系需要解决的重要课题，是新时代实现国家治理体系和治理能力现代化必须回答的重大问题。

（二）党政机构融合

在坚持党对一切工作的全面领导原则指导下，党政机构呈现深度融合的趋势。党政机构之间的关系，根据党和国家机构改革方案，不是建立起一种党政合一、党政不分的体制，而是在加强党的全面领导的基础上，根据不同的工作内容进行不同的党政融合。

1. 以党领政

《中共中央关于深化党和国家机构改革的决定》指出，加强党的全面领导，首先要加强党对涉及党和国家事业全局的重大工作的集中统一领导，建立健全党对重大工作的领导体制机制。加强和优化党对深化改革、依法治国、经济、农业农村、纪检监察、组织、宣传思想文化、国家安全、政法、统战、民族宗教、教育、科技、网信、外交、审计等工作的领导。优化党中央决策议事协调机构，负责重大工作的顶层设计、总体布局、统筹协调、整体推进。党中央决策议事协调机构对相关行政机关的工作实行统一领导，例如，党中央组建全面依法治国委员会，作为党中央决策议事协调机构，负责全面依法治国的顶层设计、总体布局、统筹协调、整体推进、督促落实。行政系统的司法行政和政府法制工作机构，接受党的全面依法治国委员会的领导，落实全面依法治国委员会在法治政府建设方面的决策步骤。又如，组建中央审计委员会，作为党中央决策议事协调机构，审议审计监督重大政策和改革方案，审议年度中央预算执行和其他财政支出情况审计报告，审议决策审计监督其他重大事项等。作为政府组成部门的审计署受中央审计委员会领导，落实中央审计委员会在行政系统审计工作的决策步骤。同样，中央全面深化改革委员会、中央网络安全和信息化委员会、中央财经委员会、中央外事工作委员会以及中央教育工作领导小组负责相关领域重大工作的顶层设计、总体布局、统筹协调、整体推进、督促落实。

在地方机构改革中，北京市改革、组建6个委员会，作为市委的议事协调机构，包括北京市委生态文明建设委员会、北京市委全面依法治市委员会、北京市委城市工作委员会、北京市委财经委员会、市委审计委员会，北京市委全面深化改革领导小组改成的市委全面深化改革委员会。其中，组建北京市委城市工作委员会、北京市委生态文明建设委员会是“自选动作”。组建生态文明建设委员会，体现了北京市委对生态文明建设的重视，也是对中央部署的落实。组建市委城工委的目的，是要进一步统筹抓好城市规划建设管理和发展，构建现代化超大城市治理体系，努力把首都城市工作做得更好。市委城工委发挥对城市规划建设和管理实行总体安排、统筹协调、整体推进、督促落实的作用。

这些委员会或领导小组的设立，是为了提高党把方向、谋大局、定政策、促改革的能力和定力，确保党的领导全覆盖，确保党的领导更加坚强有力。委员会或领导小组是党的统一领导的体现，具体的行政事务还是根据宪法和法律规定的职权范围由相应的行政机关实施。行政机关仍以行政主体的身份行使法定职权。对当代行政法产生的影响是，根据宪法规定的职责，国务院编制和执行国民经济和社会发展计划和国家预算，领导和管理经济工作；县级以上地方各级人民政府依照法律规定的权限，管理本行政区域内的经济、财政等行政工作。行政机关作为人大的执行机关，全国人大审查和批准国民经济和社会发展计划和计划执行情况的报告；审查和批准国家的预算和预算执行情况的报告。中央财经委员会作为党中央的决策议事协调机构，对有关财政经济的重大问题行使决策权，行政机关有执行的义务。如何将财经委员会的重大决策通过人大决议，人大在审查时根据《预算法》应当审查预算安排是否贯彻国民经济和社会发展的方针政策，然后由政府相关部门执行，这是需要研究的问题。

2. 合并设立

党政机构合并设立的只是涉及党的组织、意识形态、民族宗教事务等中心工作，党政机构合并设置只是少数，整体上党政机构是分开设置的。机构改革方案决定将国家新闻出版广电总局的新闻出版管理职责划入中央宣传部，对外加挂国家新闻出版署（国家版权局）牌子；将国家新闻出版广电总局的电影管理职责划入中央宣传部，对外加挂国家电影局牌子；将国家宗教事务局并入中央统战部，对外保留国家宗教事务局牌子；将国务院侨务办公室并入中央统战部，对外保留国务院侨务办公室牌子；将国家公务员局并入中央组织部，中央组织部对外保留国家公务员局牌子。

党管干部原则是《公务员法》明确规定的，将原国务院系统的国家公务员局并入中共中央组织部，成为党的部门，中共中央组织部统一管理公务员工作，正是体现了党管干部的原则，是落实《公务员法》的要求。同时，在法定主体资格上，中央组织部对外仍保留国家公务员局牌子，但不再保留政府系统单设的国家公务员局。调整后，中央组织部在公务员管理方面的主要职责是，统一管理公务员录用调配、考核奖惩、培训和工资福利等事务，研究拟订公务员管理政策和法律法规草案并组织实施，指导全国公务员队伍建设和绩效管理，负责国家公务员管理国际交流合作等。这种实质上的合并，使原来的行政机关脱离行政系统，成为党的工作部门，从行政主体资格说，对外保留国家公务员局牌子，在形式意义上仍具有行政机关的属性，受《公务员法》的调整，是行政法律关系的主体，也可以成为行政法律责任的承担者。这也是中国共产党依法执政的新尝试，中央组织部在公务员管理方面尽管是党的部门在管理，同样要适用《公务员法》和公务员管理的法律法规。

3. 归口管理

归口管理又不同于合并设立，如将国家民族事务委员会归口中央统战部领导。国家民族事务委员会仍作为国务院组成部门。国家民族事务委员会的主体资格和隶属关系并没有变化，仍然是国务院的组成部门，是行政法律关系一方当事人。归口管理相对于领导小组或委员会的党的统领更直接，但与合并设立相比，不仅形式上是行政主体，而且实质上也是行政主体。但既然是归口管理，不同于以前民族事务委员会只是国务院的组成部门，需要接受统战部和国务院的领导。从行政主体的职能和权限分析，归口管理不同于合并设立，统战部对民族事务的管理不同于对宗教、侨务的管理，行政法上对不同关系下行政机关的地位、职能和权限需要分类研究。

4. 合署办公

党政机关合署办公主要在地方层面进行。在广东顺德，早在2009年，区纪委、审计局和信访局组成了新的区纪委，区委办和区政府办合署办公，司法局和区政法委合署办公，文化体育局与区委宣传部合署，外事侨务局与区委统一战线工作部合署。它们都是“两块牌子，一套人马”。顺德的党政机构从41个减为16个，直接减去了近2/3。16个党政部门中，党委部门6个，政府部门10个。党委的5个工作部门，同时加挂政府牌子，列入政府工作部门序列，但不计入区政府工作部门个数。

合署办公是党政融合的一种好的形态，应成为地方党政机构改革的主要方式。相对于党政机构合并，加挂行政机关的牌子，合署办公则从实质上保证了行政机关依法定职权履行职责，既避免了交叉重复，又明确了法律责任的主体。顺德大部门式党政合署通过功能和组织的整合，不仅打通了政府职能部门之间的界限，还突破了党委工作部门和政府职能部门之间的组织边界，将组织间协调困难的问题化解于一个大部门内部。①

合署合并包含党政机构“一体化”的可能与趋势。新机构在行使法定

---

① 参见傅金鹏：《大部门式党政合署：党政机构统筹设置的新形态》，载《理论与改革》2011年第1期。

公权力时,仍须以相应的行政主体名义进行,即原本的政府部门会在名义上予以保留。因此,即便对于合并设立的部门,党的工作机关对与之合并的政府部门仍存在名义上的协调与监督职能。秦前红教授认为,从党政机构合署合并的角度看,党政分开仍有一定的存在空间,这主要表现在党政关系的形式规范化方面。根据宪法规定,唯有国家机关才可以行使公权力,对国家事务进行直接管理,执政党本身并不是宪法所确定的公权力行使主体,不能直接行使公权力。执政党须遵循国家机关的工作运行秩序,严格依照法定的程序性规定行使国家公权力,实现党在国家治理中的形式合法化。合署合并的党政机构,在对外作出影响相对人利益的行政行为时,也须以行政主体的名义、按法定程序进行。①

综上所述,党政机构统筹改革,实行合并设立或合署办公的局限于特定领域,党的领导更多地体现为对关系大局的工作实行党的统领或者归口管理。真正影响行政主体性质和地位的是前者,后者不影响行政机关的机关属性。因此,党政机构统筹改革,不仅不是党政合一、党政不分,而且解决了长期以来存在的二元管理主体结构产生的问题。党政统筹改革,理顺党政关系,实现党政机构的深度融合,为实现国家治理体系和治理能力的现代化奠定组织保障。

(三)新时代党政机构统筹改革下行政主体理论的新发展

行政主体是行政权的拥有者和行使者,是行政法律责任的承担者。行政机关以外的行政主体称之为法律、法规授权的组织。显然,这一行政主体理论,在党政高度融合的领域难以得到合理的解释。在组织人事、意识形态、宗教事务等方面,实行党政机构合并设立,实质上是党组织直接行使行政权,只是对外保留行政机关的名称。在党政合署办公的情形下,行政机构仍是实体上存在的。如国家监察体制改革以前,行政监察机关与纪委合署办公,但行政监察机关作为行政机关,依照《行政监察法》规定的职责权限按法定程序行使行政监察权,作出行政监察决定。在党政合并设立机构的情况下,作为行政机关的机构实质上是不存在的,如将国家宗教事务局并入中央统战部,中央统战部统一管理宗教工作。对宗教事务的管理是中央统战部的职责,而不是以宗教事务管理局的名义进行的,只是对外保留国家宗教事务局牌子,不再属于国务院行政机关序列。根据《宗教事务条例》的规定,各级人民政府应当加强宗教工作,建立健全宗教工作机制,

---

① 参见秦前红、陈家勋:《党政机构合署合并改革的若干问题研究》,载《华东政法大学学报》2018 年第 4 期。

保障工作力量和必要的工作条件。县级以上人民政府宗教事务部门依法对涉及国家利益和社会公共利益的宗教事务进行行政管理,县级以上人民政府其他有关部门在各自职责范围内依法负责有关的行政管理工作。在实行党政机构合并设立后,统战部门行使对宗教事务管理权,是依据行政法规还是制定党内法规,是以宗教事务管理部门的身份还是统战部门的身份,直接影响行政主体的认定。

对于党政机构合并设立的领域,法治国家建设要求职权法定,应当由全国人大制定法律予以规定。《公务员法》明确了党管干部原则,为党的组织部门管理公务员提供了法律依据。在财政经济领域,有全国人大代表建议全国人大及其常委会尽快将“财政法”的立法工作提上议事日程。[①]党政机构合并设立后,在职权来源上,改革方案规定是党的部门的职责,但按照行政法规的规定是政府部门的职责,这样就出现行政法规规定党的部门的职责权限的现象。如将国家新闻出版广电总局的新闻出版管理职责划入中央宣传部,中共中央宣传部拟订新闻出版业的管理政策并督促落实,管理新闻出版行政事务,监督管理出版物内容和质量。根据国务院制定的《出版管理条例》的规定,国务院出版行政主管部门负责全国的出版活动的监督管理工作,县级以上地方各级人民政府负责出版管理的部门负责本行政区域内出版活动的监督管理工作。

三、实现国家治理体系现代化

随着社会主义市场经济的发展,行政管理体制改革也在不断进行。2008年党的十七届二中全会通过了《关于深化行政管理体制改革的意见》,提出进一步优化政府组织结构,规范机构设置,探索实行职能有机统一的大部门体制,完善行政运行机制。但在政府职能没有彻底转变的前提下,不管权力以怎样的方式在政府部门之间进行分配和调整,结果还是在各个政府部门流转,仅从机构改革本身很难找到重大的突破口,大部制改革几年以后空间已经不是很大。国家治理体系现代化的提出,为在新的历史起点上重新进行行政体制改革找到了一个新的路径。在国家治理体系现代化的视域下,行政体制改革不再局限于既有体制内,而是延伸至体制外,实现政治统治和国家治理的统一,政府治理和社会治理的协调。作为规范治理主体的行政组织法制,也需要与时俱进,以一种全新的理念进行行政组织立法,明确各治理主体的权力范围和相互关系,发挥立法对于改

① 参见李洪鹏:《政府支出　每一笔都纳入法治轨道》,载《法制晚报》2018年3月7日,A07版。

革的引领和保障作用，完善行政组织法律体系，巩固行政体制改革成果。

（一）国家治理体系现代化中的主体要素

国家治理体系，是指在党的领导下管理国家的制度体系，包括经济、政治、文化、社会、生态文明和党的建设等各领域体制机制、法律法规安排，也就是一整套紧密相连、相互协调的国家制度。有效的国家治理涉及三个基本问题：谁治理、如何治理、治理得怎么样。这三个问题实际上也就是国家治理体系的三大要素，即治理主体、治理机制和治理效果。国家治理体系的主体要素也就是治理结构体系，解决的是“治理主体是谁”“治理主体之间是什么关系”两大问题。有学者提出“党、政、企、社、民、媒”六大主体“六位一体”，缺一不可；①也有学者认为，国家治理体系的主体包括党委、政府、司法、社会组织和个人。② 习近平总书记在省部级主要领导干部学习贯彻十八届三中全会精神全面深化改革专题研讨班开班仪式上的讲话强调，必须适应国家现代化总进程，提高党科学执政、民主执政、依法执政水平，提高国家机构履职能力，提高人民群众依法管理国家事务、经济社会文化事务、自身事务的能力。③ 三个“提高”表明，实现国家治理体系现代化，就是要把各方面制度优势转化为管理国家的效能，实现党、国家、社会各项事务治理制度化、程序化、规范化。党、政府和人民是国家治理的三大主体。

1. 中国共产党是必然的治理主体

治理现代化作为深化改革的目标，中国共产党必然是治理体系的主体。中国共产党是全国人民利益的根本代表，而不是部分人的利益代表。中国共产党执政，是通过中央和地方党的各级委员会的组织系统实现的，而不是通过在国家机关中占多数或发挥党团的影响力实现的。

2. 政府是主要的治理主体

“没有一个有效的政府，不论是经济的还是社会的可持续发展都是不可能实现的。”④一个现代化的国家治理体系，本质上讲是一个政府职能合理到位，政府权力边界清晰，公共权力不缺位、错位和越位的科学治理体

---

① 参见陶希东：《国家治理体系应包括五大基本内容》，载《学习时报》2013 年 12 月 30 日，A6 版。

② 参见王韶华：《国家治理体系现代化的核心是法治化》，载中国改革论坛网，http://www.chinareform.org.cn/gov/system/Report/201311/t20131128_181622.htm。

③ 参见《完善和发展中国特色社会主义制度　推进国家治理体系和治理能力现代化》，载《人民日报》2014 年 2 月 18 日，第 1 版。

④ 世界银行编著：《1997 年世界发展报告：变革世界中的政府》，蔡秋生等译，中国财政经济出版社 1997 年版，第 1 页。

系。市场经济要求市场在资源配置中起决定性作用,减少政府对资源的直接配置,减少政府对微观经济活动的直接干预,把政府不该管的事交给市场。政府超出自己的职能范围对市场活动和社会过程的不合理干预,将会抑制市场和社会的创新性活力,使公平的市场竞争体系和公正的社会良性运行体系遭到人为破坏,从而消解市场和社会的自我修复能力,加大国家治理的难度。[①] 另外,市场经济绝不是放弃政府的管理,建立"无为政府",而是要"更好发挥政府作用",建立有限且有为的政府。科学的宏观调控,有效的政府治理,是发挥社会主义市场经济体制优势的内在要求。"改变政府管理模式,变全能政府为有限且有为的政府",是"最好的路径"。[②]"使市场在资源配置中起决定性作用、更好发挥政府作用,既是一个重大理论命题,又是一个重大实践命题。"[③]各级政府一定要严格依法行政,切实履行职责,该管的事一定要管好、管到位,该放的权一定要放足、放到位,坚决克服政府职能错位、越位、缺位现象。《国务院关于促进市场公平竞争维护市场正常秩序的若干意见》要求着力解决市场体系不完善、政府干预过多和监管不到位问题,到2020年建成体制比较成熟、制度更加定型的市场监管体系。

3. 社会力量是参与性的治理主体

"人民是改革的主体",[④]也是国家治理的主体。《宪法》规定,人民依照法律规定,通过各种途径和形式,管理国家事务,管理经济和文化事业,管理社会事务。根据人民授权理论,人民并不是将所有权力都授予政府,人民依照法律授予政府权力的同时,还保留了相当的权力,并且对授予的权力行使监督和保留收回的权力。人民可以通过组织自治组织,如村委会、居委会行使社会治理权力,也可以通过立法授予各种社会组织职权进行国家治理和社会治理。"社会治理"概念的提法,显示出执政党更重视处理国家与社会、政府与人民之间的关系,而非简单地执行以国家为主体的管理思维方式。国家和社会之间需要分权。

党委、政府和社会三位一体,作为治理主体,需要理顺三者在治理中的地位和相互关系。既需要理顺政府与市场、政府与社会、党委与政府关系,也需要调整和理顺中央政府与地方政府以及地方政府上下级的关系。政府与市场、社会的互动关系,政府内部多元治理主体之间职责权限的分工,

---

① 参见竹立家:《着力推进国家治理现代化》,载《中国党政干部论坛》2013年第12期。

② 谢庆奎主编:《民生视阈中的政府治理》,北京大学出版社2013年版,第11~12页。

③ 《习近平谈治国理政》(第1卷),外文出版社2014年版,第116页。

④ 《中共中央关于全面深化改革若干重大问题的决定》。

构成现代国家治理体系成长的两大主轴。国家治理体系现代化体现为“多元共治”。《中共中央关于坚持和完善中国特色社会主义制度推进国家治理体系和治理能力现代化若干重大问题的决定》指出,社会治理是国家治理的重要方面,应当坚持和完善共建共治共享的社会治理制度。“共治”(co-governance)一词的基本含义是共同治理。现代意义上的治理本身就具有共治的含义。因此,“共治”可以当作一个与治理对等的概念。“这里之所以取共治这一概念,就是为了强调治理主体的多元性、治理机制的非对抗性以及利益取向的可调和性。”①我们所说的“社会共治”,就是指政府、社区组织、其他非营利组织、社区单位、公民,合作供给社会公共产品和服务,优化社会秩序,推进社会持续发展的过程。② 上述决定提出,必须加强和创新社会治理,完善党委领导、政府负责、民主协商、社会协同、公众参与、法治保障、科技支撑的社会治理体系,建设人人有责、人人尽责、人人享有的社会治理共同体。

社会治理共同体的共治,并不是群治,而是在一个中心主体协调下形成的多元治理主体体系。在一个多元社会中,各个阶层的利益需求不同。只有中国共产党才能协调各方利益,成为治理的中心主体。事实上,关于全面深化改革、深化财税体制改革、深化行政体制改革的一系列改革举措,都是以中国共产党的文件形式发布的,这些文件成为全党、全军、所有国家机关、社会团体和公民行动的指南。中央各种领导小组的成立和运行也证明了中国共产党必然是治理现代化主体要素中的中心治理主体。在多元化治理的大背景下,协调各治理主体之间的关系,从组织角度而言,由中国共产党的中央和地方各级组织成立各种领导小组是一个趋势,它一方面体现了党的地位和作用,另一方面避免了在行政机关中乱设临时机构的情况。动员各方面力量,只有中国共产党的组织才能实现。党的十八届三中全会通过的《中共中央关于全面深化改革若干重大问题的决定》指出,全面深化改革必须加强和改善党的领导,充分发挥党总揽全局、协调各方的领导核心作用。在我国,党的坚强有力领导是政府发挥作用的根本保证。如在信息化管理中,此前一般省级信息化有十多个不同类型的部门在分头管理,甚至分布在党委、人大等部门,出现了上情难以下达、横向难以有效协调的局面。各地组建网信领导小组后,对规划战略、整体协调、加强对网

---

① 唐亚林、郭林:《从阶级统治到阶层共治——新中国国家治理模式的历史考察》,载《学术界》2006 年第 4 期。

② 参见张小劲、于晓虹编著:《推进国家治理体系和治理能力现代化六讲》,人民出版社 2014 年版,第 111 页。

络安全和信息化领导会产生影响，也能从总体布局信息化发展。① 在新一轮机构改革中，中央成立网络安全和信息化委员会后，各地网信办也改成网络安全和信息化委员会。如天津市按照市委、市政府关于机构改革工作的统一部署，原市委网络安全和信息化领导小组改为市委网络安全和信息化委员会，作为市委议事协调机构。市委网络安全和信息化委员会办公室为市委网络安全和信息化委员会的办事机构，作为市委工作机关，对外加挂市互联网信息办公室牌子。

（二）治理理念下行政组织法的新变化

以前讲行政体制改革只是考虑政府内部关系的调整，而在国家治理现代化的视域下，行政体制改革包括两个方面：一是行政组织自身的边界确定，还权于企业与社会；二是建立与党组织、社会的良性互动关系，达到协调一致。有学者提出，治理现代化有五个标准：公共权力运行的制度化和规范化、民主化、法治、效率和协调。② 其中的协调，就是行政体制改革中躲不开也绕不过的党政、党群关系。随着公共行政的发展，公共行政组织逐渐呈现多元化的发展趋势。公共行政组织的多元化必将对传统行政组织理论提出新的挑战。如何回应这种挑战，是当今行政学和行政法学界面临的共同课题。③ 从行政法学研究的对象范围看，原来的行政法学研究行政机关，治理理念下的行政组织法不仅是国家行政组织的组织法，还应当包括社会公共行政的承担主体——非政府公共组织的组织法，它是规范行政组织及行政组织之间的关系的法律规范的总称。④

因此，在治理体系现代化视域下的行政组织立法，总体思路不再局限于制定中央到地方的各级组织法，形成组织法体系，而是从国家治理和社会管理的需要出发，明确党、政府和社会各自的职责范围和相互关系，在原来政府作为单一的行政主体的基础上，研究如何发挥党委的治理主体作用，社会组织的行政主体地位的确立。行政组织法的任务，一方面，是完善行政系统上下左右之间的内部法律关系；另一方面，是处理好行政机关与党政其他机关和社会组织之间的外部法律关系。

国家治理体系现代化，需要在政府内部建立责权利结合的机制。各级

---

① 参见汪玉凯：《中央网络安全和信息化领导小组的由来及其影响》，载《中国信息安全》2014 年第 3 期。

② 参见俞可平：《衡量国家治理体系现代化的基本标准——关于推进“国家治理体系和治理能力的现代化”的思考》，载《北京日报》2013 年 12 月 9 日，第 17 版。

③ 参见陶品竹：《公共行政组织法治的理论变迁》，载《社会科学战线》2009 年第 8 期。

④ 参见石佑启、陈咏梅：《论我国行政组织结构优化的法治保障》，载《广东社会科学》2012 年第 6 期。

政府职责权限划分明确,各级政府职能原则上不重合、交叉,各自在职能范围内行使权力和承担责任。我国需要修改和完善相关行政组织法,保障责权利结合机制形成和发挥作用。[①]《中共中央关于坚持和完善中国特色社会主义制度 推进国家治理体系和治理能力现代化若干重大问题的决定》提出,要坚持和完善中国特色社会主义行政体制,构建职责明确、依法行政的政府治理体系,优化政府组织结构,推进机构、职能、权限、程序、责任法定化,使政府机构设置更加科学、职能更加优化、权责更加协同。

国家治理体系现代化要求政府与社会组织在提供公共服务领域适当分工,能够由社会组织承担的公共服务职能,原则上由社会组织承担。社会组织承担公共服务职能,承认其行政主体地位是必要的。而我国现行法律制度规定,社会组织成为行政主体的必备条件是获得法律、法规授权,这种规定限制社会组织成为行政主体的可能。建立现代国家治理体系,需要我国改革行政主体制度,承担公共服务职能的组织应当是行政主体。行政组织法应当鼓励社会中介组织的发展,明确规定哪些事务可由社会中介组织承担,并规定社会中介组织的责任等。[②] 社会治理替代社会管理,社会组织的发展壮大以及在社会治理中主体地位的日益明确,为传统的行政组织理论带来挑战,在社会治理主体多元化的背景下,对行政组织的内涵、外延、行政组织结构等基本理论问题需要作重新认知。[③] 这也对行政组织立法提出了新的要求,行政组织立法应当与时俱进,适应经济社会发展的客观需要。社会组织参与国家治理,在行政主体理论中向来被认为是通过法律、法规的授权和受行政机关的委托进行的,是授权性组织或受委托的组织,而不是法定的和当然的行政主体。其实,从法律授权的角度说,行政机关也是法律授权的组织,[④]职权法定原则便是明证,只不过行政机关是宪法和组织法的统一授权,社会组织是单行法律的授权。在性质上,他们与行政机关一样,都是公共行政组织。有学者将其称为"准行政组织",并认为,在中国"准行政组织"性的事业单位的确定上,应由法律作出明确规定,改变现行的实际上由行政机关确定的局面。[⑤] 完善相关的立法,明确各类公共行政组织所享有的管理权力乃是当务之急。非政府公共组织对

① 参见徐继敏:《国家治理体系现代化与行政法的回应》,载《法学论坛》2014 年第 2 期。

② 参见应松年、薛刚凌:《行政组织法研究》,法律出版社 2002 年版,第 92 页。

③ 参见石佑启、陈咏梅:《论社会管理主体多元化与行政组织法的发展》,载《法学杂志》2011 年第 12 期。

④ 参见金国坤:《论社会管理新格局的形成与行政主体理论的变迁》,载《江淮论坛》2012 年第 1 期。

⑤ 参见周佑勇:《公共行政组织的法律规制》,载《北方法学》2007 年第 1 期。

社会管理职能的承担应当源自宪法与组织法的确认和保障，只有制定“社会组织基本法”，确立社会组织的行政主体资格，从法律上认可其是国家治理体系中的重要主体，才能为实现国家治理体系的现代化奠定坚强的组织基础。

在治理体系现代化理念下，不仅需要党政机构统筹设置，而且需要党政群机构协调设置。治理现代化需要法治化的保障，党和国家机关、社会团体和其他社会组织在国家治理中的地位和相互关系，应当由法律加以调节。党政关系的法治化规范化，可以从法律上保证党对国家机关的领导作用，使领导制度、执政方式明确化、具体化，从而更有利于党的路线、方针和政策在国家中的顺利实施，有利于党的正确领导，保证社会稳定健康地发展，使我国社会向现代化的社会迈进。[①] 党群关系，指的是党和群众之间的关系，但它实际上反映的是党同公共权力之间的关系，也应该法定化。党的十九届三中全会通过的《中共中央关于深化党和国家机构改革的决定》指出，深化党和国家机构改革是推进国家治理体系和治理能力现代化的一场深刻变革。要统筹党政军群机构改革，理顺和优化党的部门、国家机关、群团组织、事业单位的职责，增强党的领导力，提高政府执行力，激发群团组织和社会组织活力，使各类机构有机衔接、相互协调。

法治化是治理体系现代化的重要标志，行政组织立法应当以治理体系现代化为目标，在制定行政组织法律规范时体现治理体系现代化的理念。上海市在修改《上海市街道办事处条例》时明确了街道办事处在中国共产党街道工作委员会的领导下，按照职能清晰、权责一致、运转协调、保障有力、依法高效的原则履行职能。同时规定，街道办事处应当扶持社区生活服务、公益慈善、文体活动、纠纷调解等社会组织发展，通过与社会组织合作、购买服务等方式，将适合社会组织提供的公共服务和承接的公共事项，交由社会组织承担。街道办事处应当动员辖区内企事业单位、社区组织和居民等社会力量参与社区治理，支持人民团体、群众活动团队、社区志愿者依法开展活动，为社区发展服务。这一修改，充分体现了党委领导、政府负责、社会协同、公众参与、法治保障的社会治理理念。北京市为构建党委领导、政府负责、多元共治、简约高效的基层公共服务、城市管理和社会治理体制，推进基层治理体系和治理能力现代化，2019 年制定颁布了《北京市街道办事处条例》，明确街道办事处作为区人民政府的派出机关，在本街道党的工作委员会领导下，执行党的路线方针政策，依法履行辖区公共服务、

① 参见张荣臣：《党政、党群和党法的关系》，载《学习时报》2014 年 6 月 2 日，第 3 版。

城市管理、社会治理等综合管理职能，统筹协调辖区地区性、社会性、群众性工作。街道办事处应当按照党委领导、政府负责、民主协商、社会协同、公众参与、法治保障、科技支撑的社会治理体系要求，转变治理理念，创新治理模式，整合辖区资源，推动各类社会主体协商共治。街道办事处应当培育生活服务类、公益慈善类、文体活动类、居民互动类等社区群众性组织，有序开展社区服务，扩大居民参与，培育社区文化，促进社区和谐。

第五章　行政组织法的基本原则

法律如果没有基本原则,而只有条文,就缺少了灵魂。“行政组织法的基本原则是对行政组织法基本精神的概括”,①在行政组织立法和行政组织行为中处处得以体现。本章拟在对既有的关于行政组织法基本原则的各种论述进行梳理评论的基础上,客观地分析我国行政组织法应当具有的基本原则,详述其内容和建立这些原则的路径,为行政组织立法提供基本的遵循,使行政组织法体系真正成为有机整体。

一、对行政组织法基本原则的理论探讨

什么是行政组织法的基本原则?行政组织法有哪些基本原则?以什么样的标准来确定行政组织法的基本原则?为了找寻答案,不妨对既有的关于行政组织法基本原则的讨论作一简要的梳理,从中可以了解一些共性和基本规律,为奠定行政组织法的基本原则汲取营养。

(一)行政法学界对行政组织法基本原则的论述

对行政组织法基本原则的讨论,正如对行政组织法本身的研究一样,鲜有问津。在行政法初创时期,行政法由于被认为是行政管理法,客观上为行政组织法的繁荣奠定了坚实的基础。姜明安教授认为,我国国家行政机构的设置应遵循的主要原则有需要原则、服务原则、效能原则、统一原则、精简原则和法制原则。②

1985 年笔者在中国政法大学参加行政法师资培训班,应松年老师讲授行政法时,在讲解国家行政机关组织法内容中,提到机构设置应贯彻根据经济和社会发展需要的原则、精简的原则和分工明确并紧密合作的原则。这些原则的具体内容在根据讲义编写的《行政法学总论》中有所体现。③ 这一概括对于今天重新确定行政组织法的基本原则具有十分重要的指导意义。

不过,这里提出的机构设置原则是否就是行政组织法的基本原则还有待讨论。早期研究行政法,与行政管理学并没有作明确的区分。我国改革

---

① 应松年、薛刚凌:《行政组织法基本原则之探讨》,载《行政法学研究》2001 年第 2 期。

② 参见姜明安:《行政法概论》,北京大学出版社 1986 年版,第 65 页。

③ 参见应松年、朱维究编著:《行政法学总论》,工人出版社 1985 年版,第 129 ~ 132 页。

开放后第一本统编行政法教科书《行政法概要》认为，基本原则，就是指我国国家行政管理的基本原则，并将实行精简的原则上升为行政法的基本原则，而不仅仅是行政组织法的基本原则。①

即使是机构设置原则，不同层级的机构设置原则也不尽相同。有学者提出，政府工作部门是否应该设置所遵循的原则是工作需要与机构精干(需要与可能)协调平衡的原则、分工合理与协作的原则。一级人民政府是否应该设置所遵守的原则概括地说就是：层次科学、幅度合理的原则。确定设立某个行政机关后，怎样科学合理地设置具体机构所遵循的原则主要是：事权确实、组织经济的原则，运用自如、协同一致原则。②

进入21世纪，应松年教授和薛刚凌教授在理论上对行政组织法基本原则进行了深入探讨并展开了系统研究，改变了我国行政组织法律制度缺乏基本精神导向的状况，推动了对行政组织法的深入认识和全面研究，促进了行政组织法治的发展。应松年教授、薛刚凌教授在2001年撰写的《行政组织法基本原则之探讨》一文使应松年教授主编的多部行政法教科书确定了行政组织法基本原则的内容，并在《行政组织法研究》一书中得到完整体现。

根据行政组织法的基本原则应反映现代宪法精神、遵循行政法的基本原则、符合行政管理的规律和作为行政组织法中最高层次的规则的确立标准，上述著作认为，行政组织法的基本原则可提炼为三项：依法组织原则、行政分权原则和组织效率原则。

依法组织原则，是指国家对行政的组织，或说行政组织权的行使、行政组织的形成，必须受到法律的约束，这是依法组织原则的核心所在。依法组织原则具体要求有：第一，重要的行政组织问题要由宪法和法律加以规范；第二，行政组织法必须公开、明确、稳定；第三，行政组织法必须切实保障公民的自由和权利；第四，违反行政组织法要承担法律责任。

行政分权原则，是指采用分散的方式组织行政，行政权分别由不同组织体或不同行政机关承担。行政分权有两类：第一类是在不同主体间的分权，即将行政事务分由多个组织体承担；第二类是在同一主体内的分权，即在同一组织体设置不同的机关予以分权，包括纵向分权和横向分权。

组织效率原则，是指对行政的组织要以提高效率为宗旨，即组织行政，要以最小的投入获取最大的效益。组织效率原则具体在行政组织法律制

---

① 参见王珉灿主编：《行政法概要》，法律出版社1983年版，第43～60页。

② 参见陈自忠：《再论国家行政机关的设置原则》，载《学海》1990年第4期。

度中,有如下要求:第一,行政组织精简化;第二,行政组织系统化;第三,行政组织合理化。

上述三项原则从不同角度反映了现代行政组织法治的要求,都有重要意义。这三项原则相辅相成,互为保障。

任进教授在其《行政组织法研究》专著中专门研究了行政组织法的基本原则,并认为行政组织法的基本原则也就是立法原则,是制定和实施行政组织法的基本准则。该论者认为,行政组织法或行政组织立法,应遵循下列基本原则:第一,符合国家权力结构和宪法原则;第二,适应国家政治、经济、社会发展需要原则;第三,遵循精简、统一、效能的原则;第四,依法设置和管理原则;第五,适时调整与保持相对稳定相结合原则;第六,职责明确、权责一致原则。①

沈岿教授认为,蕴含人民主权、人权保障和政府负责等精神的法治原则,在公共行政组织领域的具体要求是:(1)行政组织法定主义;(2)关于公共行政组织的法律规范必须具有公开性、确定性和一致性;(3)关于公共行政组织的法律规范必须确保国家和社会的良性互动关系,促进经济发展和保障人权;(4)行政机关必须依法进行公共行政组织的建构,实施任何违法行为都要承担相应的法律责任。② 尽管没有明确概括公共行政组织的基本原则,但这些具体要求带有原则指导性,体现了行政组织法的本质属性和价值追求。

进入21世纪行政组织法得到深入研究的一个标志,是学者们开始从不同的行政组织体角度对基本原则进行分析。有学者认为,中央部门行政组织法应遵循以下设置原则:

第一,依法设置原则。每一个部门组织法都应当有一部部门组织单行法与之对应。

第二,按需设置原则。部门组织应当按照履行行政职能的需要设置。

第三,有限政府原则。在行政组织法中,有限政府原则主要用来划定行政组织的职能边界,防止因行政组织的职能过宽而压制人民的积极性或侵害人民的权利。

第四,效率原则。效率原则,是指部门行政组织的设置要以提高效率为宗旨,以最小的投入获取最大的收益。

第五,授权与控权相结合原则。

---

① 参见任进:《行政组织法研究》,国家行政学院出版社2010年版,第8~10页。

② 参见沈岿:《制度变革中的行政组织》,载应松年等主编:《走向法治政府——依法行政理论研究与实证调查》,法律出版社2001年版,第186~188页。

第六,预算控制原则。预算控制原则是部门组织法的一项配套原则。①

有学者认为,县级行政组织应遵循行政组织法定原则、坚持职能转变原则和因县制宜原则。② 因县制宜原则也可以扩展到因地制宜原则,避免各地机构设置上下一般粗,不管需要不需要,机构设置“五脏俱全”。

有学者尽管没有系统阐释行政组织法的基本原则,但提出某一或某些原则是行政组织法所不可或缺的,为完善行政组织法基本原则打下了基础。例如,有学者认为,在完善我国行政组织法的过程中,除了必须依据法定原则,同时根据行政组织法的理论,权责统一是依法行政的重要原则,也是行政组织法的基本要旨。③

在各高校的行政法、行政学和行政组织学讲义中,我国行政组织的基本原则被列为重要的组成部分,有的列举了为民便民、依法设置、权责一致、精干效能、完整统一和适应发展的原则;也有的列举行政组织法原则包括:法定原则、民主原则、效能(精简)原则、行政一体性原则;还有的列举的国家行政机关设置原则包括:适应需要原则,精简原则,高效率原则,依法设置的原则。

尽管角度不同,有些从行政组织立法角度,有些从机构设置角度,有些则从行政组织角度,但已逐渐形成共识,行政组织法基本原则体系正在形成,为深入研究行政组织法基本原则打下了坚实的基础。

(二)公共行政学界关于行政组织原则的论述

行政组织不仅是行政法学的研究对象,更是公共行政学的研究对象。行政组织学在行政学理论中是一门重要的分支学科。尽管研究的角度不同,公共行政学或行政组织学对行政组织的设置或设计原则的论述对于行政组织法确立法律原则具有重要的参考价值。从某种意义上来说,行政学界对行政组织基本原则的探讨较行政法学界更深入具体。我国行政学界有学者综合国内外的研究,认为组织设计原则有以下 8 项:

1. 命令统一原则。行政机构内部各级管理机构必须服从它的上级管理机构的命令;一个下级只能服一个上级的指挥,避免多头领导与多头指挥;各级管理机构不得越级指挥。

2. 精简精干原则。行政组织的设置要适应社会发展的需要,领导层次要适度,尽量压缩编制;行政组织人员人数和组织管理层次保持在最小

---

① 参见张迎涛:《中央政府部门组织法研究》,中国法制出版社 2011 年版,第 175~178 页。

② 参见赵奇、刘太刚主编:《中国县级行政组织立法研究》,中国人民公安大学出版社 2001 年版,第 41 页以下。

③ 参见王红、傅思明:《WTO 与中国行政法治建设》,中共中央党校出版社 2002 年版,第 271 页。

限度。

3. 效率原则。行政组织设置要将效率原则放在首位，一切原则都是为了提高行政组织的运行效率。

4. 分工协作原则。行政组织内机构与人员按专业化要求严格分工；各部门的任务、目标职责要明确，分工必须有协作，各部门要加强沟通与联系，做到自动协调。

5. 权责一致原则。行政组织内各部门、成员职责与权限必须协调一致，既要明确每一管理层次的职责范围，又要赋予其完成职责所必须具有的管理权限。

6. 幅度适中原则。上级的控制幅度不能超过有效的控制限度。

7. 权变原则。行政组织应根据组织任务、目标和组织外在环境的变化，自觉适应与调整；行政组织设置要因人、因事、因环境而异。

8. 法制原则。行政组织的设置必须有一定的法定程序，依宪法和有关法律设置，防止随意设置机构。①

行政学界也有学者认为，中国行政组织设置的原则有以下几项：

1. 服务原则。将为人民谋利益作为组织设置和组织全部活动的出发点和归宿。

2. 职能决定原则。根据行政组织职能设立相应的机构，围绕组织职能确立组织结构，根据职能的发展变化适时调整行政组织。

3. 统一原则。机构设置要统一，领导指挥要统一，职责与职权要统一。

4. 系统原则。决策、咨询、执行、监督、反馈五大子系统机构完整、配置合理，保持整体功能；内外平衡；坚持开放；管理封闭回路。

5. 效能原则。机构设置和人员编制要尽量精简，层级与幅度要适中，进行专业化分工，简化办事程序。

6. 法治原则。政府机构的设置及其体制要有法律上的根据和保障；机构的设置与变更要依照法定程序进行。②

二、行政组织法基本原则的确立标准

行政组织法基本原则，是指导行政机构设置、职能配置和权限划分，处理行政组织内外部关系等组织活动的基本准则。明确行政组织法的基本原则，首先需要界定行政组织法基本原则的确立标准。

---

① 参见竺乾威主编：《公共行政学》，复旦大学出版社 2000 年版，第 36 页。

② 参见倪星主编：《行政组织学》，北京师范大学出版社 2011 年版，第 244～248 页。

行政组织法处于宪法、行政法之下的第三层次，其基本原则也处于宪法基本原则和行政法基本原则之下，体现宪法和行政法的基本原则，是宪法和行政法基本原则在行政组织活动中的具体化。如宪法规定社会主义法治原则，行政法贯彻行政法治原则，在行政组织法中则具体体现为组织法定原则。但行政组织法的基本原则不直接等同于宪法和行政法的基本原则，民主原则、保障人权原则是宪法的基本原则，在行政组织法中必须体现和贯彻，但民主原则本身并不是行政组织法特有的基本原则，甚至也不能算是行政法的特有原则，民主原则在行政法中可以体现为参与原则、行政公开原则等。作为行政组织法的基本原则，第一个标准是行政组织法所特有，能反映宪法和行政法精神、体现行政组织法的本质属性的基本准则。这种特殊性不同于排他性，其特殊性只是表明在行政组织法领域中这一特性呈现得尤为明显。

行政组织法基本原则的第二个标准是基本性，行政组织法是由行政机关的组织和设置、职能配置和权限划分，行政机关的组成和活动等具体内容组成的一个整体，在原则规定上，既有行政机构的设置原则，也有行政管理体制的原则要求，有职权划分的原则，也包括组织活动的原则，如精简统一效能原则是机构设置的原则，首长负责制和工作责任制是行政组织的活动原则，这些原则是行政组织法的具体原则。作为基本原则，应当是贯穿行政组织法始终，对行政组织的组织和活动都具有指导意义的基本准则。有些准则，即使是某一方面所遵守的，但影响全局，或在整个行政组织法律制度中起关键作用，如精简原则，虽然是机构设置应当遵循的基本原则，但对行政组织制度具有决定性的意义。其不仅可以成为行政组织法的基本原则，而且在某种情况下也可以成为行政法的基本原则。在早期管理论指导思想下，行政组织是行政法的核心内容，行政法教科书理所当然地将精简原则规定为行政法的基本原则，根据《宪法》第27条第1款关于“一切国家机关实行精简的原则”的精神，精简原则甚至带有宪法性。作为行政组织法，精简原则是法定的基本原则之一。

行政组织法基本原则的第三个标准是法律性。周佑勇教授认为，行政法的基本原则作为“法”的原则，首先必须是一种法律准则，而不是一种纯粹的理论或原则。所谓法律准则，是指经国家制定或认可的，具有普遍性法律效力的行为准则。① 这一观点也同样适用于行政组织法，无可厚非，如组织法定原则是得到宪法和行政组织法规定的，《宪法》第95条第2款

① 参见周佑勇：《行政法基本原则研究》，武汉大学出版社2005年版，第123~124页。

要求地方各级人民政府的组织由法律规定。这里需要重点说明的是周佑勇教授关于法律性的第二个观点,这一点在行政组织法中尤其重要。这就是作为法律意义上的行政法基本原则,区别于科学意义上的行政管理基本原则。行政管理的基本原则,是为了达到行政管理的科学化所必须坚持的基本原则,是人们从实践中概括出来的理论原则,具有科学性却不具有国家强制性。[①] 理论上容易区分清楚,但在实践中加以严格区分是困难的,两者交织在一起,都是以行政组织为研究对象的,从科学性上要求行政组织和从法律上要求行政组织,其原则既可能是合一的,也可能是互换的,如精简既是科学性的要求,也是法律的要求,科学性的原则通过法律规定就转化为法律原则。法律原则,由于带有国家强制性和执行力,也乐于为行政组织学吸收成为组织原则,如法制原则或法治原则,在行政学中是行政组织的基本原则。效率是行政管理学追求的目标之一,在行政组织中能否将提高工作效率作为一个基本原则,体现在行政组织法的条文中,也是可以的。《宪法》第27条第1款同样规定,一切国家机关……不断提高工作质量和工作效率,反对官僚主义。

总之,行政组织法的基本原则是一个有机联系的整体,各个原则之间相互依存,共同指导行政组织立法和行政组织行为。行政组织法基本原则的基本性是相对于一般原则而言的,基本原则本身之间也有不同的功能,其地位也不尽相同,其中有带有方向指引性的,有处于核心地位的原则,有机构设置和组织活动的指导原则。

据此理解,行政组织法的基本原则应包括组织法定主义原则、行政一体性原则、机构设置精简原则和责权一致原则。

行政一体性原则是行政组织的总体原则,行政组织作为一个整体,在行政组织立法上要求不能将行政机关作为一个个独立的个体,而是形成一个行政组织法体系,不同的行政机关相对于行政组织都是其有机组成部分。

机构设置精简原则是宪法确定的国家机构设置的基本原则,作为行政组织法自然应当贯彻这一原则。国务院和地方行政机构设置应遵循精简、统一、效能的原则,这是我国机构编制立法所确定的原则,机构设置作为行政组织法的核心内容,机构设置的这三项重要原则,作为一个整体,理应成为行政组织的基本原则。统一原则为行政一体性原则所吸收,效能原则不是法律所能解决的,是一个科学设置的问题,法律上要保证的是机构设置

---

① 参见叶必丰:《行政法学》,武汉大学出版社1996年版,第33页。

是精干的,符合精简原则。而精简原则通过机构设置的权限、程序和数量规定,是可以实现的。

责权一致是对各部门职能配置的基本要求,也意味着职责与职权的一致性,职责就是职权,权力就是责任。责权一致是行政组织活动应当遵循的一项基本法律原则,或者说责权一致原则更好地体现了行政组织法的法律属性。

三、组织法定主义原则

(一)组织法定主义原则的含义

组织法定原则是行政组织法的基本原则,这是没有异议的,是全部行政组织立法的基础。组织法定作为行政法治的主要内容,是行政合法性或行政法定原则在行政组织法中的具体体现。组织法定原则,是指行政组织权必须依法行使,行政机构的设置、职权的授予和划分、人员的任命和配备,以及行政机构活动原则和程序等,均必须受到法律的约束,违法组织行为应当承担法律责任。这里则在学者们普遍认同的组织法定或依法组织原则的基础上,提出组织法定主义原则。

什么是组织法定主义原则?组织法定主义原则与前面所说的组织法定原则有什么区别?为什么要提组织法定主义原则而不是组织法定原则?这主要是考虑到关系全局性的重大问题,为区别于其他一般原则,理应上升到主义高度,如罪刑法定主义、税收法定主义、物权法定主义等。税收法定主义被认为是税法至为重要的基本原则,或称税法的最高法律原则,它是民主原则和法治原则等现代宪法原则在税法上的体现,对于保障人权、维护国家利益和社会公益可谓举足轻重,不可或缺。[①] 同样,组织法定原则是行政组织法的至高原则,与其他行政组织法的原则不能相提并论。

提组织法定主义原则,而不是组织法定原则,还有一个考虑是:一般的法定原则,也可以理解为依法行使行政组织权,这个法包括法律、法规和规章,而既然称为法定主义原则,则意味着行政组织必须由宪法和法律予以规范,而不能由行政机关自行其是,即使是出于对现代行政复杂性和机动性的考虑,行政机关也只能在宪法和法律的明确授权之下,对行政组织的部分问题作出决定。[②] 中华人民共和国成立初期,《海关总署试行组织条例》得到了《中央人民政府组织法》的授权,而现行宪法或国务院组织法并

---

① 参见张守文:《论税收法定主义》,载《法学研究》1996 年第 6 期。

② 参见应松年等主编:《走向法治政府——依法行政理论研究与实证调查》,法律出版社 2001 年版,第 186 ~ 187 页。

未授权。早在2007年施行的《公安机关组织管理条例》，应该属于现行最早的部门组织法，但其起草的依据被认为是《公务员法》《人民警察法》，而非《宪法》或《国务院组织法》。但毕竟是有明确的法律依据，况且从其规定的内容看，主要也是对人民警察的职务、待遇和管理的规定，而对机构设置、编制和经费规定相对较少。这里需要说明的是，从组织法定主义原则考虑，部门组织法，包括地方各级人民政府组织法属于法律保留的事项，国务院制定组织条例，需要国家权力机关的授权。正如根据税收法定主义，国务院制定税收管理法规需要国家权力机关授权一样。

从这个意义上说，法律保留是组织法定主义原则的核心内容。对于行政组织权的行使而言，所谓依法组织或组织法定，法定之法仅是指人民行使权力的议会制定的法律或议会授权制定的法规，但最主要、最大量的应是议会制定的法律。在行政组织立法方面，议会依据宪法的授权而保留自己专属的立法权力，除非它愿意授权其他机关立法，任何主体均不得与其分享立法权力。由于议会保留制定法律以及在法律中规定行政组织的权力，因而未经授权的行政机关不得在行政法规中对行政组织作出规定。

现代法治往往通过法律的原则性规定、行政立法的具体规范来调控行政组织，然后通过立法机关监督和司法审查，保证公共行政的组织受制于法律，即受制于人民的意志，同时兼顾行政所需要的灵活性和机动性。

（二）我国确立组织法定主义原则的宪法基础

中华人民共和国成立伊始，我国在行政组织立法中严格遵循组织法定主义。[①]《中央人民政府组织法》规定，政务院设政治法律委员会、财政经济委员会、文化教育委员会、人民监察委员会和各部、会、院、署、行，主持各该部门的国家行政事宜。各部、会、院、署、行的名称均在组织法中列举。各委、部、会、院、署、行、厅，于必要时，得由中央人民政府委员会决议增加，减少或合并。政务院及各委、部、会、院、署、行、厅的组织条例，由中央人民政府委员会制定或批准之。中央人民政府委员会是当时法律的制定机关，组织法规定国务院各部门的组织条例应当由立法机关制定或批准。政务院制定、中央人民政府委员会批准了《政务院及其所属各机关组织通则》、《大行政区人民政府委员会组织通则》、《省人民政府组织通则》、《市人民政府组织通则》和《县人民政府组织通则》以及《乡（行政村）人民政府组织通则》，我国基本上构建了从中央到地方的行政机关组织法体系。在组织立法上实行准则制，即各机关、各地方根据通则的一般规定拟定其组织条

① 具体内容可参见第二章。

例草案，报中央人民政府委员会批准。各种通则对组织的内部机构设置均作出了明确的规定。据此，制定了一系列部门组织条例和地方组织条例。

1954 年《宪法》规定了组织法定原则，明确国务院的组织由法律规定。地方各级人民委员会的组织由法律规定。根据 1954 年《宪法》制定的《国务院组织法》第 2 条列举了国务院设立的各部和各委员会，并明确国务院各部和各委员会的增加、减少或者合并，经总理提出，由全国人民代表大会决定，在全国人民代表大会闭会期间由全国人大常委会决定。《国务院组织法》授权国务院可以按照需要设立若干直属机构，主办各项专门业务。但这些机构的设立、合并或者撤销，由总理提请全国人民代表大会常务委员会批准。1954 年《地方各级人民代表大会和地方各级人民委员会组织法》分别规定了省人民委员会，直辖市和设区的市的人民委员会，不设区的市的人民委员会，县人民委员会，市辖区人民委员会乃至乡、民族乡、镇人民委员会按照需要可以设立的工作部门。并规定省、直辖市人民委员会的工作部门的设立、增加、减少或者合并，由人民委员会报请国务院批准；县、市、市辖区、乡、民族乡、镇人民委员会的工作部门的设立、增加、减少或者合并，由人民委员会报请上一级人民委员会批准。省人民委员会在必要的时候，经国务院批准，可以设立若干专员公署，作为它的派出机关。县人民委员会在必要的时候，经省人民委员会批准，可以设立若干区公所，作为它的派出机关。市辖区、不设区的市的人民委员会在必要的时候，经上一级人民委员会批准，可以设立若干街道办事处，作为它的派出机关。1954 年 12 月 31 日，全国人大常委会第四次会议通过了《城市街道办事处组织条例》和《公安派出所组织条例》，体现了严格的组织法定主义。《公安派出所组织条例》尽管只有 7 条，却界定了公安派出所的性质、职权，规定了派出所的设置原则、组织机构、领导机制和工作规则。

2009 年 6 月 27 日，第十一届全国人大常委会第九次会议表决通过《关于废止部分法律的决定》，决定废止《城市街道办事处组织条例》《公安派出所组织条例》等 8 部法律。在说明《公安派出所组织条例》废止理由时，全国人大常委会法工委主任李适时说，2006 年，国务院颁布的《公安机关组织管理条例》，对市、县、自治县公安局设置公安派出所已作了明确规定；同时，公安派出所作为基层公安机关的派出机构，其设置和职责需要根据经济社会发展的情况变化和围绕不同时期党和国家工作大局进行调整，由国务院根据工作需要和情况变化通过行政法规作出规定更适宜。

根据 2006 年《公安机关组织管理条例》，市、县、自治县公安局根据工作需要设置公安派出所。公安派出所的设立、撤销，按照规定的权限和程序审批。按照规定的权限和程序审批,是法律和行政法规的规定,还是其他规范性文件的规定?《公安机关组织管理条例》是否属于授权立法,符合组织法定原则?如果说派出所还需要一部专门的组织条例的话,立法主体应当是谁?问题的关键在于,按照我国现行宪法和组织法的规定,是否在行政组织中还实行组织法定主义原则,行政组织立法的权力归属如何?

《宪法》第 86 条第 3 款规定,国务院的组织由法律规定。第 95 条第 2 款规定,地方各级人民代表大会和地方各级人民政府的组织由法律规定。第 62 条第 3 项规定,全国人大“制定和修改刑事、民事、国家机构的和其他的基本法律”。《立法法》第 8 条规定,各级人民代表大会、人民政府、人民法院和人民检察院的产生、组织和职权,民族区域自治制度、特别行政区制度、基层群众自治制度,只能制定法律。第 9 条规定,第 8 条规定的事项尚未制定法律的,全国人大及其常委会有权作出决定,授权国务院可以根据实际需要,对其中的部分事项先制定行政法规。

从宪法和宪法性法律规定可以明确,国务院和地方各级人民政府的组织立法权属于国家权力机关保留范围,其他任何国家机关没有法律的授权,不得制定组织法规。新中国成立初期确立的组织法定原则没变。现在的问题是,根据《宪法》第 89 条的规定,国务院行使下列职权:规定各部和各委员会的任务和职责,统一领导各部和各委员会的工作,并且领导不属于各部和各委员会的全国性的行政工作。统一领导全国地方各级国家行政机关的工作,规定中央和省、自治区、直辖市的国家行政机关的职权的具体划分。批准省、自治区、直辖市的区域划分,批准自治州、县、自治县、市的建置和区域划分。审定行政机构的编制,依照法律规定任免、培训、考核和奖惩行政人员。

1982 年《国务院组织法》不再列举国务院各部、各委员会具体名称,有关国务院机构改革的问题,沿袭由全国人大及其常委会作出决定的方式。根据《国务院组织法》,国务院各部、各委员会的设立、撤销或合并,经总理提出,由全国人大决定;在全国人大闭会期间,由全国人大常委会决定。可见,全国人大及其常委会对于国务院机构改革,是以决定的形式而不是通过修改《国务院组织法》的方式进行的,且只是对每一届国务院机构的调整。因此,全国人大及其常委会关于国务院机构改革的决定,属于决定重大事项或组织其他中央国家机关,不属于国家机构组织法的渊源形式。

在地方行政组织权上,《地方组织法》第 79 条全面授权地方各级人民政府根据工作需要和优化协同高效以及精干的原则,设立必要的工作部门。地方国家权力机关将决定权都放弃了。其中,省、自治区、直辖市的人民政府的厅、局、委员会等工作部门的设立、增加、减少或者合并,按照规定程序报请批准,并报本级人民代表大会常务委员会备案。自治州、县、自治县、市、市辖区的人民政府的局、科等工作部门的设立、增加、减少或者合并,按照规定程序报请批准,并报本级人民代表大会常务委员会备案。

根据《宪法》,国务院的组织和地方各级人民政府的组织由法律规定。那么,在行政组织设定权问题上,国家权力机关到底有多大的行政组织决定权。国务院的组织由法律规定,设置国务院各部门是否属于"国务院的组织"的范畴?

《宪法》关于国务院规定各部和各委员会的任务和职责的规定,并不默认国务院具有机构设置权,相反,全国人大及其常委会根据国务院总理的提名,决定各部部长、各委员会主任、审计长、秘书长的人选,并可罢免各部部长、各委员会主任、审计长、秘书长,根据这一规定,也可推论,部委的设置权在于最高国家权力机关。《国务院组织法》第 8 条明确规定,国务院各部、各委员会的设立、撤销或者合并,经总理提出,由全国人民代表大会决定;在全国人民代表大会闭会期间,由全国人民代表大会常务委员会决定。《国务院组织法》只是授权国务院可以根据工作需要和精简的原则,设立若干直属机构主管各项专门业务,设立若干办事机构协助总理办理专门事项。据此,笔者认为,我国《宪法》将部门组织设置权授予了全国人大。因此,全国人大完全可以根据宪法的授权制定法律来规范和控制国务院部门组织的设置,实现组织法定主义原则。

(三)在我国重新确立组织法定主义原则的意义

1954 年《国务院组织法》第 2 条列举了国务院设立的各部和各委员会名录。1982 年《国务院组织法》考虑到"二十多年来部委的设置变动较多,今后随着国家行政管理体制和经济管理体制改革的逐步推行,势必还会有所变化,为了保持法律的稳定性和严肃性",①不再列出国务院各部和各委员会的名称。在地方上,1954 年《地方组织法》分别列举了省、直辖市和设区的市、不设区的市、县、市辖区人民委员会按照需要可以设立的工作部门。1979 年《地方组织法》对地方政府机构设置规定得比较原则,只是规定了地方各级人民政府根据工作需要和精干的原则,设立必要的工作部门。至于可以设立哪些工作部门,并没有列举性规定,更没有分别规定省级人民政府可以设哪些工作部门,县级人民政府可以设哪些工作部门。由

① 全国人民代表大会常务委员会办公厅编:《中华人民共和国第五届全国人民代表大会第五次会议文件》,人民出版社 1983 年版,第 265 页。

于没有规定可以设立的工作部门，随各级人民政府依需要而定，地方各级人民政府工作机构设置因而比较随意。

有学者认识到，当前存在的主要问题令我们自然联想起法治原则在公共行政组织领域适用可能具有的功效，因为规则是建立秩序、减少混乱的最有效方式。①

贯彻组织法定主义，实现行政组织法定化，不仅对实现人民民主和法治原则具有重要的理论意义，而且对科学组织行政机关、有效履行行政职能具有重大的现实意义。

首先，实行组织法定主义，是人民主权的要求和体现。人民主权决定了一切国家机关的组织或活动必须建立在人民授权的基础上，否则，就会丧失合法存在的理由。人民授权通常是由人民代表机关（制宪会议、议会、人民代表大会等）以制定宪法或法律的方式进行。据此，行政组织须受法律的规范与约束，而不是由行政机关自行决定。

其次，实行组织法定主义，是保障公民权益的需要。只有以组织法限定行政机构的随意设置并加以规范，才能避免政府管得过多的状况，从而促进和保障公民以及社会团体在政治、经济、文化等生活领域所应享有的自治权利。

最后，实行组织法定主义，是行政组织精简、统一、效能的保障。只有贯彻组织法定主义，以法律规定各行政机关的权责范围和工作程序，以法律督促公共行政组织向精简、统一、效能的方向改革和发展，才能从理念与制度两个方面保证政府对公众负责。

（四）组织法定主义原则的基本要求

组织法定主义的核心是法律保留，组织法定首先要求行政组织必须由宪法和组织法加以规范，而不能由行政机关自行规定。具体而言，组织法定主义原则要求：

1. 行政组织权归属国家权力机关，重要的行政组织问题由宪法和法律加以规定

行政组织权包括机构设置权、职能配置权、领导任免权、财政预算权等要素。这些基本的行政组织要素必须由权力机关以法律形式加以规定。国务院和地方各级人民政府的组织在我国已经贯彻了法定主义原则。从国务院各部、委的决定权属于国家权力机关的宪法规定看，组织法定主义

① 参见应松年等主编：《走向法治政府——依法行政理论研究与实证调查》，法律出版社2001年版，第184页。

原则要求国家为每一个部委制定部门组织法,规定其职责权限,国务院直属机构则可以由行政法规以条例的形式加以规定。国务院事业单位、特设机构不属于直属机构范畴,亦应通过制定组织法加以规范。例如,《中国人民银行法》便属于部门组织法。在地方上,各级人民政府组织法必须由全国人民代表大会制定法律,以法律明确地方层级,特别是市的建置,设区的市的标准是什么,它与较大的市的关系是什么,不能由行政机关自行决定。较大的市是拥有立法权的一级地方政权机关,由国务院批准较大的市实际上等于国务院授予了该市权力机关以地方性法规的制定权,在政权机关的关系上说不通。

从国务院各部、各委员会主任由国家权力机关任命或罢免,地方各级国家权力机关决定本级人民政府厅长、局长、委员会主任、科长的任免可以推断,属于本级人民政府组成部门的各部、委、厅、局的设立、合并、分立或撤销,应当由本级人民代表大会或常务委员会的批准而不是备案。

2. 授权立法应当适度、明确,行政机关只能在宪法和法律的授权范围内,对行政组织的部分内容作出规定

根据《立法法》的规定,各级人民政府的产生、组织和职权,属于法律保留事项,尚未制定法律的,全国人民代表大会及其常务委员会有权作出决定,授权国务院可以根据实际需要,对其中的部分事项先制定行政法规。但授权决定应当明确授权的目的、事项、范围等。被授权机关应当严格按照授权决定行使该项权力。没有法律的授权,任何机关不得制定行政组织法。

对于行政组织的授权立法,根据行政法定主义原则,必须符合要求:

(1)授权必须适度。在行政组织立法上,国家权力机关是主要的立法主体,国务院是从属性的,授予国务院制定组织法规,不能改变行政组织权属于立法机关的本质属性,授权立法的比例不宜过多。

(2)授权必须明确。在税收法定主义原则中,有一项课税要素明确原则。即依据税收法定主义的要求,课税要素及与之密切相关的征税程序不仅要由法律作出专门规定,而且还必须尽量明确,以避免出现歧义。依据上述原则,有关课税要素的法律规定不应是模糊的一般条款,否则会形成行政机关确定课税要素的自由裁量权。即使使用"在必要时"等这类相对不确定的概念,也应做到依据法律的宗旨可以明确其意义,而不能是内容太过于一般,过于空洞的"空白文句",否则,极易导致公权力的恣意滥用。在组织法的授权条款中,规定地方各级人民政府根据工作需要和精干的原则,设立必要的工作部门,授权过于原则,增加了执行中的随意性。在授权

的同时，或者附加条件，或者以专门的“行政机构设置法”规定设置的条件、权限和程序，地方组织法对省、自治区的人民政府在必要的时候设立若干派出机关须经国务院批准，便是这一类条款。

(3)不得越权立法。被授权机关应当严格按照授权目的和范围行使该项权力，不得将该项权力转授给其他机关。即使享有立法权的机关，在没有得到授权的情况下也不得自行进行组织立法。各省、自治区、直辖市人民政府根据国务院《地方各级人民政府机构设置和编制管理条例》制定机构设置和编制管理方面的地方性法规或地方政府规章属于执行性立法，但若根据《地方组织法》立法，则并没有被授权。

3. 设置行政机关，进行组织活动，必须有明确的组织法律依据，不得自行规定，创设非法定组织

行政组织依法设定，这是组织法定主义原则对设置行政机构的基本要求。设置行政机构，必须根据组织法规定的设置权限、设置程序进行。在机构类别、内设机构、副职人数等方面不得突破组织法的规定，更不得没有法律依据，自行设置非法定的行政机构。如各地设立的开发区管委会，将其作为本级人民政府的派出机构。派出机构，是指省、自治区以下指导若干县、自治县或不设区的市的中间一层组织机构，开发区不是这样的区域组织，组织法没有规定可以在开发区设立派出机构。开发区管理委员会，性质上应当属于本级人民政府为了在特定区域内实现城市化而设立的临时机构，而作为临时机构，除非经行政法律、法规的授权，不具有行政法上的主体资格。

4. 行政机关在法律之外的行政组织行为无效，违反行政组织法的责任人员必须承担相应的法律责任

确定违法组织行为的法律责任是组织法定主义原则得以贯彻的保障，也是贯彻组织法定主义原则的意义所在。乱设机构、副职超编以及权限冲突等诸多问题得不到有效遏制和解决，根本原因在于对违反组织法行为没有明确的法律责任。在法律责任上，《地方各级人民政府机构设置和编制管理条例》只是作了简要的规定，对于违法行为，由机构编制管理机关给予通报批评，并责令限期改正；情节严重的，对直接负责的主管人员和其他直接责任人员，依法给予处分。严格来说，这只是一种内部监督制度，尚不能算法律责任条款。在对违法组织的监督过程中，可以在现行体制框架内充分发挥国家权力机关和司法机关的作用。国家权力机关可以撤销本级人民政府不适当的组织决定，人民法院可以以没有法律依据为由确认行政行为实施者没有主体资格。

(五)实现组织法定主义原则的途径

为实现组织法定主义原则,在行政法制建设中,可以从以下几个方面着手:

1. 修改《国务院组织法》,列举国务院组成部门

1982年国务院机构改革中,组成部门变动比较频繁,在法律中规定组成部门的名称缺乏稳定性。经过几轮机构改革,现在国务院的组成部门相对比较成熟了,不可能出现大的变动,个别调整通过决议案就可以解决,已经有条件也有必要在《国务院组织法》中对国务院组成部门采用列举式规定,并授权国务院对各部门先行制定组织条例,待条件成熟后再上升为法律。《国务院行政机构设置和编制管理条例》中比较成熟的规定,可以吸收为《国务院组织法》的内容,如国务院设立议事协调机构,特别是编制管理,宪法既然授权国务院审定行政机构的编制,组织法应当对如何审定编制作出原则性规定,实现编制法定化。当然待条件成熟时,也可以制定"编制法"。

2. 形成组织法律规范体系

在国家行政法制建设中对行政救济法律制度、行政行为法律制度的立法基本形成以后,对行政组织法律制度的立法应当提到议事日程上来。地方组织法对省级、市级、县级人民政府及其工作部门的设置、职责划分等没有作出分别规定的情况下,使地方行政组织无所适从。在组织立法一级层面上,至少应当包括国务院组织法、首都法、中央与地方关系法、省人民政府组织法、市人民政府组织法、县人民政府组织法、乡镇人民政府组织法、街道办事处组织法,其中市人民政府组织法既可以是综合性的,也可以分别规定直辖市、设区的市、不设区的市。大城市区人民政府作为所在市的一部分,在市政府组织法中予以规定,不在县政府组织法中规定,否则县与市的区别就无法显现。街道办事处、各种管委会等组织条例也可以授权地方制定。

3. 取消行政保留,行政组织权统一行使

组织法定,意味着将整个行政组织制度纳入法治轨道,需要重新分配国家权力机关与最高行政机关在组织行政方面的权限。由于宪法采用的是行政组织权归属于行政机关这一传统观念,因此,组织法定主义原则的真正确立只能通过修宪才能完成。① 为落实组织法定主义原则,组织权应归属最高国家权力机关,应取消国务院规定各部门的任务和职责,特别是

① 参见应松年、薛刚凌:《行政组织法基本原则之探讨》,载《行政法学研究》2001年第2期。

中央与地方的权限划分、行政区的建置权。

四、行政一体性原则

行政组织法中的一体性原则是要求行政机关间形成一个整体，各部门齐心合力，共同完成行政任务。统一性原则、协调性原则是行政一体性原则的具体体现。分工负责下的行政治理，是社会专业化发展大趋势的需要。随之而来的，在专业管理机构越来越多、分工越来越细的情况下，确保各职能部门不各自为政、自行其是，而是协调一致，发挥整体合力，行政一体性原则就成为行政组织立法和活动中的重要原则之一。

（一）行政一体性原则的含义和要求

黄锦堂先生认为，行政一体性包括两层意义：第一个意义，其指称在一个行政辖区内，尽可能所在之权限应集中于一个机关或集中于一群由统一的一位首长所指挥的行政机关群中；第二个意义，指所有的国家机关应该以相同的思考对外作出决定。一般而言，行政一体性系指称国家行政整个成为一体，由最高之行政首长指挥、监督，并以此总体向选民与议会负责。① 这一观点较好地表现了行政一体性原则的核心内容。行政一体性原则，不是要消灭各部门的分工，而是各部门要成为一个整体，在一个最高行政首长的领导下按照各自的职权范围履行行政职权，相互之间协调一致，形成整体合力。行政一体性是行政组织的原则，在行政组织法学中，则是指行政组织法在规定机构设置和职权划分时，做到政府系统的各类机构是一个既有分工又有合作的在政府首长集中领导下的整体，政府各部门都是围绕政府的目标共同努力，通过统一的平台对外进行活动，并由政府承担主体责任。

虽然行政一体性原则在我国是一个学术性概念，但行政一体性的基本要求是贯彻于宪法和组织法之中的。根据《宪法》的规定，国务院统一领导各部和各委员会的工作，统一领导全国地方各级国家行政机关的工作。县级以上地方各级人民政府管理本行政区域内的经济、教育、科学、文化、卫生、体育事业、环境和资源保护、城乡建设事业和财政、民政、公安、民族事务、司法行政、计划生育等行政工作，领导所属各工作部门和下级人民政府的工作，全国地方各级人民政府都是国务院统一领导下的国家行政机关，都服从国务院。《食品安全法》第 6 条规定，县级以上地方人民政府对本行政区域的食品安全监督管理工作负责，统一领导、组织、协调本行政区

---

① 参见翁岳生编：《行政法》（上册），中国法制出版社 2002 年版，第 328 页。

域的食品安全监督管理工作以及食品安全突发事件应对工作。这些规定，也都体现了行政一体性的要求。

行政一体性原则具体表现在五个方面：

1. 在纵向关系上，从省政府到乡政府，统一受国务院领导。在行政组织层面上，实行中央集权制，不存在地方自治问题。中央和地方行政机关的权限不是由宪法规定的，而是由国务院决定的，宪法授权国务院规定中央和省、自治区、直辖市的国家行政机关的职权的具体划分。县级以上的地方各级人民政府除了执行本级人民代表大会及其常务委员会的决议，还要执行上级国家行政机关的决定和命令，办理上级国家行政机关交办的其他事项。《土地管理法》第 5 条规定，国务院自然资源主管部门统一负责全国土地的管理和监督工作。县级以上地方人民政府自然资源主管部门的设置及其职责，由省、自治区、直辖市人民政府根据国务院有关规定确定。

2. 在横向关系上，从中央到地方各级人民政府工作部门，统一受本级人民政府领导。国务院统一领导各部和各委员会的工作，省、自治区、直辖市的人民政府的各工作部门受人民政府统一领导，自治州、县、自治县、市、市辖区的人民政府的各工作部门受人民政府统一领导。

3. 在部门相互关系上，贯彻配合协调原则。各部门在分工的基础上，有义务相互协作，进行行政协助。《食品安全法》第 8 条第 2 款要求县级以上人民政府食品安全监督管理部门和其他有关部门应当加强沟通、密切配合，按照各自职责分工，依法行使职权，承担责任。在机构设置时，地方各级人民政府行政机构职责相同或者相近的，原则上由一个行政机构承担。行政机构之间对产生管辖权异议的，应当主动协商解决。协商不一致的，应当提请本级人民政府规定的相关机构（如法制工作机构、编制管理机关）予以协调解决。为统一领导某方面的工作，协调各部门的关系，国务院和地方各级人民政府依法设立议事协调机构，国务院议事协调机构承担跨国务院行政机构的重要业务工作的组织协调任务。

4. 在工作机制上，建立统一的管理执法平台。政府机关通过建立一站式办公大厅，一个窗口对外，一网受理，建立统一执法信息平台，使行政活动的各环节在政府内部运转。“让数据多跑路，让老百姓少跑腿”，变逐个“找部门”为直接“找政府”，只跑一次，一次办成，是行政一体性原则的充分体现。行政管理实践中的成功经验，在行政组织立法中应当得到体现。在行政行为法中，行政一体性原则早已有所体现，如《行政许可法》规定，经国务院批准，省、自治区、直辖市人民政府根据精简、统一、效能的原则，可以决定一个行政机关行使有关行政机关的行政许可权。行政许可依法由地方人民政府两个以上部门分别实施的,本级人民政府可以确定一个部门受理行政许可申请并转告有关部门分别提出意见后统一办理,或者组织有关部门联合办理、集中办理。

5. 在责任承担上,由本级人民政府统一承担各部门行使职权所产生的行政法律责任。根据权责一致原则,各级人民政府是行政责任的主体,各部门是代表本级人民政府行使行政职权,所产生的权利义务关系由本级人民政府负责。

(二)行政一体性原则的理论基础

行政一体性原则是公共行政学中的整体型政府理论和行政法学中的行政主体理论所要求的。

1. 整体型政府理论

整体型政府是一种通过横向和纵向协调的思想与行动以实现预期利益的政府治理模式。

整体型政府的主要内容:一是机构职能的"整体化"整合,形成"大部制",通过合并,把一些功能相近和雷同的机构重新组合成部门化的组织,取消一些准政府机构,以及重新在以往被鼓励进行无限制竞争的地方机构这一微观层面建立合作的、以社区为基础的结构;二是部门间的"整体化"协调,实现跨部门协调。协调是管理活动的基本环节之一,是领导者的一项基础性职能。随着网络技术和行政环境的变化,协调被重新重视,赋予新的意义,在整体型政府的语境中,协调,指的是在信息、知识和决策方面,理解相互介入和参与的必要性,并非定义不精确的行动。

现代网络技术的发展使建立整体型政府成为可能。没有高度发展的电子化政府,就无法跨越政府的层级鸿沟,也无法将数量庞大的行政机构和单位用电脑连接起来,以便向民众提供整合性的服务。整体性政府在很大程度上取决于信息技术的发展。电子政府要在网络技术的基础上进行三种类型的整合,才能切实起到提升大部门体制与行政服务中心协同度与服务能级的作用,即不同政府层级的整合、不同机构单位的整合和不同政府网站的整合。这三种类型最后整合为一个单一的政府入口网站。显然,要达成完全整合的单一的政府入口网站是有相当难度的,因为它不仅涉及各级政府和政府各单位、机构的整合,涉及计算机技术,还涉及一个国家的人口等问题。整体型政府理论是对新公共管理理论难以应对社会管理和公共服务需求日趋复杂化所产生的合作问题的一种直接回应,部门间合作乃至跨部门协同是其主要特征。为进一步深入分析政府部门间合作类型,整体型政府理论将政府部门间合作分为"结构性机制"和"程序性机制"。

结构性机制侧重组织形式，如联席会议、领导小组、专项任务小组等。程序性机制则侧重于实现合作的程序性安排和技术手段，如信息共享平台和合作协议等。整体型政府理论还为公共机构改革创新开辟了方向，提出以跨界性和合作性为特征的新型组织结构取代分散化、独立化和多样化的组织结构。

整体性政府的治理原则强调以公民的整体需求为核心，为解决公民需求就需要各方的共同努力。因此，整体性治理需要全方位、多角度的合作，不仅需要公私合作，而且需要中央与地方以及政府部门之间，甚至国际范围内全球性合作。合作可以是正式的，也可以是非正式的。合作的内容非常广泛，小到简单的信息获取，大到达成大型项目的谈判协定，只要涉及公民需求，就有合作的必要。信息技术的发展促进了信息的搜寻和提供，为政府间的合作创造了条件。在合作的过程中，没有正式的下属关系，也就没有明显的层级差异，中央与地方在合作过程中就淡化了权力控制。

2. 行政主体理论

在传统的行政法观念中，有些学者将行政机关理所当然地当作行政主体，把行政主体定义为能以自己的名义实施国家行政权，并对行政效果承担责任的组织，将行政主体界定为依法承担行政权的单个行政机关和法律法规授权的组织。这样，中央和地方各级人民政府职能部门，甚至经法律法规授权的派出机关和派出机构、经法律法规授权的行政机关内部机构以及法律法规授权的其他组织都成了独立的行政主体。行政主体理论侧重于解决行政机关在对外管理中的地位。具有行政主体资格者，才能对外管理。

之所以如此，主要出于这样两个实用的考虑：一是实施依法行政的需要。要实现依法行政，行政机关必须对自己的行为承担责任，而承担责任的基本要求是主体明确，主体不明，容易扯皮或相互推诿责任，依法行政也就无从谈起。二是确定行政诉讼被告的需要，行政诉讼是以行政机关为被告的诉讼。①

但在带来实用功能便利的同时，也容易导致行政机关各部门间的相互推诿。因此，各类行政机关的活动都应置于政府的控制和监督之下。各职能部门相对于各级人民政府而言，不过是执行机构而已。行政主体同其行政机关之间的关系，如作为整体的人同耳、目、手、足的关系，人的行为必须借助于耳、目、手、足，但独耳、目、手、足不能为人。所以，行政机关的法律

① 参见薛刚凌：《我国行政主体理论之检讨》，载《政法论坛》1998 年第 6 期。

意义仅在于代表行政主体活动,其本身并不具有法律上的独立人格。“行政机关作为构成行政主体整体结构中的某些单位,它们在一定的范围之内,以行政主体的名义进行活动,其法律效果归属于行政主体。”①

根据《地方组织法》的规定,职权法定从组织法上说,法律只是将行政权授予了各级人民政府,至于各级人民政府设立多少以及哪些工作部门行使行政职权,则是行政机关内部的事务。《地方组织法》第 3 条关于“地方各级人民政府……依照宪法和法律规定行政职权”的规定体现了职权法定原则。第 73 条统一规定了县级以上的地方各级人民政府行使的职权范围:管理本行政区域内的经济、教育、科学、文化、卫生、体育、城乡建设等事业和生态环境保护、自然资源、财政、民政、社会保障、公安、民族事务、司法行政、人口与计划生育等行政工作。为了履行这些职责,地方各级人民政府根据工作需要和精干的原则,可以设立必要的工作部门。省、自治区、直辖市的人民政府的各工作部门受省、自治区、直辖市人民政府统一领导,自治州、县、自治县、市、市辖区的人民政府的各工作部门受自治州、县、自治县、市、市辖区的人民政府统一领导。这一规定非常明确地说明了只有中央和地方各级人民政府才是行政权的法定承担者,是行政法上的行政主体,人民政府的各职能部门是行政职能的分担者,根据人民政府的分派完成行政任务。我国的行政法律对主体责任其实也规定得很明确,如《食品安全法》第 6 条第 1 款、第 2 款规定,县级以上地方人民政府对本行政区域的食品安全监督管理工作负责,统一领导、组织、协调本行政区域的食品安全监督管理工作以及食品安全突发事件应对工作,建立健全食品安全全程监督管理工作机制和信息共享机制。县级以上地方人民政府依照本法和国务院的规定,确定本级食品安全监督管理、卫生行政部门和其他有关部门的职责。有关部门在各自职责范围内负责本行政区域的食品安全监督管理工作。对食品安全的监管责任是各级人民政府的职能,各级人民政府可以设立相应的监管部门履行这一责任,对外承担法律责任的主体应当是各级人民政府,各职能部门内部向本级人民政府负责。发生食品安全事件,行政系统内部可以根据责任制要求追究相应主管机关的责任,但对外而言,受害人和利害关系人不必强调适格被告,严格按权限分工以卫生行政部门,还是以市场监管部门为被告,而以人民政府为被告,至于人民政府指派哪个部门来出庭应诉,是行政主体内部的事情。只有这样,才能真正强调主体责任,避免职能部门之间外在的推诿重叠。

---

① 王名扬:《法国行政法》,中国政法大学出版社 1989 年版,第 46 页。

(三)行政一体性原则的实现

行政一体性原则显然不是取消分工,也不是合并相关部门,建立大部门制,而正是在尊重分工原则基础上协作的需要。在贯彻行政一体性原则时,应当注意以下几个问题:

1. 各级人民政府是行政行为的主体,统一领导协调各部门的工作

根据我国宪法和地方组织法,地方各级人民政府是行政主体,是责任承担者。在政府各项工作中,一级人民政府是总指挥,各职能部门在各级人民政府的统一领导下,按照各自的职责范围行使权力。根据《地方组织法》的规定,县级以上地方各级人民政府管理本行政区域内的经济、教育、科学、文化、卫生、体育、城乡建设等事业和生态环境保护、自然资源、财政、民政、社会保障、公安、民族事务、司法行政、人口与计划生育等行政工作。为了管理各方面的行政工作,地方各级人民政府根据工作需要和精干的原则,设立必要的工作部门,并领导所属各工作部门的工作。《土地管理法》第5条第2款规定,县级以上地方人民政府自然资源主管部门的设置及其职责,由省、自治区、直辖市人民政府根据国务院有关规定确定。自然资源主管机构可以单设,也可以与其他机构合并设立,但一级人民政府,包括乡镇人民政府是土地管理的责任主体。《环境保护法》一方面规定国务院环境保护主管部门对全国环境保护工作实施统一监督管理,县级以上地方人民政府环境保护主管部门对本行政区域环境保护工作实施统一监督管理,另一方面明确各级人民政府应当对本行政区域的环境质量负责,地方各级人民政府应当根据环境保护目标和治理任务,采取有效措施,改善环境质量。在行政组织立法和组织结构中,一体性原则要求强调各级人民政府负总责,承担领导责任,各级人民政府统一组织、指挥、协调各部门的工作,并对各部门工作实施有效的监督,对各部门工作承担领导责任。

2. 各部门统一标准、统一发布信息,避免各自为政

一体性原则要求政府各部门信息共享,统一标准,建立统一的服务体系。根据《环境保护法》的规定,国务院环境保护主管部门统一发布国家环境质量、重点污染源监测信息及其他重大环境信息;省级以上人民政府环境保护主管部门定期发布环境状况公报。《统计法》规定,县级以上人民政府统计机构和有关部门以及乡、镇人民政府,应当按照国家有关规定建立统计资料的保存、管理制度,建立健全统计信息共享机制。《突发事件应对法》规定国务院建立全国统一的突发事件信息系统,明确县级以上地方各级人民政府应当建立或者确定本地区统一的突发事件信息系统,汇集、储存、分析、传输有关突发事件的信息,并与上级人民政府及其有关部

门、下级人民政府及其有关部门、专业机构和监测网点的突发事件信息系统实现互联互通，加强跨部门、跨地区的信息交流与情报合作。

3. 部门之间建立协商协助机制

《湖南省行政程序规定》第16条规定，行政管理涉及多个政府工作部门的，可以建立由主要部门牵头、其他相关部门参加的部门联席会议制度。《江苏省行政程序规定》第13条规定，两个以上行政机关对同一行政管理事项都有管辖权的，由最先受理的行政机关管辖；发生管辖权争议的，由其共同上一级行政机关指定管辖。第16条规定，行政机关独立行使职权不能实现行政目的的，或执行公务所必需的文书、资料、信息为其他行政机关所掌握，自行收集难以获得的，该行政机关可以书面请求相关行政机关协助。第17条规定，被请求协助的行政机关应当依法及时履行协助义务，不得推诿或者拒绝。地方行政程序立法的这些规定，体现了行政一体性的要求，是将来制定行政组织法或行政程序法可以采纳的。

4. 行政一体性不等于包办代替、越组代庖

行政一体性原则是建立在分工负责的基础上的。组织法和行为法规定各级人民政府和各部门的职责权限，这是基础。为了避免因分工产生的碎片化，要求建立统一指挥和合作机制，这是一体性的根本。离开分工，协作也不再存在。行政一体性不是和稀泥，更不能混淆各部门的权限和责任，各级人民政府负总责，是要求监督各部门在各自的职权范围履行职责，而不是权力集中上收。

越权的概念，在人们的观念中，只有下级超越了其级别管辖权限，行使了上级的权力，没有上级行使了下级权力的问题。其实不然，在法律规范对上下级的权限有明确规定或法律规范明确规定主管部门的情况下，上级擅自行使下级或具体工作部门的职权也是一种越权。

即使法律规范没有对上下级之间的职权作出明确规定，也是符合宪法关于中央和地方的国家机构职权的划分，遵循在中央的统一领导下，充分发挥地方的主动性、积极性的原则精神的。

五、机构设置精简原则

行政机构设置遵循精简原则，是我国宪法和行政组织法确立的基本原则。《宪法》第27条第1款规定，一切国家机关实行精简的原则。《国务院组织法》第11条规定，国务院可以根据工作需要和精简的原则，设立若干直属机构主管各项专门业务，设立若干办事机构协助总理办理专门事项。《地方组织法》第79条第1款规定，地方各级人民政府根据工作需要和优

化协同高效以及精干的原则，设立必要的工作部门。精简原则在我国行政法学研究早期甚至被上升为行政法的基本原则，这也不为过，这是宪法规定的国家机关的组织原则。①

（一）机构设置精简原则的含义

所谓机构设置精简原则，是指行政机构的设置完全建立在必要性的基础上，机构设置与社会经济发展的需要相一致，机关之间职责明确、层次清楚、定岗定员，厉行节约。我们不能将精简简单理解为数量上的减少，主要是指切实转变政府职能，减少行政运行成本，提高行政运行效能。有些不能“精简”的机构是精简不得的，而究竟哪些可以精简、哪些应该维持，取决于当地对公共服务的实际需要。而谁最清楚当地的实际需要？最公正的评估主体不是上级领导，而是当地民众。

（二）贯彻机构设置精简原则的必要性

机构设置精简原则与精简机构是目的与手段的关系，通过精简机构以实现精简原则，使行政机构保持精干或精练状态。机构设置精简的直接效果是避免职责不清、人浮于事，更重要的是，如果机构臃肿，就会运转效率低下，相互协调困难，贻误工作。新中国成立以来的经验证明，精简机构是永远的任务，邓小平说：“精简机构是一场革命。”②

（三）实现精简原则的法制化途径

精简原则被宪法和组织法确立为行政组织的基本原则后，行政组织立法就可以将其具体化，在组织法规条文中予以体现。在组织法中规定部门名称，在部门组织条例中规定内设机构数量和名称，尽管可能使机构不能及时适应管理的需要作出灵活的调整，但减少了随意增设机构的可能性。修改组织法相对来说，成本较轻。编制立法防止了工作人员的过度增长，在组织法中规定领导职数则更为必要。行政组织程序法设立严格明确的机构设立、分设、撤并等条件和程序，使机构保持精简有了可靠的法制保障。

机构设置精简原则更重要的是要求正确处理好政府与企业、社会的关系，下卸政府职能，充分发挥市场调节作用，让行业组织或者中介机构自律管理。真正实现机构精简需处理好政府与市场的关系，而处理好政府与市场的关系，微观上是处理好政府与企业的关系。现代企业制度，凡是国家法律规定属于企业行使的自主权，各级政府都不要干预，下放给企业的权

---

① 参见王珉灿主编：《行政法概要》，法律出版社1983年版，第52页。

② 邓小平：《邓小平文选》（第2卷），人民出版社1983年版，第396页。

利,政府不得截留。与此同时,政府应该着力强化宏观调控,借助经济杠杆和法律手段实现地方和企业的自律,地方政府则主要履行监督与服务的职能,依法规范市场秩序,从而实现职能归位。

六、责权一致原则

机构设置精简原则是行政组织状态的外化表现,而责权一致是行政组织存在的内在形态。根据以职责定职权的要求,行政组织法的主要任务除了设定机构外,还有确定机构的职能和权力范围。从法律思维考虑,授予权力应当与责任共生共存,行政组织立法在依法确定行政组织相应职责的同时,应赋予其相应的职权。

(一)责权一致原则的含义

行政法强调权责一致,权责一致是建设法治政府的要求。行政法意义上权责一致,是指行政机关依法履行经济、社会和文化事务管理职责,要由法律、法规赋予其相应的执法手段。行政机关违法或者不当行使职权,应当依法承担法律责任,实现权力和责任的统一。所谓执法有保障、有权必有责、用权受监督、违法受追究、侵权须赔偿。权责一致主要是从行政法律责任角度而言的,要求有权必有责,有学者认为,权责一致原则,是指让掌握和行使公共权力而产生消极性后果的人承担否定性或对其不利的行政或法律后果、遭受制裁或惩处的原则。[①] 尽管这种观点有所偏颇,但表明了一种倾向:因为权力可能被滥用,所以必须对行使权力的后果承担法律责任。

在组织法的语境下,这里使用责权一致原则更符合行政组织法的实质要求。行政组织为履行职责而设立,行政组织法首先要规定该组织的职能或职责,为了让其有效履行职责,同时赋予其相应的职权。赋予其职权是为了保障其履行职责,先有职责,后有职权。这一原则强调行政组织法在规定其职责和职权时确保职责与职权的统一,既不是有职无权,也不是有权无责,责任与权力相对等。没有无职权的职责,也没有无职责的职权,行政职责是行政职权的“孪生兄弟”。但有学者认为行政职责系指行政机关在行使行政职权过程中依法必须承担的义务,如不失职、不越权、不滥用权力等,将行政职责与履行职责中应当遵守的义务混在一起,带有对职责概念理解的片面性。[②] 这里所说的职责是行政组织的职能和任务,它表明设

---

① 参见王放放:《论权责一致原则》,载《广东行政学院学报》2000 年第 4 期。

② 参见胡建淼:《行政法学》(第 3 版),法律出版社 2010 年版,第 115 页。

立行政机关的目的所在。

责权一致原则,是组织设计中应当遵循的传统原则之一。它在管理学中是指在一个组织中的管理者所拥有的权力应当与其所承担的责任相适应的准则。因此,责权一致原则也叫权责对等原则,其内涵包括以下几个方面的内容:

1. 管理者拥有的权力与其承担的责任应该对等。所谓“对等”就是相互一致。不能拥有权力,而不履行其职责;也不能只要求管理者承担责任而不予以授权。

2. 向管理者授权是为其履行职责提供必要条件。合理授权是贯彻权责对等原则的一个重要方面,必须根据管理者所承担的责任大小授足其相应权力。管理者完成任务的好坏,不仅取决于主观努力和其具有的素质,而且与合理授权有密切的关系。

3. 授予权力必须明确权力行使的条件、程序。行政职权必须依法行使。

4. 有权必有责,用权受监督。严格监督、检查,上级对管理者运用权力和履行职责的情况必须有严格的监督、检查,以便掌握管理者在任职期间的真实情况。

根据管理学的这一要求,在行政组织法中贯彻责权一致原则,就是要求行政组织法必须根据组织的职责确定其权力,既规定职责,又规定职权,使职责与职权相统一。具体而言,包括以下两个方面:

1. 行政机关依法履行经济、社会和文化事务管理职责,法律、法规应当赋予其相应的权力。

2. 权力的授予应当与其承担的职责相一致,不能授予其履行职责以外的权力,既不能授权过度,也不能授权不足。

(二)贯彻责权一致原则的必要性

在行政组织法中贯彻权责一致原则,首先有利于职责得到有效的履行。有责无权不仅束缚管理人员的积极性和主动性,而且使责任制度形同虚设,最后无法完成任务;有权无责则会助长权力滥用和官僚主义。在《地方组织法》关于乡、民族乡、镇的人民政府职权规定中,规定其管理本行政区域内的经济、教育、科学、文化、卫生、体育事业和财政、民政、公安、司法行政、计划生育等行政工作,但并没有规定其履行职责的权限,现行行为法规定的执法主体最基层为县级人民政府职能部门,乡镇一级一般没有执法权。这就导致大量的行政任务在基层而基层并没有法定执法权力的有职无权的现状。

街道办事处作为人民政府的派出机构，有管理职责，但管理权限在各职能部门。尽管通过建立“街道吹哨部门报到”机制可以解决问题，但只有将其固化才能变成一项制度。北京市通过制定《北京市街道办事处条例》明确规定街道办事处应当坚持党建引领“街乡吹哨、部门报到”，统筹协调、指挥调度区人民政府工作部门及其派出机构、承担公共服务职能的企业事业单位等，围绕群众诉求、重点工作、综合执法、应急处置等反映集中、难以解决的事项，共同做好辖区服务管理工作。授予街道办事处行使指挥调度区人民政府工作部门开展联合执法、统一领导和指挥调度区人民政府工作部门派出机构、统筹管理和安排下沉人员和资金，并且可以依法直接行使与居民生活密切相关且能够有效承接的行政执法权等职权，区人民政府工作部门及有关单位应当接受街道办事处的统筹协调、指挥调度。这样，街道办事处责权就统一起来了。

（三）责权一致原则在行政组织法中的实现

1. 在行政组织立法规定职责的同时规定相应的权力

现行《宪法》、《国务院组织法》和《地方组织法》对职责职权的规定其实并没有分开，在《地方组织法》关于县级以上地方各级人民政府的职权规定中，有些属于职责范畴，有些属于职权范畴。如执行本级人民代表大会及其常务委员会的决议，以及上级国家行政机关的决定和命令，编制和执行国民经济和社会发展规划纲要、计划和预算，管理本行政区域内的经济、教育、科学、文化、卫生、体育、城乡建设等事业和生态环境保护、自然资源、财政、民政、社会保障、公安、民族事务、司法行政、人口与计划生育等行政工作；保护社会主义的全民所有的财产和劳动群众集体所有的财产，保护公民私人所有的合法财产，维护社会秩序，保障公民的人身权利、民主权利和其他权利；履行国有资产管理职责；保护各种经济组织的合法权益；铸牢中华民族共同体意识，促进各民族广泛交往交流交融，保障少数民族的合法权利和利益，保障少数民族保持或者改革自己的风俗习惯的自由，帮助本行政区域内各少数民族聚居的地方依照宪法和法律实行区域自治，帮助各少数民族发展政治、经济和文化的建设事业；保障宪法和法律赋予妇女的男女平等、同工同酬和婚姻自由等各项权利。这些都属于职责范围，规定了行政机关有哪些责任和义务。为了确保其履行义务，相应地应当赋予其职权，如规定行政措施，发布决定和命令；改变或者撤销所属各工作部门的不适当的命令、指示和下级人民政府的不适当的决定、命令；依照法律的规定任免、培训、考核和奖惩国家行政机关工作人员。这些都是其职权。

组织法是否只规定职责，职权由行为法规定，立法实践中不尽一致，如

1956年《劳动部组织简则》第3条规定了劳动部的任务和职权，既包括职责，也包括职权，只不过是放在一起规定的。但无论通过何种法律形式规定，责权必须一致。

2. 通过行政行为法与行政组织法的统一贯彻责权一致原则

责权一致原则纳入行政组织法原则的意义之一，在于延伸了行政组织立法的外延。一般而言，宪法和组织法律主要规定各级人民政府的职能，不具体规定行政机关履行职能的途径和方式。即使将来制定各部门行政组织通则，主要也是明确各部门的职责范围，目的在于科学划分权限范围，避免职能交叉。规定行政机关的职权自然是单行行政行为法的任务。责权一致原则要求在以后的立法中实行单行组织法和行为法融为一体的立法模式，在规定某一方面的管理任务时，既确定主管机关、任务职责，又规定其相应的职权。例如，《海关法》第2条规定，中华人民共和国海关是国家的进出关境监督管理机关。海关的职责是依照《海关法》和其他有关法律、行政法规，监管进出境的运输工具、货物、行李物品、邮递物品和其他物品，征收关税和其他税、费，查缉走私，并编制海关统计和办理其他海关业务。据此，《海关法》第6条授予海关可以行使下列权力：(1)检查进出境运输工具，查验进出境货物、物品；对违反海关法或者其他有关法律、行政法规的，可以扣留。(2)查阅进出境人员的证件；查问违反本法或者其他有关法律、行政法规的嫌疑人，调查其违法行为……(8)法律、行政法规规定由海关行使的其他权力。又如，《统计法》第33条规定了统计机关的监督检查职责，国家统计局组织管理全国统计工作的监督检查，查处重大统计违法行为。县级以上地方人民政府统计机构依法查处本行政区域内发生的统计违法行为。第35条第1款授予了其相应的职权，县级以上人民政府统计机构在调查统计违法行为或者核查统计数据时，有权采取下列措施：(1)发出统计检查查询书，向检查对象查询有关事项；(2)要求检查对象提供有关原始记录和凭证、统计台账、统计调查表、会计资料及其他相关证明和资料；(3)就与检查有关的事项询问有关人员；(4)进入检查对象的业务场所和统计数据处理信息系统进行检查、核对；(5)经本机构负责人批准，登记保存检查对象的有关原始记录和凭证、统计台账、统计调查表、会计资料及其他相关证明和资料；(6)对与检查事项有关的情况和资料进行记录、录音、录像、照相和复制。

3. 责任要明确，责任应具体落实到每个部门和每个人

行政组织法是行政救济法的基础，只有在行政组织法上明确规定行政机关的职责分工和主管机关，确定行政机关的行政主体资格，才能在行政

救济中明确适格被告，行政纠纷也才能及时得到处理解决，层级监督也才能找到责任主体，依法追究其相应的责任。例如，《广告法》第 72 条第 1 款规定，市场监督管理部门对在履行广告监测职责中发现的违法广告行为或者对经投诉、举报的违法广告行为，不依法予以查处的，对负有责任的主管人员和直接责任人员，依法给予处分。

4. 建立有效的行政组织履行职责行使职权的监督机制和法律责任制度

行政监督机制和行政法律责任制度是行政法的重要内容，也是行政组织法的保障。责权一致原则的最终落实，除了在授予职责和职权时确保两者的一致性外，还要在制度上保障责权一致的实现。这就需要建立起行政组织监督机制。对行政行为的监督既有外部监督，又有内部监督。外部监督，包括权力机关的监督、司法机关的监督、群众社会监督和新闻监督等；但在行政组织法上应该以内部监督为主，包括上级监督，也包括审计监督和行政执法监督。例如，《海关法》第 75 条规定，海关及其工作人员的行政执法活动，依法接受监察机关的监督；缉私警察进行侦查活动，依法接受人民检察院的监督。该法第 76 条规定了审计机关依法对海关的财政收支进行审计监督，对海关办理的与国家财政收支有关的事项，有权进行专项审计调查。第 77 条还规定了上级海关应当对下级海关的执法活动依法进行监督，上级海关认为下级海关作出的处理或者决定不适当的，可以依法予以变更或者撤销。

第六章　域外行政组织立法

作为宪法性法律，域外国家和地区都重视以立法形式规范行政组织的设立和职权授予，奉行组织法定主义，只是宪法体制和国情不同，保留密度有所区别而已。鉴于行政组织法的行政法属性，各国宪法对行政组织的原则规定不再赘述，但一国的行政组织法是宪法的具体化和延伸，是建立在该国的宪法体制基础之上的，离开本国宪法谈行政组织法，就无疑是无本之木，因而各国宪法关于国家机关间权力配置和相互关系的规定，是该国行政组织法的基础。

一、美国行政组织立法

在美国，由立法机关创设行政机关并限制其职权是行政法的首要原则。无论何种形式的行政机关都必须由立法机关制定法律加以创设，该法律是行政机关权力的基本来源。这样的法律有时被称为行政机关组织法（an agency's organic act），更多的时候被称为行政机关授权法（an agency's enabling act）。

（一）中央行政组织立法

在中央机关，1787 年《美国宪法》没有规定部的设置，但是肯定了部的存在。《美国宪法》第 2 条第 2 款规定：总统可以要求每部（the Executive Department）的主要官员就其主管事务的任何问题提出书面意见。该条还规定：对于低级官员，法律可以授权由总统、法院或部长（the Heads of Departments）任命。美国国会根据上述规定获得了创设内阁部的权力。

美国联邦政府部门组织的设置权主要掌握在国会手中，总统在部门组织的设置方面享有的权力较小。1787 年《美国宪法》没有规定联邦政府总统之下的行政组织由谁创设，但是《美国宪法》第 1 条第 8 款有一个概括性的规定：为了行使以上权力和宪法授予美国政府或任何部或其官员的其他权力，国会有权制定一切必要的和适当的法律。美国国会根据这项规定，认为创设行政组织的权力属于国会。自 1789 年 7 月 27 日通过立法创设第一个内阁部——外交部（后来改名为国务院）起，美国国会就不断根据需要制定法律创设了一个又一个的联邦政府部门行政组织，内阁部的数量随之逐步增加。目前，美国联邦政府共有 15 个内阁部。在实践中，除了总统行政办公室的部分下属机构由总统自行发布总统行政命令设立外,联邦政府的所有部门组织都必须由国会立法设立或者根据国会授权由总统设立。

通过对美国1789年以来联邦政府内阁部组织法立法的历史进行梳理可以发现,美国联邦政府内阁部的设立都有明确的法律依据。除了1953年的卫生、教育和福利部是根据国会授权由总统制定的重组计划设置的外,美国联邦历史上存在过的和现有的内阁部都是由国会立法创设的。作为内阁部设置依据的国会立法一般表现为两种形式:其一,单纯的组织法,大多数内阁部的设置都是通过单纯的组织法实现的,如1862年《农业部设置法》和1979年《教育部组织法》;其二,组织法与行为法合一,通常在立法中先规定内阁部的组织事项,再规定行为事项,如2002年的《国土安全法》。总之,美国联邦内阁部的设立既是一个政治问题,又是一个行政问题,更是一个法律问题,是政治问题和行政问题通过法律途径解决的典型例子。总统可以为了实现自己的施政计划而向国会建议设置新的部,利益集团也可以为了在总统之下设置一个内阁部来代表自己的利益而四处游说,寻求总统或者某个政党或者某些国会议员的支持,但是一个内阁部的成功设立必须经过完整的立法程序。反过来说,要取消或合并一个已经设立的部,也需要国会立法通过,难度较大。

除了部以外,美国还存在众多的独立机构(independent establishments)和政府公司。独立机构是指联邦政府行政分支系统内由国会立法设立的负责管理某一方面的经济事务、社会事务或政治事务的具有或多或少独立性的部门行政组织。根据独立性大小不同,独立机构大致可以分为三类:(1)部内独立机构,如设置在卫生和公众服务部下面的食品和药品管理局。(2)隶属于总统的独立机构,如环境保护署。(3)独立管制委员会,如州际商业委员会(Interstate Commerce Commission)、联邦贸易委员会等。其中,隶属于总统的独立机构和独立管制委员会又可以统称为部外的独立机构。1887年2月4日,美国国会制定《州际商业法》(An Act to Regulate Commerce)设立了州际商业委员会,负责监管铁路运输价格,开启了美国国会立法创设独立机构的先河。进入20世纪后,独立机构得到了空前的发展,国会为了应对日益增长的经济事务和社会事务,不断通过立法创设独立机构,一个个独立机构犹如雨后春笋般涌现出来。其中,20世纪30年代和六七十年代这两个时期是创设独立机构,尤其是独立管制委员会的高峰时期。目前,美国联邦政府共有57个部外独立机构和政府公司。随着联邦政府职能的扩张,国会不得不将新增的政府职能授予原有的或者新组建的联邦政府机构。但是如果把所有新增的职能都授予总统领导下的行政机构,势必会导致总统权力的过度膨胀,这是国会不愿看到的。正好国会发现某些政府职能自身需要由具备一定独立性的机构来承担,于是国会就通过立法创设了一个又一个独立机构。

政府公司是国会为了实现某个或某些公共政策目标而通过立法创设的代表政府从事某项经济活动的公司。1791 年 2 月 25 日,美国国会立法创设了第一个政府公司——美国银行,负责处理联邦政府的财政和金融事务。20 世纪 30 年代的经济危机给政府公司带来了良好的发展机遇,为了挽救经济危机,政府不得不从事一些企业活动,由国会立法创设了一系列政府公司。1945 年,美国国会制定《政府公司控制法》(the Government Corporation Control Act),规定联邦的政府公司只有根据国会立法才能成立。至此,政府公司成为公认的一种行政组织形式。政府公司和其他行政机关一样,只能从事法律所允许的业务,不得擅自扩张业务范围。

总统无权自行创设任何形式的具有对外管理职能的联邦政府机构。总统的部门组织设置权共有两个来源:一是来自宪法的授权,即总统有权在总统行政办公室设置下属机构,为总统履行职能提供辅助;二是来自国会的授权,国会通过立法将部门组织的重组权和部门内部机构的设置权交给总统行使。在立法实践中,国会除规定部门行政组织的主要结构外,很少对部门行政组织的内部结构作出详细规定。以内阁部为例,国会在内阁部的设置法中,通常只规定部长(Secretary)、常务副部长(Deputy Secretary)、副部长(Under Secretary)、助理部长(Assistant Secretary)、总律师(General Counsel)、监察长(Inspector General)以及各局级机构(Office, Administration, Bureau, Commission)的设置,局级以下的机构应当如何设置,国会一般不作具体规定。在 1977 年《能源部设置法》中,国会为能源部设置了 1 名部长、1 名常务副部长、1 名副部长、1 名监察长、8 名助理部长以及联邦能源管制委员会、能源信息管理局、能源研究办公室等若干个局级机构。总统和部门组织负责人可以根据工作的需要和情况的变化,对国会规定的部门组织结构进行细化,具体决定部门组织的局以下机构的设置,诸如局以下分多少层次、用多少职员等。当然,由于总统的行政事务繁多,这项权力通常由部门组织负责人掌握和行使。

在行政组织立法形式上,国会的行政组织立法,在体系上表现出多元化和法典化并存,在内容上呈现为作用法和组织法合一的特征。从篇幅上看,关于行政组织的设置规范也远超过关于行政程序、信息公开、司法审查的一般性立法。从体系上看,尽管美国并非没有名为“组织法”(Organic

Act)的单行法案(a slid law),但其直接以“组织法”命名的立法一般只限于设置管理特定联邦土地的行政组织,而不涉及联邦中央政府的行政组织。比如,针对还未建立州的联邦土地,国会以组织法设置相应的行政区域和政府机构。1950年《关岛组织法》(Guam Organic Act)就将关岛的管理权从美国海军转交给了联邦内政部,并创设了该地的执行、立法和司法组织,其作用类似宪法,实现了该地居民有限程度的自治。更常见的组织立法是针对特定联邦官职、特定联邦行政机构的组织法案以及针对联邦行政组织中人事管理、薪酬等各种具有普遍性、一般性问题的组织立法。各联邦行政机构也有相应的组织设置法。但现在国会一般不会只是为了设置某个行政机构而单独制定组织法。通常,为实施宪法授予国会的各项权力,国会制定了针对相对人的特定作用法规范。由于国会无权执法,随之需要创设执行该作用法的特定行政机构。即执行特定作用法的需要往往是设置组织法的直接原因。这导致了在立法体例上作用法和组织法的合一。比如,1938年《食品、药品和化妆品法》创设了隶属于健康和人类服务部的食品和药品管理局(Food and Drug Administration,FDA)。但该法的主要内容是食品、药品监管方面的规定,创设FDA的相关规定仅仅列于该法第九章“杂项”(Chapterix-Miscellaneous)之中。但组织与作用规范,究竟孰轻孰重、如何安排体例,则由每届国会依其立法裁量权确定,并无特定成例,如1914年《联邦贸易委员会法》中相当多的内容是关于机构内部组织设置的规定,但也包含有对虚假广告、不正当竞争等行为加以规制的作用法条款。对更为一般性的行政组织问题,国会制定了基准性的立法。《美国法典》标题5“政府组织与雇员”(Title 5 Government Organization and Employees)汇编了国会已经通过的一般性的行政组织法规范。因为标题5“政府组织与雇员”本身已经于1966年被国会批准成为有效的实证法(positive law),因此可认为它已经构成了关于联邦行政组织一般性的法典化的规定。[①]

在美国,随着行政职能的扩张,1939年4月3日通过了《行政机构改革法》(Administrative Regulation Act of 1939)。该法授权政府制定改组计划,改革现行的行政机构,国会保留对总统计划的否决权。该法至今已经多次修改。每次机构改革,都先修订《行政机构改革法》,制定改革的目的,然后总统制定出实现该法的改革计划。但是,改革计划中不能规定新设、废止、移管和两个以上的州(包括独立管制机构)的统合等事项。改革

① 参见步超:《论美国宪法中的行政组织法定原则》,载《中外法学》2016年第2期。

计划送交议会之后60日内未被参议院或众议院任何一院否决即可发生效力。

(二)地方行政组织立法

在地方上,美国各州的行政组织法主要由三部分组成:即联邦宪法对州政府权力的规定,各州宪法对州政府的组织、权力和地方政府的规定,以及州法律对地方政府的组织和权力的规定等。联邦宪法逐项列举了联邦政府的权力,并在宪法修正案中笼统地规定凡宪法未授予联邦或未禁止各州行使的权力,均由各州或人民保留。各州宪法一般按照三权分立的原则,规定了立法机关、行政机关和司法机关的设置及权限。相对于联邦宪法,各州宪法对州行政机关的设置、权限规定比较全面、具体。地方政府的组成和职权也规定在各州的宪法中,州宪法中没有规定的其他行政组织问题由州法律规定。例如,郡(县)政府的组织形式由州议会以法律规定,但各州的规定不一。有的州议会制定统一的郡(县)法典,规范本州的郡(县)政府,有的州规定郡(县)政府的组织通则,还有的州制定几种不同的郡(县)政府组织法,允许各县选民投票决定采用其中一种。①

在美国,大多数地方政府机构都可以被看作一个独立存在的机构,就是说,每一个机构都可以依靠赋予它的权力执行一定的行政管理职能、拥有一定的资产、负有一定的责任,并在总体上代表着自己管辖范围内大众的利益。尽管美国地方政府机构所拥有权力的范围和自治的程度具有明显的差异,但它们中的绝大多数都享有独立机构所享有的实质性权力。市和镇享有的自治权通常是最大的,它们也因此被认为是城市法人(municipal corporations),而那些为了某些较有限目的而设立的特别区则通常具有准自治机构的特色。县和学区作为州政府的地方分支机构,在行使自治机构的权力时其独立性则最小。在那些制定了地方自治章程的地方,公民可以自由地为某个城市或自治市设计内部结构,不管这种结构以前是否出现过,只要他们认为适合于这一城市或自治市就可以了。随着地方自治原则进一步扩大到县级,那里的公民也享有了同样的机会。对州的基本法律的限制也促使州的立法机关制定出被称为"自治宪章"成文法,这使处于一般自治市等级中的任何一个自治市都可以从几种地方政府组织的标准形式中任选一种。

美国地方政府传统上采用弱市长制,也有采用强市长制、委员会制以及"议会—经理制"的组成模式,"议会—经理制"设计理念相同于委员会

① 参见许崇德主编:《各国地方制度》,中国检察出版社1993年版,第62页。

制,但更明显地运用了私人商业公司的管理模式。议会相当于董事,市长相当于董事长,市政管理员相当于总经理。各州法律中一般规定,要求各个地方政府必须设置各种技术性的委员会,为市议会提出技术建议。美国地方政府在运作中,议会设有很多委员会,如“规划委员会”“酒精饮料委员会”“预算与行政管理委员会”“商业广告招牌委员会”“交通与车辆停放委员会”等。这些委员会的设置、人选和功能都是由各州的法律规定和授权的,有的称“Boards”,有的称“Commissions”,这两个概念是不一样的。“Boards”在研究并决定有关的市政事务时,其决策过程和最终的拍板定案是独立于市议会的。比如,各个市政府的“公共安全委员会”(the Board of Public Safety)负责有关警察局人员的招聘解雇等事项,这个委员会作出的决定不用通过市议会就可以生效。而“Commissions”这类委员会,在更大程度上是市议会的顾问委员会。尽管市议会一般会采纳这些委员的建议,但从法律角度看,这些委员会没有决定权。两种委员会的成员都由市长提名。①

在地方政府改革中,地方政府的合并与联合成为趋势。只要州立法机关是通过特别立法来对待地方政府,那么,这些立法机关就有可能仅仅通过制定一项法规就可以合并、重组或解散地方政府单位。美国很多大城市,包括纽约、芝加哥、波士顿和费城都是在这种情况下,经由州立法机关通过制定特殊法规对大量自治市加以合并而创建的。这样做的动因是,铁路、公用事业公司和其他一些强力经济利益集团发现对付一个大的城市要比对付一些为数众多的不同自治市更容易些。地方政府中广泛的合并与联合已经在独立的学区之间发生。在要求州立法机关通过一般性立法来处理地方政府事务的州,法律对地方政府的机构重组予以了限制,联合、不相连地区的合并、或两个及两个以上的自治机构的合并或联合,要求制定出一般程序,把通过公民投票来肯定合并的合法性包括进去。那些不执行一般性立法的州,和那些使用一般性立法程序设计的城市级别中每一级只有一个城市的州是例外。在这些州里,仍可以通过制定立法的形式来实现市县的合并。②

二、英国行政组织立法

(一)中央行政组织立法

英国奉行议会至上原则,议会有权就任何事项立法。根据议会至上原

① 参见[美]吴量福:《白话美国地方政府》,天津人民出版社2009年版,第50~51页。

② 参见[美]文森特·奥斯特罗姆、[美]罗伯特·比什、[美]埃莉诺·奥斯特罗姆:《美国地方政府》,井敏、陈幽泓译,北京大学出版社2004年版,第50页。

则,英国中央政府的部门组织设置权归属于议会。但是由于历史的原因,英国中央政府的部并不都是由议会创设的。除了议会立法创设,有的部的创设也是历史形成的,例如,英国财政部的历史大约可以追溯至1126年。根据1937年《英王大臣法》,只有议会才有权创设新的部。在英国,一个原来不存在的部在设立时要由法律规定。因为新部的成立会加重公民的负担,或者妨碍公民的自由。至于已经存在的部的合并、废除或变动不需要立法程序。部的重组则由议会授权首相自行决定。根据1975年《英王大臣法》,枢密院令可以对下列事项作出规定:(1)将先前由某一大臣行使的任何职权,交由另一大臣行使;(2)撤销由某一大臣负责的部,并将该部的职权交由其他大臣行使,或在其他部之间重新分配;(3)指令某一大臣的职权可与另一大臣共同行使,或不得如此行使;(4)对因大臣职权的调整出现的财产、权利义务等事项作出规定;(5)规定大臣的独任法人资格。此外,根据1975年《英王大臣法》颁布的枢密院令要受到议会的事后审查。如果仅仅涉及部的职权调整,该枢密院令只需要提交议会,并且一旦任何一院投票否决,该命令即行失效。如果枢密院令的内容是要解散一个现存的部门,则该命令只能在两院分别向国王提交一份表示支持的照会之后才能发布。

在英国,行政裁判所一般作为某些行政运作的组成部分而设立。在性质上,行政裁判所具有半行政、半司法的特点。行政裁判所通常根据议会法的规定设置,但有时议会法也可能将设立某个裁判所的权力授予一个大臣。制定法可以授权有关大臣任命裁判所的成员、书记员和其他人员,提供各种设施,通常还授权其为该裁判所制定程序规则。

除了中央政府组织外,还存在数量众多的公法人,公法人有独立的法律人格,根据法律和特许状的授权从事公务,并与行政机关相对独立。公法人的设立,一般由议会制定组织法规定。议会在组织法中规定公法人的权力、独立的程度。议会也可以根据需要修改法律,取消公法人的存在。在特殊情况下,公法人也可以由英王颁布的特许状设立。①

1988年2月18日,英国时任首相撒切尔夫人向议会宣布文官部门(civil service)改革计划,将中央政府各部的执行性事务剥离出去,交由新设立的执行局(executive agency)承担,而中央各部则专司政策制定。作为新公共管理运动的一项重要内容,英国将行政决策与执行部门分离的改革举措,深刻地影响了英国中央政府的组织结构、管理方式和文化。

---

① 参见应松年、薛刚凌:《行政组织法研究》,法律出版社2002年版,第22~23页。

执行局的设立是对文官系统进行行政性重组的产物，并未改变英国的宪政结构。设立执行局不需要专门的议会立法，执行局的权限规定在其与所属部签署的框架文件（framework document）中。虽然执行局有较大的自主管理权限，但对于设立它的部来说，仍是部的一个组成部分，并不具有完全独立的法律主体的地位，因执行局的行为引起司法审查时，由部长出庭应诉。为确定执行局在融资和人事管理方面的自治权，英国议会先后通过了 1990 年《政府交易法》和 1992 年《文官（管理职能）法》。通过立法，可以使改革措施的推行有法可依，同时可以巩固改革成果。①

执行局的设置权由首相和各部享有。各部有权会同财政部，以签订框架协议（framework agreements）的方式创设执行局。执行局的合并和撤销也由首相和各部自行决定，但需要由议会对外公布。非部门性机关大多由议会立法创设，少数由英王根据特权创设。

（二）地方行政组织立法

和中央政府组织法的表现形式不同，地方政府组织法主要采用制定法的形式。英国于 1830 年第一次公布《地方政府法》，统一了地方政府制度，奠定了近代地方政府制度的基础。1835 年又公布《市自治法》，规定城市地区设市作为法人团体，由民选产生议会实行自治管理，同时废除民选的市法官，实行行政权与司法权的分离。1888 年《地方政府法》，将行政体的郡改为地方自治单位，设置民选产生的郡议会；并将自治市分为郡级市和非郡级市两等。1894 年颁布《城区议会法》，规定郡下除市外，可在城市地区设城区，在乡村地区设乡，分别设置民选议会。1972 年，英国又一次进行地方改革，颁布了新的《地方政府法》。由于高度工业化和人口向城市集中的结果，城乡分治设置地方自治政府单位的体制已难以适应社会发展需要，为此，中央政府通过合并一些小的自治单位，取消城乡区别，统一设置地方政府单位。新的《地方政府法》废除了自治市，设置城市郡，在城市郡下设城区形成两级政府体制。1985 年颁布的《地方政府法》，宣布废除城市郡一级政府，对于需要在城市郡一级范围执行的职能（如警察、交通、消防），由各城区组成有独立法人资格的联合机构。其后不久又恢复了郡。20 世纪 90 年代，英国又在中央与郡之间设置 3 个大区议会，苏格兰、威尔士和北爱尔兰议会，并在北爱尔兰设置了政府。《地方政府法》主要适用于英格兰和威尔士。此外，1963 年制定的《伦敦政府法》，专门适用于伦敦市，还有 1973 年制定的《苏格兰地方政府法》以及 1972 年制定的《北爱尔

① 参见车雷：《英国执行局化改革之二十年：回顾与启示》，载《行政法学研究》2013 年第 3 期。

兰地方政府法》,分别适用于这两个地区。

根据英国法律规定,地方政府是由普遍、秘密投票选举产生的议员组成的法人。地方政府作为法人的权力包括议事和执行两方面。由于地方议会议员是兼职的,需要大量常任的专家和职员从事行政的、技术的和日常的事务性工作。因此,在地方议会中,除设有各种委员会外,还有由议会根据专业分工设置的各种部门。每个部门由某一领域的专家担任的首席执行官或主任领导,聘用各种通用人才和专门官员。这些部门有的是直接为公众提供服务的,如教育、社会事务、休闲、消费等部门;有的是为其他部门提供服务的,如执行主管、财务、人事、建筑设计等部门。与委员会一样,地方议会对其部门的设置和官员的任命有相当大的裁量权。根据 1972 年《地方政府法》,地方议会可以任命"他们认为为适当履行其职能所必需的官员",但 1972 年《地方政府法》和有关法律也规定了地方议会应当任命的某些主要官员(chief officer),主要有:主任消防员、社会事务主任、主任教育官等。根据 1972 年白恩斯委员会报告的建议,有的地方议会设立了一名首席执行官,作为议会官员的领导和议会一般政策问题的主要顾问;有的还建立了一个由主要官员组成的资深管理小组,在首席执行官领导下,负责计划的协调和实施。1989 年《地方政府和住宅法》要求所有的地方议会都要设立一个监督官(monitor officer),负责检查议会执行法律的情况;首席执行官通常也担任监督官这一角色。首席执行官通常每周或隔周召集一次由全体或大多数主要官员参加的会议,以确保议会各部门的有效联络和政策协调。

直到 2000 年,在英格兰和威尔士,地方议会都没有单独的执行机关。但 2000 年联合王国议会通过的《地方政府法》,修改了原 1972 年的《地方政府法》,对英格兰和威尔士的地方政府机构作了重大改革,加强了执行机关,目的在于提高地方政府决策的效率、透明度和工作责任心,并加强彼此间的监督和审查。根据该法第二十二章的规定,在英格兰和威尔士,地方政府应当依法施行有关建立和运作地方议会"执行机关的制度安排"(executive arrangements),并使地方议会的某些职能成为执行机关的职责。地方议会(包括英格兰的郡议会、区议会、伦敦自治市议会和威尔士的郡议会或郡自治市议会等)必须设立单独的执行机关。①

在大伦敦区,地方政府原来分为两个层级,即大伦敦区政府及其下的自治市政府。这种体制是根据 1963 年的《伦敦地方政府法》建立的,它适

① 参见任进:《中外地方政府体制比较》,国家行政学院出版社 2009 年版,第 58 页。

应了伦敦地区经济社会发展的需要。根据该法律,伦敦城政府与自治市政府属同级政府。1985 年的《地方政府法》撤销了大伦敦区议会,规定大伦敦区的政府结构采用一级制,原来由大伦敦区议会行使的绝大部分职权交由伦敦自治市和伦敦城议会行使。目前,大伦敦区有 32 个伦敦市和 1 个伦敦城。地方政府组织有伦敦市议会、伦敦城的普通议会、参议会、普通厅和内寺、中寺以及内伦敦教育局等。大伦敦政府(Greater London Authority,GLA)由一个直选产生的市长领导,并由一个 25 人的伦敦议会监督。市长负责规划与执行伦敦的社会、环境与经济发展政策。伦敦议会的主要职责是监督市长的施政,但除了预算方面的控制与在重大法案中提出意见外,一般来说伦敦市长本身拥有非常高的决策权限。大伦敦政府负责 1579 平方公里大伦敦地区的规划和管理。它和 32 个伦敦自治市的委员会和伦敦市法团分享地方行政权力。大伦敦政府是为了改善自治市各委员会之间的协调工作而设立的,而伦敦市长则是为了选举一个代表整个伦敦的人物。市长提出政策和预算,并委任伦敦交通局(Transport for London)、伦敦开发局(London Development Agency)等策略行政机关的人员。

在苏格兰,地方政府是三级制和两级制并存。根据 1975 年开始实施的《苏格兰地方政府法》,苏格兰设 9 个大陆行政区和 3 个岛区,为一级地方政府;行政区之下设立区作为第二级地方政府;区和不设区的岛区之下再设社区为最基层一级地方政府。各级地方政府均以民选的地方议会作为其管理机构。苏格兰政府负责《1998 年苏格兰法》中未明确的全部政府事务,包括苏格兰境内教育、国民健康服务、司法、乡郊、运输等事务;其余事务(保留权力)仍归属于联合王国国会。英国政府 2015 年 1 月 22 日公布向苏格兰下放更多权力的法案草案,苏格兰获得更多财政、税收和福利领域的自治权。

北爱尔兰地区的地方政府体制不同于英国其他地区。根据 1920 年英国议会制定的《爱尔兰政府法》的规定,北爱尔兰的议会由总督和参众两院组成;北爱尔兰内阁由首相和各部大臣组成,从而形成了北爱尔兰的"自治政府",全面管理北爱尔兰的地方事务。但 20 世纪 60 年代以来,北爱尔兰中的英国移民后代和当地爱尔兰人由于历史、政治、经济、文化及宗教等原因,多次发生冲突。因此,英国政府 1972 年停止北爱尔兰政府的自治权,成立北爱尔兰事务部,对北爱尔兰实行"直接管辖"。1974 年,英国政府结束了这种直接统治。到了 20 世纪 80 年代,由于各种矛盾和冲突加剧,北爱尔兰的立法机构和行政机构均被迫停止行使职权,重新由英国议会和政府直接管辖。①

三、日本行政组织立法

第二次世界大战之前，日本受到德国公法学理论的影响，将行政组织权视为天皇的固有权力。《明治宪法》第10条规定：天皇决定行政各部的官制及文武官吏的薪俸，并任免文武官吏。但在本宪法或其他法律载有特例者，各依其条款。在行政组织实践中，大多数行政组织由敕令规定，就是天皇行使官制大权的具体表现。第二次世界大战之后，《日本国宪法》采用了与《明治宪法》完全不同的国民主权原则。根据国民主权原则，行政组织权在终极意义上属于国民，议会作为国民的代表，享有国民授予的完整的行政组织权，有权通过立法设置任何形式的行政组织，从而形成了日本的行政组织法定主义。

（一）中央行政组织立法

关于国家行政组织，日本制定了《内阁法》《内阁府设置法》《国家行政组织法》和各省设置法等。《国家行政组织法》及各省设置法规定了府、省、委员会、厅的设置及其所掌管事务以法律规定。同时还规定，作为各省的内部部局而设置官房、局、科等组织，其中官房、局的设置及所掌管事务的范围，也以法律规定。并且，关于审议会等机关，也规定其设置要以法律规定。这样，就比较彻底地实行了行政组织法律主义。1983年进行了《国家行政组织法》及各省设置法的修改。其结果是，在现行法下，府、省、委员会、厅的设置及其所掌管事务的范围由法律规定，而关于内部部局，官房、局及部则成为政令事项。关于科以及准同于科的室，依然和以前一样，以政令规定。此外，审议会等，除了由法律设置以外，依据政令设置也成为可能了。但组织法律主义，在行政改革法治中基本上没有变化。

在各省厅，基于设置法律及设置政令的规定，以及为实施法律和政令，由省令（对总理府所属机关，则是总理府令）来制定组织规则，如《总务省组织规则》。但是，仅限于对调查官、企划官等特别的职位及其所掌管事务予以规定，或者对处于政令“室”下位的所谓省令“室”予以规定。关于更加具体的部分，有各省、各厅的长官所规定的关于内部组织的训令，如《总务省内部部局组织规程》。不过，在这里，也仅限于对科长助理、理事官、主干等特别职位的规定及对其所掌管事务的规定。关于总厅内组织的最小

---

① 参见李和中、陈广胜编著：《西方国家行政机构与人事制度改革》，社会科学文献出版社2005年版，第41～42页。

单位的系（相当于中国的股或者小组），以局长甚至科长规定的内部规则，才能够明确其所掌管事务。

如上所述，日本组织规范的全体呈现法律→政令→省令→训令→通知这样的阶层性构成。在该限度内，与通常的法令构造类似。不过，必须注意的是，组织规范的内容只不过是行政机关的设置及其事务的分工掌管而已，所以，不存在法规命令中委任命令和执行命令的区别。在这种情况下，虽然形式上也存在可以将上位规范和下位规范的关系看作委任的部分（《国家行政组织法》和各省组织令），但是，一般地说，下位规范对于上位规范，具有将组织细分化的作用，这也与通常的执行命令和上位法律的关系具有本质的不同。也就是说，将大的单位分割为更加小的单位，是组织规范的上下关系的内容，所以，将其关系称为细目规范是适当的。此外，省令和训令，在法规命令中是本质不同的，所以，在那里不存在联结关系；与此相对，在组织规范中则当然地以其联结关系为前提，上述内容有时在规定上也得以明确。从这里看，也不存在行政立法的分类中法规命令和行政规则的区别。①

目前，日本中央政府设有内阁辅助机构、内阁府及其下属机构和省三种部门组织形式。通常说的1府12省厅是指1个内阁府、11个省和1个国家公安委员会。每个部门组织都对应有一部组织法，如《内阁法》《内阁法制局设置法》《安全保障会议设置法》《内阁府设置法》《宫内厅法》《金融厅设置法》《总务省设置法》《法务省设置法》《外务省设置法》《财务省设置法》《文部科学省设置法》《厚生劳动省设置法》《农林水产省设置法》等。

从日本行政组织立法内容来看，行政组织法主要包括以下内容：

1. 组织机构的设置

除《内阁法》中对内阁的规定以外，根据日本改革后的体制，现在日本组织法上共设置了府、省、委员会、厅、内部部局、附属机关等不同的组成部门，所有部门的名称都在组织法的附录上明确规定。除此之外，日本在1998年的改革中，还首次在组织法中规定了独立行政法人制度，如美术馆、博物馆、研究所等，这些独立行政法人既具有相对于政府的独立性，又具有自律性。而根据日本政府《独立行政法人制度关系大纲》，独立法人制度的基本方针是：极力排除对事业单位的事前干预和限制，管理的重心转为事后监督。

---

① 参见［日］盐野宏：《行政组织法》，杨建顺译，北京大学出版社2008年版，第8～10页。

2. 组织机构的权限

如作为府和省的首长的大臣，被赋予了各种各样的权限，即事务的统管及职员服务的统辖和监督，法律及法令案的提出，府令或省令的制定，告示、训令、通知的发布，以及有关所谓机关委任事务的指挥监督等。不过，在1998年的改革中，有关中央省厅改革的法律不再对权限作出规定，却对各省厅承担的任务逐条进行明确规定，并且基于任务，中央政府机构被大规模缩编。

3. 组织机构的地位和任免方法

省一般采用大臣负责制，委员会则采用合议制，委员会被认为是独立机构，其权限类似于法院，特别注重公平和独立的机关，采用了合议制的组织。而无论是省还是委员会，在组织法上都明确规定了有关省长、委员的任免方法、任期、资格要件等内容，并且规定了具体构成。[①]

1984年日本《国家行政组织法》将中央政府局的数量上限设定为128个。目前，日本中央政府各省内部部局的数量介于6～15个之间，11个省共有102个部局，平均下来每个省的部局数量不到10个。其中，国土交通省的部局数量最多，防卫省、财务省和农林水产省的部局数量最少。1969年《关于行政机关职员定额的法律》规定日本中央政府非工勤人员的总编制上限为506,571人，各省厅的编制由政令在省厅整体的法定最高编制限度内确定。与此同时，日本中央政府各级行政组织自身也积极推进编制的消减，努力“以最小的经费取得最大的行政效果”。具体而言，日本内阁以“阁议决定”的形式采取了“一个省厅消减一个局机关”等改革措施。中央政府机构的新设基本上要遵循“先破后立、不破不立”原则。在各方的长期共同努力下，日本终于铸就了如今的“小政府”。

在日本的历次改革中，所有的改革决议都必须经过国会的立法才能正式实施。如20世纪90年代末所进行的明治维新后最大规模的行政改革中，先是政府提出改革法案，之后国会于1998年6月9日通过了《中央省厅等改革基本法》。随后，又于1999年7月通过的《省厅改革关联法》17项，同年12月通过《省厅改革施行关联法》61项，其中含《独立行政法人个别法》59项。

（二）地方行政组织立法

在日本，地方行政组织法的渊源主要是宪法的有关规定、《地方自治

---

① 参见董茂云、李晓新：《从国外行政机构改革的立法经验看我国中央行政机构改革的法制化》，载《政治与法律》2008年第7期。

法》以及一系列有关地方自治制度的法律。宪法设专章规定地方实行自治,并规定了地方自治机关的设置与职权。《地方自治法》于1947年5月3日宪法生效的同时生效,成为日本地方自治的基本法。该法规定了都道府县和市町村都是自治团体,废止内务大臣的一般监督权。《地方自治法》制定后,经过多次修改,其核心内容是扩大地方自治权和强化中央的监督指导作用。《地方自治法》包括总则、普通地方公共团体、特别地方公共团体和补则四编321条,普通地方公共团体的第七章执行机关类似狭义的行政组织。①

根据《地方自治法》的有关规定,普通地方公共团体执行机关分为狭义的执行机关与辅助机关两大类型。狭义的执行机关是指地方公共团体的首长、委员会及委员。地方公共团体首长由地方公共团体居民依宪法直接选举产生;基于其地位的重要性,自治法对其身份等事项作了专门规定。作为地方公共团体首长,在都道府县是知事;在市街村分别是市长、街长、村长。在普通地方公共团体执行机关中,除了首长外,还有依自治法和其他法律设立的各种委员会和委员,委员会与委员各自行使独立的职务权限,不能行使首长的专属权限,目的是达到统一行使权限、财政的一元制运营、确保地方公共团体的一体性和行政的综合性。

地方公共团体行政委员会分为三个层次:一是都道府县与市街村均设置的委员会,包括教育委员会、选举管理委员会、人事委员会或者公平委员会;二是仅在都道府县设置的委员会,包括公安委员会、地方劳动委员会、征收委员会、海区渔业调整委员会、内水面渔场管理委员会;三是仅在市街村设置的委员会,包括农业委员会、固定资产评价审查委员会。公安委员会是基于《警察法》规定而设置在都、道、府、县具体管理都、道、府、县警察的组织。其中都、道、府及指定市的公安委员会由5名委员组成,县为3名,公安委员会根据法令或者条例的特别委任可以制定公安委员会规则。地方劳动委员会是根据《劳动组织法》等法律规定,受理劳动组合(工会)的资格认证、调查和证明及审理有关不当劳动行为、发布命令、斡旋和调解及仲裁劳动争议、执行其他有关劳动关系事务。征收委员会是依照《土地征收法》规定而设置的、处理有关征收土地等事务的组织。征收委员会依企业发起人申请作出取得权利裁决、转让权利裁决,享有准司法权。海区渔业调整委员会是根据《渔业法》规定,为调整渔业就有关水产及动植物的捕捞限制等进行必要的指导、处理事务等的组织。内水面渔场管理委员

① 参见万鹏飞、白智立主编:《日本地方政府法选编》,北京大学出版社2009年版,“目录”。

会也是根据《渔业法》规定设置的，该委员会就有关都道府县区域内的水面的渔业事务，行使海区渔业调整委员会权限。农业委员会是依据有关《农业委员会法》而设置的，执行的事务为有关自耕农的创设及维持、农用土地利用关系的调整、农业用地的交换等事务。固定资产评价委员会是根据《地方税法》的规定而设立的组织，执行有关市街村基本税目的固定资产税、对固定资产课税台账登记事项不服的审查决定及其他事务。

辅助机关是指辅助执行机关（狭义的）完成职务的机关。作为执行机关事务的内部辅助性机关，除接受权限委任代理执行事务外，不具有决定地方公共团体意思并将其表示于外部的权限。根据自治法的规定，作为地方公共团体首长辅助机关的是副知事、市街村长助理、会计、助理会计、职员、专门委员会委员等。

在国家与地方的关系上，日本推进地方分权，以转换中央集权型行政体系，构筑分权型行政体系为目标。地方分权的契机是1993年国会参众两院作出的“有关推进地方分权的决议”，并在1995年制定了《地方分权推进法》，形成了推进地方分权的构思，1998年制定了《地方分权推进计划》，1999年7月16日国会公布了《地方分权总括法》，以法律形式记录了多年来有关地方分权研讨的过程与成果。①

《地方分权总括法》，明确了国家与地方公共团体作用分担的基本方向，以利于权限移交的推进，废止了机关委任事务、实质性修改了国家的干预、废止或者缓和了必置规制、实现规制的缓和。为此，可以认为已经构建出国家与地方公共团体之间基本关系的基础，即国家与地方公共团体之间的适当作用分担和国家控制的最小化。在行政制度层面上，按照国家与地方公共团体作用分担原则，实现权限转让而缩小立法性控制。这种控制的缩小不仅表现在行政制度层面，还表现在地方财政税务层面。《地方分权总括法》，废止地方债的许可制度而转为协议制度，创立了法定外目的税制度等，目的是扩大地方公共团体的财政自主权。为此，必须充实地方税，形成有效利用受益与负担原则的构造。此外，该法还根据“地方分权推进计划”对国库补助负担金进行整理，使之达到合理化。为此，作为中央政府的方针，通过内阁会议决定了将国库补助负担金、交付税、转让税源的税源分配三位一体进行研讨，并出台具体的决策方案，于2002年6月25日制定了“有关经济财政运营和构造改革基本方针”。《地方分权总括法》对《市街村合并特例法》进行了大幅修改，明确了国家的推进市街村合并的方针。

---

① 参见曾祥瑞：《新日本地方自治制度研究》，中国法制出版社2005年版，第163页。

（三）公物法

在日本行政组织法研究中，公物法也被纳入行政组织法的范畴。在实现行政目的时，物的手段之存在是不可欠缺的。物，除了直接提供用于公共行政的情形以外，有时还间接地作为推行某种目的的手段而使用。例如，国家政府机关及地方公共团体机关的土地、建筑物、桌子，职员用的电脑、铅笔等物品即是这种情形。这些物，其本身并没有被直接提供于公众之用。但是，没有这些物，行政则无法推行，这是不言而喻的。包括后一种形态的物在内，在以前的日本行政法学中，将应该作为服务于行政的推行而存在的物称为公物，将关于公物的法称为公物法，视为行政法的一个领域。自《明治宪法》时代开始，日本行政法上一直维持下来的公物概念是指国家或公共团体直接为了公共目的而提供使用的有体物。供于公共之用的物，需要人的某种程度的管理，因此没有行政组织是不行的。在这种意义上，存在如下问题：与其说将公物作为物来把握，倒不如将物作为一个要素，将其全体作为组织体的设施来把握。①

四、法国行政组织立法

（一）中央行政组织立法

法国 1958 年宪法对议会的立法权进行了限制，议会只对宪法明文列举的事项享有立法权，其余事项则由行政条例规定。1958 年宪法没有规定中央政府各部的设置属于立法事项。根据 1945 年 11 月 24 日的法律，中央政府各部的设立、废除和职能分配，由政府咨询最高行政法院后以行政条例规定。1958 年后沿袭了这一传统，部门组织设置权不属于议会，而是属于总统，总统可以通过主持部长会议制定行政条例来规范和控制部门组织的设置，也可以授权总理自主决定部门组织的某些事项。

法国中央政府的部门组织规则主要表现为总统和总理颁布的政令，具体包括如下几种形式：

1. 职权政令：这种政令用以确定政府部门的职责权限。根据 1959 年 1 月 22 日关于部长职权的第 59－178 号政令，这类政令只能在咨询国家参事院意见后，在部长会议上审议通过。

2. 权限委托政令：这是特定当事人之间的一种权限委托行使规范，用以规定总理或部长权限由其特定部属代为行使之事项。从制定程序上看，这种政令属于普通政令，既不需要事前咨询国家参事院意见，也无须在部

① 参见［日］盐野宏：《行政组织法》，杨建顺译，北京大学出版社 2008 年版，第 235 页。

长会议上获得通过。

3. 组织政令:用以规定政府各部的内部组织。根据1987年6月15日综合规定政府内部组织的第87-389号政令,用以调整政府各部内部组织的政令原则上属于普通政令,不受特殊咨询程序和决定主体的限制。

4. 职位政令:用以规定政府各部职位设立和取消等事宜。由于事关公务员等级、待遇和财政支出,此项政令不仅需要在部长会议上获得通过,还得事前咨询国家参事院意见。

在法国,公务法人作为公务分权的形式存在。公务法人的种类繁多,但有一些共同特征,如具有法人资格,从事国家规定的公共事务,受公法规则的控制等。另外,公务法人的地位相对独立。按照《法国第五共和国宪法》的规定,公务法人类型的创设权属于法律,但对既存类型公务法人的设立、合并和废止由中央政府或地方政府以条例决定。

(二)地方行政组织立法

法国具有中央集权的历史传统,因而其地方制度比较统一。地方组织法的渊源有宪法、法律以及法令三种。宪法仅规定法国地方团体的设置和地位,地方政府的组织体制、任务和职权大多由法律、法令规定。例如,1982年3月2日颁布的《关于市镇、省和大区的权利和自由法》明确了中央和地方的职权划分,规定中央政府分期分批把一些过去由中央负责的事务交由地方政府管理。为实现该法确定的地方分权的目标,在此后的10年间,法国先后颁布了71项法律和748个法令予以补充和完善。

法国宪法规定,中央政府在地方的代表"负责维护国家利益,监督行政并使法律得到遵守"。这就使法国地方政府职权相当有限。1982年《权力下放法案》实施后,中央调整了对地方的领导体制并根据该法案规定了各级地方政府的职权。根据规定,大区作为一级政府单位有权制定本区的经济发展计划,执行国家中、长期经济和社会发展计划,扶植本地区的中、小企业,支持本地区所管辖的省、市镇的经济活动,推动公私混合经济的发展,编制年度职业培训大纲,资助就业培训组织,分配和使用国家调拨的经费。省议会的主要职权是:批准和审核省预算;负责地方税收;对省行政进行审议和监督;管理省的公共财产,维护公共建筑;对公共救助、卫生事业、公共工程、排水设施等省属公共事业进行监督;主管各种社会救济贷款,发放社会救济贷款,讨论和分配中央政府调拨省的津贴。市镇议会的主要职权是:选举市长和市长助理;讨论和表决市镇预算并监督其执行;决定市镇公共工程及实施方式;建立公立公益设施;管理市镇公共机构;批准市镇长签订的合同;讨论和征收不动产,接收遗产;制定市镇公务员章程;负责社会福利和公共救助。①

法国地方团体是一个以地域为基础的行政主体,具有独立的法律人格,享有地方公务的自治权力。和国家不同,地方团体主要是行政实体,不是政治实体。地方团体享有行政自治权,不享有立法权和司法权,但可受委托立法。《法国第五共和国宪法》第72条规定,共和国的地方团体是市镇、省和海外领地。其他地方团体由法律规定。这些地方团体按照法律规定的条件,由选举产生的议会自由地进行管理。

市镇是基本的一级地方组织,市镇议会是市镇的审议机构,管理市镇事务。根据1977年《市镇法典》,市镇议会由市镇长、一名或多名副市镇长和市镇议员组成。市镇议会由居民直接选举产生,市镇议员选举根据市镇人口数的不同而采取不同的方法。市镇议会议员任期6年,期满全部改选。根据1977年《市镇法典》的规定,市镇设市镇长,是市镇议会的执行机关。市镇长由市镇议会从议员中选举产生,具有双重身份:一是作为国家在市镇的公务人员,代表国家履行某些职务;二是作为市镇行政首长,市镇长是市镇议会的主要执行官,要对执行市镇议会的决定负责。在市镇议会的例会上,市镇长要就受委托职权的行使向市镇议会报告。

在法国,市镇议会不实行合议制,但市镇长可将其职权的一部分委托给副市镇长行使;在市镇长和副市镇长都缺位或无力行使时,可委托市镇议会议员行使。市镇长负责编制和执行市镇议会通过的预算;签署议会决定缔结的契约并负责执行;管理市镇的财产和收入;管理市镇公职人员的编制和市镇会计;接受礼品和捐赠等。此外,市镇长可以根据市镇议会授权代表市镇议会作出某些决定,如决定由市镇机关使用的市镇财产的用途;为市镇利益收取非财政性资金;对预算中规定的投资贷款并不得超过议会规定的限额;保险合同;会计制度;公墓许可;支付律师费用;小学班级设置;修改市镇规划文件;优先购买权;在法律诉讼中代表市镇等。

五、德国行政组织立法

(一)中央行政组织立法

德国联邦行政组织法的渊源主要是《德意志联邦共和国基本法》(以下简称《基本法》)。《基本法》不仅明确了联邦与州的权力划分,还规定了联邦共和国总统,联邦政府、行政机关的类型以及行使权力的依据。如《基本法》第62条规定:联邦政府由联邦总理和联邦各部部长组成。第80条

① 参见张立荣:《中外行政制度比较》,商务印书馆2002年版,第186～187页。

第 1 款规定:联邦政府、联邦阁员或联邦政府,得根据法律发布命令。此项授权之内容、目的及范围,应以法律规定之。所发命令,应引证法律根据。如法律规定授权后再移转,授权之移转需要以命令为之。

19 世纪时,德国倾向于认为行政组织权归属于行政权。魏玛宪法时代,德国也认为行政组织权属于行政之家产。根据 1949 年《基本法》的规定,行政组织权原则上属于立法权,联邦高级官署、联邦直接行政设置之公法团体及营造物的设置均须以个别法律为依据,每一机构须有一个组织法;联邦中级官署和下级官署仅须相关法律中有依据即可设置;联邦各部的设置可以由联邦议会立法决定,但是在实践中各部的设置一般由联邦总理自行决定,联邦总理对于各部之设立、裁撤或合并享有广泛之权力,不须经由联邦众议院或参议院之同意,仅须受到《基本法》第 83 条以下规定之限制。也就是说,联邦设立新部时无须立法,但在依《基本法》第 87 条第 3 项规定就联邦有立法权事项设立联邦官署时,反而需要立法。至于各部内部分支单位之划分、层级及人员之配属、职掌分配等,调整之决定权力则属于各部首长,无须经立法程序。

根据 1951 年《联邦政府工作条例》的规定,联邦总理有权决定联邦部的数量和各部部长的职责范围。1949 年德国《基本法》中提到了联邦国防部、联邦财政部和联邦司法部,历任联邦总理在设置政府部门时必须尊重《基本法》的规定,设置前述各部,其余部的设置则由当选总理根据社会经济发展的需要和其施政计划予以确定。实践中,各届联邦政府部的数量会有所不同,但介于 13 ~ 22 个之间。根据 2000 年《联邦各部联合工作条例》的规定,部长为联邦各部最高行政长官,全面负责联邦各部的日常事务。各部不设副部长,只设议会国务秘书和公务员身份的国务秘书各 1 ~ 2 名。各部内部设司(局)、处和科三级行政机构,分别由司(局)长、处长和科长领导。部长有权决定处和科的具体设置,但是必须至少有 5 个科才能够设立一个处级机构,至少有 4 名工作人员才能够设立一个科级机构。各部均设有中心局(行政局)、部长办公室、计划处和组织科。此外,联邦各部还设有一些辅助性机构,主要为部领导提供服务,比如,为各部部长和国务秘书配备的私人秘书、内阁事务科、议会事务科、新闻科、公关科等。

除《基本法》外,联邦法律以及联邦政府颁发的行政法规也可规定行政机关的设置和权限。

(二)地方行政组织立法

各州的行政组织法主要由两部分构成:即《基本法》、各州制定的宪法的规定以及有关行政组织的法律。各州在行政机关的设置及编制方面享有自主权。各州有权根据工作需要设立行政机关,只要不与联邦法律相抵触。

德国的地方自治制度也是由《基本法》明确规定和保障的。按照《基本法》第28条的规定,在县(市)或乡(镇)应设立民选的代表机关,并保证各乡(镇)在法律范围内有权处理各种地方性事务。此外各州宪法也规定了地方自治。

第七章　行政组织立法模式

是制定统一的行政组织法典，还是分散立法，形成一个行政组织法律法规体系；是由国家最高权力机关保留立法，还是实行多元立法，这是一个行政组织立法模式选择的问题。立法模式的选择，需要与行政组织的类型相匹配。类型单一可以统一立法，而复杂的行政组织系统，立法模式也会发生变化。同时，一国立法模式的选择，也要传承该国行政组织立法的历史进程，与宪法规定的政治体制相一致。研究我国行政组织立法模式，需要从我国行政组织的现状出发，形成符合我国国家机构组织体制，涵盖所有行政组织的行政组织法体系。

一、行政组织立法模式的概念和类型

对立法模式，学者们从不同的维度进行过广泛的探讨。立法模式一般可以分为目标模式和法体模式，不同的模式选择直接影响不同法域下立法的根本宗旨、价值取向、体例形式以及内部架构。例如，对于行政程序立法而言，行政程序立法的目标模式有效率模式和权利保障模式两种选择。行政程序立法的法体模式有三种：一是统一法典模式，二是单行法律、法规模式，三是无独立行政程序法而完全与实体法合体的模式。①

对于行政组织立法模式，应松年教授、薛刚凌教授认为，行政组织立法模式，指的是在行政组织的过程中，采用何种思路、运用何种程序和载体进行行政组织立法。具体说来，行政组织法的立法模式包括目标模式、主体模式、程序模式、载体模式等多种，这些模式的选择，都不同程度地决定着行政组织法质量和功能的发挥。② 行政组织立法的目标模式，就是制定行政组织法所要实现的价值追求。目标模式主要有民主目标模式、效率目标模式、民主与效率并重模式。主体模式主要是为了解决如何分配行政组织立法权的问题。从实践来看，目前主体模式有两种：集权模式和分权模式。前者是指行政组织立法权集中于中央，后者是指行政组织立法分别由中央和地方承担。程序模式，是指采用何种类型的程序制定行政组织法，包括

① 参见姜明安：《我国行政程序立法模式选择》，载《中国法学》1995 年第 6 期。

② 参见应松年、薛刚凌：《行政组织法研究》，法律出版社 2002 年版，第 257 页。

立法程序、行政程序和社会参与程序。载体模式,是指以何种形式承载行政组织法的具体内容。综合各国行政组织法立法承载方式,除了宪法对行政组织制度的规定以外,行政组织法的载体模式有两种:即单一立法模式和多元立法模式。

单一立法模式,也称法典式,是指国家制定单一的行政组织法典,来设定行政组织制度,规范行政组织。这里也包括对中央行政组织问题和地方制度分别立法。单一立法模式便于对行政组织制度统一设计,也有利于行政机关设置的整齐划一,避免行政机关职能重叠,但存在两个明显的不足之处:第一,行政组织制度将涉及很多方面的问题,单以几部法律很难对其进行全面规定,单一立法往往容易导致大量的疏漏。第二,行政组织制度要随着社会的发展而不断调整,但法律则需要相对稳定,因而存在一定的滞后性。如果用统一的行政组织法对行政组织制度进行规范,将会导致修订上的困难。因此,很少有国家完全采用这种模式。

多元立法模式,也称法规体系式,是指国家制定多个行政组织法律文件,它们彼此相关但又相互独立,组成一个系统的行政组织法规体系。部分国家采用多元立法模式,因为这种模式能够适应行政组织制度复杂性的需要。按照不同的标准,多元立法模式又可作进一步的划分:

第一,以行政组织法是否由不同等级法律文件构成,划分为平级立法模式与多级立法模式。平级立法模式,是指行政组织法由效力等级相同的多个法律文件组成。美国联邦行政组织法便采用这种模式。多级立法模式,指的是行政组织法由效力等级不同的多个法律文件组成。日本的行政组织法采用此模式。平级立法模式意味着行政组织权主要归属国家立法机关,而多级立法模式则意味着行政组织权在国家立法机关和行政机关之间分配。

第二,以是否对行政组织问题系统立法为标准,划分为系统立法模式和分散立法模式。其中,系统立法模式对行政组织制度进行整体、系统的设计,先制定一个行政组织基本法,在此基础上,分别就单个行政机关进行立法。而分散立法模式是根据管理的需要,当新的管理职能出现时,通过立法设置行政机关,明确其职责权限。分散立法往往也构成行政组织法规体系,但这不是有意制定的结果,而是自然形成的。

第三,以行政组织法是否涉及其他行政问题为标准,划分为单独立法模式和一并立法模式。单独立法模式,指的是行政组织法与其他行政管理方面的法律相并列,行政组织法独立于其他行政管理法之外,只规定行政组织方面的问题。日本便主要采用这种模式立法。而一并立法模式,则指行政组织问题和其他行政管理问题都规定在同一法律中。美国行政组织法就大多采用这种模式。

这里所说的行政组织立法模式,指的是载体模式,也称法体模式。不同于行政程序法,还存在一个民主模式还是效率模式的目标模式问题,行政组织结构、职责权限划分等组织问题,毕竟是行政组织系统内部的事情,与效率关系较大,虽然也要考虑民主因素,但还不存在一个选择民主还是效率的问题。行政组织立法模式,也就是立法机关通过什么样的立法形式制定行政组织法,形成行政组织法体系。主体和载体其实就是一个问题的两个方面,是相互联系在一起的,什么样的主体就有什么样的载体。从理论上,可以将行政组织立法的载体分成各种形式,但事实上,一国的行政组织立法并不是一种模式,而是你中有我,我中有你,单一立法模式也不排除特别的行政组织法的存在,多元立法模式也不排除行政组织法典,只能说一国中某一种模式的特点更多一些。

二、行政组织的分类

一国选择什么样的行政组织立法模式,与该国行政组织的类型有关。如果一国的行政组织是单一的,在中央为中央政府和其职能部门,在地方为地方政府和其职能部门,行政组织立法也相应较单一,或者制定中央和地方组织法,或者在中央和地方组织法基础上制度各部门条例。而事实上,行政组织的类型是复杂的,根据不同的标准,可以对行政组织进行不同的分类,而行政组织的类型不同,在立法上也需要进行不同的考虑,行政组织类型影响行政立法模式。

(一)国家行政组织、地方行政组织和行政法人

从行政主体资格说,国家被视为一种当然的行政主体。事实上,具体进行行政管理活动的并不是抽象意义上的国家,而是代表国家进行行政管理的国家行政组织。我国的国家行政组织是国务院,是中央人民政府,国务院各部委都是国务院的组成部门。

我国地方行政组织向本级地方国家权力机关负责,根据宪法和地方组织法具有独立的行政职权,应该成为独立的行政主体。

在国家或地方自治团体外,为了执行特定公共任务,依法设立的具有人事以及财务自主性的公法人,这些机构作为法律、法规授权性组织,也是行政主体,需要专门立法授权。在我国,各种开发区管理委员会,以后也需要向法定机构转变,中关村科技园区便是雏形。

（二）行政机关、公务员和公营造物

从行政组织法规范的对象看，又可以分为行政机关、公务员和公营造物。对于行政组织的认识，按照一般理解，狭义的行政组织，仅指组织机构，而不包括公务员与公物，而广义的行政组织包括组织机构、公务员及供行政目的使用的公物。随着现代国家行政职能的不断扩大，为了有效而适当地推行行政，需不断整备行政组织并配置公务员。与此同时，供于公共目的的物的手段也成为必要，这种"公"的需要被行政法学家称为"公物"与"营造物"。①

（三）决策机关、执行机关、监督机关和咨询机关

行政组织按职能可以分为决策、执行、监督、咨询四种，这四种不同性质的职能，要求建立与之相适应的四种不同性质的行政机关系统。

第一种是决策领导机关，即在行政首长统帅之下的首脑机关，承担决策和指挥职能，是整个行政管理过程的领导中枢和指挥中心。决策领导机关在法律上的要求是权限明确，责任清楚，并要赋予其足够的控制手段。由于现代行政事务繁杂，为保障决策领导机关的有效运作，在决策领导机关之下一般都设有辅助性的机关。辅助性机关一般只对所辅助的机关负责，不对外进行管理，也不享有对外管理的职权。国务院和地方各级人民政府是决策领导机关，发展改革委员会等综合性机关也主要是决策领导机关。

第二种是执行机关。此类机关主要承担业务性或事务性工作，组织实施决策领导机关的决议、命令和行政措施。执行机关有两类：第一类直接受决策领导机关控制，如美国联邦政府的各部、日本的中央各省、我国国务院各部门。第二类独立于决策领导机关，如我国城管执法机关等行政执法机关。执行机关为实施国家在地方的事务，往往在地方设置垂直的分支机关或派出机关。

第三种是监督机关。此类机关主要承担监督检查职能，以纠正政策执行中的偏差。如日本总务厅下设的行政监察局、美国的行政和预算局机关、我国的审计机关都属于此类机关。

第四种是咨询机关。其主要任务是通过调查研究和分析论证，为决策机关和执行机关提供决策咨询意见。在现代社会，由于行政机关数量扩大，行政决策技术性加强，以及行政民主趋势的发展，许多国家都非常重视专家智囊的参谋作用，成立了许多咨询机关。我国的国务院参事室、国务

---

① 参见曾祥瑞：《论日本行政组织类型及公物、营造物》，载《行政法学研究》1999年第4期。

院研究室、国务院发展研究中心、中国社会科学院、中国科学院、中国工程院等都属于咨询机构，在国务院序列中是直属事业单位或者办事机构。根据《政府参事工作条例》第2条的规定，国务院和省、自治区、直辖市以及设区的市人民政府设立的参事工作机构，主管本级人民政府的参事工作，上级人民政府参事工作机构指导下级人民政府参事工作机构的工作。

（四）一般行政组织与特别行政组织

中央和地方各级人民政府，是宪法和组织法规定的行政机关。在地方，除了一般行政机关系统外，还存在一些特别的行政组织，如香港特别行政区、澳门特别行政区政府组织，新疆建设兵团，各地出现的各种各样的开发区、科技园区，这些开发区和科技园区如何进行行政管理，需要建立起开发区、科技园区管理体制。

（五）行政机关和派出机关（派出机构）

《地方组织法》第85条规定，省、自治区的人民政府在必要的时候，经国务院批准，可以设立若干派出机关。县、自治县的人民政府在必要的时候，经省、自治区、直辖市的人民政府批准，可以设立若干区公所，作为它的派出机关。市辖区、不设区的市的人民政府，经上一级人民政府批准，可以设立若干街道办事处，作为它的派出机关。《食品安全法》第6条第3款规定，县级人民政府食品安全监督管理部门可以在乡镇或者特定区域设立派出机构。《公安机关组织管理条例》第6条规定，设区的市公安局根据工作需要设置公安分局，市、县、自治县公安局根据工作需要设置公安派出所。公安分局和公安派出所的设立、撤销，按照规定的权限和程序审批。各级人民政府的组织和职权由地方组织法规定，其他行政管理实体法对主管机关的职责权限也有所规定，而对派出机关、派出机构的组织和职权，以及法律责任，特别是街道办事处的地位，作为实际行政“存在”，在组织法定的原则下，也需要立法规范。对派出机关、派出机构的立法也是行政组织立法的任务。

另外，综合管理组织和专业管理组织、组成部门和直属机构等组织的性质和职能不同，立法模式也会有所不同。

三、现行行政组织立法的模式

我国现行行政组织立法模式，主要呈现以下特点：

（一）行政组织立法法典化

从我国行政组织法体系可以看出，我国现行行政组织立法呈现法典化模式的特点。改革开放后，我国制定了《国务院组织法》和《地方组织法》，作为行政组织的基本法律，涵盖了中央到地方各级人民政府的组织，一切行政组织活动在这两部法律的框架下展开。

（二）立法主体多元化

从行政组织立法的立法主体看，呈现多元立法特点。除国家权力机关制定中央和地方组织法外，国务院制定了中央和地方行政机构设置和编制管理条例，地方国家权力机关和地方国家行政机关进行行政组织立法，各地制定了诸如街道办事处、开发区的组织条例或办法，形成了庞大的行政组织规范体系。

（三）组织法与行为法一体化

部门组织立法呈现行政组织法和行政行为法合一的特点与趋势。如《审计法》《统计法》《海关法》《证券法》等，既规定主管机关的组织和职责权限，又规定行政行为的方式和程序。从行政组织法定的角度来说，基本上每一个行政组织都有具体的法律依据。有关行政组织设立、任务和职权的规范是大量存在的。

四、行政组织立法模式设想

如何进行行政组织立法，学者们提出了各种设想。最普通的设想是在修改《国务院组织法》和《地方组织法》的基础上，制定国务院各部、各委员会和各直属机构的组织条例，制定省、市、县、乡（镇）以及各自治地方人民政府的组织法。①

有的学者提出，在宪法的指引下，制定行政组织法通则，并分别制定国务院组织法、国务院各部委、直属机构组织法、地方各级人民政府和自治地方各级人民政府组织法、地方各级人民政府和自治地方各级人民政府各职能部门组织法和其他行政机关组织法。②

在新时代，应松年教授第一次公开提出了“制定中国行政法总则，推动中国行政法法典化”。他认为现在制定统一的行政法总则的时机已经成熟。③ 在研究制定行政法总则的过程中，可以进一步学习《民法典》“总则编”的立法规定，围绕行政主体、行政法律关系、权利义务关系、行政行为意思表示、行政程序、诉讼时效等方面构建行政法总则。从行政法总则的定

---

① 参见姜明安、沈岿：《法治原则与公共行政组织——论加强和完善我国行政组织法的意义和途径》，载《行政法学研究》1998 年第 4 期。

② 参见司坡森：《完善我国行政组织法管见》，载《行政法学研究》1997 年第 4 期。

③ 参见万学忠、郭胜习：《学界首次提出构建中国行政法法典》，载《法制日报》2018 年 1 月 19 日，第 6 版。

位看,包含着整个行政法应当共同遵守的基本原则,行政法总则应当包括行政组织法和行政程序法的内容。当然行政法总则应当包括哪些内容,特别是行政法总则与行政组织法、行政程序法是否单独并列存在,还是将行政组织法、行政程序法纳入行政法总则之中,学者们尚未达成一致看法。有学者认为,行政法典包括总则编(行政法总则法典化)、行政组织法编、行政活动法编和行政救济法编等4个部分。行政组织法编的编纂任务主要有3项:一是制定统一的"行政机关组织法",通过立法及时将机构改革的成果固定下来,廓清不同行政机关之间的权力边界、隶属关系和运行规则,确保行政组织法定主义的实现;二是制定统一的"行政编制法",通过立法彻底解决编制随意设定和匹配不当的痼疾;三是修改《公务员法》,将党的十八大以来全面从严治党的相关规定融入其中,体现"党管干部"的基本原则。①

也有学者提出,行政组织法规体系应包含以下四个层次:

第一层次,即制定"行政组织基本法"。

第二层次,即制定《国务院组织法》和"中央行政机关设置标准法"、制定"地方基本法"以及制定"社会中介组织法"。

第三层次,在上述三类法律之下,进一步立法:在"中央行政机关设置标准法"下制定各中央行政机关设置法;在"地方基本法"之下制定"省组织法"、"市组织法"、"县组织法"、"乡镇组织法"以及"地方财政法"等法律;在"社会中介组织法"之下制定"行业组织法""社会团体法"等。

第四层次,在第三层次下,由国务院以及地方根据具体情况作进一步规定,如各行政机关的设置法规和各地方的组织条例。②

还有学者提出了一套完整的健全和完善行政组织的立法体系的思路:

第一,完善现行宪法中关于国务院和地方各级人民政府组成、职权的规定;

第二,修订、完善《国务院组织法》;

第三,制定"国务院组成部门组织法";

第四,制定"国务院直属机构、办事机构、国务院组成部门管理的国家行政机构及议事协调机构的职能配置、内设机构、人员编制管理条例";

第五,制定单行的地方各级人民政府组织法。

此外,还应分别制定"国务院办公厅组织条例""国务院组成部门和地

---

① 参见章志远:《中国特色行政法法典化的模式选择》,载《法学》2018年第9期。

② 参见应松年、薛刚凌:《行政组织法研究》,法律出版社2002年版,第270~271页。

方各级人民政府派出机构组织条例”；省级和较大的市的人大及其常委会应当根据法律、法规有关规定，结合本地区经济、文化的发展和政府机构改革的具体情况和实际需要，制定各自的组织法规。①

在党政机构统筹改革后，有学者提出，应当修改《国务院组织法》《地方组织法》，制定行政组织法、行政机构设置和编制法。各部门也应该制定相关部门组织通则，如自然资源部组织通则、生态环境部组织通则等。同时，机构改革新组建了多个部门，如退役军人事务部、应急管理部、国家国际发展合作署、国家医疗保障局、国家移民管理局等，为了保障新组建的机构依法行使职权履行职责，也应当尽快启动制定修改相关部门基本法，如制定国际发展合作方面的法律，制定退役军人事务方面的法律，制定移民管理事务的法律，将《突发事件应对法》修改为应急管理法等。

虽然不少学者提出了完善行政组织立法的各种设想，但可以看到，这种规模的组织立法可能加重立法机关的重担，形成各部门、各地方的单独组织法也有重复立法、浪费立法资源的可能性。因此，加强行政组织法治化的愿望可以理解，但从现实出发，寻找符合中国实际情况的行政组织立法模式，是当前和今后加强行政组织法制建设需要认真考虑的问题。

建构我国的行政组织立法模式，需要在既有法律基础上进行，不能否定以前的一切立法。从理论设计上，尽管我们可以勾画出一套理想的行政组织法体系，但从可行性角度分析，行政组织是新中国成立后随着社会经济的发展逐步形成的，行政组织立法只能顺应行政组织的结构，而不是行政组织按组织法的规范重新架构。在宪法基础上形成的《国务院组织法》和《地方组织法》是现行行政组织立法体系的主干。行政组织立法的模式选择应当以《国务院组织法》和《地方组织法》为准设计我国行政组织立法体系。《国务院组织法》反映了中央行政机关的基本组织形态，是所有中央行政机关组织法的基干，但是并不需要将所有中央行政机关组织法内容均纳入其中，而是侧重于国务院自身组织建设的内容。《地方组织法》反映了我国地方政府的基本架构，此种立法模式应予以保留。在此，笔者也不赞成学界提出的将地方政府组织法与地方人大组织法分开处理的立法模式，因为这种设想将《宪法》所内含的地方国家机构一体化的精神抹杀了。②

---

① 参见任进：《健全与完善行政组织立法的若干设想》，载《中国行政管理》1998年第12期。

② 参见钱宁峰：《重新认识我国行政组织立法模式》，载《行政法学研究》2014年第4期。

在我国行政组织立法模式问题上,可以考虑:

1. 坚持法典化原则,修改《国务院组织法》和《地方组织法》,使其成为行政组织基本法

我国行政组织立法从新中国成立之初就比较重视,一直实行法典化,在宪法规定国务院和地方各级人民政府基本性质、任务、组成和组织原则的基础上,明确国务院和地方各级人民政府的组织由法律规定。现行《国务院组织法》和《地方组织法》对中央和地方各级人民政府的组成、职权等作了明确的规定,形成了行政组织法的骨架,为我国行政组织的统一性奠定了法律基础。现行行政组织法框架应当遵守,只需根据实践的发展进行适当的修改。地方各级人民政府是地方各级人民代表大会的执行机关,地方人民政府组织法不需要独立于地方各级人民代表大会组织法,人为地将两者割裂,隶属关系就难以说明。地方组织法相当于地方制度法、地方自治法,对地方制度问题统一规定,有利于实行中央和地方的适度分权,保证地方的相对独立性,发挥地方的积极性。《国务院组织法》和《地方组织法》作为行政组织基本法,在此框架下搭建国家和地方的行政组织法律体系。有学者提出制定行政组织基本法,有宪法对国务院和地方各级人民政府组织的原则规定和两个组织法的具体化,中间再加一个行政组织基本法会造成立法资源浪费和法律规范的重复,也没有进一步规范的余地。

2. 国务院制定部门组织条例,法定机构由国家权力机关统一立法

根据宪法关于国务院规定各部和各委员会的任务和职责,统一领导各部和各委员会的工作,对国务院各部和各委员会的职责权限的授予是国务院的职权,并且根据《国务院组织法》,国务院可以根据工作需要和精简原则,设立若干直属机构主管各项专门业务,设立若干办事机构协助总理办理专门事项。全国人大对国务院各部、各委员会的设立、撤销或者合并,只是行使决定权,机构设立以及部长、主任的任免,需要由总理提出。据此,国务院各部门的设立、职权授予和组织活动的基本准则,可以由国务院通过制定部门组织条例的形式确认。现行国务院各部门的"三定"规定完成法定化转变,落实行政组织法定主义原则。以后设立新的部门,在提请全国人大决定前,一并提交该部门的组织条例,待人大批准后颁布施行。

在《宪法》和《国务院组织法》框架内的部门行政组织,由国务院以组织条例形式发布,但不在《国务院组织法》框架内的法定机构,应当由国家权力机关通过制定法律特别授权,如国资委为特设机构,有些机构又是事业编制,带有行政法人性质,这些相对独立的法定机构通过专门立法,将组织法与行为法结合起来,成为该机构组织活动和行政活动的直接法律

依据。

3. 地方各级人民政府职能部门的组织由国务院统一规定

根据《宪法》关于国务院"统一领导全国地方各级国家行政机关的工作,规定中央和省、自治区、直辖市的国家行政机关的职权的具体划分"的规定,地方各级人民政府的组织应当由国务院规定。《宪法》第110条第2款还规定了全国地方各级人民政府都是国务院统一领导下的国家行政机关,都服从国务院。根据《地方组织法》第73条第11项,县级以上的地方各级人民政府应当办理上级国家行政机关交办的其他事项。《地方组织法》第79条第1款规定:"地方各级人民政府根据工作需要和优化协同高效以及精干的原则,设立必要的工作部门。"依照该条第3~4款规定,政府工作部门的设立、增加、减少或者合并,按照规定程序报请批准,并报本级人大常委会备案。有学者提出,这种备案只是对本级人大知情权的体现,而不是对人大事后审查权、决定权的赋予,人大对此缺乏强有力的监督权。因此,基于自治精神,需要省级人大及其常委会对自治范围内的组织手段具有一定的条例制定权。① 笔者认为,为了确保行政统一性,提高行政效率,地方行政机构的设置应当由国务院作统一规定,否则,在一个地方某项行政管理职能由这个部门负责,在另一个地方该项行政管理职能由另一个部门负责,在全国统一市场已形成的大背景下,必然会产生指挥管理混乱状态。为避免上下"一样粗",在地方上可以采取大部门制形式,将来自几个上级领导部门的职能集中在一个部门行使。

4. 重视行政组织法与行政行为法的密切联系

我国行政机关间产生职责权限冲突,主要根源在于行政组织法与行政行为法的关系不清晰,在行政管理单行法律法规中,没有明确规定主管机关,各部门的职责权限也没有明确划分清楚。因此,行政活动的展开有时与行政组织法相分离,造成某些行政活动缺乏组织法依据的状况。我国行政组织立法模式尚需要在行政组织专门立法基础上努力在同一部法律中将行政组织法和行政行为法相结合,将行政行为法纳入行政组织法体系的视阈内,以便保证行政目标的实现。行政行为法中,不仅关于管理机构、管理体制的规定属于组织规范,而且其中关于立法目的、行政职权、行政责任、活动方式的规定都具有组织法意义,因为这些规定反映了某领域的行政任务,从而为行政组织的设置提供指引和限制。有学者提出,行政任务

---

① 参见孟大川、陈祥德:《从政府机构设置现状看地方行政组织立法》,载《广东行政学院学报》2004年第5期。

视角下的组织法研究能弥补传统理论之缺失,将“组织问题”与“管理问题”结合起来,一方面,可以结合具体的行政管理领域分析如何更好地形塑行政组织;另一方面,也可以分析行政行为法中的组织规范与行政组织基本法的耦合方式,从而对整个行政组织法体系进行更全面、系统的把握。① 完善行政组织立法,不仅是制定统一的行政组织法,而且要在行政管理法中对各主管机关及其职责权限进行划分。就专门的行政组织法与行政行为法中的组织法部分的关系而言,需要在遵循行政组织基本法的基础上,由行为法对各机关的职责权限范围、上下左右的关系以及责任等问题予以明确具体的规定,与专门行政组织法互相呼应,相互交织,形成一个科学有机的整体。

5. 行政活动由行政程序法规定,成为行政组织法律体系的组成部分

行政组织法不仅包括静态的行政机关的结构、组成和职责权限划分,也包括行政组织的活动,如行政协助、管辖和权限争议处理等行政组织内部事务。一般行政组织法主要规定行政机关的组成和职权,对机关运行过程中的问题,专门制定行政程序法的国家和地区在其行政程序法典中予以规范。与上述行政组织法与行政行为法混合一样,法学研究强调法学部门的划分,要构建一个纯粹的部门法体系,而在立法实践中,各种法律关系是交织在一起的,行政组织法的内容也可以在行政程序法中表现出来,行政组织程序既是行政程序法的组成部分,也是行政组织法的组成部分。专门的组织法一般规定权力归属和责任主体,而行政程序法规定职能行使的过程,包括行政主体。行政机关间的职务关系,可以在行政程序法中予以规定,而这部分内容的性质是属于行政组织法范畴。

因此,就行政组织立法模式而言,我国遵循法典化立法模式,行政组织法的载体呈现多样性特征,既有专门的行政组织法律法规,也包容在行政行为法和行政程序法中,根据统一性原则,行政组织立法以中央立法为主、地方行政组织立法为例外的立法权力划分格局。

---

① 参见贾圣真:《行政任务视角下的行政组织法学理革新》,载《浙江学刊》2019 年第 1 期。

第八章　政府组织法

从行政组织立法角度说，中央和地方各级人民政府组织法属于狭义的行政组织法范畴，行政组织法典化与法律保留原则主要是针对人民政府组织法而言的。政府组织法属于宪法性法律，是宪法关于国家机构内容的具体化，这部分组织法的直接立法依据是宪法，应当由国家权力机关制定法律。宪法从政府在国家机构中的地位、性质和职能的角度规定了中央和地方各级人民政府，而组织法从设置、内部结构和职权角度研究中央和地方各级人民政府。同时，宪法对有些行政机关以及有些地区的组织进行了特别规定，为落实宪法的特殊要求，也需要地方组织法予以统一规范。

一、国务院组织法的完善

《宪法》第 86 条第 3 款规定，国务院的组织由法律规定。1982 年 12 月 10 日第五届全国人民代表大会第五次会议通过的《国务院组织法》，一直沿用至今。该法第 1 条开宗明义地规定，“根据中华人民共和国宪法有关国务院的规定，制定本组织法”。《国务院组织法》全文 11 条，就与宪法的关系而言，可以分为三类：第一类是对宪法规定的重申，如第 2 条规定，国务院由总理、副总理、国务委员、各部部长、各委员会主任、审计长、秘书长组成，国务院实行总理负责制，是对《宪法》第 86 条的重复；第 3 条规定国务院行使《宪法》第 89 条规定的职权，本身就是重复性规定。第二类是具体化规定，如第 4 条规定国务院会议分为国务院全体会议和国务院常务会议。国务院全体会议由国务院全体成员组成。国务院常务会议由总理、副总理、国务委员、秘书长组成。总理召集和主持国务院全体会议和国务院常务会议。国务院工作中的重大问题，必须经国务院常务会议或者国务院全体会议讨论决定。这是对《宪法》关于总理召集和主持国务院常务会议和国务院全体会议，以及总理、副总理、国务委员、秘书长组成国务院常务会议的具体化规定。第三类是创设性规定，如第 10 条规定，各部、各委员会工作中的方针、政策、计划和重大行政措施，应向国务院请示报告，由国务院决定；第 11 条规定，国务院可以根据工作需要和精简的原则，设立若干直属机构主管各项专门业务，设立若干办事机构协助总理办理专门事项。

至今已经过去几十年，国务院机构屡次调整，《国务院组织法》却从未修改过，仍然保持着最初11条、不到900字的简约篇幅。而现在的形势与该法制定之初相比发生了较大变化，其中的一些变化可能是通过其他一些法律体现出来，如《国务院行政机构设置和编制管理条例》，其存在与《国务院组织法》不完全一致的问题。《国务院组织法》运行过程中出现的一些制度性问题，如部门之间的冲突、国务院与国务院组成部门之间的关系、国务院与地方政府的关系、总理负责制与国务院会议之间的关系，都需要通过《国务院组织法》予以明确，因此建议及时启动《国务院组织法》修改的呼声也不断涌现。

对现行《国务院组织法》，有学者认为，从目前情况看，国务院办公厅、国务院组成部门、国务院直属机构、国务院办事机构的设置有《宪法》或《国务院组织法》的依据，而国务院直属特设机构国资委、国务院组成部门管理的国家局、国务院议事协调机构，虽经全国人大审议批准或国务院会议审议批准设置，但《国务院组织法》未明确规范。因此，需要修改《国务院组织法》，确立国务院组成部门管理的国家局、国务院议事协调机构的法律地位，并将国务院直属特设机构国资委单独列出，在修改《国务院组织法》时予以确认。[①] 也有学者提出，《宪法》第89条规定国务院有权力规定中央和省、自治区、直辖市的国家行政机关的职权的具体划分。那么，划分的原则是什么？程序是什么？这就应该在《国务院组织法》里作出规定。[②] 还有学者提出，在《国务院组织法》中应进一步明确国务院行政机构的设立和数量限制，建议《国务院组织法》规定国务院组成部门的数量不得超过20个，同时，国务院其他部门及直属机构的数量也应该有所限制。要严格控制部门编制和领导职数，建议《国务院组织法》按照精简统一效能的原则，明确规定部门的人员编制数额和国务院及其部门的领导职数。对超编问题应建立监督、问责和改正机制。《国务院组织法》要明确监督机制，规定由全国人大常委会下设专门机构承担监督职能。在监督方式上，包括惩戒和绩效评估。在法律责任上，包括通报批评；建议改正或者责令限期纠正；撤销违法设置的机构；撤销超编的任命决定；建议给予行政处分；建议削减该部门的预算等。《国务院组织法》要规定解决部门之间职能争议的主体、程序和时限，并授权国务院最终解决部门职能争议。[③] 有学者则

---

① 参见任进：《应抓紧修改国务院组织法和相关法规》，载《学习时报》2013年4月1日，第5版。

② 参见王尔德、刘一鸣：《专访清华大学公共管理学院政府研究所所长于安：建议启动〈国务院组织法〉的修改》，载《21世纪经济报道》2013年11月20日，第2版。

③ 参见马大龙：《关于修改〈国务院组织法〉的建议》，载《北京观察》2015年第3期。

提出,一方面,强化国务院总理对人、对财的管理权,也就是落实国务院总理在国务院编制总额范围内对国务院内部人员及经费的控制权和支配权。为实现严格意义上的总理负责制,必须满足一个基本条件,即总理必须而且能对其下属实施直接领导。另一方面,也要强化国务院总理的直接政治责任。现行法仅规定了国务院总理的管理权限,但却没有规定其失职时的法律责任。[①] 应松年教授也认为,现行《国务院组织法》虽规定总理领导国务院的工作,召集和主持国务院全体会议和常务会议,以及签署相关的决定、命令和行政法规等,但对国务院总理的职权规定并不完整,如总理能否直接中止行政机关的决定和命令,总理能否裁决部门的权限争议等,都不明确。《国务院组织法》需要对国务院总理的权限作出全面规定。此外,《国务院组织法》还应规定代理制度。当总理外出、因病或其他原因不能行使权力时,由副总理代行其职务,其责任由代理人承担。[②]

从《国务院组织法》颁布实施几十年的实际情况和行政体制的发展变化来看,在修改《国务院组织法》时,这些方面需要进一步完善:

1. 规定国务院组成部门的名称和数量

国务院组成部门,1954 年《国务院组织法》对国务院设置的部委逐一列出。1982 年制定《国务院组织法》时,考虑到 20 多年来部委的设置变动较多,今后随着国家行政管理体制和经济管理体制改革的逐步推行,还会有所变化,为了保持法律的稳定性和严肃性,该法没有具体列举部委的名称,只是原则规定,国务院各部、各委员会的设立、撤销或者合并,经总理提出,由全国人民代表大会决定;在全国人大代表大会闭会期间,由全国人民代表大会常务委员会决定。其结果是国务院组成部门的变化较多。从某种意义上说,机构变动需要通过修改法律才能实现,避免了机构改革的随意性。特别是经过党政机构统筹改革以后,国务院组成部门已经基本定型,以后不会有大的变化,完全可以在《国务院组织法》中予以明确,以巩固机构改革的成果。建议增设一条,规定国务院的组成部门设置如下:

中华人民共和国外交部、中华人民共和国国防部、中华人民共和国国家发展和改革委员会、中华人民共和国教育部、中华人民共和国科学技术部、中华人民共和国工业和信息化部、中华人民共和国国家民族事务委员会、中华人民共和国公安部、中华人民共和国国家安全部、中华人民共和国民政部、中华人民共和国司法部、中华人民共和国财政部、中华人民共和国

---

① 参见张越:《修正〈国务院组织法〉片论》,载《行政法学研究》1999 年第 1 期。

② 参见应松年、薛刚凌:《行政组织法研究》,法律出版社 2002 年版,第 179 页。

人力资源和社会保障部、中华人民共和国自然资源部、中华人民共和国生态环境部、中华人民共和国住房和城乡建设部、中华人民共和国交通运输部、中华人民共和国水利部、中华人民共和国农业农村部、中华人民共和国商务部、中华人民共和国文化和旅游部、中华人民共和国国家卫生健康委员会、中华人民共和国退役军人事务部、中华人民共和国应急管理部、中国人民银行、中华人民共和国审计署。国务院组成部门的增加、减少或者合并，经总理提出，由全国人民代表大会决定，在全国人民代表大会闭会期间由全国人民代表大会常务委员会决定。

审计机关是宪法规定的法定机构，不同于其他部委，在《国务院组织法》关于组成部门的规定中应当另起一款强调，国务院设立审计署，在国务院总理领导下，依照法律规定独立行使审计监督权，不受其他行政机关、社会团体和个人的干涉。

2. 国务院根据法律规定，可以设置法定机构

现行《国务院组织法》第 11 条规定，国务院可以根据工作需要和精简的原则，设立若干直属机构主管各项专门业务，设立若干办事机构协助总理办理专门事项。这一条规定实际上将机构设置权毫无保留地授予了行政机关，被认为是国务院乱设机构的重要原因。而事实上，我国单行行政管理法都规定了主管机关，这些法律可以认为是设立机构的法律依据。如《企业国有资产法》第 4 条第 1 款规定，国务院和地方人民政府依照法律、行政法规的规定，分别代表国家对国家出资企业履行出资人职责，享有出资人权益。第 11 条第 1 款规定，国务院国有资产监督管理机构和地方人民政府按照国务院的规定设立的国有资产监督管理机构，根据本级人民政府的授权，代表本级人民政府对国家出资企业履行出资人职责。据此，国有资产监督管理委员会便是法定的特设机构，可以称之为法定机构。这些法定机构是行政组织的重要组成部分，而且在以后的行政组织中会越来越多，应当写入组织法，予以相应的组织法地位，否则，类似于国有资产监督管理委员会，在《国务院组织法》上名不正、言不顺。因此，根据组织法定主义原则，国务院不应再以根据工作需要和精简原则，而是根据法律规定，可以设置法定机构，作为国务院的直属机构。这些法定机构可以是行政编制，也可以是事业编制，实现一部法律一个机构。

3. 规定国务院组成人员的职责

将《国务院工作规则》中第二章组成人员职责纳入《国务院组织法》，明确规定国务院组成人员的职责。副总理、国务委员协助总理工作。副总理、国务委员按分工负责处理分管工作。现行《国务院组织法》只是规定，

国务委员受总理委托,负责某些方面的工作或者专项任务,并且可以代表国务院进行外事活动。副总理也可以受总理委托,负责其他方面的工作或专项任务,并可代表国务院进行外事活动。总理出国访问期间,受总理委托,由负责常务工作的副总理代行总理职务。

4. 合理界定国务院的职能

国务院要全面正确履行经济调节、市场监管、社会管理、公共服务和生态环境保护的职能,创造良好发展环境,提供基本均等公共服务,维护社会公平正义。另外,根据党的十九大关于"发挥市场在资源配置中的决定性作用,更好发挥政府作用发挥市场主体的基础性作用"的要求,建议在《国务院组织法》明确规定"凡是公民、法人和其他组织能够自主解决的,市场竞争机制能够调节的,行业组织或者中介机构通过自律能够解决的事项,不得列入国务院部门职能"。

5. 将国务院的职能具体化并明确履行途径

《宪法》第 89 条规定了国务院的职权,而《国务院组织法》第 3 条却规定了国务院行使《宪法》第 89 条规定的职权。本来《国务院组织法》是宪法的下位法,应当落实《宪法》第 89 条的规定,而《宪法》第 89 条却成了《国务院组织法》的具体化。《宪法》第 89 条所列各项性质是不一样的,有职能、有任务、有职权,作为《宪法》,笼统地在同一条文中规定,是可以的,但作为下位法,应当予以分解并具体化。如《宪法》第 89 条第 6 ~ 11 项,实际上是国务院行政管理的领域,领导和管理经济工作和城乡建设、生态文明建设;领导和管理教育、科学、文化、卫生、体育和计划生育工作;领导和管理民政、公安、司法行政等工作;管理对外事务;领导和管理国防建设事业;领导和管理民族事务等,并据此设立相应的职能部门。《宪法》第 89 条第 13 项和第 14 项改变或者撤销各部、各委员会发布的不适当的命令、指示和规章以及地方各级国家行政机关的不适当的决定和命令,两项可以合成一条,规定在什么情况下,由谁提起,以及改变、撤销的程序。

6. 建立部门权限的裁决机制

《宪法》第 89 条第 3 项规定了国务院规定各部和各委员会的任务和职责,统一领导各部和各委员会的工作,并且领导不属于各部和各委员会的全国性的行政工作。据此可以推断,界定各职能部门的职责权限边界,裁定各部门的职能争议,理应是国务院的职责。特别是在行政管理立法中,组织法与行为法合一的情况下,不同的管理法在规定主管机关和职责权限时,难免发生重复和冲突,由此造成管辖权冲突。事实上,职能冲突也是由国务院负责协调,但这种协调是一种行政协调,《国务院组织法》可以以立法的形式，将这种行政协调变成法律协调，由部长或委员会主任提交国务院常务会议裁定。同时，《国务院组织法》应当明确，国务院各部门要各司其职，各负其责，顾全大局，协调配合，切实维护团结统一、政令畅通，坚决贯彻落实国务院各项工作部署。

7. 统一规范各部门的责任和权限

国务院实行总理负责制。各部、各委员会实行部长、主任负责制扩展为“各部、各委员会、人民银行、审计署实行部长、主任、行长、审计长负责制，由其领导本部门的工作”。将“根据法律和国务院的决定，主管部、委员会可以在本部门的权限内发布命令、指示和规章”扩展为“各部、各委员会、中国人民银行、审计署根据法律、行政法规和国务院的决定、命令，在本部门的职权范围内，制定规章，发布命令和指示”。

8. 规定监督制度和责任追究措施

为落实宪法关于行政首长负责制的精神，《国务院组织法》应当在责任分担上明确规定行政首长的权力和责任，并规定监督制度和责任追究措施。根据《宪法》规定，国务院对全国人民代表大会负责并报告工作；在全国人民代表大会闭会期间，对全国人民代表大会常务委员会负责并报告工作。全国人大及其常委会监督国务院的工作，有权撤销国务院制定的同宪法、法律相抵触的行政法规、决定和命令。《国务院组织法》应当规定国务院的行政法规、决定和命令应当向全国人大常委会备案，接受国家权力机关的监督。

二、地方政府组织法体系的构建

（一）地方组织立法模式

《宪法》第 95 条规定，省、直辖市、县、市、市辖区、乡、民族乡、镇设立人民代表大会和人民政府。地方各级人民代表大会和地方各级人民政府的组织由法律规定。根据宪法对地方行政区域的划分，全国分为省、自治区、直辖市；省、自治区分为自治州、县、自治县、市；县、自治县分为乡、民族乡、镇。直辖市和较大的市分为区、县。自治州分为县、自治县、市。一般地方组织现在受到诟病的是只有半部组织法，即《地方组织法》中的地方各级人民政府组织法。多数意见认为地方各级人民代表大会与地方各级人民政府组织法应当单独立法。有学者提出，地方政府组织法与地方权力机关组织法合一，并非优选模式。[①] 应松年、薛刚凌教授认为，地方权力机关应

① 参见张越、张跃建：《论“地方政府组织法”之修订》，载《政法论坛（中国政法大学学报）》1999 年第 3 期。

属于地方组织的范畴，至于地方各级人民法院和人民检察院，不应归属地方组织。后者不具有地方属性，只能代表国家确保法律的执行。而地方权力机关具有行政属性，地方无论自治与否，都不是作为政治实体存在，而是作为行政实体存在的。在这种行政实体中，作为议事机关的地方权力机关，以及作为执行机关的行政机关承担的都是地方的行政事务，地方权力机关享有的是对地方行政事务的决策权，而地方行政机关享有的是对地方行政事务的执行权和管理权。①

之所以产生这样的不同认识，是因为我国地方政府的双重角色所决定的。一方面，地方各级人民政府是地方各级人民代表大会的执行机关，地方各级人民政府由地方各级人民代表大会产生、对其负责并报告工作。地方各级人民代表大会和地方各级人民政府都是地方国家机关，在宪法中地方各级人民代表大会和地方各级人民政府作为一节（第五节）予以规定。另一方面，地方各级人民政府又是地方各级国家行政机关。地方各级人民政府不仅要对本级人民代表大会负责并报告工作，也要对上一级国家行政机关负责并报告工作，而且全国地方各级人民政府都是国务院统一领导下的国家行政机关，都服从国务院。从地方各级人民政府行使的职权看，既要执行本级人民代表大会及其常务委员会的决议，也要执行上级国家行政机关的决定和命令，最后的兜底条款是“办理上级国家行政机关交办的其他事项”，更多地体现为行政上下的一体性。笔者认为，在立法技术上，尊重宪法安排和既往组织立法体系，作为地方组织基本法，《地方组织法》可以作为一部法律，然后在此基础上由国务院制定各级地方政府的组织通则，地方政府的派出机关可以由地方人大立法，构建一个以地方组织法为主干的，由各级地方组织通则和派出机关组织条例为基础的地方组织法体系。

（二）地方组织法的修改

地方组织法作为宪法性法律，对地方各级人民政府的性质、地位、组成、取权、活动原则和机构设置等作了规定。除了国务院即中央人民政府，省以下都属于地方人民政府，多层级下地方组织法实际上也分了几个层次予以规定，只不过是在一部组织法中规范。在职责权限方面，《地方组织法》第 73 条规定了县级以上地方各级人民政府的职权，第 76 条规定了乡、民族乡、镇的人民政府的职权，将县级以上与乡镇人民政府作了区分。在各单行行政管理和执法法律规范中，行政管理执法权也往往授予县级以上

① 参见应松年、薛刚凌：《行政组织法研究》，法律出版社 2002 年版，第 184 页。

人民政府,如《行政处罚法》第23条中规定,行政处罚由县级以上地方人民政府具有行政处罚权的行政机关管辖。从这个角度看,地方人民政府可以分为两个层级,即县级以上和乡镇人民政府。在一部地方组织法中,既规定地方国家权力机关,又规定地方国家行政机关;既规定县级以上地方各级人民政府的组织与职权,又规定乡镇人民政府的组织与职权。这样有利于实现地方组织的一致性,明确各自之间的相互关系,不失为一种较好的立法模式选择,行政组织立法的任务只是将现行地方组织法进一步完善,并在此基础上制定地方行政组织通则和条例,将地方组织法的规定分门别类地具体化。

根据现行组织法的规定及其相应实践经验看,地方组织法的有关条款应当予以修订,一些实践中需要解决的问题也应在行政组织法上明确规定。

1. 地方政府工作部门的设立依法统一规范

从《地方组织法》的规定看,似乎将地方政府工作部门的设置权完全授予了地方政府。《地方组织法》第79条第1款规定:“地方各级人民政府根据工作需要和优化协同高效以及精干的原则,设立必要的工作部门。”为贯彻组织法定原则,严格依法行政,地方组织法关于地方人民政府工作部门的设置应当以现行《宪法》和《地方组织法》关于地方各级人民政府的职权为基础,按照行政管理各单行法的要求,原则规定县级以上地方各级人民政府应当设立的工作部门。《地方组织法》第73条规定了县级以上地方各级人民政府管理本行政区域内的经济、教育、科学、文化、卫生、体育、城乡建设等事业和生态环境保护、自然资源、财政、民政、社会保障、公安、民族事务、司法行政、人口与计划生育等行政工作,显然需要设立相应的工作部门代表本级人民政府履行这些职能。如地方各级人民政府承担环境和资源保护等行政工作,《环境保护法》第10条第1款规定县级以上地方人民政府环境保护主管部门,对本行政区域环境保护工作实施统一监督管理。《地方组织法》应当明确县级以上地方各级人民政府应当设立环境保护行政主管部门。为精简机构,同时规定,地方各级人民政府根据精干原则和工作需要,可以对业务相近的机构进行合并。如根据《农业法》第9条第3款的规定,县级以上地方人民政府各农业行政主管部门负责本行政区域内的种植业、畜牧业、渔业等农业和农村经济发展工作,林业行政主管部门负责本行政区域内的林业工作。农业、林业主管部门应当分别设立,但在有些地区,如农业大县,林地较少,可以设立农林局;有些牧区,可以设立畜牧局;沿海地区或海岛,可以设立渔业局。县级以上地方各级人民政府工作机构的设置由法律规定，包括《地方组织法》的一般规定和各单行法的特别规定。县级以上地方各级人民政府对于工作机构的设置只是调整权，而不是全部授权。同时，工作机构的增设，也是根据法律规定而定，当新的工作任务出现后，随着国家立法的加强，新颁布的法律规定应当设立相应的机构的，可以依法增设。如《网络安全法》通过后，需要建立起新的网络安全监管系统，县级以上地方人民政府可以设立专门的网络安全保护和监督管理部门。

在工作部门设立的程序上，《地方组织法》第79条第3款规定："省、自治区、直辖市的人民政府的厅、局、委员会等工作部门和自治州、县、自治县、市、市辖区的人民政府的局、科等工作部门的设立、增加、减少或者合并，按照规定程序报请批准，并报本级人民代表大会常务委员会备案。"有学者认为，我国的根本政治制度是人民代表大会制度，各级人民代表大会是人民管理国家的基本形式。本级人民政府应该主要对本级人民代表大会负责，因此本级人民政府工作部门的变动报上级人民政府批准，报本级人大常委会备案不妥。[①] 笔者认为，对人民政府工作部门的增加或减少，是政府机关内部的事务，地方国家权力机关主要是对本级人民政府进行监督，讨论、决定本行政区域内的政治、经济、教育、科学、文化、卫生、环境和资源保护、民政、民族等工作的重大事项，对机构的调整不属于重大事项范畴，可以由人民政府决定。如果属于对本级政府整体机构改革，或者涉及重要机构的调整，地方国家权力机关认为涉及公民重大利害关系或者对本地区的社会经济发展会产生重大影响，也可以行使其监督权，依法撤销本级人民政府不适当的决定和命令。

2. 副职应当明确规定职数

《地方组织法》第82条规定，各厅、局、委员会、科分别设厅长、局长、主任、科长，在必要的时候可以设副职。办公厅、办公室设主任，在必要的时候可以设副主任。省、自治区、直辖市、自治州、设区的市的人民政府设秘书长一人，副秘书长若干人。笔者认为，副职的设立应当明确规定人数，副职，包括副秘书长，宜以4人为限。

3. 派出机关成为法定机构

《地方组织法》第85条规定，省、自治区的人民政府在必要的时候，经国务院批准，可以设立若干派出机关。县、自治县的人民政府在必要的时

① 参见范殿勤、李元福：《现行地方组织法的缺陷及地方行政组织立法的完善》，载《武汉交通科技大学学报（社会科学版）》1999年第4期。

候，经省、自治区、直辖市的人民政府批准，可以设立若干区公所，作为它的派出机关。市辖区、不设区的市的人民政府，经上一级人民政府批准，可以设立若干街道办事处，作为它的派出机关。省、自治区设立的大区，县、自治县设立的区公所，现在已成为历史；而市辖区、不设区的市设立的街道办事处，已成为一种常态，相当于一级基层地方政府。根据新的发展需要，省、自治区、县、自治县的派出机关，可以不再规定，而对于街道办事处，依法明确规定为法定机构，即市辖区、不设区的市的人民政府，设立若干街道办事处。街道办事处的组织和职权，由法律规定。

街道办事处是按地域划分的，在各地经济开发中，还出现了大量的经济技术开发区管理委员会，在性质上各地立法将其定性为派出机关，实质上为公务法人。对此，在地方组织法上应有体现，规定地方各级人民政府可以设立派出机构，经本级人民政府授权代表本级人民政府管理某一方面的经济社会发展事务。

4. 地方人民政府的任务、职责和职权分别规定

根据先有职责后有职权的原则，《地方组织法》应当首先明确地方各级人民政府的职责和义务。《地方组织法》关于地方人民政府的职权规定中，有些是职责，有些是职权。地方各级人民政府保护社会主义的全民所有的财产和劳动群众集体所有的财产，保护各种经济组织的合法权益，保护公民私人所有的合法财产，维护社会秩序，保障公民的人身权利、民主权利和其他权利，保障宪法和法律赋予妇女的男女平等、同工同酬和婚姻自由等各项权利，显然属于义务性规范，是各级人民政府的职责所在，可以专门作为一条予以原则规定。同时，根据现行有关法律法规的规定，地方各级人民政府承担着一些共同的职责，可以一并予以规定，如根据《政府信息公开条例》，各级人民政府有信息公开的义务。而现在组织法中的有些规定，只是有些地方才具有的职能，可以在其他法律中予以规定。如《地方组织法》第 73 条第 9 项规定“……保障少数民族的合法权利和利益，保障少数民族保持或者改革自己的风俗习惯的自由，帮助本行政区域内的民族自治地方依照宪法和法律实行区域自治，帮助各少数民族发展政治、经济和文化的建设事业”，应当在《民族区域自治法》中规定较合适，作为普遍性的规定，不是所有的地方都有少数民族聚居区。

作为工作职责，地方各级人民政府的职能应当是执行国民经济和社会发展计划、预算；管理本行政区域内的经济、教育、科学、文化、卫生、体育事业、环境和资源保护、城乡建设事业和财政、民政、公安、民族事务、司法行政、计划生育等行政工作；执行本级人民代表大会及其常务委员会的决议，

以及上级国家行政机关的决定和命令，领导所属各工作部门和下级人民政府的工作；依照法律的规定任免、培训、考核和奖惩国家行政机关工作人员。为了履行职责，地方各级人民政府依法享有以下职权：根据《立法法》规定的立法权限制定规章，规定行政措施，发布决定和命令，改变或者撤销所属各工作部门的不适当的命令、指示和下级人民政府的不适当的决定、命令。当然，作为地方各级人民政府，其义务、职责和职权不只这些。作为地方组织立法，规定地方各级人民政府的职权是其重要内容，对义务、职责和职权应当至少用3条予以分别规定，而不是放在一起。

在规定地方各级人民政府的职权时，也应当规定排除条款。现行行政组织法只规定了各级地方政府的职责，没有规定排除条款。而在单行法律中，有所体现，如《行政许可法》第15条第2款规定，地方性法规和省、自治区、直辖市人民政府规章，不得设定应当由国家统一确定的公民、法人或者其他组织的资格、资质的行政许可；不得设定企业或者其他组织的设立登记及其前置性行政许可。其设定的行政许可，不得限制其他地区的个人或者企业到本地区从事生产经营和提供服务，不得限制其他地区的商品进入本地区市场。为保证政令统一，形成全国大市场，地方组织法在授予其地方自主权的同时，也应规定排除条款。如各级地方政府及其行政部门不得直接干预企业的生产经营活动，不得干预个人依宪法、法律而享有的权利和自由。这样，可以体现有限政府的理念。

5. 科学划分各层级人民政府的职责权限

《地方组织法》对各层次人民政府的职责权限划分是不清晰的，实质上只是对县级以上和乡镇政府的职权作了划分，县级以上各级人民政府行使《地方组织法》第73条规定的职权，至于哪些应当由省级政府行使、哪些应当由县级政府行使，不仅地方组织法没有明确区分，而且各单行行政管理法律规范也很少有区分，在行政管理领域是否存在级别管辖权成了一个问题。一方面，地方各级人民政府必须依法行使行政职权，据此各级人民政府的职权应当是法定的、明确的；另一方面，全国地方各级人民政府都是国务院统一领导下的国家行政机关，都服从国务院，乡政府也服从国务院，反过来，国务院也可以行使乡政府的职权。

在地方上，县级以上实质上有三个层级同时存在：第一层级是省、自治区、直辖市级，第二层级是设区的市级，第三层级是市辖区、不设区的市、县级，在直辖市，市辖区属于第二层级。这样，同样是管理本行政区域内的经济、教育、科学、文化、卫生、体育、城乡建设等事业和生态环境保护、自然资源、财政、民政、社会保障、公安、民族事务、司法行政、人口和计划生育等行政工作，不同层级的地方政府并无明确的级别管辖权的划分，在实践中，职责基本上落实在基层区县政府，第二层级没有固定的职权，而省级政府成为决策机构，各工作部门和下级人民政府都是其执行机构。尽管下级人民政府应当办理上级国家行政机关交办的其他事项，但作为一级政府，下级人民政府是一个独立的地方行政主体，有其独立的职权。因此，在地方组织法上，应当分别规定省、自治区、直辖市人民政府的职权，设区的市的人民政府的职权，县、自治县、不设区的市、市辖区人民政府的职权，以此确立级别管辖的根据。作为下一级行政组织立法，国务院可以根据地方组织法，分别制定省、自治区、直辖市人民政府组织通则、设区的市人民政府组织通则、市县人民政府组织通则、乡(镇)人民政府组织通则以及街道办事处工作条例。

《中共中央办公厅、国务院办公厅关于深入推进经济发达镇行政管理体制改革的指导意见》要求强化经济发达镇发展产业经济、提供公共服务、加强社会管理和城镇规划建设方面等职能，完善基层政府功能。理顺县(市、区、旗)和经济发达镇的关系，做到权责相称。该意见提出，省级政府可以将基层管理迫切需要且能够有效承接的一些县级管理权限包括行政审批、行政处罚及相关行政强制和监督检查权等赋予经济发达镇，明确镇政府为权力实施主体。在经济发达镇，整合现有的站、所、分局力量和资源，由经济发达镇统一管理并实行综合行政执法，并加强行政执法和综合服务等前台机构建设，统一履行直接面对公民、法人的行政审批、公共服务和行政执法职责，提高服务管理效能。这一举措，从组织法上来说，是乡镇人民政府代行了县级政府的职能，根据《地方组织法》第 76 条的规定，乡、民族乡、镇的人民政府可以办理上级人民政府交办的其他事项。就行政审批而言，也符合《行政许可法》第 24 条第 1 款关于"行政机关在其法定职权范围内，依照法律、法规、规章的规定，可以委托其他行政机关实施行政许可……"的规定。但有些行政行为，如行政处罚，根据《行政处罚法》第 23 ~ 24 条规定的管辖原则，行政处罚由县级以上地方人民政府具有行政处罚权的行政机关管辖。法律、行政法规另有规定的，从其规定。省、自治区、直辖市根据当地实际情况，可以决定将基层管理迫切需要的县级人民政府部门的行政处罚权交由能够有效承接的乡镇人民政府、街道办事处行使。赋予发达乡镇人民政府有关县级政府的职权，在职权法定的语境下，需要加强行政组织立法，为经济发达镇扩大经济社会管理权限提供法律依据。由国务院根据地方组织法制定乡(镇)人民政府组织通则，为发达镇人民政府成为权力主体提供了法治保障。

6. 建立以地方政府统一领导为主、上级对口行政机关业务指导为辅的领导体制

从法律上说，上下层级之间都是独立的地方行政单位，由本级人大选举产生，向本级人大负责并报告工作，与上级之间不存在隶属关系。因此，在组织法上应当建立起以地方政府统一领导为主、上级对口行政机关业务指导为辅的领导体制。也就是说，各地方政府工作部门原则上只受本级人民政府的直接领导，而不受对口上级行政机关的领导，但上级对口行政机关可以进行业务指导。同时，根据行政管理工作的需要，某些行政管理部门实行上下级垂直管理体制，但都应当依法规定。实行部门行政管理垂直领导，是为了补充地方政府统一领导之不足，以实现我国行政管理体制在结构上纵横统一、上下协调的目的。

7. 增加行政组织行为程序性规定

地方政府组织立法中无疑应包括必要的程序内容，如行政机构设立、变更和撤销的程序，各级人民政府举行全体会议和常务会议的程序，行政首长决策程序等。政府作出重大行政决策，哪些应当由全体会议决定，哪些可以由常务会议决定，在地方组织法中应予以列举，并据此由国务院或地方权力机关制定重大行政决策程序条例，如制定经济和社会发展重大政策措施，编制和修改各类经济、社会、文化发展和公共服务总体规划，使用重大财政资金，安排重大政府投资项目，制定行政管理体制改革的重大措施，应当由政府全体会议决定。制定城市建设、环境保护、土地管理、劳动就业、社会保障、文化卫生、科技教育、住房保障、交通管理等方面的重大政策措施，应当由常务会议决定。地方政府制定规章，《地方组织法》第 74 条第 2 款规定，须经各该级政府常务会议或者全体会议讨论决定。哪些需要由全体会议讨论决定的，应当予以列举。

8. 建立地方政府及其工作部门间权限解决机制

地方政府组织立法的改进主要目的是规制政府权力本身，但同时也是为了权责分明，确立责任政府，避免行政组织之间职责不清、权限不明的问题。我国地方政府层次多，行政区域复杂，因而有必要在地方政府组织法中设置权限冲突解决条款，以防止权力设置上的疏漏。

9. 增加组织违法行为法律责任追究条款

对于违反地方政府组织法的行为，如超越法律明确规定的职数增加副职，应当明确违法的责任。现行地方组织法对非法设立行政机构、配置职权等，没有相应的监督机制和相关的法律责任制约。因此，应该在地方行政组织立法中增加规定诸如撤销非法设立的行政机构、对直接责任人员处

以行政处分等法律责任的条款,以确保行政组织法定原则的实现。

三、审计机关组织法

《宪法》第 91 条规定,国务院设立审计机关,对国务院各部门和地方各级政府的财政收支,对国家的财政金融机构和企业事业组织的财务收支,进行审计监督。审计机关在国务院总理领导下,依照法律规定独立行使审计监督权,不受其他行政机关、社会团体和个人的干涉。第 109 条规定,在地方,县级以上的地方各级人民政府设立审计机关。地方各级审计机关依照法律规定独立行使审计监督权,对本级人民政府和上一级审计机关负责。《地方组织法》第 79 条第 1 款在规定地方各级人民政府根据工作需要和优化协同高效以及精干的原则,设立必要的工作部门后,第 2 款专门规定,县级以上的地方各级人民政府设立审计机关。地方各级审计机关依照法律规定独立行使审计监督权,对本级人民政府和上一级审计机关负责。

据此,审计机构是《宪法》确定的机构,是必须设立的法定机构,其他职能部门是否设立可以随需要而定,审计机构是铁定的,也是唯一的,任何机构改革和精简机构,都不能将审计机构撤减和合并。根据相关规定,1983 年 9 月,中华人民共和国审计署成立,审计监督工作正式开展。为了将宪法关于审计监督的规定具体化,使审计工作逐步走上法制化、规范化的轨道,国务院先后于 1985 年和 1988 年发布了《国务院关于审计工作的暂行规定》(已废止)和《审计条例》(已废止),明确了审计机关的任务和职权。1994 年 8 月 31 日第八届全国人民代表大会常务委员会第九次会议通过了《审计法》,2006 年 2 月 28 日第十届全国人民代表大会常务委员会第二十次会议通过《关于修改〈中华人民共和国审计法〉的决定》,予以修正,根据 2021 年 10 月 23 日第十三届全国人民代表大会常务委员会第三十一次会议《关于修改〈中华人民共和国审计法〉的决定》第二次修正。

根据《审计法》第 2 条第 2 款的规定,国务院和县级以上地方人民政府设立审计机关。第 5 条规定,审计机关依照法律规定独立行使审计监督权,不受其他行政机关、社会团体和个人的干涉。

国务院设立审计署,在国务院总理领导下,主管全国的审计工作。审计长是审计署的行政首长。省、自治区、直辖市、设区的市、自治州、县、自治县、不设区的市、市辖区的人民政府的审计机关,分别在省长、自治区主席、市长、州长、县长、区长和上一级审计机关的领导下,负责本行政区域内的审计工作。地方各级审计机关对本级人民政府和上一级审计机关负责并报告工作,审计业务以上级审计机关领导为主。审计机关根据工作需要，经本级人民政府批准，可以在其审计管辖范围内设立派出机构。派出机构根据审计机关的授权，依法进行审计工作。

审计机关的职责是对本级各部门（含直属单位）和下级政府预算的执行情况和决算以及其他财政收支情况进行审计监督。审计署在国务院总理领导下，对中央预算执行情况和其他财政收支情况进行审计监督，向国务院总理提出审计结果报告。审计署对中央银行的财务收支，进行审计监督。地方各级审计机关分别在省长、自治区主席、市长、州长、县长、区长和上一级审计机关的领导下，对本级预算执行情况和其他财政收支情况进行审计监督，向本级人民政府和上一级审计机关提出审计结果报告。审计机关对国有金融机构的资产、负债、损益，对国家的事业组织和使用财政资金的其他事业组织的财务收支，对国有企业的资产、负债、损益，对政府投资和以政府投资为主的建设项目的预算执行情况和决算，对政府部门管理的和其他单位受政府委托管理的社会保障基金、社会捐赠资金以及其他有关基金、资金的财务收支，对国际组织和外国政府援助、贷款项目的财务收支，进行审计监督。审计机关对国有企业、国有金融机构和国有资本占控股地位或者主导地位的企业、金融机构的资产、负债、损益以及其他财务收支情况，进行审计监督。除《审计法》规定的上述审计事项外，审计机关对其他法律、行政法规规定应当由审计机关进行审计的事项，依法进行审计监督。审计机关有权对与国家财政收支有关的特定事项，向有关地方、部门、单位进行专项审计调查，并向本级人民政府和上一级审计机关报告审计调查结果。

《审计法》作为审计机关组织和活动的基本法，尽管属于部门组织法的范畴，但审计机关的特殊性和地位决定了其不同于一般的工作部门，而可以认为是政府组织法的组成部分，是政府一般组织法的特殊法。审计机关作为监督机关，不同于决策机关、执行机关和咨询机关，监督机关的性质和工作任务决定了独立性是其灵魂。1977 年最高审计机关国际组织在秘鲁利马召开的第九届代表大会通过的《利马宣言》提出，鉴于恰当有效地使用公共资金是适当管理公共财政事务和保证主管当局决策有效性的先决条件之一，为了达到这一目的，每个国家都必须设置一个其独立性受法律保障的最高审计组织。最高审计组织必须独立于受审单位之外并不受外来影响才能客观而有效地完成其工作任务。当然，国家机构是国家整体的一部分，因此，它不可能绝对地独立。但最高审计组织必须具备完成其任务所需的职能上和组织上的独立性。最高审计组织的建立及其独立性的程度应在宪法中加以规定。其细节可另外立法予以规定。我国于 1982

年在《宪法》中确立国家审计制度，并且强调了审计机关依照法律规定独立行使审计监督权，不受其他行政机关、社会团体和个人的干涉。但在组织领导体制上，我国《宪法》《审计法》确定的是行政型审计体制，对审计机关实行双重领导，地方各级审计机关对本级政府和上一级审计机关负责并报告工作，审计业务以上级审计机关领导为主。在制度设计之初认为，审计机关可以由政府领导，也可设在政府以外。由于我国是初次设立审计机关，需要熟悉被监督单位的工作，逐步积累经验，因此设在国务院内由总理领导比较有利。可以说，现行审计体制是务实的，符合我国现状的要求，在政府系统内构建审计监督体系是为了加强政府有效经济监管的需要，这与新旧体制转轨时期的审计环境相适应，其作用是明显且行之有效的。

经过40多年来的改革开放，市场经济日趋成熟，政府职能转向宏观调控和公共服务，审计机关承担的财政监督任务也在不断调整，将审计体制适时地由行政型向立法型转变成为优化选择。2006年《各级人民代表大会常务委员会监督法》的相关条款也为立法型审计体制提供了宪法性依据，例如，该法第19条规定："常务委员会每年审查和批准决算的同时，听取和审议本级人民政府提出的审计机关关于上一年度预算执行和其他财政收支的审计工作报告。"并且在实践中，审计署已经接受国务院委托直接向全国人大常委会提交审计报告。有学者认为，应当在各级人大内部设立专门的审计机构，负责对同级政府及其部门预算执行的审计，向同级人大及常委会负责并报告工作。只有审计机构独立于行政、司法等职能部门，才能够最大限度地实现国家审计的中立性，减少行政干预审计等问题，真正发挥国家审计的法治监督功能。① 笔者认为，制度设计需要结合现实进行选择。我国宪法已经确立了在政府系统设立审计机关，修改宪法另行规定审计体制也并非最好选择，对审计工作中存在的问题的有效解决才是体制改革需要关注的问题，审计功能的发挥有赖于审计的独立性和地位的提高，据此，从行政组织法上可以考虑，审计署虽然设在政府系统，但它不是一个政府的工作部门，而是代表本级人民政府行使审计监督权的相对独立的机构，地位高于其他部门，直属国务院总理领导。审计长是政府常务会议的组成成员，在人大会议期间，代表本级人民政府向人大及其常委会报告工作。

在组织法律制度架构上，一般的部门由国务院制定部门组织通则规范各部门的组织和职权，审计机关作为宪法规定的监督机关，应当由法律规

① 参见胡耘通：《论国家审计在宪法框架内的定位》，载《中共中央党校学报》2013年第2期。

定,《审计法》作为审计机关基本组织法,对审计机关的地位和职权可以予以强化。我国《审计法》规定了审计人员依法执行职务,受法律保护。任何组织和个人不得拒绝、阻碍审计人员依法执行职务,不得打击报复审计人员。审计机关负责人依照法定程序任免。审计机关负责人没有违法失职或者其他不符合任职条件的情况的,不得随意撤换。地方各级审计机关正职和副职负责人的任免,应当事先征求上一级审计机关的意见。《审计法实施条例》第11条还规定了审计人员实行审计专业技术资格制度。审计机关根据工作需要,可以聘请具有与审计事项相关专业知识的人员参加审计工作。

为深入推进审计体制改革,2015年12月8日,中共中央办公厅、国务院办公厅发布了《关于完善审计制度若干重大问题的框架意见》,并配套推出《关于省以下地方审计机关人财物管理改革试点方案》,省以下地方审计机关人财物统一管理改革拉开帷幕。《关于完善审计制度若干重大问题的框架意见》要求认真贯彻落实宪法、审计法等法律法规,紧密结合审计工作的职责任务和履职特点,着眼依法独立行使审计监督权,创新体制机制,加强和改进新形势下的审计工作,强化审计队伍建设,不断提升审计能力和水平,更好地服务于经济社会持续健康发展。加大改革创新力度,完善审计制度,健全有利于依法独立行使审计监督权的审计管理体制,建立具有审计职业特点的审计人员管理制度,对公共资金、国有资产、国有资源和领导干部履行经济责任情况实行审计全覆盖,做到应审尽审、凡审必严、严肃问责。到2020年基本形成与国家治理体系和治理能力现代化相适应的审计监督机制。

中共中央印发的《深化党和国家机构改革方案》中提出,为加强党中央对审计工作的领导,构建集中统一、全面覆盖、权威高效的审计监督体系,更好发挥审计监督作用,组建中央审计委员会,作为党中央决策议事协调机构。中央审计委员会的主要职责是,研究提出并组织实施在审计领域坚持党的领导、加强党的建设方针政策,审议审计监督重大政策和改革方案,审议年度中央预算执行和其他财政支出情况审计报告,审议决策审计监督其他重大事项等。中央审计委员会办公室设在审计署。

改革审计管理体制,组建中央审计委员会,是加强党对审计工作领导的重大举措,为国家审计机关的工作提供了组织思想保障。各级审计机关要落实党中央对审计工作的部署要求,加强全国审计工作统筹,优化审计资源配置,做到应审尽审、凡审必严、严肃问责,努力构建集中统一、全面覆盖权威高效的审计监督体系,更好发挥审计在党和国家监督体系中的重要作用。

为此，首先，要强化上级审计机关对下级审计机关的领导。围绕增强审计监督的整体合力和独立性，强化全国审计工作统筹。其次，探索省以下地方审计机关人财物管理改革。完善机构编制和人员管理制度，省级机构编制管理部门统一管理本地区审计机关的机构编制，地方审计机关的经费预算、资产由省级有关部门统一管理。最后，推进审计职业化建设。审计职业化建设是提升审计队伍的政治素质和专业能力的重要措施。根据审计职业特点，建立分类科学、权责一致的审计人员管理制度和职业保障机制，确保审计队伍的专业化水平。根据《公务员法》和审计职业特点，建立适应审计工作需要的审计人员分类管理制度，建立审计专业技术类公务员职务序列。完善审计人员选任机制，审计专业技术类公务员和综合管理类公务员分类招录，对专业性较强的职位可以实行聘任制。健全审计职业岗位责任追究机制。完善审计职业保障机制和职业教育培训体系。这些改革措施，在条件成熟时，应当在作为审计机关组织法的《审计法》及其实施条例中体现出来。

四、派出机关组织法

《地方组织法》第 85 条规定，省、自治区的人民政府在必要的时候，经国务院批准，可以设立若干派出机关；县、自治县的人民政府在必要的时候，经省、自治区、直辖市的人民政府批准，可以设立若干区公所，作为它的派出机关；市辖区、不设区的市的人民政府，经上一级人民政府批准，可以设立若干街道办事处，作为它的派出机关。由此规定可以看出，派出机关是组织法确定的行政机关，尽管不是一级政府，但具有行政主体地位。根据《行政复议法》的规定，对县级以上地方人民政府依法设立的派出机关的具体行政行为不服的，向设立该派出机关的人民政府申请行政复议，派出机关是行政复议被申请人。派出机关也可以成为行政复议机关，该法还规定，对省、自治区人民政府依法设立的派出机关所属的县级地方人民政府的具体行政行为不服的，向该派出机关申请行政复议。根据《地方组织法》的规定，省、自治区人民政府可以设置派出机关，直辖市没有设置的权力，但实际上，直辖市人民政府也可能设置派出机关。如北京市为加强对北京城市副中心规划建设管理的集中统一领导，2019 年 1 月 12 日，北京市委市政府城市副中心建设领导小组下设北京城市副中心管理委员会，作为市委市政府派出机构，与通州区委区政府合署办公。北京市人民政府副市长隋振江兼任北京城市副中心管理委员会主任。城市副中心管委会的职责包括:负责贯彻落实党的路线方针政策和市委决策部署,组织推进城市副中心规划建设管理各项工作,根据授权在城市副中心规划范围内行使有关市级管理权限;负责组织实施城市副中心控制性详细规划,组织制定城市副中心高质量发展的相关规划、计划和政策、标准,并协调落实;负责综合协调、整体推进城市副中心与通州区一体发展;负责与“北三县”的工作协调;承担城市副中心建设领导小组日常工作。

既然管委会“根据授权在城市副中心规划范围内行使有关市级管理权限”,那么,根据职权法定原则,应当为城市副中心立法。笔者曾倡导,北京市建设城市副中心,是一项关系首都城市发展的“历史工程”“百年大计”,必须作长远打算,通过立法,明确城市副中心的功能定位、管理职能、配套措施、未来发展方向,避免副中心建设的随意性,以立法引领和保障城市副中心建设。建议在未来五年立法规划中,将城市副中心建设立法纳入任期内拟完成的项目,通过制定“北京市城市副中心条例”,对副中心的规划、建设、交通、运行与管理、社会服务、人才政策以及环境保护、历史文化保护等方面作出明确规定,以立法形式落实中央对北京城市副中心建设的要求和城市总体规划,确保城市副中心建设、管理和运行在法治轨道上进行,将城市副中心打造成为法治中国首善之区的示范区。①

从行政组织法角度考虑,为贯彻组织法定主义原则,《地方组织法》第85条应当补充规定,省、自治区、直辖市的人民政府在必要的时候,经国务院批准,可以设立若干派出机关。否则,直辖市设置派出机关,就缺乏了组织法的依据。《天津经济技术开发区条例》第6条规定天津经济技术开发区管理委员会为开发区履行相应行政管理和公共服务职责的法定机构。《北京经济技术开发区条例》没有明确开发区管委会的派出机关性质,只是规定市人民政府设立北京经济技术开发区管理委员会,代表市人民政府对开发区实行统一领导和管理。当然,开发区管委会是不是应当作为派出机关,性质上另当别论,但直辖市人民政府也可以设置派出机关则是必定的。

在派出机关组织法中,省、自治区、直辖市的派出机关可以由地方性法规或地方政府规章规定,涉及全国的或涉及整个区域的,应当由国家立法。根据《中共中央、国务院关于支持河北雄安新区全面深化改革和扩大开放的指导意见》,按照优化、协同、高效的原则优化雄安新区行政管理机构,逐

---

① 参见金国坤、韩梅:《抓紧为城市副中心建设立法》,载《北京日报》2018年4月27日,第14版。

步赋予雄安新区省级经济社会管理权限。完善大部门制运行模式，雄安新区党工委和管委会可根据建设需要按程序调整内设机构，宜大则大、宜小则小。① 雄安新区建设是国家大事。新区要有全国人大层级立法，而不仅是地方立法。② 笔者也提出，雄安新区既不同于自贸区，也不同于深圳和浦东，它要集中承接北京非首都功能，是集中承载区。雄安新区在管理体制上带有更多的开放性，既需要得到中央的直接指导，也需要与京津对接。随着央企和高等院校的迁入，对这些在隶属关系上不属于河北省或雄安的企事业单位，属地管理的原则需要管理体制机制上的创新。根据《地方组织法》第 84 条的规定，市或市辖区的人民政府应当协助设立在本行政区域内不属于自己管理的国家机关、企业、事业单位进行工作，并且监督它们遵守和执行法律和政策。以往对这一条规定并没有太多的实践经验，雄安新区中大量非自己管理的组织的存在，对地方政府的管理是一个挑战。而这同时也是一个机遇，有利于走出一条属地管理的新路。③

为街道办事处立法，则是行政组织立法的刚需，也是短板，影响了街道的定位、职能的行使、与职能部门的关系以及责任的承担。

城市街道办事处是区政府的派出机关，代表各区政府履行政府管理和公共服务职能。从设立街道办事处的初衷和目的看，在于加强城市的居民工作，密切政府和居民的联系。作为区政府的派出机关，街道办事处行使的是区人民政府的职权，在法律地位上，除法律另有规定外，街道办事处并没有独立的行政管理和执法权。如《行政处罚法》第 24 条第 1 款规定，省、自治区、直辖市根据当地实际情况，可以决定将基层管理迫切需要的县级人民政府部门的行政处罚权交由能够有效承接的乡镇人民政府、街道办事处行使，并定期组织评估。决定应当公布。但我国行政管理法规将管理权一般赋予了县级人民政府的职能部门。根据《立法法》关于立法保留的规定，各级人民代表大会、人民政府、人民法院和人民检察院的产生、组织和职权，只能制定法律。街道办事处立法，只能是从属立法，而不是自主性立法，其上位法是《地方组织法》，不能改变街道办事处作为派出机关的性质。

职能部门将大量的管理事务下放到街道、社区一级，导致街道、社区越

---

① 参见《中共中央、国务院关于支持河北雄安新区全面深化改革和扩大开放的指导意见》，载《人民日报》2019 年 1 月 25 日，第 1 版。

② 参见栾群、陈全思：《以立法助力雄安新区建设》，载《学习时报》2017 年 9 月 4 日，A3 版。

③ 参见金国坤：《为雄安新区建设提供可靠法治保障》，载《北京日报》2017 年 11 月 10 日，第 18 版。

来越忙,但许多问题街道解决不了,管理没有权限,执法没有依据。北京市“吹哨报到”作为基层治理的改革经验,解决了基层治理的难题,得到了中央全面深化改革委员会的高度肯定和推广。在石景山区,对城管执法力量下沉街道实行体制创新,城管执法局街道执法队实行“双重管理”机制,城管执法队员编制、档案正式移交街道。此外,公安、环卫、消防、交通、食药、工商和安监等部门常驻街道,住建委、卫计委、国税地税等部门挂牌。在街道层面,形成了联合综合治理执法指挥中心,各部门一同破解城市管理顽疾。① 与石景山区类似,北京市各区街道、乡镇也已经建立起街乡综合执法平台,推动执法力量下沉。按照“区属、街管、街用”的原则,在290个街乡建立实体化的综合执法中心,普遍采用“1+5+N”模式,即1个城管执法队为主体,公安、消防、交通、工商、食药等5个部门常驻1~2人,房管、规划国土、园林、文化等部门明确专人随叫随到,将人员、责任、工作机制、工作场地相对固化,让部门报到有平台、有机制、有资源。

“吹哨报到”的实质是在不改变现有的体制结构,在管理执法权仍然在区政府职能部门的情况下,在治理机制上进行创新。《北京市街道办事处条例》赋予街道办事处依法行使与居民生活密切相关且能够有效承接的行政执法权,是试图将“吹哨报到”这种有效的管理机制固化,为基层实践成果提供法治保障。但地方性法规的立法权限是有限的,行政执法体制的彻底转变需要国家层面立法的保障。

在国家层面,2009年《城市街道办事处组织条例》废止后,没有再针对街道办事处立法。现行街道办事处立法都是地方性法规或地方政府规章的规定。1993年深圳市颁布《深圳市街道办事处工作规定》,1997年上海市颁布了《上海市街道办事处条例》、武汉市颁布了《武汉市街道办事处条例》,1999年北京市颁布了《北京市街道办事处工作规定》。上海市2021年对《上海市街道办事处条例》进行了最新修正。新条例明确,街道办事处是区人民政府的派出机关,依法在辖区内履行相应的政府服务和管理职能。街道办事处在中国共产党街道工作委员会的领导下,按照职能清晰、权责一致、运转协调、保障有力、依法高效的原则履行职能。街道办事处根据履行职能的需要,可以设置或者依托相关服务管理机构和平台,为社区居民提供社区事务受理、公共文化、公共卫生等公共服务,开展城市网格化管理和社会治安综合治理等工作。《上海市街道办事处条例》关于街道办

① 参见朱竞若、贺勇、王昊男:《街乡吹哨　部门报到——北京市推进党建引领基层治理体制机制创新纪实》,载《人民日报》2018年12月10日,第9版。

事处与政府职能部门关系的规定，是"吹哨报到"法定化可以固定下来的。条例规定，对辖区内需要多部门协同解决的综合性事项，街道办事处有权对相关职能部门及其派出机构，按照职责就近、管辖有利的原则，进行统筹协调、考核督办。街道办事处可以召集由政府职能部门及其派出机构参加的联席会议，协调解决辖区各类公共服务、管理和安全事项。街道办事处所属的城市网格化综合管理机构对巡查发现的辖区内城市管理、市场监管、街面治安等问题，应当及时派单调度、督办核查，指挥协调相关职能部门派出机构及时予以处置。城管执法、公安、市场监管等执法和管理机构应当加强协作，接受街道城市网格化综合管理机构的派单调度，及时反馈处置情况，并接受督办核查。

武汉市 2018 年也修订了《武汉市街道办事处条例》，修订后的条例规定，街道办事处的职能定位是以辖区内的公共管理、公共服务、公共安全为重点，市、区政府有关部门不得擅自将职责范围内的行政事务委托或者交由街道办事处承担。条例还规定了街道办事处的工作机制。设立街道网格化综合管理平台，负责对辖区内城市管理、食品药品安全、环境保护、安全生产、社会治安和公共服务等情况进行巡查，对巡查发现的问题，街道办事处应当及时处理；设立街道政务服务平台，受理居民（村民）申办公共服务事项。

《北京市街道办事处条例》2019 年 11 月 27 日由北京市第十五届人民代表大会常务委员会第十六次会议通过，自 2020 年 1 月 1 日起施行。作为首善之区，北京市制定的街道办事处条例对全国具有示范作用。《北京市街道办事处条例》在总结固化"吹哨报到"经验的基础上，明确了以下基本问题。

1. 突出党建引领在基层治理体制机制创新中的核心地位

北京市"吹哨报到"最具特色的是推进党建引领基层治理体制机制创新。如何将党建引领作用的发挥纳入立法中，这是《北京市街道办事处条例》首先要处理好的问题。街道办事处是政府机关，在职责权限划分上不能直接规定街道工委的职能，党建统领不能以党代政，具体管理服务职责还是由街道办事处履行。《上海市街道办事处条例》规定，街道办事处在中国共产党街道工作委员会的领导下，按照职能清晰、权责一致、运转协调、保障有力、依法高效的原则履行职能。《武汉市街道办事处条例》第 2 条规定，街道办事处是区人民政府的派出机关，在中国共产党街道工作委员会的领导下实行主任负责制，依法在辖区内履行政府服务和管理职能。《北京市街道办事处条例》第 2 条明确本市围绕首都城市战略定位，以党建引领基层治理创新，充分发挥党组织总揽全局、协调各方、服务群众的作用，立足基层服务管理，深化街道管理体制改革，构建党建引领、区域统筹、条块协同、上下联动、共建共享的街道工作新格局，建设新时代文明街道、活力街道、宜居街道和平安街道。第3条规定，街道办事处是区人民政府的派出机关，在本街道党的工作委员会领导下，执行党的路线方针政策，依法履行辖区公共服务、城市管理、社会治理等综合管理职能，统筹协调辖区地区性、社会性、群众性工作。在社会治理中，《北京市街道办事处条例》规定，街道办事处应当按照党委领导、政府负责、民主协商、社会协同、公众参与、法治保障、科技支撑的社会治理体系要求，转变治理理念，创新治理模式，整合辖区资源，推动各类社会主体协商共治。该条例要求街道办事处应当落实街道党建工作协调委员会议事协商议定的事项，组织动员辖区单位、居民委员会，以及居民、人大代表、政协委员等共同协商解决社区事务，做好双向需求征集、提供服务、沟通反馈、考核评价工作。

2. 正确定位街道办事处与政府职能部门的关系

街道办事处是区政府的派出机关，“派出”就是“代表”，街道办事处可以代表区政府对管辖范围内的行政事务进行管理，不是“执行”机关，更不是各职能部门的执行机关。街道办事处的行政权力源于区政府，其行政权力和行政责任以授权为转移。授权应具备相应的载体和程序，街道办事处条例规定的职责范围就是职权法定的依据。除了通过立法授权外，政府职能部门未经审核批准，不得将职责范围内的行政事务委托或者交由街道办事处承担。为此，《北京市街道办事处条例》规定，北京市建立街道办事处职责清单制度，依据法律、法规的规定确定街道办事处具体职责。街道办事处职责清单由市人民政府向社会公布。区人民政府可以结合该区实际细化职责清单。未经市、区人民政府批准，街道办事处不承担市、区人民政府工作部门下达的其他职责。除法律、法规明确规定外，市、区人民政府工作部门不得要求街道办事处、居民委员会对口设立机构或者加挂牌子。区人民政府工作部门未经区人民政府统一组织不得对街道办事处工作进行考核。

对于区政府各部门，街道办事处一方面应当配合区人民政府有关工作部门做好社会救助工作，健全辖区教育和卫生服务体系，健全辖区公共文化服务体系等；另一方面，对于在落实党建引领“街乡吹哨、部门报到”工作机制中拒不履行职责的工作部门，街道办事处可以报区人民政府进行调查、督办，并纳入年度绩效考评体系，也可以按照区人民政府规定，邀请辖区单位、居民代表、人大代表和政协委员对区人民政府工作部门进行评价，评价结果作为年度绩效考评和提出人事任免意见建议的重要参考依据。

3. 依法规定街道办事处的法定职能

近年来,街道办事处职能有了大幅度增加,主要包括党群工作、平安建设、城市管理、社区建设、民生保障和综合保障等方面。这些职能散见于各类法律、行政法规、规章及文件当中,但主要是以公共管理、公共服务、公共安全三个方面为重点,街道办事处条例应当按照职责法定的原则,明确其履行管理、服务、统筹、监督之责。《上海市街道办事处条例》第 5 条规定了街道办事处以辖区内的公共服务、公共管理、公共安全为工作重点履行有关职能,《武汉市街道办事处条例》第 5 条规定了街道办事处以辖区内的公共管理、公共服务、公共安全为工作重点履行有关职责。《北京市街道办事处条例》第 3 条明确规定了街道办事处依法履行辖区公共服务、城市管理、社会治理等综合管理职能,统筹协调辖区地区性、社会性、群众性工作。其第 10 条第 1 款具体规定了街道办事处应当依法履行下列职责:(1)组织实施辖区与居民生活密切相关的公共服务工作,落实卫生健康、养老助残、社会救助、住房保障、就业创业、文化教育、体育事业和法律服务等领域的相关法律法规和政策;(2)组织实施辖区环境保护、秩序治理、街区更新、物业管理监督、应急管理等城市管理工作,营造辖区良好发展环境;(3)组织实施辖区平安建设工作,预防、排查、化解矛盾纠纷,维护社会和谐稳定;(4)组织动员辖区单位和各类社会组织参与基层治理工作,统筹辖区资源,实现共建共治共享;(5)推进社区发展建设,指导居民委员会工作,支持和促进居民依法自治,完善社区服务功能,提升社区治理水平;(6)做好国防教育和兵役等工作;(7)法律、法规、规章及市、区人民政府作出的决定、命令规定的其他职责。

4. 授予街道办事处相应的职权

在"吹哨报到"基层治理机制改革实践中,实际上赋予了街道办事处对辖区公共服务和管理事项的组织推动权、对辖区基层执法工作的统筹指挥权和对部门基层治理工作的监督权。根据职权法定原则,通过组织立法将这些职权法定化,固化"吹哨报到"的改革成果。《北京市街道办事处条例》第 11 条第 1 款规定了街道办事处行使下列职权:(1)参与辖区有关设施的规划编制、建设和验收;(2)对涉及辖区的全市性、全区性重大事项和重大决策提出意见和建议;(3)指挥调度区人民政府工作部门开展联合执法;(4)统一领导、指挥调度区人民政府工作部门派出机构,对其工作考核和人事任免提出意见和建议;(5)对涉及多个部门协同解决的综合性事项进行统筹协调和考核督办;(6)统筹管理和安排下沉人员、资金;(7)统筹协管员日常管理。该条第 2 款还授权街道办事处依法行使与居民生活密切相关且能够有效承接的行政执法权。具体行政执法事项清单由市人民政府制定并向社会公布。

5. 按大部门体制统筹设置工作机构

按照精简、效能、便民的原则，整合相关职能，构建面向人民群众、符合基层事务特点、简约高效的基层治理体制。街道办事处根据本市规定设立民生保障、城市管理、平安建设、社区建设、综合行政执法等工作机构，并做好政务服务、市民活动、诉求处置等工作。

6. 将"即诉即办"工作机制法定化

《北京市街道办事处条例》第 6 条规定，本市依托市民服务热线，建立统一的群众诉求受理平台，健全完善接诉即办分类处置机制。街道办事处应当按照"民有所呼、我有所应"的要求，细化、落实、创新接诉即办机制，及时回应、解决人民群众的诉求。第 17 条第 1 款规定，街道办事处对于居民和辖区单位直接反映或者通过市民服务热线、新闻媒体等途径反映的正当诉求，应当及时受理，沟通信息，了解情况，统筹协调。第 16 条规定，市政务服务部门根据市、区人民政府工作部门、承担公共服务职能的企业事业单位的职责分工和街道办事处的事权范围，制定、完善接诉即办的工作流程和规范，以及激励、督查、考核等机制。街道办事处应当结合辖区实际，制定接诉即办制度规范，细化、完善相关工作流程。

对于涉及多部门协同解决的事项，应当协调有关部门或者承担公共服务职能的企业事业单位办理，有关部门和单位应当快速响应，安排人员协同办理；对于属于有关部门职责范围内的事项，应当向有关部门移送办理，有关部门应当快速响应；对于责任主体不明确的事项，或者经协调相关部门和单位仍无法解决的事项，应当向区人民政府报告或者按照区人民政府规定的相关程序办理。街道办事处应当将诉求处理情况向当事人及时反馈。同时，即诉即办应当与主动治理结合起来，街道办事处应当推动为民办事常态化、制度化，满足人民群众生活的便利性、宜居性、多样性、公正性、安全性需求。

7. 落实街道办事处履职保障机制

市、区人民政府工作部门应当根据街道办事处开展服务和管理工作的需要，依法将相关领域的基础信息向街道办事处主动开放，实现各部门业务数据在街道层面的信息共享。市、区人民政府应当加强管理网格规范化建设，建立一体化的信息系统和综合指挥平台，实现各信息系统互联互通、信息共享、实时监控、综合监测，健全发现问题、研判预警、指挥调度、诉求处置、督查考核等工作流程，为街道办事处综合行政执法、组织协调联合执法等工作提供支持。

区人民政府应当完善街道办事处财力保障机制，加大财力向街道办事处倾斜力度，增强街道办事处统筹发展能力，促进基本公共服务均等化。

8. 加强监督考核和责任追究

区人民政府统一进行街道办事处工作考核，建立以辖区居民满意度为主、以居民委员会和区人民政府工作部门评价为辅、监督检查和第三方评估相结合的考核制度。区人民政府应当对街道办事处依法履行职责情况进行监督检查，将检查结果纳入法治政府建设考评指标体系和年度绩效考评体系。

五、民族区域自治地方政府组织法

地方自治，在我国主要是指民族区域自治和特别行政区的高度自治。民族区域自治是在国家统一领导下，各少数民族聚居的地方实行区域自治，设立自治机关，行使自治权。《宪法》规定，自治区、自治州、自治县都是民族自治地方。自治区、自治州、自治县设立自治机关。民族自治地方的自治机关是自治区、自治州、自治县的人民代表大会和人民政府。

（一）民族自治地方人民政府的性质

民族自治地区的人民政府是地方国家行政机关，同时又是自治机关。自治区、自治州、自治县的自治机关行使《宪法》第三章第五节规定的地方国家机关的职权，同时依照《宪法》、《民族区域自治法》和其他法律规定的权限行使自治权，根据本地方实际情况贯彻执行国家的法律、政策。民族自治地方的人民政府对本级人民代表大会和上一级国家行政机关负责并报告工作，在本级人民代表大会闭会期间，对本级人民代表大会常务委员会负责并报告工作。各民族自治地方的人民政府都是国务院统一领导下的国家行政机关，都服从国务院。

民族自治地方的人民政府实行自治区主席、自治州州长、自治县县长负责制。自治区主席、自治州州长、自治县县长由实行区域自治的民族的公民担任。自治区主席、自治州州长、自治县县长，分别主持本级人民政府工作。民族自治地方的自治机关所属工作部门的干部中，应当合理配备实行区域自治的民族和其他少数民族的人员。民族自治地方的自治机关录用工作人员的时候，对实行区域自治的民族和其他少数民族的人员应当给予适当的照顾。

民族自治地方的自治机关依照国家的军事制度和当地的实际需要，经国务院批准，可以组织本地方维护社会治安的公安部队。

（二）民族自治地方人民政府的自治权

根据《宪法》和《民族区域自治法》，民族自治地方的人民政府除了享有行使一般地方政府的行政职权外，还享有宪法和法律规定的自治权：

1. 变通权。根据本地民族的实际情况，贯彻执行国家的法律、政策。上级国家机关的决议、决定、命令和指示，如有不适合民族自治地方实际情况的，自治机关可以报经上级国家机关批准，变通执行或者停止执行。

2. 财政权。民族自治地方的财政是一级财政，民族自治地方政府有管理地方财政的自治权。凡是依照国家财政体制属于民族自治地方的财政收入，都应当由民族自治地方的自治机关自主地安排使用。

3. 经济权。民族自治地方政府在国家计划的指导下，可以根据地方的特点和需要，制定经济发展的方针、政策和计划；合理调整生产关系；对可以由本地方开发的自然资源，优先合理开发利用；自主地安排地方基本建设项目；自主地管理隶属于本地方的企业；等等。

4. 管理权。自主地管理本地方的教育、科学、文化、卫生、体育事业。民族自治地方的自治机关自主地管理本地方的教育、科学、文化、卫生、体育事业，保护和整理民族的文化遗产，发展和繁荣民族文化。

5. 组织本地方的公安部队。民族自治地方的自治机关依照国家的军事制度和当地的实际需要，经国务院批准，可以组织本地方维护社会治安的公安部队。

6. 使用本民族的语言文字。民族自治地方的自治机关在执行公务的时候，依照本民族自治地方自治条例的规定，使用当地通用的一种或者几种语言文字。

（三）上级国家机关与民族自治地方政府的关系

自治机关是国家的一级地方政权机关，民族自治地方人民政府是一级地方政府。民族自治地方的自治机关必须维护国家的统一，保证宪法和法律在本地方的遵守和执行。民族自治地方的自治机关要把国家的整体利益放在首位，积极完成上级国家机关交给的各项任务。民族自治地方的人民政府对上一级国家行政机关负责并报告工作。

上级国家机关保障民族自治地方的自治机关行使自治权，并且依据民族自治地方的特点和需要，努力帮助民族自治地方加速发展社会主义建设事业。上级国家机关应当帮助、指导民族自治地方经济发展战略的研究、制定和实施，从财政、金融、物资、技术和人才等方面，帮助各民族自治地方加速发展经济、教育、科学技术、文化、卫生、体育等事业。国家根据民族自治地方的经济发展特点和需要，综合运用货币市场和资本市场，加大对民族自治地方的金融扶持力度。国家设立各项专用资金，扶助民族自治地方发展经济文化建设事业。国家制定优惠政策，扶持民族自治地方发展对外经济贸易。上级国家机关根据国家的民族贸易政策和民族自治地方的需要，对民族自治地方的商业、供销和医药企业，从投资、金融、税收等方面给予扶持；在投资、金融、税收等方面扶持民族自治地方改善农业、牧业、林业等生产条件和水利、交通、能源、通信等基础设施；扶持民族自治地方合理利用本地资源发展地方工业、乡镇企业、中小企业以及少数民族特需商品和传统手工业品的生产。国家和上级人民政府应当从财政、金融、物资、技术、人才等方面加大对民族自治地方的贫困地区的扶持力度，帮助贫困人口尽快摆脱贫困状况，实现小康。

（四）民族区域自治地方政府组织立法

民族区域自治地方政府组织法由《宪法》、《民族区域自治法》、《国务院实施〈中华人民共和国民族区域自治法〉若干规定》和相关民族自治地方的民族区域自治条例组成。《民族区域自治法》规定，民族自治地方的自治机关的组织和工作，根据宪法和法律，由民族自治地方的自治条例或者单行条例规定。如《甘肃省甘南藏族自治州自治条例》第二章规定了自治机关，明确规定自治州人民政府是自治州人民代表大会的执行机关，是自治州的地方国家行政机关。自治州人民政府对自治州人民代表大会和甘肃省人民政府负责并报告工作；在自治州人民代表大会闭会期间，向自治州人民代表大会常务委员会负责并报告工作。自治州人民政府由州长、副州长、秘书长、局长、主任组成。自治州州长由藏族公民担任。自治州人民政府的秘书长和各工作部门局长、主任中，藏族人员所占比例应略高于藏族在全州人口中所占的比例，其他少数民族的人员也应有适当的比例。自治州的自治机关所属工作部门中，应当合理配备藏族和其他少数民族的人员。自治州人民政府实行州长负责制。

作为自治地方人民政府，在组织法上相对于一般地方政府，立法上作出了特殊规定。吉林省《延边朝鲜族自治州自治条例》第 21 条规定，自治州自治机关应当保持州内行政区划的稳定。必须调整或者变更时，应当根据实际情况，合理制定调整或者变更方案，报吉林省人民政府批准。自治州自治机关应当根据自治州的特点和需要，合理确定和调整国家机关、事业单位的机构设置和编制员额，报吉林省人民政府批准后组织实施。

从各民族自治地方的自治条例看，对民族自治地方人民政府组织的规定都比较原则，主要规定性质、隶属关系、组成、负责制，对本民族干部的培养和配备提出了要求，对政府机构设置和编制作了特别规定，如湖北省《恩施土家族苗族自治州自治条例》第22条规定，自治州人民政府根据精简的原则，结合本州实际，经湖北省人民政府批准，设置工作部门，并在上级国家机关确定的总编制内，自主地安排和调剂各部门的编制员额。但总的来说，作为一级地方政府，对地方自治政府组织主要是根据一般地方组织法组成，自治条例只是对其特殊性作出规定。

（五）民族区域自治法的完善

《民族区域自治法》作为《宪法》实施的专门法，不是对《宪法》内容的简单重复，而是对《宪法》规定的具体化。现行《民族区域自治法》尤其缺乏实施程序的规范，自治机关立法权行使程序不明确；自治机关经济、人事等管理权行使程序不明确；变通执行、补充执行和停止执行方面的程序也不明确。从行政组织法的角度看，应当在《民族区域自治法》中确定“法定公务协助”的范围，如在第六章上级国家机关的职责中，有不少关于上级国家机关应当怎么做的条文，例如，上级国家机关应当帮助、指导民族自治地方经济发展战略的研究、制定和实施，从财政、金融、物资、技术和人才等方面，帮助各民族自治地方加速发展经济、教育、科学技术、文化、卫生、体育等事业。上级国家机关从财政、金融、人才等方面帮助民族自治地方的企业进行技术创新，促进产业结构升级。这些条文属于上级国家机关必须按照法律规定履行相应的作为义务，应当作出具体的措施性规定。再如，上级国家机关的决议、决定、命令和指示，如有不适合民族自治地方实际情况的，自治机关可以报经该上级国家机关批准，变通执行或者停止执行；该上级国家机关应当在收到报告之日起60日内给予答复。但如果上级国家机关在法定期限内没有作出答复，应当承担什么责任，还是自动认为已经批准，没有作出规定。[①] 60日内给予答复的时间期限太长，现在已经发展到了电子政务、网络办公、视频会议的时代，便利、快捷是人民群众对政府的基本要求，长达2个月的答复期限已经不合时宜。建议此条修改为“上级国家机关的决议、决定、命令和指示，如有不适合民族自治地方实际情况的，自治机关可以向国务院和上级各级政府报告，要求变通执行或者停止执行，国务院和上级各级政府应当在收到报告之日起三十日内给予答复，逾期未予答复的视为同意”。这样规定，民族自治地方变通或停止执行上级国家机关的决议、决定、命令和指示才有可能。[②]

---

① 参见熊文钊主编：《大国地方：中国民族区域自治制度的新发展》，法律出版社2008年版，第429～430页。

② 参见胡令明：《关于修改完善〈民族区域自治法〉的几点思考》，载《民族论坛（学术版）》2011年第11期。

民族区域自治机关是民族自治地方的人民代表大会和人民政府。但是,《民族区域自治法》并没有明确划分民族自治地方的人民代表大会和人民政府的角色和权力性质。自治权的生命力在于其权力运行的自主性,而地方国家权力机关的权力运行宗旨是下级服从上级、地方服从中央。民族区域自治机关既是自治机关,又是地方国家权力机关,这就成为“一个主体两种角色”。只有修改《民族区域自治法》厘清这两种角色的界限,才能使自治机关依法充分行使自治权,而区别于一般的地方国家机关。①

六、特别行政区政府组织法

《宪法》第 31 条规定,国家在必要时得设立特别行政区。在特别行政区内实行的制度按照具体情况由全国人民代表大会以法律规定。至此,我国在单一制的国家形式下形成了一般地方、民族区域自治地方和特别行政区三种地方制度。香港和澳门回归后,我国设立了香港特别行政区和澳门特别行政区。这里以香港特别行政区为例说明特别行政区政府组织法律制度。第七届全国人民代表大会第三次会议 1990 年 4 月 4 日通过《香港特别行政区基本法》,规定香港特别行政区实行的制度,以保障国家对香港的基本方针政策的实施,自 1997 年 7 月 1 日起施行。香港特别行政区的制度和政策,包括社会、经济制度,有关保障居民的基本权利和自由的制度,行政管理、立法和司法方面的制度,以及有关政策,均以基本法的规定为依据。

(一)特别行政区的法律地位

《香港特别行政区基本法》第 12 条规定,香港特别行政区是中华人民共和国的一个享有高度自治权的地方行政区域,直辖于中央人民政府。特别行政区政府是地方政府,是在中央领导下享有高度自治权的政府。香港特别行政区基本法起草委员会委员肖蔚云教授指出,香港特别行政区的权力源于中央的授予,不是其固有的。《香港特别行政区基本法》内许多条文都写上了“授权”,“授予香港特别行政区”。譬如航空方面,有一次性“授权”,有多次“授权”,有具体“授权”,都有明确规定,有明确的法律含义,并非随意规定。例如第 2 条规定:“全国人民代表大会授权香港特别行政区……享有行政管理权、立法权、独立的司法权和终审权。”前面有一顶“帽子”,就是全国人大“授予”的。②

---

① 参见张文山:《对〈民族区域自治法〉的再认识——兼论〈民族区域自治法〉的修改》,载《内蒙古社会科学(汉文版)》2014 年第 5 期。

② 参见肖蔚云:《关于香港特别行政区基本法的几个问题》,载《法学杂志》2005 年第 2 期。

香港特别行政区不同于一般地方政府，也不同于民族自治地方的自治，全国人民代表大会授权香港特别行政区依照基本法的规定实行高度自治，享有行政管理权、立法权、独立的司法权和终审权。香港特别行政区享有行政管理权，依照基本法的有关规定自行处理香港特别行政区的行政事务。香港特别行政区的行政机关和立法机关由香港永久性居民依照基本法的有关规定组成。中央人民政府所属各部门、各省、自治区、直辖市均不得干预香港特别行政区根据本法自行管理的事务。中央各部门、各省、自治区、直辖市如需在香港特别行政区设立机构，须征得香港特别行政区政府同意并经中央人民政府批准。中央各部门、各省、自治区、直辖市在香港特别行政区设立的一切机构及其人员均须遵守香港特别行政区的法律。

另外，香港特别行政区可在北京设立办事机构。

（二）特别行政区的行政体制

《香港特别行政区基本法》规定香港特别行政区行政长官是香港特别行政区的首长，代表香港特别行政区。

香港特别行政区实行行政长官负责制。香港特别行政区行政长官是香港特别行政区的首长，代表香港特别行政区，对中央人民政府和香港特别行政区负责。香港特别行政区行政长官在当地通过选举或协商产生，由中央人民政府任命，任期 5 年，可连任 1 次。担任香港特别行政区行政长官的法定条件是：年满 40 周岁，在香港通常居住连续满 20 年并在外国无居留权的香港特别行政区永久性居民中的中国公民。

香港特别行政区行政长官因严重疾病或其他原因无力履行职务；或因两次拒绝签署立法会通过的法案而解散立法会，重选的立法会仍以全体议员 2/3 多数通过所争议的原案，而行政长官仍拒绝签署；或因立法会拒绝通过财政预算案或其他重要法案而解散立法会，重选的立法会继续拒绝通过所争议的原案，必须辞职。香港特别行政区行政长官短期不能履行职务时，由政务司长、财政司长、律政司长依次临时代理其职务。行政长官缺位时，应在 6 个月内依基本法的规定产生新的行政长官。

香港特别行政区行政长官必须廉洁奉公、尽忠职守。行政长官就任时应向香港特别行政区终审法院首席法官申报财产，记录在案。

香港特别行政区行政长官行使下列职权：(1)领导香港特别行政区政府。(2)负责执行本法和依照本法适用于香港特别行政区的其他法律。(3)签署立法会通过的法案，公布法律。(4)签署立法会通过的财政预算案，将财政预算、决算报中央人民政府备案。(5)决定政府政策和发布行政命令。(6)提名并报请中央人民政府任命下列主要官员：各司司长、副司长,各局局长,廉政专员,审计署署长,警务处处长,入境事务处处长,海关关长;建议中央人民政府免除上述官员职务。(7)依照法定程序任免各级法院法官。(8)依照法定程序任免公职人员。(9)执行中央人民政府就本法规定的有关事务发出的指令。(10)代表香港特别行政区政府处理中央授权的对外事务和其他事务。(11)批准向立法会提出有关财政收入或支出的动议。(12)根据安全和重大公共利益的考虑,决定政府官员或其他负责政府公务的人员是否向立法会或其属下的委员会作证和提供证据。(13)赦免或减轻刑事罪犯的刑罚。(14)处理请愿,申诉事项。

为协助行政长官决策,香港特别行政区设立行政会议。行政会议不是决策机构,而是行政长官的咨询机构,帮助行政长官进行决策。行政会议的成员包括行政机关的主要官员、立法机关部分议员和社会人士三部分,由行政长官委任。

香港特别行政区行政会议由行政长官主持。行政长官在作出重要决策、向立法会提交法案、制定附属法规和解散立法会前,须征询行政会议的意见,但人事任免、纪律制裁和紧急情况下采取的措施除外。行政长官如不采纳行政会议多数成员的意见,应将具体理由记录在案。行政长官认为必要时可邀请有关人士列席会议。

行政会议虽然不是决策机构,但它协助行政长官决策,讨论的内容广泛而重要,它实质上起到了集体讨论的作用,对于行政长官的决策有重要影响,能够帮助行政长官了解情况,集思广益,全面考虑问题,避免个人决定政策和问题的局限性。行政会议还可起到一定的监督作用,对行政首长进行一定的监督,行政长官不采纳行政会议多数成员的意见记录在案,实际上对行政长官会产生一定的影响,特别在对一些重大问题的决定上,行政长官将要更慎重地考虑多数成员的意见,这也对行政长官起一定的监督作用。①

《香港特别行政区基本法》第57、58条规定香港特别行政区设立廉政公署和审计署,独立工作,对行政长官负责。廉政公署的任务是反对贪污、提倡廉洁,主要是清查政府部门的贪污行为。因此,廉政公署独立工作,不受政府部门的管辖和干涉,直接对香港特别行政区行政长官负责。

(三)香港特别行政区行政机关

香港特别行政区政府是香港特别行政区行政机关。香港特别行政区政府的首长是香港特别行政区行政长官。香港特别行政区政府设政务司、

---

① 参见肖蔚云主编:《一国两制与香港基本法律制度》,北京大学出版社1990年版,第183页。

财政司、律政司和各局、处、署。香港特别行政区律政司主管刑事检察工作，不受任何干涉。《香港特别行政区基本法》明确了行政机关即政府，而不是指广义的包括更大范围的政府。除政务司、财政司和律政司外，其他的司改称局，与内地的司、局含义大体相同。

除行政长官外，香港政府由三层架构组成：

第一层是司长，即政务司司长、财政司司长和律政司司长。他们均是由行政长官委任，负责制定香港政府最主要的政策，并直接向行政长官负责。

第二层是决策局，又称为政策局，负责制定、统筹及检讨卫生、运输、保安等各方面的政策和监督属下执行部门的工作，所有决策局又共同组成政府总部，直接向行政长官负责。主要有教育局、商务及经济发展局、创新及科技局、政制及内地事务局、保安局、食物及卫生局、公务员事务局、民政事务局、劳工及福利局、财经事务及库务局、发展局、环境局、运输及房屋局。

第三层是部门，是政府政策的执行部门，如卫生署、警务处等，首长皆为香港公务员。

香港特别行政区政府行使下列职权：(1)制定并执行政策；(2)管理各项行政事务；(3)办理中央人民政府授权的对外事务；(4)编制并提出财政预算、决算；(5)拟定并提出法案、议案、附属法规；(6)委派官员列席立法会并代表政府发言。

香港特别行政区政府必须遵守法律，对香港特别行政区立法会负责：执行立法会通过并已生效的法律；定期向立法会作施政报告；答复立法会议员的质询；征税和公共开支须经立法会批准。

香港特别行政区可设立非政权性的区域组织，接受香港特别行政区政府就有关地区管理和其他事务的咨询，或负责提供文化、康乐、环境卫生等服务。区域组织的职权和组成方法由法律规定。

香港特别行政区政府除了有政府部门执行政策外，还有为数不少的公营机构，负责政府认为较需要社会人士参与的工作。这些机构由政府出资成立及资助，但不属于政府体制，较政府部门有较多的自主权，如管理全香港所有公立医院的医院管理局、协助香港工业发展的生产力促进局等。

香港特别行政区的主要官员由在香港通常居住连续满 15 年并在外国无居留权的香港特别行政区永久性居民中的中国公民担任。在香港特别行政区政府各部门任职的公务人员必须是香港特别行政区永久性居民。

第九章　行政机构编制法

中央和地方各级人民政府的职责，需要设置各种职能部门代表本级人民政府去履行，这些职能部门既是本级人民政府的组成部门，又是独立行使行政职权的行政机关，在行政法上是作为行政主体存在的。行政组织法不仅要规范国务院和地方各级人民政府的组织，也要规范国务院和地方各级人民政府的职能部门。国务院和地方各级人民政府组织法属于宪法性法律，由法律规定。政府职能部门，根据组织法定原则，也应当依法设置，由行政组织法予以规范，只不过部门众多，性质职能又不同，难以像政府组织法一样由一部法律统一规定，而是需要由统一的基准法和分门别类的部门组织法组成一个行政组织法律规范体系，在基准法的指导下，各种类型的职能部门分别立法，实现行政组织法律规范全覆盖。这个基准法就是机构设置法和编制法，以下简称机构编制法。

一、机构编制法定化的意义

《中共中央关于深化党和国家机构改革的决定》对推进机构编制法定化作出明确部署。该决定强调："机构编制法定化是深化党和国家机构改革的重要保障。要依法管理各类组织机构，加快推进机构、职能、权限、程序、责任法定化。"行政法学界前辈朱维究教授提出，新一轮党和国家机构改革的一个亮点就是机构编制法定化。她认为，从提出"编制就是法"的口号到确定国家治理中以机构编制法定化为深化改革的突破口，选择以法治手段全方位推进党和国家机构改革，虽然经历了数十年艰辛的探索，但一旦党和国家确立了法治思维下的现代治理理念，不仅治国理念更成熟自觉、国家治理能力显著提升，也牵住了机构改革的"牛鼻子"，更预示着我国规制各类机构、完善各项组织法建设，开启全面跨越式发展的新阶段。[①]

推进机构编制法定化是全面依法治国的内在要求。机构职能体系是国家治理体系的重要组成部分，机构法定、职责法定是法治政府建设的本质要求，机构编制法定化是推进法治国家、法治政府建设的重要基础工作，

---

① 参见朱维究：《法治思维下新一轮的机构改革与机构编制法定化》，载《中国机构改革与管理》2018 年第 5 期。

是依法行政的前提和基础，是全面依法治国的内在要求。

推进机构编制法定化是巩固机构改革成果的重要保障。改革开放以来，党和国家机构经过多轮改革，但改革中机构编制不能完全到位、改革后机构编制反弹和硬约束不足问题影响了改革成果，其中很重要的原因是机构、职能、权限、程序、责任缺乏法定化的刚性约束。深化党和国家机构改革，要充分发挥法治的规范和保障作用，在法治下推进改革，在改革中完善和强化法治，把机构编制法定化作为推进机构改革和巩固改革成果的重要保障。

推进机构编制法定化是创新机构编制管理、提升管理水平的重要举措。健全机构编制管理的法律、法规，强化系统管理、规范管理、精细管理，丰富机构编制管理的手段和方式，增强机构编制管理权威，是解决当前机构编制管理存在问题，大力提升管理水平，推进机构编制管理科学化、规范化、法治化的重要内容和举措。

推进机构编制法定化是完善行政组织法体系的需要。机构编制法是我国行政组织法律制度的重要组成部分。近年来，机构编制管理方面虽已出台了一些专项的行政法规，但尚无一部专门法律，相关组织法对于机构编制的规定也比较笼统、简约。关于机构编制管理的规定更多是以规范性文件的形式出现，缺乏法律规范和责任追究机制，难以适应现实需要。机构编制管理的刚性必须以法律形式予以体现并严格执行，才能保障党和国家机关高效稳定运行。①

二、现行行政机构设置和编制管理立法

行政机构设置和编制管理，在行政组织法中是法制化程度较高、规定也较详尽的。早在 1997 年，国务院就颁布实施了《国务院行政机构设置和编制管理条例》；2007 年，国务院又颁布实施了《地方各级人民政府机构设置和编制管理条例》，对国务院和地方各级人民政府的机构设置和编制管理作了统一规定。

除国务院的上述两部行政法规外，各省、自治区、直辖市人大和人民政府对地方行政机构的设置和编制管理也纷纷制定地方性法规或地方政府规章予以规范。如广东省人大常委会 2000 年通过、2009 年修订的《广东省行政机构设置和编制管理条例》，2000 年青海省政府通过的《青海省行

① 参见马震：《机构编制法定化是深化党和国家机构改革的重要保障》，载《中国机构改革与管理》2018 年第 3 期。

政机构设置和编制管理办法》(已失效),2000 年黑龙江省人民政府通过的《黑龙江省各级人民政府行政机构设置和编制管理规定》,2001 年浙江省人民政府通过的《浙江省人民政府行政机构设置和编制管理办法》,安徽省人民政府 2006 年通过、2014 年修订的《安徽省行政机构设置和编制管理规定》,2007 年云南省人大常委会通过的《云南省机构编制管理条例》,2008 年重庆市人民政府通过的《重庆市各级人民政府机构设置和编制管理办法》,2009 年江西省人民政府通过的《江西省各级人民政府行政机构设置和编制管理办法》,2017 年四川省人民政府通过的《四川省行政机构设置和编制管理规定》,2017 年辽宁省人大常委会通过的《辽宁省机构和编制管理条例》(已失效)等。

这些地方性法规和规章以地方组织法和国务院条例为依据,是对国务院条例的具体化,如《安徽省行政机构设置和编制管理规定》第 1 条规定,为了科学配置行政机构职责,规范行政机构设置,加强编制管理,提高行政效率,根据《地方组织法》《地方各级人民政府机构设置和编制管理条例》等有关法律、法规,结合本省实际,制定本规定。在规范对象上,有些地方立法不仅规范行政机关,还规范权力机关、司法机关和事业单位,如《云南省机构编制管理条例》第 2 条第 1 款规定,本条例所称机构,是指国家权力机关、行政机关、审判机关、检察机关,以及为了社会公益目的,由国家举办或者其他组织利用国有资产举办并承担社会服务职能的事业单位。其他国家机关,不是行政主体,从国家治理现代化角度考虑,可以统一规范,但不属于行政组织法研究的范围,而作为行政主体的事业单位,应当纳入行政组织法研究视野,在机构编制立法中一并考虑事业单位是符合实际情况的选择。在立法实践中,也有地方是通过对事业单位单独立法实现对事业单位的机构设置和编制管理的,如宁夏回族自治区人民政府 2008 年颁布的《宁夏回族自治区事业单位机构编制管理规定》,2014 年安徽省人民政府颁布的《安徽省事业单位机构设置和编制管理规定》。也有对党政机关一并规范的,如内蒙古自治区党委办公厅、政府办公厅 2008 年印发的《内蒙古自治区各级党政群机关机构设置和编制管理实施办法》,适用于全市各级党的机关和人大、政府、政协、法院、检察院机关,各民主党派、有关群众团体机关,各类议事协调机构的实体办事机构及派出机构。

尽管现行行政机构设置和编制管理立法比较全面具体,但国务院和地方机构设置和编制分别立法,难以形成全国行政机构的一体化,地方政府机构与中央政府机构在机构设置、职责权限配置上不完善。各地方机构编制立法与国务院立法存在重复性,地方立法适用范围也不一致。党的十八届三中全会要求统筹党政群机构改革,理顺部门职责关系。严格控制机构编制,严格按规定职数配备领导干部,减少机构数量和领导职数,严格控制财政供养人员总量。推进机构编制管理科学化、规范化、法制化。根据党的十九大"统筹使用各类编制资源,形成科学合理的管理体制,完善国家机构组织法"的要求,国家权力机关、行政机关、监察机关和司法机关的编制需要统筹考虑,单独对行政机构编制作出规定离党的十九大精神的要求还有一定的距离。《中共中央关于深化党和国家机构改革的决定》明确,加强党内法规制度建设,制定中国共产党机构编制工作条例。研究制定机构编制法,增强"三定"规定严肃性和权威性,完善党政部门机构设置、职能配置、人员编制规定。

2019 年 8 月,中共中央印发了《中国共产党机构编制工作条例》。该条例要求加快完善机构编制党内法规和国家法律法规并有效实施,依据国家法律法规有关规定履行法定程序。《中国共产党机构编制工作条例》不仅为中国共产党机构编制管理提供了基本依据,而且也为国家机构编制管理提供了基本依据。该条例规定,党和国家机构改革、体制机制和职责调整,党的机关、人大机关、行政机关、政协机关、监察机关、审判机关、检察机关、各民主党派机关、群团机关和事业单位的机构、编制、领导职数的配备和调整,都适用本条例。

《中国共产党机构编制工作条例》是党的机构编制工作的基础主干党内法规,与现有的侧重于实体内容的规范政府机关机构编制管理的行政法规相比,其更侧重于程序性规定,注重与现有党内法规、国家法律法规的衔接,主要明确了党对机构编制工作的方针政策和基本要求,明确了党中央对各级党委(党组)、编委在机构编制工作中的领导关系,明确了机构编制工作最基本的程序和要求,是规范各级党委(党组)机构编制工作行为的党内法规。

《中国共产党机构编制工作条例》作为党内法规,为机构编制工作提供了基本要求,也为制定机构编制法提供了指导和基本原则。机构编制的法治化还需要国家制定基本的机构编制法律作为统领,在此基础上再规定行政机构设置和编制管理等具体问题。《国务院行政机构设置和编制管理条例》(1997 年)、《事业单位登记管理暂行条例》(1998 年发布、2004 年修订)、《机构编制监督检查工作暂行规定》(2007 年)、《地方各级人民政府机构设置和编制管理条例》(2007 年)等条例,应作为机构编制法统领下的具体规定。部门规章和规范性文件不得就机构编制事项作出具体规定,不得作为审批机构编制的依据。

三、机构编制法的主要内容

从党的十三大提出“完善行政机关组织法，制定行政机关编制法，用法律手段和预算手段控制机构设置和人员编制”到《中共中央关于深化党和国家机构改革的决定》明确研究制定机构编制法，我国机构编制管理法定化之路循序走来，日渐明晰。机构编制法是行政机构设置和编制管理的主要法律依据，在机构编制法的基础上制定的行政机构设置和编制管理条例是机构编制法的具体化。制定机构编制法是组织法治建设的重要内容，也是行政组织法的题中应有之义。在党政群机构统筹改革及坚持和加强党的全面领导的原则下，尽管行政机构编制法不单独制定，机构编制法适用于党政群机构，但行政机构是其中数量最多、体系最大的部分，机构编制法规范的对象主要是行政机构设置和编制管理。

在《中国共产党机构编制工作条例》已经制定并实施的基础上，如何制定“机构编制法”，是新时代机构编制立法需要认真研究的一个问题。机构编制法是在《中国共产党机构编制工作条例》的指导下制定的，中国共产党机关也受机构编制法的约束。中央机构编制委员会是党中央的决策议事协调机构，统筹负责党和国家机构职能编制工作。中央机构编制委员会办公室作为中央机构编制委员会的办事机构，承担中央机构编制委员会日常工作，尽管归口中央组织部管理，但在机构编制立法的法律中需要明确其为机构编制的主管机关。相对于《中国共产党机构编制工作条例》，机构编制法从国家层面对机构编制予以规范，不是对党内法规的法律化。既然党内法规对程序性规定作了比较具体的规定，那么，作为国家立法，机构编制法更多规定实体性内容。在责任上，党内法规只能规定党内纪律处分，国家法律则可以从法律责任上更多地规定违法责任。

（一）立法目的和依据

机构编制立法的目的是规范党和国家机构设置，加强编制管理，优化职能配置，提高效率效能，推进国家治理体系和治理能力现代化。上位法依据是《宪法》《国务院组织法》《地方组织法》。

（二）适用范围

党的机关、人大机关、行政机关、政协机关、监察机关、审判机关、检察机关、各民主党派机关、群团机关和事业单位的机构、编制、领导职数的配备和调整，以及党和国家机构改革、体制机制和职责调整，适用本法。

（三）管理体制

中央机构编制委员会，作为党中央决策议事协调机构，在中央政治局及其常委会领导下开展工作，负责党和国家机构职能体系建设的顶层设计、总体布局、统筹协调、整体推进、督促落实。

中央机构编制委员会的主要职责是：

（1）贯彻落实党中央对党和国家机构编制工作的集中统一领导。（2）研究提出机构编制工作的方针政策。（3）研究提出党和国家机构改革方案并组织实施；审定省级机构改革方案，指导地方各级机构改革工作。（4）审定中央一级副部级以上各类机构的职能配置、内设机构和人员编制"三定"规定。（5）统一管理中央和国家机关各部门的职能配置以及调整工作，统筹协调部门之间、部门与地方之间的职责分工。（6）统一管理中央一级党政机关，中央一级各民主党派机关、群团机关的机构编制工作。审批上述单位厅局级机构设置、人员编制和领导职数，中央和国家机关各部门垂直管理机构、双重领导并以部门领导为主的机构、派驻地方机构、我国驻外机构的机构设置、人员编制和领导职数。（7）审定地方行政编制总额、机构限额和职能配置的重要调整，审批省、自治区、直辖市厅局级行政机构的设置。（8）研究提出事业单位管理体制和机构改革方案，统一管理党中央、国务院直属事业单位以及部门所属事业单位的机构编制工作，审批地方厅局级事业单位的设置，指导协调地方事业单位机构编制工作。（9）推进机构编制法治建设，研究完善党和国家机构编制法规制度。（10）督促检查各地区各部门贯彻党中央关于机构编制工作的方针政策和重要决定，严肃机构编制纪律。

地方各级机构编制委员会是地方党委的议事协调机构，负责行政体制改革、机构改革和机构编制管理的领导工作。地方各级机构编制委员会办公室是机构编制委员会的常设办事机构，承担日常工作，归口本级党委组织部门管理，根据授权和规定程序处理机构编制具体事宜。机构编制委员会由同级党委、政府有关领导和有关部门负责人组成。委员会设主任1名，副主任、委员若干名。委员会的组成人员，由同级党委确定并公布。各级机构编制委员会实行委员会工作制度，重大问题由委员会集体讨论决定。各部门各单位应当明确负责机构编制工作的机构和人员。乡镇、街道的机构编制事项由上一级机构编制委员会管理。

（四）机构设置和编制管理原则

1. 体系科学。党和国家机构改革、重大体制机制和职责调整应当有利于构建系统完备、科学规范、运行高效的党和国家机构职能体系，形成总揽全局、协调各方的党的领导体系，职责明确、依法行政的政府治理体系，中国特色、世界一流的武装力量体系，联系广泛、服务群众的群团工作体系，力求有统有分、有主有次,理顺党的领导体系和政府治理体系、武装力量体系、群团工作体系之间的领导指挥关系,明确其他各个体系的职责定位,完善党和国家机构布局,有利于推动各类组织在党的统一领导下协调行动、增强合力。

2. 统筹设置。机构设置应当科学合理,具有比较完整且相对稳定的独立职能,能够与现有机构的职能协调衔接。统筹党和国家机构设置和职能配置,应当强化党的组织在同级组织中的领导地位,加强归口协调职能,统筹本系统本领域工作。坚持一类事项原则上由一个部门统筹、一件事情原则上由一个部门负责。党的有关机构可以同职能相近、联系紧密的其他部门统筹设置,实行合并设立或者合署办公。

3. 政令统一。地方机构设置和职能配置应当保证有效实施党中央方针政策和国家法律法规,涉及党中央集中统一领导和国家法制统一、政令统一、市场统一的机构职能应当同中央基本对应。除中央有明确规定外,地方可以在规定限额内因地制宜设置机构和配置职能,严格规范设置各类派出机构。地方可以在规定权限范围内设置和调整事业单位。

4. 适应需要。编制和领导职数配备应当符合党中央有关规定和机构编制党内法规、国家法律法规,适应党和国家事业、经济社会发展、机构履职需要。编制配备应当符合编制种类、结构和总额等规定。领导职数配备应当符合领导职务名称、层级、数量等规定,领导职务名称应当与机构层级相符合。

(五)职能管理

党政群机关的职能,由机构编制部门依据法律、法规和规章确定,并分解落实到其内部机构。党政群机关与事业、企业单位不得相互转移职责任务。对确需两个以上部门共同承担的职能,由机构编制部门负责界定,明确主次关系,建立健全工作协调制度。

党政群机关职能交叉时,相关部门应本着协商原则,积极协调,提出处理意见,报机构编制部门审定。对机构编制部门正在协调的职能问题,相关部门不得各行其是,制发易引起争议的文件。

机构编制部门按照审批权限和规定程序办理职能配置及调整事宜。

(六)机构管理

党中央、国务院的机构由机构编制法规定,地方党委、政府的机构也由机构编制法规定。人大、政协的工作机构和专门委员会按有关法律规定和章程设置。在地方党政机构设置中,可参照《青岛市党政群机关机构编制管理暂行办法》规定,地方党委、政府设立部、委、办、局等工作部门、办事机构、部门管理机构和派出机构。县级市、区所属镇党委、政府和街道办事处的工作机构按有关规定综合设置。

关于党委和政府工作部门的规格，如规定市级工作部门为局级（副厅级），内部机构为处级；区级工作部门为处级，内部机构为科级；县级市工作部门为科级，内部机构为股级。人大、政协、纪委机关内部机构的规格，按有关规定执行。法院、检察院、民主党派和人民团体机关内部机构的规格，与同级党委和政府部门的内部机构规格相同。区属街道办事处为处级，其工作机构为科级；县级市所属街道办事处、镇为科级，其工作机构为股级。

在内设机构上，如青岛市明确规定了市级党政群机关工作部门人员编制10名（含10名）以下的，不设内部机构；人员编制11名以上的，内部机构按每个不少于5名编制设置，部门内部机构最多不超过14个。区（市）党政群机关工作部门人员编制10名（含10名）以下的，原则上不设内部机构；人员编制11名以上的，根据工作需要可设置少量内部机构，每个内部机构一般按5名编制设置，最低不得少于3名编制。

严格控制设立议事协调机构和临时机构。对需多个部门共同承担的临时任务，由相关部门采取联席会议的形式完成。确需设立议事协调机构和临时机构的，按照议事协调机构和临时机构管理的有关规定办理。

党政群机关工作部门及其内部机构的设立、撤销、合并、更名等，由其主管机关按管理权限报机构编制管理部门审核办理。设立机构的，应说明设立机构的必要性和可行性，机构类型、名称和职能，与业务相近机构职能的划分等；撤并机构的，应说明撤销或合并的理由，撤销或合并机构后职能消失、转移情况，人员安置情况等。

（七）编制管理

党政机关均使用行政编制。除工会、共青团和妇联机关使用行政编制外，其他群团机关一般使用事业编制。各级党政群机构的编制，按照精简的原则，应依据其职能配置和实际工作需要，在上级下达的各级各类行政编制总额内，按照使用范围由本级机构编制管理机关核定。

行政机构除核定少量的工勤人员编制外，必须使用行政编制，事业单位使用事业编制，不得混用、挤占、挪用或自行设定其他类别的编制。党政群机关不得占用事业单位编制或向企事业单位长期借调人员，变相扩大人员编制。

根据职能调整的需要，在本级行政编制总额内调整编制，由本级机构编制管理机关会同部门提出调整意见，或由机构编制管理机关直接调整。在同一个行政区不同层级之间调配使用行政编制的，需报上一级机构编制管理机关同意后,报中央机构编制管理机关审批。

政法专项编制,按照上级分类下达的公安、国家安全、司法行政、法院、检察院专项行政编制,实行分级分类管理,不得混用。

设在有关部门的议事协调机构的办事机构,原则上不单独核定编制,工作人员由相关部门内部调剂解决。

(八)领导职数

《中共中央组织部、中央编办关于进一步规范领导职数管理的意见》规定,各级党政群机关及事业单位领导职务的数量根据法律法规,党中央、国务院、中央编委文件及中央机构编制部门文件和省、自治区、直辖市党委、政府、编委文件的规定确定。各级党政群机关及事业单位领导职务的数量应与其机构性质、职责任务、管理幅度相适应,与编制规模保持适当比例。各级党政机关领导职务层次应当与机构规格相一致。除党中央、国务院、中央编委文件及中央机构编制、组织部门文件另有规定外,正部级党政机关的内设机构(包括派出机构、直属机构)正职为厅局级正职;副部级党政机关的内设机构正职为厅局级副职。正厅级党政机关的内设机构正职为县处级正职;副厅级党政机关内设机构正职为县处级正职或县处级副职。正处级党政机关的内设机构正职为乡科级正职;副处级党政机关的内设机构正职为乡科级正职或乡科级副职。

青岛市则明确了党政群机关各级领导职数的配备标准:

市级党政群机关工作部门的领导职数,一般配备2~4名,工作量大、业务面宽的可增配副职1名,不配备部门领导专职助理;部门管理机构的领导职数一般配备2~3名,最多不超过4名;部门内设处(室)一般配备正职1名,人员编制6~10名的可增配副职1名;人员编制11名以上的可再增配副职1名;设置机关党组织的部门配备专职副书记1名。

区级党政群机关工作部门的领导职数,一般配备2~3名,工作任务重、业务面宽的可增配副职1名;内部机构配备正职1名,人员编制5名以上的可增配副职1名;街道办事处(党工委)领导职数一般配备5~7名(不含派出所所长兼任的副书记),其工作机构领导职数参照区级党政群机关工作部门内部机构领导职数配备。

县级市党政群机关工作部门的领导职数配备2~3名,工作任务重、业务面宽的可增配副职1名;内部机构领导职数配正职1名,人员编制5名以上的可增配副职1名;县级市所属街道办事处和镇党委、政府、人大及其工作机构等的领导职数按有关规定配备。

(九)机构编制程序

1.启动

机构编制工作动议应当根据党中央有关要求和工作需要,按照机构编制管理权限提出。

地方各级党委可以提出本地区体制机制和职责调整动议,并组织力量对有关问题进行分析研判。重大事项和超出本级机构编制管理权限的事项应当按照规定向上级党委请示报告,上级党委同意后方可研究推进。地方各级机构编制委员会可以根据规定权限,对本地区相关体制机制和职责调整提出动议。

各部门党委(党组)可以动议机关及其所属事业单位机构、职能、编制、领导职数等事项调整,报本级机构编制委员会及其办公室。根据机构编制管理权限可以由部门决定的事项,按照有关规定办理。

党和国家机构改革、重大体制机制和职责调整由党中央启动。

机构编制工作的动议应当由党委(党组)领导班子集体讨论决定。

2.论证

各地区各部门提出机构编制工作动议必须符合党中央有关改革精神和机构编制有关规定,应当充分论证必要性、合理性、可行性。

党和国家机构改革、重大体制机制和职责调整应当在党中央集中统一领导下组织论证。

各级机构编制委员会办公室研究论证机构编制事项时,应当进行深入调查研究和合法合规性审查,重大问题应当进行专家论证和风险评估。研究论证时应当充分听取各方面意见。

3.审议决定

各部门提出的机构编制事项申请,由本级机构编制委员会办公室审核后报本级机构编制委员会审批,重大事项由本级机构编制委员会审核后报本级党委审批。需报上一级党委及其机构编制委员会审批的,按程序报批。各级机构编制委员会办公室根据授权审批机构编制事项。

地方党政机构设置实行限额管理,各级机构限额由党中央统一规定。地方党委提出机构编制事项申请,报上一级机构编制委员会审批,重大事项由上一级机构编制委员会审核后报本级党委审批。

地区或者部门专项体制机制和职责调整方案,由有相应机构编制管理权限的党委(党组)审议批准。超出本级机构编制管理权限的重大问题,党委(党组)在审议后应当向上一级党委请示报告,上一级党委同意后方可实施。

党和国家机构改革方案、重大体制机制和职责调整方案必须报党中央审议批准。

凡属机构编制重大问题,应当由党委(党组)或者机构编制委员会集体讨论作出决定。党委(党组)、机构编制委员会应当主要就以下内容对机构编制议题进行审议:

(1)是否有利于坚持和加强党的全面领导;

(2)是否符合党中央有关规定和机构编制党内法规、国家法律法规以及相关政策规定;

(3)是否适应经济社会发展需要和财政保障能力,能否有效解决实际问题;

(4)是否科学合理,充分考虑了除调整机构编制外的其他解决办法;

(5)是否对可能带来的问题和遇到的困难进行客观分析,并做好应对准备。

4. 批准实施

地方各级党委按照党中央统一部署研究制定本地区实施方案,按程序报批后方可实施,并对实施工作负领导责任。党和国家机构改革、重大体制机制和职责调整的实施工作由党中央统一部署,中央机构编制委员会按照党中央要求组织实施。

经批准发布的各部门各单位“三定”规定、机构编制管理规定等,是机构编制法定化的重要形式,具有权威性和严肃性,是各部门各单位机构职责权限、人员配备和工作运行的基本依据,各地区各部门必须严格执行。“三定”规定的重大调整,应当报上级党委批准后实施。

根据党和国家事业发展需要,统筹使用各类编制资源,按照机构编制管理权限,进行编制的统筹调配和动态调整,建立部门间、地区间编制动态调整机制。

各部门应当定期向本级机构编制委员会报告机构设置和编制管理情况。县级以上地方各级机构编制委员会应当定期向本级党委报告机构编制管理情况,重要事项向上一级机构编制委员会报告。下级党委应当向上级党委报告机构编制管理情况。各地区各部门落实机构改革、重大体制机制和职责调整等任务的情况,应当及时按程序报告。工作中遇到的问题,在权限范围内能够解决的应当主动协调解决,超出权限的应当按程序请示,重大事项报党中央决定。

各部门在履行职责过程中对职责划分规定在理解上有分歧的,应当主动协商解决。协商一致的意见,报本级机构编制委员会办公室备案审查。

协商不一致的，应当提请本级机构编制委员会办公室按照有关规定进行协调。

各级机构编制委员会办公室负责对机构编制执行情况和使用效益进行客观评估，也可以委托第三方进行评估。评估结果作为改进机构编制管理、优化编制资源配置的重要依据。

（十）监督检查和责任

各地区各部门党委（党组）对本地区本部门机构编制管理和监督负责。

各级机构编制委员会及其办公室应当按照相应权限，对机构编制工作规定贯彻落实情况进行监督检查，纠正违纪违法行为，并按照有关规定向本级党委提出问责建议。

各级机构编制委员会办公室应当加强与纪检监察机关、巡视巡察机构和组织人事、财政、审计等部门的协作配合，建立健全情况通报、信息共享、线索移送、整改反馈等工作机制，必要时组成工作组，开展联合督查。

各级机构编制委员会对有下列行为之一的，有权采取通报批评、责令限期纠正、予以纠正等处理措施；对有关责任人，可以采取约谈、责令说明情况、下达告诫书等处理措施：

1. 在贯彻落实党和国家机构改革和机构编制重大决策部署过程中有令不行、有禁不止，上有政策、下有对策，搞变通、拖延改革或者逾期不执行、不报告；

2. 擅自设立、撤销、合并机构或者变更机构名称、规格、性质、职责权限，在限额外设置机构，变相增设机构或者提高机构规格；

3. 擅自增加编制种类、突破行政编制总额增加编制、改变编制使用范围、挤占挪用基层编制，擅自超编录（聘）用、调任、转任人员，挤占挪用财政资金、其他资金为超编人员安排经费，以虚报人员等方式占用编制并冒用财政资金；

4. 违规审批机构编制、核定领导职数，或者超职数、超规格配备领导干部；

5. 伪造、虚报、瞒报、拒报机构编制统计、实名信息和核查数据；

6. 通过项目资金分配、督查考核、评比表彰、达标验收等方式干预机构设置、职能配置和编制配备的行为；

7. 实施其他违反机构编制管理规定的行为。

对违规超职数、超规格配备领导干部，违规超编录（聘）用、调任、转任人员，挤占挪用财政资金、其他资金为超编人员安排经费，以虚报人员等方式占用编制并冒用财政资金等行为,有关机关应当依法查处和纠正。

任何组织和个人对违反机构编制管理规定的行为,有权向纪检监察机关、组织部门、机构编制委员会办公室等有关部门举报,受理机关、有关部门应当按照管理权限,区别不同情况,分别予以责令纠正或者宣布无效;对负有责任的领导人员和直接责任人员,根据情节轻重,给予批评教育、责令检查、诫勉、组织调整、处分;构成犯罪的,依法追究刑事责任。

四、行政机构编制立法需要注意的几个问题

(一)分类管理不同的行政机构

《地方组织法》对地方各级人民政府设置的工作部门没有作出必要的分类,其实部门的功能和性质是不同的,在机构设置和编制管理上也不同,如县级以上地方各级人民政府的议事协调机构不单独设立办事机构,具体工作由有关的行政机构承担;议事协调机构也不单独确定编制,所需要的编制由承担具体工作的行政机构解决。根据《地方组织法》的规定,省、自治区的人民政府在必要的时候,经国务院批准,可以设立若干派出机关;县、自治县的人民政府在必要的时候,经省、自治区、直辖市的人民政府批准,可以设立若干区公所,作为它的派出机关;市辖区、不设区的市的人民政府,经上一级人民政府批准,可以设立若干街道办事处,作为它的派出机关。派出机关如何设置、职责权限如何授予、法律责任如何承担,需要行政机构设置和编制管理法规予以明确。

我国中央行政机关机构由国务院办公厅、国务院组成部门、国务院特设直属机构、国务院直属机构、国务院办事机构、国务院直属事业单位、国务院部委管理的国家局以及国务院议事协调机构组成。在地方上,《地方组织法》只是规定了设立工作部门和派出机关,但实际上也类似于中央部门,有很多不同性质的机构,机构编制法上也应明确区分,分类管理,特别是对派出机关的规定,除街道办事处外,还有各种各样的开发区管理委员会,如何设置、性质、任务和法律责任等,是机构编制立法需要关注的问题。地方性法规或规章关于地方政府工作部门组成的规定可以为全国统一立法所借鉴。如《江西省各级人民政府行政机构设置和编制管理办法》第9条规定,省人民政府设立工作部门和部门管理机构等。省人民政府工作部门根据职责分为办公厅、组成部门、直属特设机构和直属机构;设区市、县级人民政府工作部门不分组成部门、直属机构。乡镇人民政府设立综合性办事机构。

（二）规范行政机构的名称

行政机构由于其性质和任务不同，其名称也不同。很显然，同样是国务院组成部门，委员会和部的性质是不同的，其地位、设立的条件和工作规则也不同。由于缺少法律规范，地方行政机构在名称上有时也比较随意，有的叫办公室、有的叫指挥部，作为规范行政机构设置的基准法，机构编制立法对行政机构的名称应作出统一的要求。《广东省行政机构设置和编制管理条例》第20条规定，行政机构及其内设机构的名称应当规范、明确，并与该机构的职责相符。《江西省各级人民政府行政机构设置和编制管理办法》第10条规定：行政机构的名称、规格应当按照下列规定予以规范：（1）省人民政府组成部门称委员会、厅、办公室，直属特设机构称委员会，直属机构称局、办公室，部门管理机构称局、办公室；省人民政府办公厅、组成部门、直属特设机构和直属机构为正厅级，部门管理机构为副厅级。（2）设区市人民政府工作部门称委员会、局、办公室，为正处级。（3）县级人民政府工作部门称委员会、局、办公室，为正科级。（4）乡镇人民政府设立的综合性办事机构称办公室，不定级。

（三）对行政机构内设机构的规模进行限定

行政机构的内设机构，作为内部机构，尽管不对外产生直接的权利义务关系，但影响行政效率，作为组织立法，一方面，需要明确哪些机构是必须设的；另一方面，需要限定内设机构的数量。《江西省各级人民政府行政机构设置和编制管理办法》第16条第1款规定，县级以上人民政府行政机构根据工作需要和精干的原则，设立必要的内设机构，但数量一般应当少于其对应的上一级人民政府行政机构的内设机构数。第17条补充规定，省人民政府行政机构的内设机构，少于4名行政编制的，不得设立；设区市人民政府行政机构的内设机构，少于3名行政编制的，不得设立；县级人民政府行政机构的内设机构，少于2名行政编制的，不得设立。

（四）实现机构编制的实名制公开

在机构编制管理中，为杜绝机构编制超标的问题，需要从编制事项的公开做起，把机构的设置、编制的核定、人员的调配和各单位的职能职责向全社会公示，这样既有利于社会监督各行政机关、事业单位依法履行各自的职责，也有利于规范编制使用、调整人员工作程序，让全社会都来监督编制的使用和人员的配备，从源头上杜绝超编进人，违反规定超职数配备领导干部的现象，而且还能有效地杜绝“吃空饷”的现象。以往暴露出的一些机构编制违法违纪行为，反映了机构编制的封闭管理，不仅为部门或单位违规使用机构编制提供了土壤，而且也使机构编制部门在进行决策时缺少足够的信息和压力。可以说，这种封闭的管理状态是机构编制管理水平不高的重要原因。在实践中，有的地方实行“编制实名制”，即把地方政府的所有机构和编制全部上网，一个编制对应一个职位，一个职位对应一个人，并通过网络把具体的职位、姓名公开化，以此实行全社会的监督。如湖北省于2005年在全国率先实行了全省编制实名制制度，所有在编人员的编制情况、编制性质、何时入编、出编等基本情况都可以在网上查到具体信息。编制实名制度的直接益处是公开透明，可以接受社会的监督。广东省2010年就在全省实行了这一编制信息公开制度，甘肃省机关事业单位2011年7月起实行编制实名制，有的省份在省、市、县、乡四级都实行了机构编制实名制管理，有的省编制信息公开制度涵盖了党政机关和事业单位，取得了明显成效。《中国共产党机构编制工作条例》第22条规定，充分发挥机构编制在管理全流程中的基础性作用，对编制使用实行实名管理，建立机构编制管理同组织人事、财政预算管理共享的信息平台。在机构编制立法中，将实名制公开作为法定义务予以规定，在此基础上要求各地方机构编制管理部门建立网上公开系统，作为政府信息公开的一部分。

（五）严格机构设置和编制管理法律责任

在以往的机构编制立法中，如2005年颁行的《公务员法》、2007年颁行的《地方各级人民政府机构设置和编制管理条例》、2007年颁行的《机构编制监督检查工作暂行规定》（已失效）尽管也规定了法律责任，但对于违反机构设置和编制管理的责任的规定相对较轻，只规定了纪律处分，而且在实践中很少，几乎没有因为违反机构编制管理纪律而处理的行政领导，机构编制管理的权威根本无法树立起来。2005年《公务员法》第101条中规定，“不按编制限额、职数或者任职资格条件进行公务员录用、调任、转任、聘任和晋升的”，“由县级以上领导机关或者公务员主管部门按照管理权限，区别不同情况，分别予以责令纠正或者宣布无效；对负有责任的领导人员和直接责任人员，根据情节轻重，给予批评教育或者处分；构成犯罪的，依法追究刑事责任”。

在机构编制立法中，我国应当建立健全违反编制管理制度和规范的严格法律责任制度。顺应国家监察体制改革，修改并将《机构编制监督检查工作暂行规定》的重点纳入机构编制法，由监察委员会行使机构编制违纪违法行为的处理权限，加大对机构编制违纪违法行为的处理力度。[①] 2018

① 参见郝颖钰、刘鹏飞：《机构编制法定化的路径思考与建议》，载《中国机构改革与管理》2018年第11期。

年新修订的《公务员法》第106条对“不按照编制限额、职数或者任职资格条件进行公务员录用、调任、转任、聘任和晋升的”规定了“由县级以上领导机关或者公务员主管部门按照管理权限，区别不同情况，分别予以责令纠正或者宣布无效；对负有责任的领导人员和直接责任人员，根据情节轻重，给予批评教育、责令检查、诫勉、组织调整、处分；构成犯罪的，依法追究刑事责任”。从追责所涉及的行为种类来看，2019年颁布实施的《中国共产党机构编制工作条例》已将《国务院行政机构设置和编制管理条例》《地方各级人民政府机构设置和编制管理条例》两部行政法规中所涉及的违法行为进行了综合与补全。但作为党内法规，仅限于追究党内责任，立法则需要将问责、党纪政纪处分、组织处理、组织调整、刑事责任等各种相应的处理措施与责任机制合理均衡地运用到位，实现党内法规和国家法律的有效衔接。①

① 参见谭波：《机构编制法定化的三重意义及其改革面向》，载《行政科学论坛》2019年第11期。

第十章　部门行政组织法

中央和地方各级人民政府组织法，是宪法性法律。在行政法的视野中，中央人民政府部门的组织法制建设，是行政组织法完善与否的重要标志。所谓行政机构改革，主要也是政府各部门职能调整和机构整合。研究行政组织立法，应当将部门行政组织法作为重点内容予以关注。以前对行政组织法体系的研究，主要是对中央和地方各级人民政府的层级以及相互关系进行探讨，对政府各部门只是作为人民政府的组成部门一起研究。根据组织性质将行政机关分别从政府、部门和法定机构展开研究，更符合行政法的特性。

一、现行部门组织立法概况

现行中央政府部门的设置和职权划分基本上是通过“三定”规定实现的，法制化程度较低，主要是通过行政行为法的规定对部门行政组织提出要求。如根据《海关法》第3条的规定，国务院设立海关总署，统一管理全国海关。国家在对外开放的口岸和海关监管业务集中的地点设立海关。海关的隶属关系，不受行政区划的限制。海关依法独立行使职权，向海关总署负责。该法第4条第1款还规定了国家在海关总署设立专门侦查走私犯罪的公安机构，配备专职缉私警察，负责对其管辖的走私犯罪案件的侦查、拘留、执行逮捕、预审。对部门组织机构作具体规定的有《统计法》和《中国人民银行法》等，如《统计法》第四章规定了“统计机构和统计人员”，第27条规定，国务院设立国家统计局，依法组织领导和协调全国的统计工作。国家统计局根据工作需要设立的派出调查机构，承担国家统计局布置的统计调查等任务。县级以上地方人民政府设立独立的统计机构，乡、镇人民政府设置统计工作岗位，配备专职或者兼职统计人员，依法管理、开展统计工作，实施统计调查。

能称得上部门组织法的，目前只有国务院1987年发布、1992年修订的《国务院参事室组织简则》（已废止）。该简则第1条规定，根据《国务院组织法》制定该简则。第2条明确了国务院参事室的机构性质和地位，规定国务院参事室是国务院的直属机构，是具有统战性、咨询性的工作部门。国务院参事室在国务院秘书长领导下进行工作。在机构设置和职数配备上,规定了国务院参事室设主任 1 人,领导全室工作;设副主任 2 ~ 3 人,协助主任工作。国务院参事室根据工作需要,设置办事机构。该简则规定了国务院参事室的基本任务和职责,将“三定”规定法定化。

《公安机关组织管理条例》从某种意义上也有部门组织法性质。该条例第二章规定了公安机关的设置,第三章规定了公安机关人民警察职务,第四章规定了公安机关的编制和经费,第五章规定了公安机关人民警察管理,第六章规定了公安机关人民警察待遇。但从规定的内容可见,这部条例的规范对象主要是人民警察而不是公安机关的组织,其立法依据也是《公务员法》《人民警察法》,所以严格说也不是部门组织法。对公安机关的组织,只是简单地对机构设置进行了规定,而且仍然需援用其他法律法规,如《公安机关组织管理条例》第 5 条规定,县级以上人民政府公安机关依照法律、行政法规规定的权限和程序设置。第 6 条规定,设区的市公安局根据工作需要设置公安分局,市、县、自治县公安局根据工作需要设置公安派出所。公安分局和公安派出所的设立、撤销,按照规定的权限和程序审批。第 8 条规定,县级以上地方人民政府公安机关和公安分局内设机构的设立、撤销,按照国家规定的权限和程序审批。第 9 条规定,看守所、拘留所、戒毒所、收容教育所依照法律、行政法规的规定设置。这样的规定等于没有规定,仍然需要根据其他规定进行设置。只有第 7 条才真正从组织法上对公安机关进行了规定,县级以上地方人民政府公安机关和公安分局内设机构分为综合管理机构和执法勤务机构。执法勤务机构实行队建制,称为总队、支队、大队、中队。

根据我国宪法和组织法的规定,部门的设置权主要在于行政机关。国务院规定各部和各委员会的任务和职责,国务院各部、各委员会的设立、撤销或者合并,经总理提出,由全国人民代表大会决定;地方各级人民政府根据工作需要和精干的原则设立必要的工作部门,地方人民政府工作部门的设立、增加、减少或者合并,由本级人民政府报请上一级人民政府批准,并报本级人民代表大会常务委员会备案。因此,法律对政府部门的设置一般不作硬性规定,只是在行为法中规定这方面的主管机关负责。而某一方面的主管机关,随着职能配置的科学化和机构改革,经常会作出调整。法律规定得太具体,会造成机构调整的困难。如 2004 年《土地管理法》第 5 条规定,国务院土地行政主管部门统一负责全国土地的管理和监督工作。县级以上地方人民政府土地行政主管部门的设置及其职责,由省、自治区、直辖市人民政府根据国务院有关规定确定。机构改革后,2019 年《土地管理法》也作了相应的修改,第 5 条规定国务院自然资源主管部门统一负责全国土地的管理和监督工作。县级以上地方人民政府自然资源主管部门的设置及其职责，由省、自治区、直辖市人民政府根据国务院有关规定确定。又如根据《食品安全法》第5条第2款的规定，国务院食品安全监督管理部门依法和国务院规定的职责，对食品生产经营活动实施监督管理。这个食品安全监督管理部门可以是单独设置的食品药品监督管理局或委员会，也可以是综合设置的市场监管局。机构的变化不会导致法律的修改，这也是部门组织法不兴的原因之一，也使机构设置的随意性成为可能。

一方面，以职责定机构；另一方面，职责必须有法定的机构去履行。机构只有相对稳定，工作才能有连续性。在新一轮机构改革到位以后，职能调整以后只是微调，不会经常发生大的变化。从行政管理的科学化和法治化出发，在明确政府职能范围以后，通过立法明确各项职能的主管部门，将“三定”规定固化，实现机构法定化，有利于保证行政的稳定性、公开性，避免机构变动的随意性和权限冲突。即使以后行政改革调整机构设置和职能配置，也只需要对部门组织法的个别条款作出修改即可。部门组织条例由国务院立法，条例的修订与机构改革方案一并推出，也较容易。

二、中央政府部门组织立法

对于部门组织法，首先需要将各种不同的部门进行分类，然后根据性质和地位决定是以立法规范，还是以规范性文件规范。即使是立法规范，是以单独组织立法规范，还是行政组织法与行政行为法一并规范，是以法律的形式规范，还是以行政法规的形式规范，取决于部门的性质和地位。根据《宪法》和《国务院组织法》的规定，国务院规定各部和各委员会的任务和职责，统一领导各部和各委员会的工作，国务院各部、各委员会的设立、撤销或者合并，经总理提出，由全国人民代表大会决定；国务院可以根据工作需要和精简的原则，设立若干直属机构主管各项专门业务，设立若干办事机构协助总理办理专门事项。根据《国务院行政机构设置和编制管理条例》的规定，国务院直属机构主管国务院的某项专门业务，具有独立的行政管理职能；国务院办事机构协助国务院总理办理专门事项，不具有独立的行政管理职能。办事机构不具有独立的行政管理职能，不是职能部门，不需要以立法形式对其组织进行规定。直属机构，国务院可以设立，其组织自然由行政法规予以规定即可，而作为国务院组成部门的各部、各委员会，包括中国人民银行和审计署，应当由法律规定或有法律依据。

除了各部、各委员会外，宪法和组织法专门规定了设立审计机关，制定《审计法》作为审计机关的基本组织和行为法，同样，国家制定《中国人民银行法》,规定了中国人民银行的性质、地位和职责。根据《中国人民银行法》的规定,中国人民银行是中华人民共和国的中央银行。中国人民银行在国务院领导下,制定和执行货币政策,防范和化解金融风险,维护金融稳定。中国人民银行设行长一人,副行长若干人。中国人民银行行长的人选,根据国务院总理的提名,由全国人民代表大会决定;全国人民代表大会闭会期间,由全国人民代表大会常务委员会决定,由中华人民共和国主席任免。中国人民银行副行长由国务院总理任免。根据《立法法》的规定精神,中国人民银行和审计署具有部、委的地位,该法第 80 条第 1 款规定,国务院各部、委员会、中国人民银行、审计署和具有行政管理职能的直属机构,可以根据法律和国务院的行政法规、决定、命令,在本部门的权限范围内,制定规章。

而很多部门,虽然在国务院的序列中,但不属于宪法和政府组织法确定的部门范畴。为了确保行政组织的合宪合法性,保持与宪法与政府组织法的一致性,这些组织可以认定为法定机构,由单行法律规定设立,如国资委,称为国务院特设直属机构,虽然也可以归为直属机构范围,但与其他直属机构都不同。从组织法所规定的国务院组织架构来看,国资委不属于国务院的任何一个部门,它既和国务院各部委有着严格的区别,也不同于国务院的直属机构和办事机构。因此,就严格意义上说,国资委的设立还存在组织法上的障碍。但这是否就意味着其合法性存在问题呢?国资委的合法性来源不是宪法和政府组织法,而是《企业国有资产法》。该法第 11 条第 1 款规定:“国务院国有资产监督管理机构和地方人民政府按照国务院的规定设立的国有资产监督管理机构,根据本级人民政府的授权,代表本级人民政府对国家出资企业履行出资人职责。”《企业国有资产监督管理暂行条例》第 6 条规定,国务院,省、自治区、直辖市人民政府,设区的市、自治州级人民政府,分别设立国有资产监督管理机构。国有资产监督管理机构根据授权,依法履行出资人职责,依法对企业国有资产进行监督管理。企业国有资产较少的设区的市、自治州,经省、自治区、直辖市人民政府批准,可以不单独设立国有资产监督管理机构。第 12 条规定,国务院国有资产监督管理机构是代表国务院履行出资人职责、负责监督管理企业国有资产的直属特设机构。省、自治区、直辖市人民政府国有资产监督管理机构,设区的市、自治州级人民政府国有资产监督管理机构是代表本级政府履行出资人职责、负责监督管理企业国有资产的直属特设机构。上级政府国有资产监督管理机构依法对下级政府的国有资产监督管理工作进行指导和监督。第 13 条和第 14 条分别规定了国有资产监督管理部门的职责和义务。可见,国有资产监督管理部门是依《企业国有资产法》和《企业国有资产监督管理暂行条例》设立的法定机构。这类机构不同于根据宪法和政府组织法设立的职能部门,具有相对独立性和特殊性,由单行法特别规定。而政府职能部门或工作部门,即使没有单行法的规定,根据宪法和组织法也可以设置。

从宪法和组织法的角度说,国务院的部门可以分为国务院办公厅、各部委、各直属机构和办事机构。根据部门性质可以由国务院分别制定组织条例。

(一)国务院办公厅组织条例

国务院办公厅是为国务院领导服务的参谋、助手。根据《国务院组织法》的规定,国务院设立办公厅,由秘书长领导。国务院秘书长在总理领导下,负责处理国务院的日常工作。《地方组织法》第82条第1款规定了办公厅、办公室设主任,在必要的时候可以设副主任。国务院办公厅的主要职责是:(1)负责国务院会议的准备工作,协助国务院领导同志组织实施会议决定事项。(2)协助国务院领导同志组织起草或审核以国务院、国务院办公厅名义发布的公文。(3)研究国务院各部门和各省、自治区、直辖市人民政府请示国务院的事项,提出审核意见,报国务院领导同志审批。(4)督促检查国务院各部门和地方人民政府对国务院决定事项及国务院领导同志指示的贯彻落实情况,及时向国务院领导同志报告。(5)负责国务院值班工作,及时报告重要情况,传达和督促落实国务院领导同志指示。(6)协助国务院领导同志做好需由国务院组织处理的突发事件的应急处置工作。(7)指导、监督全国政府信息公开工作。(8)办理国务院和国务院领导同志交办的其他事项。

2018年机构改革后,国务院办公厅应急管理职责划入应急管理部,不再保留国务院应急管理办公室,相应核减行政编制21名、司局级领导职数3名。调整后,国务院办公厅内设机构10个,机关行政编制593名,司局级领导职数59名。

政府办公厅不仅是本级人民政府的一个日常工作机构,而且还依法承担着法定的职能,根据法律授权行使组织、指挥和协调的权力。国务院办公厅受秘书长领导,国务院秘书长是国务院常务会议的组成人员。《国务院组织法》第4条中规定,国务院常务会议由总理、副总理、国务委员、秘书长组成,足见其在国务院中的地位。根据《政府信息公开条例》第3条的规定,各级人民政府应当加强对政府信息公开工作的组织领导。国务院办公厅是全国政府信息公开工作的主管部门,负责推进、指导、协调、监督全国的政府信息公开工作。县级以上地方人民政府办公厅(室)是本行政区域的政府信息公开工作主管部门,负责推进、指导、协调、监督本行政区域的政府信息公开工作。实行垂直领导的部门的办公厅(室)主管本系统的政府信息公开工作。

对于国务院办公机构,应当将"三定"规定,结合《政府信息公开条例》和其他法律的规定,制定组织条例,以立法形式规定其性质、职责、内设机构、下属机构等,实现法定化。

(二)政府组成部门组织条例

根据宪法关于国务院规定各部和各委员会的任务和职责、统一领导各部和各委员会的工作的职责权限,国务院各部、各委员会的设置、职责权限划分,属于国务院的职权范围。在组织法定主义原则指导下,应当由国务院制定各部门组织条例予以规定。国务院各部、各委员会组织条例,是各部、各委员会履行职责权限、内设机构、编制和领导管理体制的法定依据。制定部门组织条例是行政组织法定化的主要途径和举措,也是行政体制改革走向定型化的体现。以前各部门组成和职责权限都是由"三定"规定的,在机构改革进程中,机构在不断调整,立法规定时机尚不成熟。在2018年党政机构统筹改革行政机构调整基本就绪的情况下,政府职能部门基本固定,以后只是微调,立法规范的时机已经到来。早在2010年国务院立法工作计划中,就将"环境保护法组织条例"和"审计署组织条例"列入了二类立法计划,成为需要抓紧研究、待条件成熟时提出的立法项目。[①]部门组织立法数量较多,各部门情况千差万别,在立法中可以分批进行,对职责权限比较清晰,有专门的行政管理法规范其组织和行为的可以先行立法。如《海关法》对海关的组织和职责权限以及工作程序作了较详尽的规定,根据《国务院组织法》《海关法》,结合海关"三定"规定,制定"海关组织条例"已经具备了充分条件。

各部门组织条例,力求简单明了,属于简则性质,是政府组织法、机构编制法的下位法,在规定内容和体例结构上基本一致,同时体现本部门特色,主要规定以下内容:

1. 立法目的和依据

制定部门组织法的目的,是明确部门的职责权限,科学配置机构和职数,规范组织行为,提高行政效能。立法的主要依据是《国务院组织法》、机构编制法、行政机构设置和编制管理法规和各部门相关的行政行为法。

---

① 参见张迎涛:《中央政府部门组织法研究》,中国法制出版社2011年版,"前言"第2页。

2. 部门的性质和任务

各部、各委员会都是国务院的组成部门，按照各自的职责权限履行国务院的行政职能，部门条例首先需要明确各部、各委员会的性质是什么，主要任务是什么。如1956年《劳动部组织简则》第2条规定，劳动部是国务院统一管理全国劳动工作的机关，它领导地方劳动部门的工作，监督和指导国务院所属各部门的劳动工作，并且通过地方劳动部门监督和指导各国营、地方国营、合作社营和公私合营企业、事业的劳动工作。

国务院各部、各委员会，作为国务院组成部门，性质是不同的，一般而言，综合性的管理部门称为委员会，如发改委，专业性的管理部门称为部，如民政部、公安部。教育部1985年改为国家教育委员会，是因为发展教育事业，改革教育体制，不仅涉及基础教育、高等教育，而且涉及职业教育、成人教育；不仅要调动教育部门的积极性，而且要调动各部门、各地区、各行各业办教育的积极性。为了保证和推动教育事业的健康发展，统一部署和指导教育体制的改革，国务院需要有一个主管教育工作的综合部门，加强宏观指导和管理，加强与有关方面的协调，而原来的教育部很难起到统筹安排教育工作全局的作用，为此国务院提请全国人大常委会批准设立国家教育委员会。当时各部委都办高校，部属院校多，需要设立国家教育委员会统筹安排。后来，各部委的高校大部分都收归教育部或划转地方政府，1998年国家教育委员会又改成了教育部。从中也可以看出部和委的区别所在。根据《国务院组织法》第9条第1款的规定，各部设部长1人，副部长2~4人；而委员会除了设主任1人，副主任2~4人外，还设有委员5~10人。这是部与委员会在法律上的一点区别。但不管部还是委员会，都实行部长、委员会主任负责制，委员会也不是合议制。我国台湾地区"'中央行政机关'组织基准法"规定了首长制机关和合议制机关。既然将组成部门分为部和委员会，在组织法上应有所区分，委员会实行合议制。对于民委等相对弱势部门，委员会制提升了其话语权，有助于推进相对比较综合的工作；而对于发改委等相对强势部门来说，委员会制也有利于整合行政力量，便于综合决策，制订标准、规划。

1954年《国务院组织法》第2条规定了国务院下设的各部和各委员会，其中称"委"的有5个：国家计划委员会、国家建设委员会、体育运动委员会、民族事务委员会、华侨事务委员会。现在国务院序列中称"委"的除了国家发展和改革委员会，只有国家民族事务委员会和新组建的国家卫生健康委员会，后者只是原来卫生部和人口和计划生育委员会的组合。有些工作，如城乡建设管理，是一项综合性较强的工作，中华人民共和国成立之初就成立国家建设委员会,在地方上也是称建设委员会、规划委员会、城市管理委员会的多,宜变更为委员会更利于开展工作。

3. 部门的职责

根据职权法定原则,部门的职责由法律规定,部门的职权源于两个方面:一是根据宪法和组织法的规定,二是根据行政管理法的规定,这些规定体现了“三定”。在制定各部门组织法时,应当将“三定”规定的内容法定化。行政职权是部门行为的依据,部门的职权应当采用列举方式规定。原则上,只有部门组织条例明文列举了的职权,部门才能行使。部门组织条例没有列举的职权,除非其他法律有明确授权,部门不得行使。实践中所采取的“权力清单”制度,在行政组织法意义上,只是对法定职权的一个梳理、归纳和整理,并不是一种新的权力。在部门组织法上,可以将“权力清单”梳理出来的权力予以具体规定。

4. 部门组织的领导方式和部门首长的法律地位

《宪法》第 86 条第 2 款中规定,各部、各委员会实行部长、主任负责制。在首长负责制下,部门首长的法律地位包括对内和对外两个方面:对内,部门首长是整个部门的最高领导,对部内所有机构和人员享有指挥监督权;对外,部门首长是该部门的代表,部门的外部行为原则上要以部门首长的名义实施。目前我国中央政府部门组织的领导方式只有首长负责制一种,将来在委员会中也可以出现合议制的领导方式。

5. 部门内部机构的设置

部门内部机构的设置包括司(局)级机构的设置,处级机构的设置,执行性机构、研究性机构和服务性机构的设置。关于司(局)级机构的设置,国务院制定部门组织条例时可以延续目前“三定”规定的做法,详细规定部门内部各司(局)的名称、数量和职能分工,实现内部机构设置法定化。关于处级机构的设置,如果部门机构设置和编制法已经对部门组织处级机构的数量作出了统一限制,那么部门组织条例就可以授权该部门自行决定处级机构的设置;否则,部门组织条例就应当明确设定该部门处级机构的数量上限。

如果部门下面还设有执行性机构、研究性机构或服务性机构,该部门的部门组织条例可以一并对这些机构的设置作出规定。如果是对外可以独立行使职权的部委管理的局或其他机构,也可以为这些机构单独制定组织法规或规章加以规定。

6. 部门的编制和领导职数

部门组织条例不仅要规定该部门的行政编制总数,还要规定该部门下属的事业单位的事业编制的总数，而且要禁止部门内部行政机构占用事业编制。部门领导职数包括部级、司（局）级和处级领导的职数。目前我国遵循的是部级领导一正四副和司局级领导一正二副的原则，在部门组织条例中对领导职数不仅要规定正副司（局）长的数量，而且要规定本部门司局级、处级的总数，包括巡视员、副巡视员、调研员、副调研员等，各部门不得自行设置部长助理等职务。

在部门人员编制总数被限制的情况下，部门内部司（局）级机构的人员编制数量可以授权该部门自行决定。

7. 部门工作制度

部门工作制度，是指部门内部机构和人员在履行职能的过程中应当遵循的规则。部门的工作制度包括决策制度、会议制度、咨询制度、请示汇报制度、聘请外部专家的制度、公文审批制度等。其中，决策制度尤为关键。部门组织条例应当对本部门的决策程序作出规定，防止部门首长任意决策，但是要注意决策程序的设置不得破坏部门首长负责制。

（三）政府直属机构组织简则

根据《国务院组织法》第 11 条的规定，国务院可以根据工作需要和精简的原则，设立若干直属机构主管各项专门业务，每个机构设负责人 2～5 人。目前国务院设立的直属机构有：中华人民共和国海关总署、国家市场监督管理总局、国家体育总局、国家国际发展合作署、国务院参事室、国家税务总局、国家广播电视总局、国家统计局、国家医疗保障局、国家机关事务管理局。原国家新闻出版署（国家版权局）在中央宣传部加挂牌子，由中央宣传部承担相关职责；原国家宗教事务局在中央统战部加挂牌子，由中央统战部承担相关职责。

党政机构统筹改革后国务院保留 10 个直属机构，级别不同，性质也不同，有的如海关总署、国家市场监督管理总局、国家税务总局等，是正部级单位，有的是对外承担管理职能的部门，有些是内部机构，如国务院参事室。如何定义直属机构，直属机构与组成部门的区别是什么，是部门组织法须澄清的基本概念。国务院部委是宪法规定的国务院的组成部门，可以制定部门规章，部长、委员会主任是国务院全体会议的组成成员，部、委员会的设立由全国人大批准，而直属机构是副部级单位、没有规章制定权，也不参加国务院会议，国务院可以自行设立。《立法法》赋予了具有管理职能的直属机构制定规章的权力，有些直属机构成为正部级部门，与部委已经没有太大的不同了。环境保护机构从直属机构到组成部门，一路改革到生态环境部，体现了对生态环境保护工作的重视，但从部门组织法的角度说,存在一个不同机构的性质和功能区分问题。从国务院直属机构转变为国务院组成部门,理由是为加大环境政策、规划和重大问题的统筹协调力度,显然“协调”不是部与直属机构的区别。根据《环境保护法》的规定精神,保护环境是国家的基本国策。国务院有关部门和地方各级人民政府应当采取措施,推广清洁能源的生产和使用。地方各级人民政府应当对本行政区域的环境质量负责。从环境保护的职责看,环境保护涉及多个职能部门如生态环境保护委员会,需要统筹协调才能胜任这一工作。

这里不研究环境保护部门如何设置的科学性问题,而是需要借此说明直属机构的定位。直属机构应当是受国务院委托,承担某一方面专门工作的机构。《国务院行政机构设置和编制管理条例》第6条第4款界定,国务院直属机构主管国务院的某项专门业务,具有独立的行政管理职能。这一定义,较正确地区分了直属机构与部、委员会的关系:部、委员会是较为综合性的机构,承担某一方面的工作,而直属机构的工作性质比较单一,承担某一项专门业务,如海关、税务、统计等,主要是执行性的事务,但应当是对外具有管理职能的部门。没有对外管理职能的部门,可以作为办公厅下设的机构,如国务院参事室、机关事务管理局等。

厘清了直属机构的概念,就可以确定哪些是直属机构,在明确直属机构的基础上进行部门组织立法。直属机构与部、委员会一样,都是国务院的部门,应当由国务院制定行政法规予以规范。为区别于部、委员会,直属机构部门组织法可以称为简则,而部、委员会称为条例。部、委员会主管的对外独立行使职能的局,其部门组织法也可以称为简则。

(四)办事机构

根据《国务院组织法》第11条的规定,国务院可以根据工作需要和精简的原则,设立若干办事机构协助总理办理专门事项。每个机构设负责人2~5人。《国务院行政机构设置和编制管理条例》第6条第5款明确了办事机构的性质和地位,国务院办事机构协助国务院总理办理专门事项,不具有独立的行政管理职能。在国务院序列中,原有办事机构有国务院侨务办公室、国务院法制办公室、国务院港澳事务办公室、国务院研究室,其中国务院台湾事务办公室与中共中央台湾工作办公室、国务院新闻办公室与中共中央对外宣传办公室、国务院防范和处理邪教问题办公室与中央防范和处理邪教问题领导小组办公室,一个机构两块牌子,列入中共中央直属机构序列。经过2018年党政机构统筹改革后,国务院办事机构只保留了国务院港澳事务办公室和国务院研究室。国务院侨务办公室在中央统战部加挂牌子,由中央统战部承担相关职责;国务院台湾事务办公室与中共中央台湾工作办公室、国家互联网信息办公室与中央网络安全和信息化委员会办公室,一个机构两块牌子,列入中共中央直属机构序列;国务院新闻办公室在中央宣传部加挂牌子。

办事机构不对外行使职权,不具有行政主体资格,不需要制定专门的部门组织法规,但应当在政府组织法中明确办事机构的地位和职责。

(五)议事协调机构

根据《国务院行政机构设置和编制管理条例》第6条第7款的规定,国务院议事协调机构承担跨国务院行政机构的重要业务工作的组织协调任务。国务院议事协调机构议定的事项,经国务院同意,由有关的行政机构按照各自的职责负责办理。在特殊或者紧急的情况下,经国务院同意,国务院议事协调机构可以规定临时性的行政管理措施。

议事协调机构,一般情况下,不属于行政主体,只是承担本级人民政府的协调功能,代表本级人民政府,不需要对议事协调机构单独立法,只需要在行政机构设置法中明确议事协调机构设置的条件、权限和程序即可,重在规范和限制议事协调机构的滥设。但对于法定的议事协调机构,必须立法予以规范。如根据《食品安全法》第5条第1款的规定,国务院设立食品安全委员会,其职责由国务院规定。国务院应当以行政立法的形式制定食品安全委员会的组织简则。为贯彻落实《食品安全法》,切实加强对食品安全工作的领导,国务院2010年2月6日决定设立国务院食品安全委员会,作为国务院食品安全工作的高层次议事协调机构。国务院食品安全委员会作为国务院食品安全工作的高层次议事协调机构,有15个部门参加。同时,国务院食品安全委员会设立国务院食品安全委员会办公室,具体承担委员会的日常工作。

三、地方政府工作部门组织立法

地方组织法规定,地方各级人民政府根据工作需要和精干的原则,设立必要的工作部门。根据《地方各级人民政府机构设置和编制管理条例》第9条的规定,地方各级人民政府行政机构的设立、撤销、合并或者变更规格、名称,由本级人民政府提出方案,经上一级人民政府机构编制管理机关审核后,报上一级人民政府批准;其中,县级以上地方各级人民政府行政机构的设立、撤销或者合并,还应当依法报本级人民代表大会常务委员会备案。由此可见,地方各级人民政府机构设置权属于本级人民政府,不需要本级地方国家权力机关的批准,备案即可。对地方各级人民政府各工作部门组织的规范,在以机构编制法为基准法的前提下,授权地方政府规章制定组织规定即可,除法律有特别规定,不需要中央统一立法。《国务院行政机构设置和编制管理条例》第 42 条第 2 款要求国务院行政机构不得干预地方各级人民政府的行政机构设置和编制管理工作,不得要求地方各级人民政府设立与其业务对口的行政机构。

对地方各级人民政府工作部门,有些是国家法律明确要求必须设置的,如《审计法》第 2 条第 2 款规定,国务院和县级以上地方人民政府设立审计机关;《统计法》第 27 条第 3 款规定,县级以上地方人民政府设立独立的统计机构,乡、镇人民政府设置统计工作岗位,配备专职或者兼职统计人员,依法管理、开展统计工作,实施统计调查。对于法定必须设立的机关,可以由国务院统一制定中央和地方人民政府相应工作部门的组织条例。有些是法律规定应当有负责这方面工作的职能部门,如《劳动法》第 85 条规定,县级以上各级人民政府劳动行政部门依法对用人单位遵守劳动法律、法规的情况进行监督检查,对违反劳动法律、法规的行为有权制止,并责令改正。劳动行政部门在地方上可以是独立的工作部门,也可以是劳动与人事的综合部门。在更多的情况下,地方是从本地方社会经济发展的实际需要,本着大部门体制的思路,设置综合性的部门,与中央不一定一一对应。如北京作为特大城市,城市规划、建设和管理的任务十分繁重,为此设立了市规划自然资源委、市住房城乡建设委、市城市管理委、市交通委。对于这些部门的组织规定,应当由地方政府规章根据相应的法律法规制定,如北京市人民政府根据机构编制法以及相关规定制定北京市城市管理委员会组织规定。在地方部门组织规定中,对于省以下垂直领导的,一并规定各级人民政府相应部门的组织规则;对于不是垂直领导的,只作原则规定,上级职能部门不得要求下级设置对口部门。

各地人民政府在综合行政执法试点中制定的相对集中行政处罚权办法,具有一定的部门组织规定的特点,但不属于部门组织法,而属于行政管理法律规范的范畴。北京市 2007 年颁布了《北京市实施城市管理相对集中行政处罚权办法》,规定城市管理综合行政执法机关是本级人民政府领导的行使相对集中处罚权的行政机关。市城管执法机关负责对本市相对集中处罚权行政执法工作进行组织指导、指挥调度、统筹协调和督促检查,并根据职责权限行使相对集中处罚权。区、县城管执法机关负责本辖区相对集中处罚权行政执法工作。该法同时规定了城管执法机关根据国务院和市人民政府关于相对集中处罚权的决定,行使的法律、法规、规章规定的行政处罚权的范围。对于涉及执法管理体制调整的重大问题,应当由人大立法,如上海市人大常委会制定了《上海市城市管理行政执法条例》,对城市管理行政执法部门作出原则规定，在此基础上由人民政府以规章形式规定行政执法部门的机构设置、职权划分和编制等组织问题。2009 年实施、2015 年修正的《广州市城市管理综合执法条例》规定，市、区城市管理综合执法机关是本级人民政府实施城市管理综合执法的行政机关，按照市人民政府规定的市、区职责分工，依法查处本管辖范围内的违法行为，并对其作出的具体行政行为承担法律责任。市、区城市管理综合执法机关的派出机构，以市、区城市管理综合执法机关的名义实施城市管理综合执法。据此，广州市人民政府可以制定广州市城市管理综合执法机关组织规定，将地方性法规关于综合行政执法机关的组织和职责具体化，并按机构设置基准法的要求配备相应的内设机构、派出机构和职数，实现广州市城市管理委员会（广州市城市管理综合执法局）主要职责内设机构和人员编制规定的法定化。

第十一章　法定机构组织法

在各级人民政府和职能部门之外，我国还存在各种各样的称为事业单位的准行政组织。这些组织也是由国家财政供养，工作人员参照公务员管理，从事公共管理和服务工作。行政法上将其定性为授权性组织、公务法人、行政法人等。在行政组织法上，从机构性质、组成和职能等基本要素看，将其定性为法定机构更加符合组织法体系的要求，既区别于政府的组成部门，也区别于社会组织。社会组织尽管也从事本来由政府承担的部分社会管理和服务职能，与政府形成共治，社会组织可以成为行政主体，但从性质上说社会组织不是行政组织。而法定机构属于行政组织立法规范的范围，是一种新类型行政组织。

一、法定机构的概念和特征

广东省机构编制委员会办公室 2011 年 7 月 2 日印发的《关于在部分省属事业单位和广州、深圳、珠海市开展法定机构试点工作的指导意见》，对法定机构的界定是："法定机构是根据特定的法律、法规或者规章设立，依法承担公共事务管理职能或者公共服务职能，不列入行政机构序列，具有独立法人地位的公共机构。"深圳市《关于推行法定机构试点的意见》对法定机构的界定是："法定机构是依特定立法设立，依照国家有关法律、法规、规章规定进行监管，具有独立法人地位的机构。"之所以称为法定机构，是因为这些组织不是根据国务院组织法或地方组织法的一般规定设立的，而是由特定的专门法律规范规定的，实行"一部法律一个机构"。专门立法对特定的机构而言，类似一个章程，规定了该机构的性质、任务、职责权限、工作程序、监督制约和法律责任等。该特定的法律是该机构组织和活动的基本准则。我们可以界定，法定机构，是指根据特定的法律、法规和规章设立，依法承担某方面公共事务管理和服务职能，享有独立的行政权力并承担法律责任的政府职能部门之外的公共机构。

法定机构相对于各级人民政府的一般工作部门，具有以下特点：

1. 法定机构设立的法定性。法定机构的设立权源于特定法律、法规、规章的授权。一般行政机构的设置由宪法和组织法规定，地方各级人民政府可以根据需要设置。而法定机构的设置需要行政法律规范的特别授权，没有法律规范的授权，不得设置法定机构。对每一个法定机构都应当相应制定一部法律、法规或政府规章，规定机构的职责任务、组织架构、管理运作、监督机制等事项。如《企业国有资产监督管理暂行条例》规定，国务院国有资产监督管理机构是代表国务院履行出资人职责、负责监督管理企业国有资产的直属特设机构。省、自治区、直辖市人民政府国有资产监督管理机构，设区的市、自治州级人民政府国有资产监督管理机构是代表本级政府履行出资人职责、负责监督管理企业国有资产的直属特设机构。根据国务院组织法规定，并没有特设机构这一机构，也不属于直属机构，其实国有资产监督管理机构属于根据国有资产监督管理法规设立的法定机构。

2. 法定机构成立目的的公共性。不同的法定机构成立的动机可能有所不同，有的是为了改善某一项服务，追求较高的效率；有的直接目的就是使公共服务更贴近公众。但总体来说，法定机构运行是为国家经济与社会发展提供公共产品和公共服务，以保障国民经济与社会的健康发展，提升政府的形象。因此，法定机构首先应考虑实现社会目标，不以经营为目标，对法定机构的业绩考核也不能按照一般法人的利润最大化标准进行。

3. 法定机构活动范围的特定性。对每个法定机构而言，通常在特别法立法设立法定机构时就明确了其活动领域。法定机构的活动领域在法学意义上即意味着其行为能力的限定。法人权利能力通常受到法人性质、法律规定和法人目的三方面的限制。这一点在法定机构这一公法人当中非常明显，在限定公法人权力运用以防止其侵害私人利益的情况下，法律往往对公法人的权利能力设定诸多禁止性规定。

4. 法定机构运行的独立性。法定机构依法独立运作，具有较大的自主权，不受其他行政机关的干涉。法定机构以机构法律、法规或规章为准则，享有法定事权，拥有管理、人事聘用和分配自主权，依法自主办理有关业务，独立承担法律责任。如深圳市前海管理局除局长由深圳市政府任命，具有公务员身份外，其他的人员均为自行聘用，深圳市机构编制委员会办公室只对其实行总员额控制。前海管理局实行企业化管理，故薪酬是按照企业的方式实行年薪制。不同于机关事业单位，其薪酬结构分为固定薪酬和浮动薪酬两部分，把薪酬、考核和激励机制结合起来。

5. 法定机构实行理事会治理结构。法定机构治理规范，实行法人治理结构，通过明确各个利益相关者的权利、义务与责任，形成既相互理解支持又相互监督制约的关系，实现决策、执行、监督的有效制衡。如根据《深圳市城市规划发展研究中心管理办法》设立的深圳市城市规划发展研究中心，实行理事会决策、中心主任执行的内部管理体制。根据该管理办法，规划研究中心设立理事会为决策机构,理事会可以根据工作需要聘用专业人士成立咨询委员会。中心主任为法定代表人,负责日常管理工作,对理事会负责,接受理事会监督;同时设立总规划师、总建筑师和总工程师协助中心主任开展工作。在制定薪酬管理、社会保障等重大制度时,在理事会审议前提交职工大会或职工代表大会讨论。

6. 法定机构接受政府和社会监督,权责相应。在法定机构依法享有独立权力的同时,建立与法定机构事权相适应的严格监管体系,法定机构应当接受来自立法机关和政府相关部门的监管、社会监督以及内部制度监管,确保其机构宗旨的实现、职责任务的履行。对法定机构的监督,来自内部和外部两个方面。内部监督包括理事会对行政执行人的监督以及对财务的审计监督,外部监督包括由有关部门依法对法定机构的监督,以及由公众、媒体所形成的社会监督。政府通过委派理事会成员并出席理事会会议来监管法定机构的运营,并可通过行使对法定机构高层重要职位的人事管理权及对法定机构账务项目的定期审计,对法定机构进行管理。公众对法定机构的监督主要通过单位的年度报告制度、绩效评估制度、信息公开制度来实现。

二、法定机构的种类

(一)法定监管机构

我国的银保监会、证监会是具有监管性质的法定机构。这类法定机构的主要特点是专业性和独立性。专业性,是指管理的事务具有高度的专业性和技术性,执行的是某一专门方面的管理事务。因为法定监管机构所控制的领域都具有高度的专业性和技术性,由专门的具有某一方面专业知识的机构来处理,有利于加强管理和处理所产生的纠纷。如果将这些专业领域的纠纷交给专门的司法机构来处理,虽然可以保证它形式上的公正性,但法官往往对专业知识不甚了解,难以保证其实质内容的公正性。而且司法机构处理纠纷需要耗费大量的人力、物力和时间,而由专业的监管机构来处理就能节约大量的调查取证时间,保证纠纷解决的高效率。

独立性,是指这类法定监管机构的职责由法律赋予,只需对法律负责。一旦与监管对象产生争议可以通过司法程序解决。“规制机构独立于选举产生的政府部门,通常被认为这是它们的主要优点所在”。[①]

---

① [英]卡罗尔·哈洛、[英]理查德·罗林斯:《法律与行政》,杨伟东等译,商务印书馆2004年版,第238页。

法定机构“成熟的规制常被定义为三方面基本元素的结合：制定规则、监督与检查、执行与制裁”。[①] 因此，监管类法定机构通常同时具备立法权、行政权与准司法权。立法权包括：第一，制定规章，这也就是我们通常所说的委任立法，这种立法毫无例外都需要根据法律的授权来行使。第二，制定相关领域的标准，一般来说，立法机关对于这些监管机构的管辖事务只是制定了一个相对宽泛的标准，而更加细致和专业的标准则由这些监管机构自己来制定。第三，对于自己管辖范围内的事务，不但有追诉权，而且还拥有裁决的权力。监管机构在履行职权时可采用批准或者禁止、申报、颁发执照、税收优惠等各种灵活方法和手段。根据《证券法》的规定，国务院证券监督管理机构依法有权制定有关证券市场监督管理的规章、规则，并依法行使审批权或者核准权。

（二）法定服务机构

法定服务机构的服务对象包括政府和社会公民。公共服务市场化是现代行政改革的趋势，但公共服务市场化的同时又要保证政府对其有一定的控制力，因此，通过立法实现对其控制的法定机构制度应运而生，其中有部分公共服务依然隶属于政府，这就是法定服务机构。法定服务机构的职能主要包括：

一是执行。执行，是指执行政府决策或者执行某些适合分离的职能。二是咨询和提供决策意见。三是其他服务，包括为一定的目标提供全方位服务。

（三）具有地域性的某些经营主体

这类法定机构主要是我国的各类经济开发区管委会。开发区，是指一个国家和地区，在交通便利的地方划出一定范围，在对外经济活动中实行一些特殊的开放政策，以增加就业、扩大出口、赚取外汇、引进先进技术，达到促进本国或本地区经济和科技发展的目的的区域。如自由港、自由贸易区、投资促进区以及科学园区等。开发区是我国计划经济向市场经济转变过程中的产物，其承担的历史使命主要是为改革开放和经济建设探路，成为我国改革开放的“排头兵”和“试验田”。我国对于开发区管委会的性质、地位、权限，一直没有作出明确规定。有的虽说是地方政府派出机关，但有时还要承担下一级政府的许多职责；有的仅代表地方政府行使管理开发区的权力，没有明确机构的性质；有的与地方政府合一，行使地方政府的

---

① ［英］卡罗尔·哈洛、［英］理查德·罗林斯：《法律与行政》，杨伟东等译，商务印书馆2004年版，第557页。

权力。对开发区管委会定什么级别,应赋予多大权力,其机构设置、人员编制和各自职能是什么等问题的决定出自多门,没有统一规范,造成管委会职权不清、运转不顺等困难。从行政组织法的角度看,开发区管委会实质上就是法定机构,是地域性的经营实体,应当通过开发区立法明确其性质和地位。

(四)公益类法定机构

非营利性组织、非政府组织,是社会组织,不属于行政组织范畴,但由政府举办的公益类组织,应当成为法定机构。这些机构主要在以下领域存在:(1)文化与休闲,如国家所有或者资助的公园、博物馆、艺术馆等。(2)教育与科学研究。(3)医疗卫生。

三、我国法定机构的发展

2007 年深圳市成立法定机构工作推进小组,推行法定机构试点。市城市规划发展研究中心、市公证处、市仲裁委员会、市房地产估价中心和拟整合的检测机构等单位成为首批试点。深圳市法人机构具有机构法定、运作独立、治理规范、权责相应等特点,着重建立法人治理结构、灵活的用人机制和薪酬分配机制,实行形式多样的经费筹措模式,并建立内有理事会,外有政府部门、公众和媒体的监督管理机制。公众对法定机构的监督主要通过单位的年度报告制度、绩效评估制度、信息公开制度来实现。推行法定机构改革试点是事业单位体制机制创新中最重要的内容之一,是深圳市从根本上突破传统事业单位管理运行模式的全新探索。[①] 据深圳市司法局蒋溪林局长介绍,2014 年 10 月 23 日,深圳市人民政府第五届第一百二十次常务会议审议通过了《深圳公证处管理暂行办法》,2015 年 1 月 1 日,深圳公证处成为全国首家按照法定机构机制运行的公证处。

根据《深圳经济特区前海深港现代服务业合作区条例》,2011 年设立深圳市前海深港现代服务业合作区管理局(以下简称前海管理局)。前海管理局是实行企业化管理但不以营利为目的的履行相应行政管理和公共服务职责的法定机构,具体负责前海合作区的开发建设、运营管理、招商引资、制度创新、综合协调等工作。市政府根据前海合作区开发、建设、管理的实际情况,具体规定和调整前海管理局的行政管理职责、公共服务的范围以及市政府各有关部门在前海合作区行使职责的范围。前海管理局遵

---

① 参见徐恬:《我市成立法定机构推进小组——推进法定机构改革试点工作,首批试点单位计划明年底出台管理办法》,载《深圳商报》2007 年 11 月 10 日,A02 版。

循精简高效、机制灵活的原则设置相应的机构,可以根据工作需要设置咨询机构。前海管理局局长由市政府任命,任期5年。前海管理局可以根据工作需要设副局长若干名,协助局长工作。副局长由局长提名,市政府按规定程序任命。前海管理局的高级管理人员可以从香港特别行政区或者国外专业人士中选聘。前海管理局根据市政府确定的原则可以自主决定机构设置、人员聘用和薪酬标准。前海管理局根据国家规定,在非金融类产业项目的审批管理方面,行使计划单列市的管理权限。前海管理局高级管理人员应当每年向市政府报告收入情况。同时,为创新前海深港现代服务业合作区管理体制机制,规范前海管理局运作,根据《深圳经济特区前海深港现代服务业合作区条例》,深圳市人民政府制定了《深圳市前海深港现代服务业合作区管理局暂行办法》,对前海管理局的职责、运作机制、规划建设管理、公共服务和行政管理、产业促进、财政管理、人事薪酬和监督管理进行了规定。这些规定是前海管理局组织和运行的法律依据,上述条例和办法构成了前海管理局这一法定机构组织法。

继深圳市后,广东省佛山市顺德区2012年8月20日首批成立的法定机构是区文化艺术发展中心、区社会创新中心、区人才发展服务中心和区产业服务创新中心。这些法定机构不属于行政机构序列,是代政府履行公共事务管理和服务职能,以市场化效率运作的全新公共机构。根据《佛山市顺德区法定机构管理规定》,法定机构内部实行决策、执行和监督三种权力相互分离又互相协调的运行机制,实行法人治理结构,包括理事会和管理层。①

根据《国务院关于同意设立中国—马来西亚钦州产业园区的批复》和广西壮族自治区人民政府批复的产业园区总体规划,广西钦州成立中国—马来西亚钦州产业园区。产业园区致力于中国—马来西亚投资合作,促进产业集聚,推进产城一体化生态新城建设,将产业园区建设成为中国—马来西亚投资合作旗舰项目和中国—东盟合作示范园区。为此,2014年11月12日,广西壮族自治区人民政府第十二届第三十九次常务会议审议通过《中国—马来西亚钦州产业园区管理办法》,规定产业园区管理委员会推进实行法定机构管理模式,对产业园区实行统一管理,具体负责产业园区的发展规划制定、开发建设运营、市场运行监管、公共服务提供等工作。产业园区管理委员会根据自治区人民政府确定的原则设立必要的职能机

① 参见肖颖:《顺德首批4个法定机构诞生——不属于行政机构序列 能代政府履行公共事务管理和服务职能 最快9月运作》,载《广州日报》2012年8月21日,第10版。

构,实行岗位管理、身份留档、人员聘用、绩效考核、薪酬挂钩的人事管理体制。产业园区管理委员会享有自治区规定的经济管理权限。

为进一步规范中国—马来西亚钦州产业园区管理,建设中马两国投资合作旗舰项目和中国—东盟合作示范区,广西壮族自治区人大常委会制定了《中国—马来西亚钦州产业园区条例》,将立法位阶提升为地方性法规。该条例借鉴《深圳经济特区前海深港现代服务业合作条例》经验,通过地方性法规确立产业园区实行法定机构治理,规定中国—马来西亚钦州产业园区管理委员会(以下简称园区管委会)作为自治区人民政府派出机构,其行使产业园区行政管理和公共服务职责,履行国有资产管理职能,并承担相应的法律责任。园区管委会行使设区的市人民政府经济社会管理权限;根据改革发展需要,也可以授予园区管委会部分自治区级经济管理权限。园区管委会按照自治区人民政府确定的原则,根据产业园区建设和发展的需要,有权自主设置、调整相应的工作机构,行使设区的市人民政府工作部门的行政管理权限。园区管委会也可以根据业务发展和改革创新需要,设立实行企业化管理但不以营利为目的的履行相应行政管理和公共服务职责的直属机构。园区管委会根据决策、执行、监督三分离的模式,创新管理方式,建立了权责明确、管理高效、信息公开、运转协调的管理体制机制。园区管委会创新人事、人才管理方式,完善岗位管理、身份留档、全员聘用、按岗定薪、严格考核的人事管理制度,建立法定机构雇员制度,实行与岗位职责、工作业绩、实际贡献相关的薪酬制度,并依法缴纳社会保险。该条例明确了园区管委会履行的职责权限,改革行政审批制度,明确产业园区实行相对集中行政许可权制度,实现行政审批办事不出产业园区,产业园区范围内的行政许可事项,由园区管委会负责实施;明确对市场主体实行以事中、事后监管为主的动态监管,建立抽查和责任追溯制度,实施企业年度报告公示和企业经营异常名录管理,完善市场主体信用信息系统,推行守信激励和失信惩戒联动机制。[①] 园区管委会负责产业园区内发展改革、工业和信息化、教育、科技和知识产权、民政、财政、人力资源和社会保障、国土资源、规划、住房和城乡建设、交通运输、水利、农业、林业、商务、文化、新闻出版广播电影电视、版权、卫生和计划生育、审计、外事侨务、旅游、工商行政管理、质量技术监督、食品药品监督、统计、人防、海洋、市政和城市综合管理等有关行政管理工作,协调公安、环境保护、安全生产以及海

① 参见黄世钊:《我区立法促进中国—马来西亚钦州产业园区建设——实行法定机构治理　建立容错机制》,载《广西法治日报》2016 年 9 月 28 日,第 3 版。

事、金融、税务、海关、检验检疫等部门在产业园区内的行政管理工作。

法定机构化是我国事业单位特别是公益服务类事业单位的改革方向。按照珠海市的判断,该市 80% 以上的公益类事业单位将会"变身"为法定机构。[①]《关于深化行政管理体制改革的意见》明确要求,按照政事分开、事企分开和管办分离的原则,对现有事业单位分三类(行政管理类、公益服务类和生产经营类)进行改革。特别是对于主要从事公益服务的,要强化公益属性,整合资源,完善法人治理结构,加强政府监管。中共中央办公厅、国务院办公厅印发的《关于创新政府配置资源方式的指导意见》提出,要创新非经营性国有资产配置方式,创新与事业单位运行相适应的制度体系,健全事业单位法人治理结构。不难看出,法定机构具有这方面的属性,法定机构化改革符合政事分开、管办分离的原则,契合中央确定的事业单位改革精神,符合我国事业单位的改革方向。

在事业单位向法定机构转化过程中,还存在一些法律问题。首先,依据《事业单位登记管理暂行条例》的规定,我国事业单位的设立、变更和注销需要登记。法定机构是我国行政体制改革、事业单位改革大背景下产生的一种新型公共组织,肯定的是,其需要登记,不经登记的法定机构不能开展任何活动,如不能刻印、不能申请开立银行账户等。根据原《民法通则》的规定,我国的法人分为企业法人,机关法人、事业单位法人和社会团体法人四类;根据原《民法总则》及《民法典》的规定,法人分为营利法人、非营利法人和特别法人,非营利法人包括事业单位、社会团体、基金会、社会服务机构等。特别法人,是指机关法人、农村集体经济组织法人、城镇农村的合作经济组织法人、基层群众性自治组织。法定机构是个"舶来品",我国现行法律并没有这一概念,因而法定机构不能以"法定机构法人"的名义登记,而仍需以事业单位登记,这是一对矛盾。[②] 其次,在职权依据方面,若法定机构需要履行部分公共管理职能,根据《行政许可法》《行政处罚法》等相关法律,必须由"法律、法规授权"或"依照法律、法规或者规章"接受委托,法定机构才可行使许可、处罚等管理性的行政职权。根据 2015 年修正的《立法法》,如果要在规章中设定涉及许可、处罚等"减损公民、法人和其他组织权利或者增加其义务的规范",必须要"有法律、行政法规、地方性法规的依据"。依照《行政许可法》,受托实施许可的组织只能是"行政机关"。如果法定机构不是行政机关,那么即使由人大立法,也不便赋予

① 参见宋功德:《从事业单位到法定机构》,载《行政管理改革》2010 年第 8 期。

② 参见马玉明:《事业单位改革背景下试行法定机构问题研究——以广东省法定机构改革为例》,载《山西警官高等专科学校学报》2012 年第 3 期。

其行政许可职权。① 最后，由于事业单位设有编制与行政级别，而转为法定机构后，这种待遇将被取消，需妥善解决相关的利益补偿和社会保障问题。囿于传统国家行政范式，管理局法定机构仍然不作为独立的行政主体类型，按事业单位法人登记管理，消解了法定机构的独立性，干部任免、海外人员聘任等用人机制仍然适用行政事业单位办法。

因此，在推动法定机构发展的过程中，应循序渐进。一是加快法定机构的立法工作，制定法定机构的设立、变更等法律程序；二是在注册登记中，注册类型只有“企业、事业单位、社会组织”三类，应增加“法定机构”这一类别，赋予法定机构合法的定位；三是首先鼓励专业技术性的、规模较大的承担着公共服务职能的事业单位成立法定机构；四是在事业单位向法定机构转型的过程中，人员的待遇尽量采取“老人老办法、新人新办法”的模式，以减小改革的阻力；五是长远来看，对先后成立的法定机构的运作进行充分验证取得成功后，大力推动政府部门、事业单位、社会组织等类型不同、服务领域各异的主体转型为法定机构，同时鼓励新机构的成立，形成“政府、法定机构、企业、事业单位和社会组织”多种主体共同提供公共服务的新格局。②

四、我国在行政组织系统中建立法定机构序列的必要性

在我国行政组织系统中建立法定机构序列，对于改进社会管理、提高公共管理和服务效率、推进我国行政管理体制创新和行政机构改革具有积极意义。

首先，实行法定机构制度，是适应经济社会快速发展的需要。随着我国经济社会快速发展，一些涉及面广、参与者众多、各类利益诉求相互交织的新领域日益增多，政府实施社会管理、提供公共服务、履行市场监管的作用日益突出，相关领域的专业化和社会化程度也越来越高，传统的政府架构和政府职能难以适应交叉复杂的新领域，在我国实行法定机构制度的社会经济基础已经基本形成。

其次，实行法定机构制度，有利于决策与执行分开，转变政府职能。目前，我国政府机构决策和执行合一的现象较普遍，决策与执行不能相互制约与监督。设立法定机构，分离政府决策与执行职能、公共管理与公共服

---

① 参见浦东区人大：《法定机构如何“法定”——关于推进浦东法定机构试点改革的建议》，载《浦东开发》2015 年第 11 期。

② 参见杨秋荣：《事业单位向法定机构转型，面临什么问题》，载《第一财经日报》2009 年 10 月 29 日，A14 版。

务职能,实现决策、执行、监督的有效制衡,是转变政府职能、建设服务型政府的有益探索。

最后,实行法定机构制度,有助于解决政企分开、政事分开的问题。事业单位改革一直是我国机构改革的重点和难点。在一些特殊的事务和行业,由于行使行政职能的事业单位实际履行的是国家行政权力职能,带来了不少法律问题。对必须承担政府职能的事业单位,按照法定机构的要求运作,将推动事业单位管理模式向法治管理的转变,使政企分开、政事分开取得突破性进展。此外,实行法定机构制度,为法定机构履行职责提供法律依据,也是加快法治政府建设、全面推进依法行政、依法规范政府职能和行政行为的重要举措。

五、我国可以实行法定机构改革的领域探索

根据法定机构的基本功能和特征,我国现行政府部门中的有些机构和相当一部分事业编制的单位,可以向法定机构转化。法定机构主要承担市场监管和公共服务的职能,所以有关监督管理机构和公益服务组织,可以成为法定机构。

(一)开发区管委会

现在管委会身份一般定性为政府派出机构,但有些是事业单位,列为所在地政府的直属机构。立法对管委会的性质也不是众口一词。据统计,44 部开发区地方立法中,有 27 部回避了管委会的行政机关组织性质,只规定"管委会代表市政府对开发区进行统一领导和管理",只有 17 部直接规定管委会为派出机构。[①]《深圳经济特区前海深港现代服务业合作区条例》对开发区管理机构的命名和性质走出了跨越性的一步,命名为管理局,并界定为法定机构,实行企业化运行。其实,不管性质如何界定,开发区都已具备了法定机构的雏形,如《山东省经济开发区条例》尽管规定经济开发区管理委员会作为所在地县级以上人民政府的派出机构,但在管理体制、管理权限等方面都具有相对特殊性,不同于一般的政府职能部门。该条例规定,经济开发区管理委员会应当根据工作需要,按照精简、统一、效能的原则,设置相应的职能机构,建立完善科学高效、公开透明的管理机制。鼓励经济开发区创新管理体制,探索建立市场化管理模式。省商务主管部门负责全省经济开发区的综合协调、指导服务、考核评价等工作;设区

① 参见余宗良:《困境与出路:开发区管委会法律性质之辩》,载《中南大学学报(社会科学版)》2013 年第 1 期。

的市、县(市、区)商务主管部门负责本行政区域内经济开发区的指导、协调和服务工作。经济开发区财政实行独立核算,单独编制预算,纳入本级财政预算管理。经济开发区管理委员会可以探索建立灵活的用人机制和分配机制,有条件的经济开发区可以实行聘任(用)制、竞争上岗制、绩效考评制。对经济开发区发展特殊需要的高层次管理人才和招商人员可以实行特岗特薪、特职特聘。所有这些规定,均符合法定机构的基本特征,在行政组织序列中,各类开发区可以定性为法定机构。

(二)国有资产监督管理机构、银保监会、证监会等政府监督机构

例如,根据《企业国有资产监督管理暂行条例》的规定,国务院国有资产监督管理机构是代表国务院履行出资人职责、负责监督管理企业国有资产的直属特设机构;省、自治区、直辖市人民政府国有资产监督管理机构,设区的市、自治州级人民政府国有资产监督管理机构是代表本级政府履行出资人职责、负责监督管理企业国有资产的直属特设机构。国资委对上游委托人,要体现政府公益性、经济调控性的目标;对下游代理人,又要探寻有效的平权关系的治理和激励规则。国资委作为政府的特设机构,现在与政府之间的职责界限并不明确。要保证国资委避免公权力的过度干预的同时,也要防止国资委滥用国家股东权,需要将其进一步设置成为现有政府行政体制之外的、相对独立的、具有严谨责任制度的管理机构,使其真正"特设",成为一个独立运作的特殊机构,既承担公益性责任,也能够独立行使民事权利,独立承担民事责任。这样,应当通过特别立法,将国资委转型为法定机构,是为国资委作为公法人行使国家股东权扫除法律障碍的一种可行的思路。要达到这一目标,应当坚持法定设立、目标法定、权责法定、独立运作、分类管理和严格监管的原则。①

又如,根据《银行业监督管理法》,国务院银行业监督管理机构负责对全国银行业金融机构及其业务活动监督管理的工作。银行业监督管理机构具备法定机构的基本特征,具有法定性、独立性,具有立法、行政和司法的混合权力。该法规定,银行业监督管理机构及其从事监督管理工作的人员依法履行监督管理职责,受法律保护,地方政府、各级政府部门、社会团体和个人不得干涉。国务院银行业监督管理机构依照法律、行政法规制定并发布对银行业金融机构及其业务活动监督管理的规章、规则;依照法律、行政法规规定的条件和程序,审查批准银行业金融机构的设立、变更、终止以及业务范围;银行业金融机构有违法经营、经营管理不善等情形,不予撤

① 参见刘晓春、林卡:《法定机构:国资委的转型路径》,载《特区实践与理论》2008 年第 3 期。

销将严重危害金融秩序、损害公众利益的,国务院银行业监督管理机构有权予以撤销。国有资产监督管理机构、银保监会、证监会等现在在国务院序列中不是特设直属机构,就是直属事业单位,不符合《国务院组织法》规定的国务院机构名称和范围,将其转化为法定机构更符合这类机构的性质和任务。

(三)民用机场、高速公路等公营造物

2002年国务院发布了《关于印发民航体制改革方案的通知》,规定除北京首都国际机场和西藏自治区内的民用机场外,其余所有机场的产权全部归地方所有。2009年公布、2019年修订的《民用机场管理条例》第4条第2款明确规定,有关地方人民政府依法对民用机场实施监督管理。但是,地方政府如何对民用机场实施监督管理还不够明确,因此在实践中形成了多样化的机场管理模式。从各地政府设立的机场管理机构来看,既有政府设立的民航管理部门,又有在大部制改革中交通运输局(厅)下设的空港办、航空处或机场处,还有民航领导小组等协调机构。这些管理机构有的单独运作,有的采用民航机场集团公司、机场管理局"一个机构两块牌子"的办法探讨政府作为机场的股东如何能够有效管理机场,实现股东权益。

为了确保机场能够安全和有效地运作,确保公众利益在机场的发展和营运过程中受到保障,地方政府应当担当起监管者的角色。《民用机场管理条例》第24条规定,民用航空管理部门、有关地方人民政府应当加强对运输机场安全运营工作的领导,督促机场管理机构依法履行安全管理职责。根据此规定,地方人民政府对运输机场安全运营具有领导责任。因此,通过立法设立机场法定机构并对其依法监管,地方政府可以实现由行政管理向法治管理模式的转变。如果采用法定机构管理模式,需要通过地方立法制定机场管理局办法,设立专门的法定机构,担任机场管理职能。①

高速公路公共产品的本质属性,决定了必须坚持以政府为主导、市场机制为辅的管理运行体制。为此,需要创新高速公路专门的法律法规,制定适应高速公路可持续发展的投融资政策,设立不以营利为目的的收费公路融资建设管理的法定机构。根据《收费公路管理条例》"按照政事分开的原则,依法设立专门的不以营利为目的的法人组织"的规定,这个法人组织必然是法定机构。实践中,青岛市于2009年年初率先重组交通开发投

---

① 参见李建美、张迎军、田保华:《地方政府采用法定机构管理机场探究》,载《交通企业管理》2013年第11期。

资中心,搭建由青岛市交通运输委作为出资人的融资平台。交通开发投资中心系隶属青岛市交通运输委管理的副局级事业单位。主要职责是整合交通资产和资源,集中信用,构建投融资平台,建立高速公路与普通公路统筹发展的融资模式,筹措交通建设资金并偿还贷款本息,组织实施交通建设项目的新建、改建,实现交通国有资产保值增值,建立交通建设发展良性循环机制。投资中心主要收入有成品油交通建设项目资金,高速公路通行费,国家、省拨付的各项交通建设项目补助资金等。① 可以考虑在此基础上创建不以营利为目的的融资建设管理收费公路的法定机构。

(四)科研文教组织

根据深圳市政府颁布的《南方科技大学管理暂行办法》,南方科技大学是根据《高等教育法》等法律法规的规定,由深圳市人民政府依法设立的公办普通高等学校。南方科技大学具有独立法人资格,依法自主办学和管理,并接受政府和社会的监督。在治理结构上,南方科技大学设理事会、校长、校务委员会和校学术委员会,并根据需要设置必要的学术单位和行政单位等组织机构,按照本办法和章程的规定开展活动。南方科技大学教职工实行聘用制,根据公平、公正、公开原则,面向社会公开招聘,实行合同管理。南方科技大学建立以财政拨款为主、其他多种渠道筹措经费为辅的办学经费体制。深圳市在法定机构试点中,将南方科技大学作为法定机构管理。在我国事业单位改革中,公办大学也可以逐步转化为独立自主办学的法定机构。

除此之外,图书馆、博物馆、档案馆等也可以作为法定机构。根据《广州市公共图书馆条例》,公共图书馆,是指由各级人民政府设立,面向社会公众开放的,收集、整理、保存、研究和利用文献信息资源的公益性服务机构。可以将其纳入公益服务类法定机构范畴,广东省法定机构试点中也已将这些机构作为试点机构。发展公共图书馆是人民政府的职责,各级人民政府文化行政主管部门负责全市公共图书馆事业的管理工作,所需经费列入本级财政预算。为发展图书馆事业,设立的公共图书馆作为公营造物,应当纳入法定机构范畴。

根据《博物馆条例》,博物馆,是指经登记管理机关依法登记的非营利组织。博物馆包括国有博物馆和非国有博物馆。国有博物馆的正常运行经费列入本级财政预算。国家文物主管部门负责全国博物馆监督管理工

---

① 参见王燕弓、崔敏等:《我国亟待创建收费公路法定机构——创建中国特色收费公路管理机构系列探讨之一》,载《中国交通报》2013年7月19日,第3版。

作,县级以上地方人民政府文物主管部门负责本行政区域的博物馆监督管理工作。国有博物馆的设立、变更、终止依照有关事业单位登记管理法律、行政法规的规定办理,并应当向馆址所在地省、自治区、直辖市人民政府文物主管部门备案。博物馆应当根据要求完善法人治理结构,建立健全有关组织管理制度。

六、法定机构立法模式

顾名思义,法定机构只能依法而定,如何实现机构的"法定化"是问题的关键。在广东法定机构试点改革中,采用的是"一事一法"的分散立法模式,例如,深圳市针对市规划研究中心、市国土房产评估发展中心分别制定管理办法,珠海市的做法也如出一辙。有学者认为,应当说,分散立法模式比较符合试点改革特点。分散立法的优势是有针对性,内容单一,比较容易出台,但其劣势也很明显:针对同一公益服务领域,不同层级的法定机构都要对应于各自的管理办法,这难免会造成重复立法,不仅浪费立法资源,而且容易造成规范冲突。① 在现实的事业单位法制建设中,也有采用一种集中式的法定化模式,例如,制定《行政学院工作条例》(已失效)适用于全国的行政学院。集中式的法定化模式的优势在于整齐划一,问题是我国的公益服务类型事业单位情况复杂,在有些领域,集中式的法定化模式难以照顾到公益服务供求的地方性差异。大多数法定机构的法定化需要量体裁衣,不宜千篇一律。因此,建议在推广试点、普及法定机构的过程中,采取一种统分结合、条块互补的法定化模式:所谓"统",是指在"条"上由上位法规定一个适用于全行业的统一性制度框架,就该类法定机构的法定职责、管理方式和运行机制作出原则性规定;所谓"分",是指在"块"上由下位法结合地方实际作出有针对性的制度安排,细化当地法定机构的法定职责、管理方式和运行机制。

为法定机构立法,无论是统一立法还是分散立法,无论是法律、法规还是规章的形式,法定机构法主要应当涵盖以下内容:

1. 设立目的及经营范围

设立目的是必须讲清楚的根本性问题。如果设立法定机构不是为了某种政府职能需要,或会起到破坏民营经济发展的作用,那就不能设立这一法定机构。所以,立法必须向社会公示设立法定机构的目的及其作用。由此才能明确其特殊性所在,也才能有利于各利益相关方及广大民众监督

---

① 参见宋功德:《从事业单位到法定机构》,载《行政管理改革》2010年第8期。

其经营和运作是否脱离了其设立的目标。

根据法定机构的设立目的，法定机构法还要明确划定法定机构的经营范围，即经营范围不能超出设立目的。假如是一家军工类的法定机构，那就要明确其军工生产的范围和民用品的生产范围，不能允许其涉及规定之外的军工生产领域，也不能允许其随意从事民用品的生产，因为它是政府设定的法定机构，必须承担政府的政策目标，在目标之外行事不仅可能模糊其本来职责，而且可能导致“与民争利”，破坏市场竞争。

2. 主管机构和负责单位

有些法定机构是比较独立的，除了按照设立其的特别法律运作，接受一般的监管之外，没有主管机构和负责单位。但有些法定机构由于性质和地位不一样，基于不同的理由而需受到某个特定行政机构的监管，对其负责。尤其是政府序列的法定机构，通常有主管机构，就应该在立法上明确其隶属关系，将法定机构的经营、运作最终落实到具体的政府行政部门，以保证出现问题后有法可依。在责任政府的治理下，任何公共事务应有明确的责任主体，如果公共服务与公共物品没有有效供给，应有确定的主体承担责任并被追究。政府作为承担行政责任的主体，必须具体化为确定的政府组织和公职人员。即政府承担的行政责任的具体内容必须有确定的任务清单事先予以严格的规定，而不得以政府及其公职人员的好恶而随意变动。[①] 应当通过立法明确法定机构的法律地位，明确政府根据相应的管制目标而应该采取的管制措施，明确政府在不同法律关系中的不同角色和职能及其相应的实现方式。明确政府行政部门和法定机构各自的身份，实际上就是要厘清政府行政部门和法定机构的法律关系。这样还能明确政府投资的其他市场主体和政府的关系，立法没有作出非常明确、特别的规定的，政府仅作为（主要由政府行政部门来代表）法定机构唯一或主要出资者或股东的角色，取得相应的法律地位。

3. 治理结构和人事制度

立法应当规定法定机构的主要权力机构、决策机构、监督机构的设置和主要领导干部的配置。在领导干部的任免上，对不同的法定机构应有不同的要求。例如，承接政府监管和服务职能的法定机构中的主要领导干部，应通过立法明确规定由行政首长任命。立法还可以规定某些政府对法定机构行为的限制，如规定法定机构的某些行为必须经过政府部门的正职长官认可才能生效等。

---

① 参见陈国权、李院林：《论责任政府的基本属性》，载《社会科学战线》2008 年第 2 期。

在人事问题上，法定机构的用人可以包括三个层次：一是政府委派的人，这一类人担任法定机构的主要领导职务，通常享受公务员待遇；二是法定机构招聘的高级管理人员；三是法定机构招聘的专业人员和一般员工。

4. 法定机构的信息发布

除了有关国家安全的法定机构，法律要规定其保密程度。对于不涉及国家安全的法定机构，法定机构法要具体规定其信息的发布方式及其经营业绩的报告内容、上报程序和公示方式与对象，如一些特殊的财务会计政策的规定等。

5. 监督体系和监督方式

对法定机构实行有效的监督是非常必要的。拥有资源配置权的法定机构周围，容易形成形形色色的利益集团，力图通过向法定机构施加影响来谋取利益。因此，为了保证法定机构真正有效地服务于公共利益，必须通过信息公开、外部审计、绩效评估等手段，使之时刻处于社会和公众的监督之下。同时，在对法定机构进行监督的整个过程中，事前监督、事中监督、事后监督三种方式必须有机结合、全方位进行。

监督的方式可以多种多样，如由有关政府部门负责监督，任命主要负责人，某些决定须事先审批，对法定机构的财政进行监督，向组织派遣代表等。法定机构的行为亦须遵守一般性的法律监督，这种监督原则上限于合法性监督，但在例外情形下也要受合目的性监督。此外，对法定机构的监督还要设立有关立法监督、司法监督、公众监督等一系列制度，使法定机构行使行政权的行为全面纳入约束机制。

第十二章　行政组织间关系法

行政组织是在各级人民政府领导下由各职能部门形成的组织体系。行政组织内部各职能部门之间既相互分工,又形成合力,是完成行政任务、实现行政目标的前提。为确保各职能部门在各自的职权范围内协调一致地履行行政职能,对各职能部门间的权利义务关系通过行政组织法律予以规范,是行政组织立法的重要任务之一。平行的行政职能部门相互间如何建立起合作、协作的关系,本级人民政府如何当好总指挥统一部署各部门的工作,需要行政组织间关系法的调整。在立法形式上,这部分内容也可以在行政程序法中统一以行政组织程序规定,但从性质上而言,行政组织间的关系是行政组织法律制度的重要组成部分,是动态的行政组织法。

一、行政管辖

(一)管辖的含义和必要性

管辖是行政机关之间对行政事务行使行政职权时所作的分工。它是解决对某一具体行政事务应由哪一级或哪一个行政机关来行使行政职权的问题。在现代社会中,法律要求行政机关只有在其所管辖的范围内才能行使行政职权。否则,将会产生"越权无效"的法律后果。因此,行政组织法必须以法律形式在行政机关之间划定行政职权各自的范围,从而确保行政的有效性和有益性,减轻行政职权争议的消极影响。

行政职权是行政权在落实到具体国家行政机关时的形态转化,它是根据每个国家行政机关的性质和所管理的事务而依法确定的。没有行政职权,则管辖就失去了基础,没有行政职权的管辖是毫无意义的。国家行政机关拥有行政职权的同时,也就拥有了行政职权行使的对象。由于具体操作行政职权的人并非"天使",有时出于私利或者其他动机,滥用或越权将不可避免。如果不从法律上设置防范措施,则国家行政机关的职责权限必然会引起混乱。因此,管辖实质上分配行政职权,管辖范围也就构成了每个具体国家行政机关的职责权限。管辖内容的确定不能取决于人的意志,应当根据行政职权的对象——行为和事物性质,确定相应的行政机关。同时,必须考虑到现行宪法和法律、法规的具体规定。行政组织法不可能将管辖内容进行列举,它仅作出一些原则性规定,具体内容还是应当根据其他法律、法规,或者行政授权和行政委托的决定。只有这样,才能科学地划定管辖的内容。

(二)确定管辖的原则

1.行政职权合理分配原则

国家按行政区域设立相应的行政机关,同时又授予相应的行政职权。如前所述,管辖实质上是分配行政职权,管辖内容就是权限范围。然而,某一行政机关究竟应拥有多大的管辖内容,必须考虑本行政区域内行政事务的多寡以及该行政事务的重要程度。有效行使行政职权是判别行政职权合理分配的首要标准。行政职权必须有效行使,否则就无法达到行政管理的目的。分配行政职权必须围绕着这个目标,否则,分配行政职权就失去了任何合理成分。

2.均衡性原则

在行政职权配置中,行政机关之间职权均衡。行政职权均衡分配可以防止行政职权过分集中,从而保证行政职权实施过程中的民主性。但是,均衡并不等于平均,均衡是充分考虑某一行政机关所辖区域内的特殊性,而平均则仅仅考虑行政机关之间职权之等量。①

3.便民原则

行政机关不管其性质如何,至少在形式上都为社会、公民服务。因此,确定管辖内容应当尽可能实现便民原则。众所周知,与社会直接接触最多的是基层行政机关,它们所行使的职权直接与公民的生活相关。所以,行政组织法应当将大部分直接与公民生活相关的行政事务确定为基层行政机关的管辖范围,尤其是涉及公民权利性的行政事务。

(三)管辖的种类和管辖权的确定

根据管辖内容的不同,我们可以将管辖分为以下几种:

1.级别管辖

级别管辖,是指行政机关上下级之间对某类行政事务行使行政职权上的分工。设置级别管辖的指导思想是:越是具体的行政事务越应由级别低的行政机关管辖;上一级行政机关一方面管辖本区域内影响较大的行政事务,另一方面则是领导、指挥、协调下一级行政机关的行政活动。例如,根据宪法和有关法律规定,国务院所管辖的行政事务都是涉及国计民生的重大事项,同时,国务院有权领导地方各级行政机关的工作,而县、乡(镇)两级行政机关主要是管理好本区域内的行政事务。又如,根据《土地管理

① 参见章剑生:《行政程序法学原理》,中国政法大学出版社1994年版,第176页。

法》第46条第1款的规定，征收下列土地的，由国务院批准：永久基本农田；永久基本农田以外的耕地超过35公顷的；其他土地超过70公顷的。该条第2款规定征收上述规定以外的土地的，由省、自治区、直辖市人民政府批准。

在宪法和地方组织法上，各级人民政府及其职能部门的级别管辖并没有明确的划分，只是规定了县级以上地方各级人民政府的职权和乡镇人民政府的职权。在级别管辖上，根据《浙江省行政程序办法》的规定，省级行政机关管辖下列行政管理事项：法律、法规、规章以及国务院和省人民政府行政规范性文件规定专门由省级行政机关管辖的；在本省行政区域内有重大影响的；涉及两个以上设区的市，确有必要由省级行政机关管辖的。与公民、法人和其他组织生产、生活直接相关的行政管理事项，一般由设区的市、县（市、区）具有相应行政职权的行政机关或者乡镇人民政府、街道办事处管辖。行政程序立法关于级别管辖的规定，弥补了地方组织法的不足，可以成为行政组织立法的方式。《湖南省行政程序规定》明确，上级行政机关可以根据《地方组织法》和其他有关法律、法规、规章，具体确定与下级行政机关之间的职权和管辖划分。县级以上人民政府可以根据《地方组织法》和其他有关法律、法规、规章，具体规定所属工作部门的任务和职责，确定所属工作部门之间的管辖划分。法律、法规、规章对上下级行政机关之间的行政职责分工未作明确规定的，上级行政机关应当按照有利于发挥行政效能、财权与事权相匹配、权力与责任相一致、管理重心适当下移等原则确定。下级行政机关能够自行决定和处理的行政事务，应当由下级行政机关自行决定和处理。

2. 地域管辖

地域管辖，是指同级行政机关之间对某类具体行政事务行使行政职权上的分工。确定地域管辖的依据主要是行政事务的对象。行政事务的对象是人的，一般由其住所地的行政机关行使管辖权；如果住所地与行为地不一致时，由行为地行政机关行使管辖权。法人按名称登记地行政机关行使管辖权；登记地和行为地不一致时，由行为地行政机关行使管辖权。如果行政事务对象是物的，则由物之所在地行政机关行使管辖权。如《行政处罚法》第22条规定："行政处罚由违法行为发生地的行政机关管辖。法律、行政法规、部门规章另有规定的，从其规定。"

地域管辖是行政管辖中最基本的管辖。它解决了同级同类行政机关之间的职权分工，从而有利于提高行政效率，防止机关相互之间在行使行政职权过程中出现互相推诿等现象。根据《山东省行政程序规定》，行政机关的地域管辖权依照法律、法规、规章规定确定；没有明确规定的，由行政管理事项发生地的行政机关管辖，但是有下列情形之一的除外：涉及公民身份事务的，由其住所地行政机关管辖；住所地与经常居住地不一致的，由经常居住地行政机关管辖；住所地与经常居住地都不明确的，由最后居住地行政机关管辖；涉及法人和其他组织主体资格事务的，由其主要营业地或者主要办事机构所在地行政机关管辖；涉及不动产的，由不动产所在地行政机关管辖。

3. 移送管辖

移送管辖，是指没有管辖权的行政机关在受理某项行政事务后，发现其没有管辖权，即应当查明有管辖权的行政机关并及时移送。受理移送的行政机关不得再行移送或拒绝受理。例如，《行政复议法》第18条规定，依法接受行政复议申请的县级地方人民政府，对依法属于其他行政复议机关受理的行政复议申请，应当自接到该行政复议申请之日起7日内，转送有关行政复议机关，并告知申请人。接受转送的行政复议机关应当依法办理。又如，《江苏省行政程序规定》第12条规定，行政机关受理公民、法人和其他组织的申请或者依职权启动行政程序后，认为不属于自己管辖的，应当移送有管辖权的行政机关，并通知当事人；受移送的行政机关也认为不属于自己管辖的，不得再行移送，应当报请其共同上一级行政机关指定管辖。

4. 指定管辖

指定管辖，是指两个以上的行政机关就同一行政事务在管辖权上发生积极或消极冲突后不能协商确定管辖权归属，由其共同上一级行政机关指定其中一个行政机关行使管辖权。根据《行政处罚法》第25条第2款规定："对管辖发生争议的，应当协商解决，协商不成的，报请共同的上一级行政机关指定管辖；也可以直接由共同的上一级行政机关指定管辖。"

5. 移转管辖

移转管辖，是指上一级行政机关将某一行政事务的管辖权移交下一级行政机关管辖，或者下一级行政机关将某一行政事务的管辖权移交上一级行政机关管辖。引起移转管辖的原因，或是因为回避导致下一级行政机关无法行使管辖权，或是为了便于行政相对人参与行政程序。

6. 共同管辖

共同管辖，是指两个以上的行政机关对某一行政事务都有管辖权，而共同行使管辖权或依法确定管辖权归属的管辖制度。如《渔业法》规定：江河、湖泊等水域的渔业，按照行政区划由有关县级以上人民政府渔业行政主管部门监督管理;跨行政区域的,由有关县级以上地方人民政府协商制定管理办法,或者由上一级人民政府渔业行政主管部门及其所属的渔政监督管理机构监督管理。

二、行政联合

(一)行政联合的概念和必要性

行政联合,是指不同的行政部门为了达到共同的行政目的,通过部门的联合共同履行职责的行政组织法律行为。行政联合的主要特征在于,组织关系上各个职能部门都共同参与行政活动,或者组成新的临时性组织,或者各部门派员参加,抑或在统一的平台上按各部门的权限行使职能。行政联合不同于行政协助和相互配合,行政联合实施的是一种共同行政行为,相互之间承担连带责任。

在分工配合的行政组织框架下,法律将职责权限分别赋予了不同的主管部门,但有时单个行政机关都难以独立完成行政任务。为了全面履行行政职能,提高行政效率,方便当事人,行政联合是解决事务的整体性和分工的专业化之间矛盾的有效方法,符合整体型政府和行政一体性的要求。行政联合以各部门的职责权限的明确划分为前提,各部门在各自的权限范围内履行职责,不得越权,不得失职。但各部门各自为政,既可能导致重复执法和执法不到位,也可能产生扰民和烦琐的程序。行政联合有利于实现功能的有机整合,提高组织效能,方便当事人。

(二)行政联合的方式

行政联合是同一级人民政府下各部门之间的合作,不同地区政府及其部门之间的联合属于行政合作。部门之间的联合行政主要有以下几种方式:

1. 联合审批

根据《行政许可法》的规定,行政许可依法由地方人民政府两个以上部门分别实施的,本级人民政府可以确定一个部门受理行政许可申请并转告有关部门分别提出意见后统一办理,或者组织有关部门联合办理、集中办理。联合办理就是这里所说的行政联合、联合审批。在实践中,各地推出了并联审批制度,也就是对同一申请人提出的在一定时段内需由两个以上行政部门分别实施的两个以上具有关联性的行政审批事项,实行由一个部门统一接收、转送申请材料,各相关审批部门同步审批,分别作出审批决定的审批方式。有的地方专门成立了行政审批局,或行政审批服务中心,如 2014 年 5 月 20 日,天津市成立了滨海新区行政审批局。联合审批意义上的审批服务机构是协调进驻服务大厅的各部门实现联合审批的协调机构,不是职能部门。如杭州市行政审批服务管理办公室是负责全市行政审批服务和公共资源交易管理工作的市政府派出机构,协调衔接进驻单位之间、窗口与派驻单位之间的工作关系;负责对进驻单位工作人员的日常管理、培训和考核等工作;等等。而作为政府职能部门的行政审批局则是综合管理,是职能的转移而不是联合,如 2017 年 2 月 28 日成立的石家庄市行政审批局,是市政府工作部门,主要负责市级行政审批、政务服务和公共资源交易监督管理相关工作,有权办理投资项目、企业注册、市场服务、文教体卫、社会事务、住建交通、环保安监、农林畜水、经贸商务、城市管理等方面行政审批事项及相关行政性收费,并承担相应的法律责任。根据《行政许可法》第 25 条的规定,经国务院批准,省、自治区、直辖市人民政府根据精简、统一、效能的原则,可以决定一个行政机关行使有关行政机关的行政许可权。相对集中行政审批权与相对集中行政处罚权一样,涉及部门之间职能的调整,不属于联合审批的范畴,而是综合行政的概念。

2. 联合执法

联合执法,是指两个或两个以上的行政执法部门,按照各自的职责范围,在实施行政执法时进行的联合行动。如在对旅游市场管理中,“非法一日游”中的“黑旅行社”“黑导游”“黑车”分别由市场监管、城管、交通等部门查处,导致一个非法行为被人为地分解开来,由各执法主体适用各自的法规分别实施处罚,往往造成执法机构在执法过程中难以独立地查处“非法一日游”的违法行为。《旅游法》规定,县级以上人民政府旅游主管部门和有关部门依照本法和有关法律、法规的规定,在各自职责范围内对旅游市场实施监督管理。从旅游执法部门的权限看,仅限于查处正规的旅游企业和从业人员,对“黑旅行社”“黑导游”“黑车”都没有管理权限,无法涉及“非法一日游”的关键环节和突出问题,存在严重权责不对称的问题,难以承担起相应的职责。为净化旅游市场,北京市旅游委联合交通、公安、城管等各部门,出动执法检查人员,分赴昌平、延庆等旅游热门景点检查旅游市场秩序,对“非法一日游”“黑车”“黑导游”等情况进行查处。通过多部门严肃查处旅游乱象,北京旅游市场“非法一日游”投诉量下降了九成。联合执法是解决专业执法部门力量有限,形成合力的组织行为,也是法律规范所要求的。如《旅游法》也规定,县级以上人民政府应当组织旅游主管部门、有关主管部门和市场监督管理、交通等执法部门对相关旅游经营行为实施监督检查。县级以上地方人民政府建立旅游违法行为查处信息的共享机制,对需要跨部门、跨地区联合查处的违法行为,应当进行督办。

3. 联合发文

联合发文，是指同一级别的两个或两个以上行政机关或职能部门，对涉及多方面和多部门的事项，单方面或一个部门发文无法解决而联合行文，共同发布规范性文件的行为。如2018年9月，国家卫生健康委、国家发改委等28个部委、单位联合印发了《关于对严重危害正常医疗秩序的失信行为责任人实施联合惩戒合作备忘录》，宣布对“医闹”实施联合惩戒。联合惩戒，是指行政机关依法处理违法违规行为后，先记入其信用记录，再将信息递送其他行政机关，由其他行政机关即时配合实施其他相关惩戒的行为。联合惩戒本身不是一种行政联合，而是行政机关之间的相互协作或配合，但就联合惩戒共同发布规范性文件，是一种行政联合行为。

（三）行政联合的合法性要求

行政联合不仅是行政行为层面的问题，而且涉及组织层面，它涉及行政法定职能的统一行使，甚至涉及组织机构的设置。行政联合需要通过在行政组织法和行政程序法上的完善，使其成为一种法律机制，依规则运行。

1. 行政联合的前提是行使的职能涉及参加联合行政的各部门的职责权限

行政联合，是指具有行政职能的各部门为了共同实施行政行为而进行的组织联合，参加联合的各部门必须具有这方面行政职责，并且是可以联合行为的行为，不得吸收没有法定职责的部门参加联合行政。如根据《公安部关于公安机关不得非法越权干预经济纠纷案件处理的通知》，对经济纠纷问题，应由有关企事业及其行政主管部门、仲裁机关和人民法院依法处理，公安机关不要去干预。遇有到公安机关投诉的经济纠纷事项，应当告知当事人到有关主管机关去解决，或及时移送有关主管机关处理。

2. 行政联合作为一种常态化的行政组织行为，应当有平台作为组织依托

行政联合要成为常态化，需要建立日常的组织机构，如“一站式”服务大厅、政务服务中心，甚至作为实体的综合行政审批机构。如根据《江苏省行政程序规定》第15条第1、2款中的规定，行政管理涉及多个政府工作部门的，可以建立由主要部门牵头、其他相关部门参加的部门联席会议制度。部门联席会议制度应当明确牵头部门、参加部门、工作职责、工作规则等事项。根据《北京市街道办事处条例》，街道办事处有权指挥调度区人民政府工作部门开展联合执法。对涉及多部门协同解决的事项，街道办事处应当依托综合指挥平台组织协调市、区人民政府有关部门及其派出机构开展联合执法。区人民政府工作部门及有关单位应当接受街道办事处的统筹

协调、指挥调度。作为全面深化“街道吹哨、部门报到”机制的改革试点区，北京市石景山区通过强化区城市管理监督指挥中心和街道社会治理综合执法指挥中心的平台作用，在9个街道全部成立社会治理综合执法指挥中心，将城管分队划归街道管理，抽调环保、安监、工商、公安、食药监、交通、消防等8个部门骨干力量组成综合执法组，实现了“街道统领、部门常驻”。通过领导协调小组或委员会、“一站式”服务中心或执法指挥中心这样的平台，行政联合就可以成为一项经常性的组织行为，变部门之间的横向合作为有组织的计划安排，变随意性、临时性行为为根据需要的依程序办事的规范性行为。

3.行政联合是各部门的整合，而不是融合，各部门仍按各自的权限行使职责

行政职能部门科学设置，各部门在各自职权范围内履行职责，行政管理应当是有条不紊的。行政联合作为行为层面的联合，不是综合执法，而是由参加联合执法的各部门在各自的权限范围内分别作出决定，除了依法授权的，如根据《行政许可法》规定成立的行政审批局，可以以行政审批局的名义实施行政许可外，在对外作出的具有法律效力的法律文书上应当以参加联合的各部门共同签署，在法律上两个以上的行政机关共同作出行政行为，在行政诉讼中是共同被告。如交通运输部会同公安部联合印发的《关于治理车辆超限超载联合执法常态化制度化工作的实施意见（试行）》规定，对于地处省际、多条国道或省道交汇点、货物运输主通道的超限检测站，各地公路管理机构和公安交通管理部门应当实行驻站联合执法，由公路管理机构负责检测车辆装载情况并监督消除违法行为，公安交通管理部门单独实施处罚和记分。

三、行政委托

（一）行政委托的概念和必要性

行政委托，是指行政主管机关将法定的行政职责根据法律、法规或规章的规定，委托给其他行政机关或有关组织行使，并对受委托方行使职权的行为承担法律责任的行为。如《行政许可法》第24条第1款前半段规定，行政机关在其法定职权范围内，依照法律、法规、规章的规定，可以委托其他行政机关实施行政许可。《山东省行政程序规定》第15条第1款规定，行政机关可以根据法律、法规、规章的规定，委托行政机关或者具有管理公共事务职能的组织行使行政职权，受委托行政机关或者组织应当具备履行相应职责的条件，并在委托的范围内，以委托行政机关的名义行使行

政职权，由此所产生的后果由委托行政机关承担法律责任。

行政委托包括委托其他行政机关和委托具有管理公共事务职能的其他组织两类，一般意义上的行政委托指的是后者。如《行政处罚法》第20条第1款中规定，行政机关依照法律、法规或者规章的规定，可以在其法定权限内委托符合该法第21条规定条件的组织实施行政处罚。按照该法第21条的规定，这个组织特指依法成立的具有管理公共事务职能的事业组织。而在行政组织法意义上的行政委托，则是指同级人民政府职能部门相互之间的委托，上级行政机关委托下级行政机关实质上是一种授权而不是委托，根据《地方组织法》的规定，县级以上的地方各级人民政府办理上级国家行政机关交办的其他事项，乡、民族乡、镇的人民政府办理上级人民政府交办的其他事项。中共中央办公厅、国务院办公厅2016年12月19日印发的《关于深入推进经济发达镇行政管理体制改革的指导意见》要求，省、自治区、直辖市政府可以将基层管理迫切需要且能够有效承接的一些县级管理权限包括行政审批、行政处罚及相关行政强制和监督检查权等赋予经济发达镇，制定目录向社会公布，明确镇政府为权力实施主体。但是，法律明确规定应当由县级人民政府及其部门行使的权力需要赋予经济发达镇的，应当按法定程序和要求办理。对这样的职责下放乡镇人民政府，也是一种行政委托。如根据《土地管理法》第53条的规定，经批准的建设项目需要使用国有建设用地的，建设单位应当持法律、行政法规规定的有关文件，向有批准权的县级以上人民政府自然资源主管部门提出建设用地申请，经自然资源主管部门审查，报本级人民政府批准。

根据职责必须履行、权力不得放弃和转移的原则要求，行政职责是不能委托的。如《行政强制法》第17条第1款规定，行政强制措施由法律、法规规定的行政机关在法定职权范围内实施，行政强制措施权不得委托。行政机关行使公权力不是民事主体行使私权利，可以自由地表达意志，不能实行意思自治原则而应遵循意思法定原则，必须受法律的约束。

但是，行政委托既不是放弃，也不是转移，而是一种代理关系。根据我国的制度设计，行政委托并没有改变法律上的行政主体，委托行政机关有权对受委托机关作指示，进行监督，有义务承担受委托机关所作行政行为的法律效果。根据《行政处罚法》第20条第3、4款的规定，委托行政机关对受委托的组织实施行政处罚的行为应当负责监督，并对该行为的后果承担法律责任。受委托组织在委托范围内，以委托行政机关名义实施行政处罚。《行政诉讼法》在责任主体上也明确了，行政机关委托的组织所作的行政行为，委托的行政机关是被告。

相对于行政联合，行政委托不需要组成新的联合体，而能达到与行政联合相同的效果，在有关行政机关因人力、地域或专业等限制影响行政效率和效果时，委托相关的行政机关代行，可以更经济更有效。行政机关相互间的委托，不同于对其他组织的委托，根据整体型政府的理论，行政主体本身是一体的，这一行政机关代行另一行政机关的职能，不需要主体资格的确认和权利义务的特别规定，也带有一定的职务协助的因素。

（二）行政委托的法律规制

在现行管理法和行政程序立法中，对行政委托规定了比较严密的委托规则，但主要是针对委托其他具有管理公共事务职能的组织而言的，行政机关相互之间的委托关系，则由于委托者和受托方的地位不同于委托其他组织，委托规则也应有所区别。

1. 行政委托的前提是依法可以委托的行政事务

对于一般的行政委托，法律要求有法律、法规或规章的依据。而对于行政机关相互之间的委托，以法律法规没有禁止性规定为前提。在范某诉太和县城关镇人民政府、太和县人民政府行政协议案中，[①]法院裁定认为："行政权力可以委托，如果没有法律、法规的禁止性规定，也没有专业性方面的特殊要求，行政机关可以将某一事项的一部或全部委托给其他行政机关、下级行政机关乃至私人组织具体实施。"

2. 行政委托应当发布公告，为社会所知晓

行政委托不是委托行政机关与受委托机关双方的事情，受委托机关代理委托行政机关对行政相对人采取措施，涉及行政相对人的权利和义务。因此，一方面，委托行政机关应当与受委托行政机关签订书面委托协议，明确委托依据、事项、权限、期限、双方权利和义务、法律责任等内容；另一方面，委托行政机关应当将受委托行政机关和委托的行政职权内容向社会公告，并对受委托行政机关行使受委托行政职权的行为进行指导、监督。《行政许可法》第 24 条第 1 款后半段规定，委托机关应当将受委托行政机关和受委托实施行政许可的内容予以公告。在上述委托征收案件中，根据《土地管理法》第 47 条第 1 款的规定，国家征收土地的，依照法定程序批准后，由县级以上地方人民政府予以公告并组织实施。太和县人民政府作为征收实施主体，制定了《太和县城市规划区内集体土地征收房屋拆迁补偿安置暂行办法（修订）》，其中第 2 条第 1 款规定：被征收项目所在地的乡镇

---

① 参见最高人民法院行政裁定书，(2017)最高法行申 2289 号。

政府、经济开发区管委会为拆迁补偿安置实施主体，按照属地管理原则，负责做好征地动员、公告、公布举报电话、维稳、协议签订等工作。该条规定应视为太和县政府委托城关镇政府与被拆迁人签订房屋征收补偿安置协议的依据。涉案被征收土地经省政府批准，征地补偿安置方案经太和县国土资源局公告、太和县政府批准，在此情形下，法院认为，城关镇政府与范某依据补偿安置方案签订补偿安置协议，依据充分。

3. 受委托行政机关应当以委托行政机关的名义实施行政行为

《行政许可法》第 24 条第 3 款规定，受委托行政机关在委托范围内，以委托行政机关名义实施行政许可；不得再委托其他组织或者个人实施行政许可。第 2 款规定，委托行政机关对受委托行政机关实施行政许可的行为应当负责监督，并对该行为的后果承担法律责任。这是授权与委托的根本区别。上级人民政府委托下级人民政府行使职权，在法律没有明确禁止性规定的情况下，可以是一种授权，下级人民政府应当行使上级人民政府交办的事项。但授权应当以法律、法规、规章的规定为条件，通过行政协议只能是委托。根据《天津市街道综合执法暂行办法》第 5 条的规定，街道办事处作为区县人民政府的派出机关，根据本办法行使街道综合管理相关的法律、法规、规章规定的行政处罚权，承担相应的法律责任。街道办事处设立街道综合执法机构，具体负责执法工作。在天津市，街道办事处行使的综合执法权限，不再是行政委托，而是规章的授权。而在一般情况下，如北京市的“街道吹哨、部门报到”仍然是一种行政委托，街道办事处以区政府有关职能部门的名义行使执法权，街道办事处不是执法主体。根据中共北京市委、北京市人民政府印发的《关于加强新时代街道工作的意见》的要求，强化街道统一指挥和统筹协调职责，整合现有站所、分局执法力量和资源，组建统一的综合行政执法机构，按照有关法律规定相对集中行使行政处罚权，以街道名义开展执法工作，并接受上级主管部门的业务指导和监督，逐步实现“一支队伍管执法”。《北京市街道办事处条例》，赋予街道办事处依法行使与居民生活密切相关且能够有效承接的行政执法权，就是一种授权。而在没有法律、法规或规章授权的情况下，无论是实行属地管理，还是实行派驻体制的，都是在街道统一指挥协调的工作机制下行使职权，街道办事处与有关行政机关之间仍然是一种行政委托关系。

四、行政协助

（一）行政协助的概念和性质

行政协助，是指行政机关在履行职责过程中遇到自身无法克服的障碍,向与其无隶属关系的其他行政机关提出协助请求,被请求机关依法提供职务上的帮助以支持请求机关实现其行政职能的制度。

在我国行政法律规范中行政协助尽管出现不多,但已有所涉及。如《税收征收管理法》第5条第3款规定,各有关部门和单位应当支持、协助税务机关依法执行职务。《海关法》第12条第2款规定:"海关执行职务受到暴力抗拒时,执行有关任务的公安机关和人民武装警察部队应当予以协助。"《文物保护法》第32条第1款中规定,对于在进行建设工程或者在农业生产中发现的文物,文物行政部门可以报请当地人民政府通知公安机关协助保护现场。

当然,更多的行政法律规范是出现"配合""支持"等字样,没有明确用"协助"二字,但从其内容看,应该属于行政协助的范畴。如《禁毒法》第23条规定:"发生麻醉药品、精神药品和易制毒化学品被盗、被抢、丢失或者其他流入非法渠道的情形,案发单位应当立即采取必要的控制措施,并立即向公安机关报告,同时依照规定向有关主管部门报告。公安机关接到报告后,或者有证据证明麻醉药品、精神药品和易制毒化学品可能流入非法渠道的,应当及时开展调查,并可以对相关单位采取必要的控制措施。药品监督管理部门、卫生行政部门以及其他有关部门应当配合公安机关开展工作。"《土地调查条例》第11条第1款规定:"县级以上人民政府有关部门应当积极参与和密切配合土地调查工作,依法提供土地调查需要的相关资料。"这里的"配合"实际上就是"协助"。但由于用词不同,对有些行为,是否属于行政协助,就会产生分歧。如《行政许可法》第64条规定了抄告制度:"被许可人在作出行政许可决定的行政机关管辖区域外违法从事行政许可事项活动的,违法行为发生地的行政机关应当依法将被许可人的违法事实、处理结果抄告作出行政许可决定的行政机关。"有学者认为,抄告也是一种行政协助。① 而有的学者认为,行政机关之间的这种信息共享不是行政协助。提供信息机关的行为并不发生在接受信息的行政主体做出特定行为时,并且提供信息机关所提供的信息,对接受机关可能有用,也可能无用,并不必然发生特定的行政法后果。②

对于行政协助,我国学者也有称之为"职务协助"、"公务协助"或"职务协作"的。如有学者认为,职务协助是行政主体在对某一事务无管辖权

---

① 参见于立深:《行政协助是政令畅通的重要一环》,载《法制日报》2004年10月12日,第2版。

② 参见王麟:《行政协助论纲——兼评〈中华人民共和国行政程序法(试拟稿)〉的相关规定》,载《法商研究》2006年第1期。

时，可以依法请求有管辖权的行政主体运用职权予以协助的制度。[①] 有学者认为，公务协助关系，指对于某一事务无管辖权的行政机关基于有管辖权的行政机关的请求，依法运用职权予以协助。[②] 这里的职务协助或者公务协助，实质上就是行政协助。

综上所述，行政协助的概念界定尽管莫衷一是，在学术界和立法上用词不同，但都从某一个方面或整体上概括了行政协助的基本特征：

第一，行政协助的请求机关和被请求机关是相互之间没有隶属关系的两个独立的行政主体，各自行使法定的职权。如果是上下级关系，则通过指挥监督权就可以实现，无须提请协助。

第二，行政协助的原因是行政机关在行使职权过程中由于法律上、组织上、技术上或经济上的原因致使无法单独履行行政义务，而不得不求助于其他行政机关，以达成行政目标。没有其他行政机关的配合，单凭本机关的职权范围，客观上无法达成行政目标。其他行政机关的配合，是行政目标得以全面实现不可缺少的一环。

第三，行政协助对被请求机关而言，是在自己的职权范围内独立履行法定职权，不是基于请求机关的委托，也不是与请求机关共同实施某一行政行为，被请求机关对自己行使职权的行为独立承担法律责任。

第四，行政协助的目的是基于行政的整体性和统一性，形成行政合力，共同完成行政管理任务。

据此，可以认为，行政协助是行政机关在履行职责过程中，由于遇到自身无法克服的困难，为全面达成行政目标，请求与其没有行政隶属关系的其他行政机关予以配合，被请求机关依法在自身职权范围内配合其完成行政任务的行政法律制度。

对行政协助概念的界定，这里强调了被请求机关在法定职权范围内配合请求机关，是依法履行法定职责。如《动物防疫法》第 18 条第 1、2 款规定，县级以上地方人民政府农业农村主管部门负责组织实施动物疫病强制免疫计划，并对饲养动物的单位和个人履行强制免疫义务的情况进行监督检查。乡级人民政府、街道办事处组织本辖区饲养动物的单位和个人做好强制免疫，协助做好监督检查。协助农业农村主管部门做好监督检查是乡级人民政府、城市街道办事处的一项法定职责。根据该法第 8 条第 2 款的规定，乡级人民政府、街道办事处有职责组织群众做好本辖区的动物疫病

① 参见叶必丰：《行政法学》，武汉大学出版社 2006 年版，第 152 页。

② 参见周佑勇：《行政法原论》（修订版），中国方正出版社 2000 年版，第 132 页。

预防与控制工作。该法第9条第2款规定了县级以上地方人民政府农业农村主管部门主管本行政区域的动物防疫工作,并且该条第3款规定了县级以上人民政府其他部门在各自的职责范围内做好动物防疫工作。这就意味着做好动物防疫工作不仅是县级以上地方人民政府动物防疫主管部门的法定职责,也是县级以上人民政府其他部门的法定职责。基于此,县级以上地方人民政府兽医主管部门提请县级以上人民政府其他部门协助做好动物防疫工作,不是县级以上人民政府其他部门在本部门的职权范围外接受主管部门的委托帮助其实现行政目的,而是以自己名义在其职权范围内履行法定职责。

在行政协助实践中,由于对这一性质没有充分的认识,认为行政协助是一种“帮助”,是被请求机关分外的事。行政法律规范规定相关部门在各自的职权范围内履行职责,立法原意是要各部门分工负责,统管与分管相结合,各部门之间密切配合,相互支持,既分工又合作,共同做好监督管理工作。但实际上由于部门保护主义和地方保护主义的存在,行政管理整体目标难以实现。更有甚者,有些行政机关不仅不协助请求行政机关,而且在执法中袒护自己主管的企业和其他组织。凡此种种,从根本上来说,是没有认识到行政协助是一项法定职责所致。

因此,研究行政协助制度,必须明确行政协助是被请求机关法定职责的性质,只有这样,被请求机关才能明白履行请求机关请求履行的职责是责无旁贷的事情,即使没有请求机关的请求,也应该在自己的职权范围内主动配合,与相关机关共同实现行政目标。对于请求机关而言,请求其他机关协助,既是自己的一项权利也是一项义务。主管行政机关通知、通告其他行政机关,其实是提醒其他行政机关到了该履行职责的时候。

(二)行政协助制度的作用

建立行政协助制度的意义是多方面的,行政协助是为了有效地实现国家行政的总目标,对各项行政管理活动加以调节,引导各行政机关之间和国家工作人员之间分工协作,互相配合,同步地、和谐地完成工作。这是国家统一行政的必然要求,是现代行政整体化、系统化、专业化、规模化的必然结果,是提高行政效率、减少行政浪费的有效手段。① 完善行政协助制度对于解决各部门长期存在的各自为政,职能冲突,形成行政合力,共同完

① 参见李延、练琪:《论建立我国行政协助制度的困难和意义》,载《太原师范学院学报(社会科学版)》2006年第1期。

成行政任务所起的作用包括：

第一，行政协助制度是正确处理分工与合作关系，特别是职责权限存在交叉重叠情况下的一种理想的制度选择。

行政协助制度是化解科层制与行政一体化之间的矛盾，促进行政机关之间相互支持、配合的有效机制。[①] 现代政府行政的基本结构是科层制。科层制原则上不允许两个机关同时行使同一权限。但科层制毕竟是对政府公共行政职能人为分解的结果，由于各种复杂因素的作用，难免会存在职能分类不科学、机关设置不合理、分工一旦确定后无法适应社会公共事务的变化等问题。这些问题的存在往往使一个机关独立实现行政目的出现困难。因此，各国或地区的行政法制度并不允许行政机关高度孤立或自我封闭；相反，法律期待行政机关在分工的前提下相互支持与合作，以充分发挥政府作为共同一体组织的行政机能。在既要坚持科层制下行政机关职责（权限）的分立与独立，又要充分发挥政府整体性、统一性机能的情况下，行政协助就成为化解科层制与行政一体化之间的矛盾，促进行政机关之间相互支持、配合的有效机制。在我国行政实践中，行政执法交叉的领域较多，如市场监管部门、公安部门对假冒伪劣产品的查处，环保部门、水利部门对水污染的管理，文化部门、广电部门、新闻出版部门、市场监管部门对文化市场的管理等。这些职能交叉不可能完全指望通过建立大交通、大文化、大农业等大部制彻底解决，完善的行政协助制度可以在很大程度上缓解由于职能重叠交叉而产生的职能冲突，形成行政合力，共同实现行政任务。

第二，建立行政协助制度，其根本目的是保证行政的整体性和统一性。

应松年教授主持起草的《行政程序法（试拟稿）》（专家意见稿第 11 稿）第 14 条首先规定了行政协助的目的：行政机关之间应当根据行政的整体性、统一性，相互提供协助，共同完成行政管理任务。这一正确的功能定位使行政协助制度明确了方向。任何一项法律制度都是为了实现一定的目的，目的的设定对于具体的制度设计和实际运作都会起到十分重要的指导作用。设定行政协助制度主要是为了实现行政的整体性和统一性。各行政主体之间的职权与职责分工是不同的，各自管辖的领域也不同，但在维护社会秩序及公共利益方面的目标是共同的。职能分工不能掩盖所有行政机关都是政府组成部门的事实，都是为了实现对社会经济文化各方面

① 参见王麟：《行政协助论纲——兼评〈中华人民共和国行政程序法（试拟稿）〉的相关规定》，载《法商研究》2006 年第 1 期。

的管理。各行政主体只有在分工的基础上通力合作,才能共同实现行政任务。行政协助就是为了有效地实现国家行政的总体目标,对各项行政管理活动进行协调,促进行政主体之间的分工协作。一般来说,行政协助是由于本身条件和职务上的需要,而根本原因是基于整体行政共同性、统一性及目的一致性。

第三,建立行政协助制度,还能够促进行政执法体制完善,推动行政管理体制改革。

20 世纪 90 年代以来,为全面推进依法行政,解决行政管理实践中存在的多头执法、职责交叉和行政执法机构膨胀等问题,以机构改革、职能转变、执法体制创新为主线,我国行政管理体制进行了一些重要的改革。从相对集中处罚权到综合行政执法,虽然改革的内容和范围扩张了,但其基本思路仍是一致的,即打破现有行政管理体制中行政机关设置和行政权力分配的模式,将监督检查、行政处罚等职能相对集中到一个行政执法机关。综合执法改革无疑是我国行政执法体制的深刻革命。但不可否认,综合执法作为行政体制改革的基本模式还存在成本巨大等问题,而且这种改革是长期任务,其改革成效难以立竿见影。同时,我们应当清醒地认识到,我国现行行政管理体制在基本面上与其他国家一样都是近代以来以分工和专业化为基础形成的。社会生活经过与这种行政体制长期磨合,已经形成结构上的稳定性。行政管理体制的剧烈变动会带来社会生活其他方面的联动效应。况且,行政职权的综合是有限度的,行政事务千差万别,有些行政职权如治安管理与征税,难以综合到一起。

能否在不对长期以来形成的行政模式作大变动的条件下,建立一种与综合执法相辅相成的行政法制度,解决综合执法想要解决的问题,并进一步解决综合执法不能解决的问题呢?建立完善的行政协助制度有助于实现这个目标。例如,综合执法的一个好处是可以避免行政权力和行政资源的重复配置,而行政协助同样可以达到这个目的;综合执法无法解决因权力性质迥异或者职能交叉产生的执法脱节或者地区、部门封锁的问题,而行政协助可以有效避免之。如在环保执法领域,根据 1989 年《环境保护法》第 7 条的规定,县级以上地方人民政府环境保护行政主管部门,对本辖区的环境保护工作实施统一管理。国家海洋行政主管部门、港务监督、渔政渔港监督、军队环境保护部门和各级公安、交通、铁道、民航管理部门,依照有关法律的规定对环境污染防治实施监督管理。县级以上人民政府的土地、矿产、林业、农业、水利行政主管部门,依照有关法律的规定对资源的保护实施监督管理。这一规定决定了我国实行环境保护行政部门总管和其他相关部门分管相结合的管理模式，有权行使环境行政管理权的机构众多，从而在同一客体上同时存在两套管理班子甚至多套管理班子。立法原意是要各部门分工负责，统管与分管相结合，各部门之间密切配合，相互支持，既分工又合作，共同做好环境监督管理工作，但实际上由于部门众多，围绕环境管理产生了各种形式的部门保护主义。

如何解决这一问题？一种思路是从体制上着眼，将针对同一对象的行政权进行整合，由专门的管理部门行使。如我国七大江河湖泊的流域管理机构，主管特定江河湖泊的流域水管理业务。但由于流域管理机构的性质和法律地位不明确，缺乏行使水管理职权应有的法律依据，致使在履行流域水管理职权时常常处于不利地位，影响其职权的行使。另一种思路就是在各部门合理分工、明确职责的基础上，要求有关部门在必要时对其他部门予以行政协助。如《法国环境法典》规定：为履行其职责，生活质量部长，必要时，可以求助于其他部长领导下的部门和机构。随着环境法的日益完善和发展，纳入环境法的管理对象越来越庞杂，环境管理部门的分工必然越来越精巧、细密、职能越来越独立，不可能指望由一个部门全权负责，但环境要素是一体的，也不可能把它们截然分开，这就需要环境管理部门在环境管理过程中，更加体现一体化的要求。尽管修改后的《环境保护法》不再列举其他主管部门，只是笼统规定县级以上人民政府有关部门和军队环境保护部门，依照有关法律的规定对资源保护和污染防治等环境保护工作实施监督管理，但仍然需要各部门分工合作做好生态环境保护工作。行政体制是一个组织严密的体系，是一个分工协作的大系统。行政体系内部各机构实体只是一种分工协作的关系，而非对立关系，各机构的总体目标、总体利益是一致的。必须依法建立行政协助关系，并保证行政协助的方便性、目的性和灵活性。①

（三）行政协助立法和实践中存在的问题

我国立法和实践中的行政协助，对发挥行政机关的整体优势，积极避免行政机关职能部门间的权限冲突发挥了积极作用。但总的来说，行政协助只是行政机关之间基于积极性的一种自我尝试，没有形成制度，仍然是一种行政手段，在解决权限冲突中所起的作用不稳定。概括而言，影响行政协助正常运行的障碍主要有以下几个方面：

① 参见武从斌：《减少部门条块分割，形成协助制度——试论我国环境管理体制的改善》，载《行政与法》2003 年第 4 期。

1. 法律对行政协助只是作原则性规定，缺乏可操作性

现行法律对行政协助规定较少，即使有规定，用词也不尽相同，有支持、配合、协助等，一般只作原则性规定，没有具体的操作性条款。如《税收征收管理法》第5条第3款规定：“各有关部门和单位应当支持、协助税务机关依法执行职务。”具体如何支持、协助，并没有下文。《公路法》第14条第4款规定：“乡道规划由县级人民政府交通主管部门协助乡、民族乡、镇人民政府编制，报县级人民政府批准。”《海关法》第12条第2款规定：“海关执行职务受到暴力抗拒时，执行有关任务的公安机关和人民武装警察部队应当予以协助。”由于支持、配合、协助等规定过于原则，缺乏可操作性，实际上形同虚设。

2. 没有责任条款，行政协助缺乏法律保障

行政协助由于是没有隶属关系的不同行政部门之间的配合，它的实现不能完全依赖于各相关部门的自觉，也有待法律对行政协助作出硬性规定，明确行政协助是所有行政机关的义务，不履行协助义务应当承担相应的法律责任。但由于没有义务和责任条款，有些部门并不认为协助是本部门的应尽职责，协助本身也是一件对本部门没有直接利益的事情，尤其是当这种协助与本部门的利益发生冲突时行政协助就难以实现。更由于缺乏法律责任的规定，不协助也不会产生什么不良后果，更放纵了相关部门淡化、模糊协助义务等不良意识。如果被请求协助部门以各种借口不予协助，行政协助关系就无法建立。

3. 部门保护主义和地方保护主义阻碍了行政协助的有效进行

部门保护主义和地方保护主义把本部门、本地区的行政权同整个国家行政权割裂开来，从自身部门、地区的狭隘利益出发，对其他行政机关采取不合作、不协助的消极对策，从而导致其他地区和部门行政管理目的难以实现，降低行政管理效率，影响行政相对人合法权益的实现。

(四)完善行政协助制度

管辖制度主要强调行政机关间的职能分工，但诚如王名扬先生所言，职责分工不能排除地方政府在执行职务时彼此之间的合作，因为这种合作同分工一样也有必要。[①] 分工和合作是实现行政目标的两翼，缺一不可。这也是科层制理论与新公共行政治理理论结合的必然要求。科层制强调职能分工，每一个行政部门都是封闭的，但可以说，在行政机关各职能部门分工日益细化的今天，任何一个行政任务已经不是单个职能部门所能独自

---

① 参见王名扬：《英国行政法》，中国政法大学出版社1987年版，第74页。

完成的了。如对于解决临街居民楼底层开饭店问题,发放执照由市场监管部门负责,食物安全卫生由卫生部门负责,油烟污染问题由环保部门负责,改变居室结构和功能由城建规划部门负责,市容环境由城管部门负责。在这样的情况下,各部门各司其职,任何一个部门都无法解决这一问题。从某种意义上说,行政法律规范对各部门的职责权限规定得越具体,分工越明确,反而更有可能束缚行政手脚,并为行政不作为找到法律上的借口。因此,建设法治政府,实现依法行政,除了法律法规对各部门的职责权限作出明确合理的划分,科学设置行政机构,尽量避免权限交叉和重叠外,我们还必须转变观念,从另一个角度思考问题。政府各职能部门之间权限分工是相对的,各职能部门都是政府的工作机构,并不是一个独立的利益主体,目标是一致的,共同代表政府承担着行政任务。而行政任务的有效完成需要各部门在分工基础上的通力协作,发挥行政的整体优势。这就要求行政机关各职能部门从治理理论出发,淡化部门主体意识,弘扬协作精神,以相互协助、合作的姿态共同完成行政任务。职能分工是依法行政的基础,行政协作也是依法行政的体现。分工和协作是依法行政的两个方面。法律将一个行政管理事务交由几个职能部门齐抓共管,本身就要求各部门配合协作。只有在分工基础上密切协作,才能形成行政合力,避免行政资源的浪费,全面及时地履行行政职责。

为加强配合协作,在行政实践中各地各部门之间采取了多种方式,取得了一定成效,但这些方式基本上都是通过行政手段,基于各方的主动性建立起来的,尚没有形成有效的法律机制。行政法律规范规定的各机关之间加强配合,也只是指导性的,并没有法律约束力和可操作性的规范。行政协助制度作为现代国家行政机关间协作的主要方式,为统一制定行政程序法的国家和地区所采用,我国多种版本的《行政程序法(试拟稿)》也将行政协助作为重要内容列入其间。

1. 以法明确协助是法定义务

行政协助在很多国家的行政程序法中被作为一项重要的法律制度加以规范。它不仅是行政机关的一种自觉,更是一项法定义务。如西班牙、德国、韩国行政程序法都规定了行政协助义务。① 除非有法定情形,行政协助请求不得拒绝。由于行政协助是不相隶属的行政机关之间的关系,只有法律明确规定协助义务和不协助的法律责任,将行政协助纳入法制化轨

① 如1958年《西班牙行政程序法》第4条第4项规定,国家最高行政机关、自治区行政机关及组成地方行政的部门在各自职能范围以外行为时必须相互合作和帮助。1976年《联邦德国行政程序法》第4条第1项规定,所有官署于被请求时,须相互协助。

道,行政协助制度才能行之有效。应松年教授和姜明安教授分别主持起草的《行政程序法(试拟稿)》都强调了被请求协助的行政机关没有正当理由的,不得拒绝协助。但问题是,对于什么是“正当理由”,都没有作出明确规定。姜明安教授主持起草的《行政程序法(试拟稿)》所规定的“被请求机关除依法或依职权的性质,或有其他正当理由不能提供协助外,不得拒绝”,表面上看起来强调了不得拒绝,实际上为拒绝协助开了方便之门。只要有所谓的正当理由,就可以拒绝。综观统一制定行政程序法的国家和地区对行政协助进行规定的,一般都对可以拒绝协助的情形作了规定。①

因此,笔者认为,将来统一制定的行政程序法应对可以拒绝的情形作出法律上的规定。可以考虑,有下列情形之一的,被请求协助主体可以拒绝提供协助:(1)请求事项超出被请求主体权限范围的;(2)请求事项基于被请求主体的人力、财力和其他技术因素难以承担的;(3)请求机关在自身的职权范围内可以独自完成的;(4)如果提供协助,被请求主体自身职能受到严重损害的。

明确了行政协助是一种法定义务,没有法定理由不得拒绝,对不履行法定义务的法律就必须规定相应的法律责任。当然这一法律责任可以在其他实体法中规定,不一定在行政程序法中规定。在行政法律责任中,如果有协助义务的一方无法定理由不予协助,或经法定机关裁决协助而仍不协助的,由被请求机关的上级主管机关对主管领导和直接责任人员,给予责令检查、通报批评的处理或者行政处分。由于请求行政协助的行政机关因被请求机关不协助而导致无法履行行政职责,造成国家社会公共利益重大损失的,由监察机关依法追究其政纪责任;因被请求机关不履行协助义务使请求机关无法单独完成行政任务而被提起不作为诉讼的,可以请求人民法院追加被请求机关为共同被告,在赔偿诉讼中可以要求被请求机关共同承担赔偿责任。在人民政府确定的执法责任制考核指标中,应当将是否履行了协助职责作为一项指标加以考核。

2. 统一规定提请协助的情形

行政程序法既然将行政协助作为一项重要的法律制度,规定行政机关

---

① 如1996年《韩国行政程序法》第8条第2项规定了可以拒绝的情形:(1)有明显理由认为受请求机关以外之行政机关能为较有效率且经济之协助时;(2)有明显理由认为行政协助将显然阻碍受请求之行政机关执行固有职务时。1976年《联邦德国行政程序法》在规定可以拒绝请求的情形外,特别强调,被请求机关不得以第3款所列以外的理由,尤其不得以认为职务协助所欲帮助实施的措施不合目的而拒绝提供协助。

的协助义务，也就意味着法律规范必须界定权利义务的范围，哪些是必须协助的，哪些是可以协助的，哪些是不得协助的。有学者将行政协助分为法定协助和任意协助。[①] 行政程序法上所规定的协助应当是法定协助。对于任意协助，可以由行政机关相互间通过行政合作，签订行政协议等实现，行政程序法不作规定。当然，为了避免任意协助的滥用，破坏职能分工原则，违反法律法规关于职责权限范围的规定，损害国家社会公共利益和行政相对人的合法权益，行政程序法需要规定不得提供协助的情形。有学者提出，在下列情形下，不得请求其他行政主体提供行政协助：(1)请求主体与被请求主体具有隶属关系的；(2)请求主体所请求协助的事项为被请求主体自身任务的。[②] 笔者认为，将来统一制定的行政程序法可以规定，有下列情形之一的，不得提请协助：(1)被请求事项不属于被请求机关法定职权范围以内的；(2)如果协助将严重损害国家社会公共利益和公民、法人或者其他组织合法权益的。

对于哪些可以提请协助，应松年教授主持起草的《行政程序法(试拟稿)》第14条第2款规定：有下列情形之一的，行政机关可以请求其他行政机关协助：(1)独自行使职权难以达到行政目的的；(2)执行公务需要的事实资料不得由行政机关自行调查的；(3)执行公务所必须的文书、资料、信息为其他行政机关所掌握，行政机关自行收集难以获得的；(4)其他必须请求行政协助的情形。马怀德教授主持起草的《行政程序法(试拟稿)》第16条第1款规定：行政机关在执行公务时，有下列情形之一的，可以请求其他行政机关协助：(1)因人员、设备等事实上的原因，不能独自完成行政任务的；(2)无法自行调查执行公务所需要的事实资料的；(3)执行公务所必须的文书、资料、信息为被请求行政机关掌握的；(4)由被请求机关协助执行，较为经济的；(5)其他必须请求行政协助的情形。也有学者提出，在下列情形下，可以请求其他行政主体提供行政协助：(1)由于法律上的原因(如法律没有赋予一般行政机关限制人身自由的职权)，执行行政职权的主体无法自行执行公务、完整履行职责的；(2)由于缺乏必需的机构、人员、设备等事实上的原因，执行行政职权的主体无法自行完整履行职责的；(3)执行公务需要的事实材料不得由该行政主体自行调查或索取，需要其他行政主体协助调查或索取的；(4)被请求协助行政主体实际占有请求主体执行职务所需资料和其他证据(文书、资讯等)的；(5)如果被请求主体

---

① 参见王麟：《行政协助论纲——兼评〈中华人民共和国行政程序法(试拟稿)〉的相关规定》，载《法商研究》2006年第1期。

② 参见周春华：《行政协助基本问题研略》，载《法治研究》2007年第7期。

协助执行,经济效果将十分显著(效率较高、成本较低)的;(6)其他具备正当请求协助事由的。①

综观各家观点,对可以提请协助的情形基本上大同小异,都参照了有关国家和地区行政程序法典关于行政协助的规定,对此,笔者表示赞同的是统一的行政程序法既然以行政法律规范的形式规定了行政协助是一种法定义务。那么,根据义务法定原则,法律上就应当明确规定协助的具体范围和内容。这样,对提请行政协助的机关而言,请求协助便有了法律依据,提请协助是一项法定权利,而不是给被请求机关添麻烦,要看被请求机关的脸色行事;对于被请求机关而言,属于行政协助范围和符合协助条件的没有理由不予协助,不属于行政协助范围和不符合协助条件的就可以予以拒绝。请求机关和被请求机关的法律关系就十分明确。至于行政程序法具体规定哪些可以请求协助的情形,应松年教授主持起草的《行政程序法(试拟稿)》规定的情形已经比较全面具体了,至于经济费用问题,在我国似乎不是一个重要的理由。需要补充的是,"其他必须请求协助的情形"应当明确规定为"其他法律、法规规定可以请求协助的情形"。实际上,《行政程序法(试拟稿)》在后续规定中已经规定了协助的其他情形,如第48条第5款规定,没有强制检查权的行政机关需要实施强制检查的,应当请求相关行政机关予以协助,或向人民法院提出申请。第49条第2款规定,没有上下级关系的行政机关可以请求其他行政机关协助调查。《税收征收管理法》规定了各有关部门和单位应当支持、协助税务机关依法执行职务,也就授权税务机关可以请求有关机关进行税务协助,有关机关有了税务协助的义务。这样,对于可以请求协助的情形,实际上由行政程序法和其他法律、法规共同作出规定,这也符合我国受案范围规定的惯例,并使行政程序法与其他法律、法规相协调。

3. 具体规定行政协助的程序

行政协助是一项重要的行政程序法律制度,行政程序法应当对行政协助的程序规则作出详尽的规定,为行政机关实施行政协助提供基本的法律依据。从程序上说,行政协助可以包括以下几个步骤:

(1)请求的提出。行政协助应当向能直接协助该职务的行政机关提出,一般应以书面请求为原则,载明请求的事项、理由、时限等内容。但是也不排除在某些紧急情况下请求主体可以以口头提出。同时,为了规范行政协助制度,可以由行政机关印制统一格式的行政协助请求书。

---

① 参见周春华:《行政协助基本问题研略》,载《法治研究》2007年第7期。

(2)请求的审查和答复。如果被请求主体接受协助请求的,应当及时给予请求主体肯定性答复,然后双方应就协助具体事项达成协议并付诸实施。被请求主体在收到行政协助请求通知后,认为无提供行政协助义务或有拒绝的法定理由时,可以拒绝。拒绝协助时应将理由通知请求协助的行政机关。

应松年教授主持起草的《行政程序法(试拟稿)》规定了因协助发生争议的,由请求机关与协助机关共同上级机关裁决。请求机关请求协助,被请求机关拒绝协助,而请求机关认为请求事项属于协助范围,由此双方发生争议,有共同上级机关的,当然可以提请其共同上级机关决定。但由于行政协助本身的特点是向没有行政隶属关系的行政机关请求协助,特别在我国目前行政领导体制上有的实行双重领导、有的实行垂直领导的情况下,共同上级机关往往直奔省级人民政府或者国务院,层层上报由其作出裁决不符合行政效率原则。笔者认为,在即将制定的行政程序法中,考虑是否可以规定,当一个行政机关请求其他行政机关协助时,被请求机关拒绝或者不予答复时,请求机关可以向被请求机关的上级行政机关提起督办请求。有学者认为,因为被请求主体的上级极可能为本系统利益而拒绝协助请求或者处理争议不公平,因而应当由双方的共同上级主管机关或者本级政府处理。① 但笔者认为,由被请求机关的上级机关督办,上级机关交办的事情,下级自然会全力照办,效果更好。也有学者认为,对于行政协助争议应该构建我国的机关诉讼制度,不服协助行政裁决的机关可以提起机关之诉,从而为其提供司法上的救济。② 行政协助是行政机关内部间的关系,需与权限争议冲突解决机制一并考虑,从现实的角度出发,我国法院尚承担不了这一任务。

(3)协助的实施。在被请求主体接受行政协助请求后双方达成协助协议,双方应尽量对协助的法律和事实问题作明确的规定,防止行政纠纷。如对于提供人员协助的,人员接受哪一方指挥、调配,必须有明确规定。

4.划清行政协助的法律责任

应松年教授主持起草的《行政程序法(试拟稿)》第15条规定,根据行政协助作出的行政决定,由请求机关承担责任;实施行政协助,由协助机关自行承担责任。笔者赞同这一责任认定方式。行政协助发生在相互没有隶属关系的行政主体之间,无论请求机关与被请求机关是职权内容相同而

---

① 参见杨建生、李延:《论行政协助制度——从比较法角度研究》,载《云南行政学院学报》2006年第3期。

② 参见杨临宏、王志华:《论行政协助制度》,载《学术探索》2004年第3期。

管辖地域不同，还是职权内容不同而管辖地域相同，抑或两者都不相同，他们必然都是各自拥有行政职权的相互独立的机关，这是行政协助产生的基础。因此，在已经发生行政协助的情况下，请求机关与被请求机关都是在各自的职权范围内作出相应的行政行为。这两个行为在各自独立的情形下，依赖协助关系形成合力而发生作用。在行政协助中，尽管请求机关的行为与被请求机关的行为需依赖协助关系才能形成合力，其内容才对外发生作用或者说实现行政行为的目标，但这却是通过请求机关与被请求机关在各自的行政职权范围内作出的两个行为来完成的，而且这两个行为各自具备行政法上行政行为的成立要件，是两个独立的行为。请求机关的行为与被请求机关的协助行为各自具备效力，其行为的效力自然分别归属实施行为的主体。

5. 规定行政协助的救济和费用

行政协助不仅是请求机关和被请求机关双方的内部行政事务，有时也涉及行政相对人的利益。行政相对人对行政协助行为不服时，有权通过行政复议或行政诉讼寻求解决，认为行政协助行为违法造成其损害的，还可以请求国家赔偿。问题是，在这些行政救济程序中，与行政相对人对应的一方应当如何确定。笔者认为，对这个问题要根据不同的情况作出不同的回答。如果相对人是对请求机关没有依法请求协助或者作出的行政协助决定不服引起的争议或者提出赔偿请求，应当由请求机关作为行政复议的被申请人、行政诉讼的被告或者赔偿义务机关；如果相对人是对被请求机关拒绝提供协助或者作出的协助行为不服，应当由被请求机关作为行政复议的被申请人、行政诉讼的被告或者赔偿义务机关；如果相对人对两个机关的行为都不服或者提出赔偿请求，两个机关应当作为共同的被申请人、被告或者赔偿义务机关。

在行政协助费用的承担上，应松年教授主持起草的《行政程序法（试拟稿）》第 15 条第 2 款规定："行政协助所需费用由请求机关承担。"马怀德教授主持起草的《行政程序法（试拟稿）》第 17 条第 2 款也规定："被请求机关因实施行政协助而支出的费用由请求机关负担。"笔者认为，既然行政协助是一种法定义务，并且被请求机关是在自己的职责权限范围内独立实施行政行为，尽管是在请求机关请求的情况下实施的，也是其应尽的义务。因此，在法定行政协助的情况下，被请求机关提供协助是履行其法定职责。由于理论上被请求机关履行法定职责的费用已经由财政预算划拨到其账户上，所以在其向请求机关提供协助时，费用当然应当由自己承担而不是由请求机关承担。当然，在不属于法定协助而是任意协助情形下，费用如何承担，可以由双方按协议商定。

五、行政协调

(一)行政协调的基本概念

行政协调在现行行政法律规范和行政实践中已被广泛使用,对加强部门之间的沟通,消除内耗,完成行政总体目标起到了一定的作用。但在我国现行行政规范性文件中,行政协调有时与行政协作往往不作区分,混合使用。如2005年国家环境保护总局、监察部、国家海洋局、交通部、农业部联合发布的《关于开展海洋环境保护专项执法检查的通知》要求建立工作协调机制。2005年国家安全生产监督管理总局和国家煤矿安全监察局颁布的《煤矿隐患排查和整顿关闭实施办法(试行)》第27条规定建立协调会议制度。2006年国家安全生产监督管理总局发布的《关于近期非煤矿山放炮事故和中毒窒息事故的通报》(已失效)要求地方各级安全监管部门积极协调有关部门开展好联合执法工作。这里的"协调机制""协调会议""积极协调",实质上属于部门之间的行政协作关系。

协调不同于协作。协作是平行的各行政主体之间为了实现共同目标而建立起来的相互合作配合关系,它是在双方或多方自主自愿的基础上进行的。而协调是一种组织管理活动。行政协调是各级人民政府的一项基本职能,是上级行政机关对下级行政机关领导、监督权的体现。由各级人民政府承担对各职能部门之间权限冲突的协调是宪法、组织法决定的,《宪法》第89条规定:"国务院行使下列职权:……(三)规定各部和各委员会的任务和职责,统一领导各部和各委员会的工作,并且领导不属于各部和各委员会的全国性的行政工作;(四)统一领导全国地方各级国家行政机关的工作,规定中央和省、自治区、直辖市的国家行政机关的职权的具体划分……"《地方组织法》第73条规定:"县级以上的地方各级人民政府行使下列职权:……(二)领导所属各工作部门和下级人民政府的工作……"领导意味着组织和协调,协调是保证行政统一性的重要手段。从某种意义上讲,行政领导者就是行政协调员,搞好行政协调是行政领导者的重要职责。协调是各级人民政府的一项管理职能。国务院《全面推进依法行政实施纲要》为此要求加强政府对所属部门职能争议的协调。这是规定人民政府承担协调职能的现行最高行政规范性文件,尽管宪法、组织法本身并没有直接规定人民政府的协调职能,但协调各部门间关系无疑是各级政府领导权的体现。

协作和协调,有时往往是一种递进关系。协调一般是在行政协作出现障碍时,也即在法律上所称本着平等自愿的原则协商不成时,一方或双方寻求共同上级行政机关或其他有关机关予以调处的行为。根据《北京市关于行政执法协调工作的若干规定》,行政执法部门之间发生的与执法职责有关的争议,原则上依照法定职责由负有行政执法职责的部门进行协调。行政执法部门之间协调不能达成一致意见的,由负有协调责任的行政执法部门向有关机关提出协调申请。部门之间的自我“协调”实质上是一种行政协作,当无法达成协作意向或协作协议时,向上级有关机关提请协调,则是协调的本义。

协调与组织、指挥,都是行政管理的组成要素,协调不同于组织、指挥的是,组织、指挥带有较强的命令色彩,而行政协调带有更多的调解色彩,协调尽管不以被协调者的主观意志为转变,但更多的是尊重被协调者的意志,力争被协调者达成一致意见。行政协调也不同于权限冲突的裁决行为,裁决是共同上级行政机关或法定机关对行政机关之间产生的权限争议作出“判决”的行为,是领导意志的体现,带有更强的权力色彩。

之所以强调行政协调的行政管理性质,主要目的在于认清协调的本质,确保协调的效果。协调尽管不是组织指挥活动,但行政协调与行政指挥一样,都是实现国家行政的手段。行政协调缺少了行政强制力的保障,协调必然处于一种软弱无力的境地。根据冲突理论,部门间的协调,是有范围和条件的,只有在有互利和双赢的潜力时,协调才可能成功。

笔者对行政协调的界定限于,各级人民政府或专门机构对各职能部门在履行职责、行使行政权力过程中产生的权限争议主动或依请求予以排解和处理的一种内部行政行为。行政部门相互间的“协调”,在这里不作为行政协调问题探讨。

(二)行政协调的地位和作用

行政范围的不断扩张和行政专业化管理,是世界各国的共同特征。为了减少部门间的交叉重叠,便于行政首长的统领,很多国家实行了大部门制改革。但总的来说:“当前行政改革有这样的趋势,就是将过去由一个大部门执行某种职能转而由几个较小的组织去做,这些组织有的被称为‘执行机构’,有的被称为‘特别运作机构’。在分散化的公共治理体制之中,大量的独立机构(不仅仅是属于政府序列的机构,还包括依照法律设立的其他公法人,以及承担一定治理任务的社团组织)在社会治理中扮演着越来越重要的角色,在中央层级上就体现为中央或‘中枢’行政机关不断加速的分散化和异质性特征。”①其结果是“虽然大型组织的解体可能会换来

① [美]特伦斯·丹提斯、[美]阿兰·佩兹:《宪制中的行政机关——结构、自治与内部控制》,刘刚、江菁、轲翀译,高等教育出版社2006年版,第324页。

某种效率,但也可能因此产生重大损失,如由于协调的减少而导致公共部门整体效率的衰退”。[①] 因此,古利克认为:“政府组织的问题是一个涉及企业的各分工部门的协调机制问题,换句话说,是一个实现令人满意的分工,再形成适当的协调和控制机制的问题。”[②]

可以说,现代行政的高度专业化分工,已经导致任何一项行政任务都不是单个行政机关所能独自完成的了,行政目标的实现需要各部门在各自的权限范围内相互协作。这种协作关系的建立既需要行政机关各职能部门的主动配合,如联合执法、行政协助和相互通报,更需要共同上级机关的组织和协调。马克思曾说:“一切规模较大的直接社会劳动或共同劳动都或多或少地需要指挥,以协调个人的活动,并执行生产总体的运动——不同于这一总体的独立器官的运动——所产生的各种一般职能。一个单独的提琴手是自己指挥自己,一个乐队就需要一个乐队指挥”。[③] 这里所说的“指挥”,也就是领导者的协调活动。为了保证行政机关各职能部门既各司其职,又互相配合,共同实现行政目标,共同上级机关需要统一部署行政行为,组织领导各职能部门朝着同一个目标前进,当行政过程产生不畅和阻塞时,必须及时予以协调,化解各执法部门之间的摩擦,恢复正常状态。

行政协调在解决权限冲突中具有其他途径和方式所不可替代的作用,它必将在解决权限冲突中发挥重要作用:

首先,行政协调是调和部门利益的重要途径。尽管有学者提出应从“部门行政”向“公共行政”转型,[④]但职能分工是行政权扩张的必然结果,部门行政本身无可厚非,只是部门行政与部门利益挂钩后出现了相互推诿和争权的现象。有些职能部门行使职权以是否对己有利为标准,有利可图的争着管,无利可图的相互推诿。政府各职能部门之间由于部门利益而“争权夺利”,是造成权限冲突的直接原因。对于权限冲突,现行法律规范经常表现得软弱无力。有关行政执法程序法规一般规定行政执法过程中发生的管辖权争议,由双方协商解决。但由于利益的存在自行协商往往难以奏效。而在协调不成时,提请共同上级机关指定管辖。指定管辖体现了

---

① [美]B. 盖伊·彼得斯:《政府未来的治理模式》,吴爱明、夏宏图译,中国人民大学出版社 2001 年版,第 92 页。

② [美]罗伯特·B. 登哈特:《公共组织理论》(第 3 版),扶松茂、丁力译,中国人民大学出版社 2003 年版,第 65 页。

③ 《马克思恩格斯全集》(第 23 卷),人民出版社 1972 年版,第 367 页。

④ 参见宋世明:《试论从“部门行政”向“公共行政”的转型》,载《上海行政学院学报》2002 年第 4 期。

上级行政机关的权威性,但指定管辖只是对一事一时的权宜之计,被指定管辖的一方无法单独完成行政任务而其他相关部门不主动配合,或消极应对时,行政整体目标也难以实现。只有共同上级行政机关从全局出发,按照一定的原则和程序协调各部门之间的权限争议,才能及时化解冲突,促使各部门通力合作,共同实现行政任务。

其次,行政协调是解决立法缺陷的补救措施。在职责权限授予和划分上,立法缺陷主要体现在两个方面:一是不同的法律法规将同一行政职责赋予了不同的职能部门,要求齐抓共管;二是法律法规对于职责权限的界定模棱两可。行政机关各职能部门各执各的法,相互之间必然会造成执法权限冲突。依法行政有时变成了"依法打架"。各部门都有执法依据,但对行政相对人而言所带来的结果是多重处罚,前后不一,缺乏公平性。作为行政执法机关,不能消极地等待立法部门修改法律,或对法律的适用作出明确的立法解释或制定实施细则。行政行为不能中止,这就需要共同上级行政机关在法律冲突和模糊的情况下协调各相关行政机关行使相应的职权,以行政手段弥补法律规定的不足。

最后,行政协调是实现行政协作的有力支撑。行政协作是互不隶属的平行行政执法部门之间的一种相互配合。这种协作往往建立在共同意志基础上,是一种行政协议关系。如果有关行政机关请求其他行政机关予以协助,其他行政机关以所谓的正当理由不予协助时,行政任务就无法完成。尽管行政机关之间有相互协助的义务,但被请求机关不予协助,即使将来统一的行政程序法规定了责任条款,从行政整体目标上看,行政目的仍然没有实现。因此,在行政协作中遇到障碍时,只有共同上级机关予以协调,才能保证行政协作的顺利进行。

(三)行政协调实践中存在的问题

行政协调在现行的行政管理中被广泛应用,并形成了许多好的协调原则与方法,如综合平衡原则、平等协商原则、会议协调方法、设立议事协调机构等。这些协调原则与方法,为行政管理有效运作起到了一定的积极作用。但是,随着社会主义市场经济取代计划经济,人治逐步走向法治时代的到来,过往的行政协调机制暴露出较多弊端,尤其是在行政管理体制不断改革、政府职能不断转变的条件下,行政协调机制愈加显得不适应行政发展的需要。

1. 协调机构众多,协调职能不明确

为了便于协调,各级政府根据需要随时成立专门的协调机构进行协调。协调的范围,少则涉及三五个执法部门,多则涉及所有执法部门。这些协调机构没有行政主体资格,随需要而临时设立,其运作需要主管领导的重视。事实上,一个主管领导可能兼任若干协调小组组长,无暇顾及。作为负责协调日常工作的办公室有履行协调的职责而无相应的权力,这样会影响协调工作的进程和效果。协调小组实际上有时演变成了领导小组,只负责统一指挥,而忽视了对各职能部门权限纠纷的处理。

2. 重视人际关系协调,依靠行政手段实现协调目的

在行政协调过程中,一种情况是,强调人际关系的做法,不从所要协调事项的性质及客观情况出发,人为地影响了行政协调的效果。另一种情况是,协调主体的行政级别如果与参加协调的部门或个人级别相同或者低的,协调效果则较差,如果是级别高的单位或个人,效果则较好。协调之中,过于强调行政手段,忽视从法律规定的角度进行协调的现象,会增加协调的难度,削弱协调的效果。

3. 依靠会议协调,轻视有关协调程序法定化

在行政管理实践中,各级政府部门对一些需要加以协调的事项,动辄召集会议,一两次会议解决不了,召开三四次会议,甚至更多,小会处理不了,则开大会,低层次会议不行,则开高层次会议,似乎协调成功非会议莫属。可是,有时不但无济于事,甚至误事,效果更差。行政协调缺乏较合理的规则体系,难以在正常情况下顺利地进行。

(四)行政协调法治化

行政协调作为人民政府的一项职责,协调的主体是本级人民政府,协调从本质上而言又是对各部门职责权限和相互关系的进一步厘清,只有通过立法规定协调的主体、权限和程序,行政协调才能从人为协调转向法治协调。通过机构编制法和行政程序法分别规定协调的主体、原则和程序,实现行政协调的法治化。

行政协调的主体是各级人民政府,各级人民政府机构编制管理部门具体负责部门职责分工的协调,并对部门职责分工的协商工作进行指导。

部门职责分工协调应当按照依法行政的要求,依据法律、行政法规、“三定”规定和党中央国务院有关文件进行,应当坚持一件事情原则上由一个部门负责;确需多个部门管理的事项,应当明确牵头部门,分清主办和协办关系及其各自的职责分工。

行政协调的程序包括:

1. 部门协商

相关职能部门在工作中发生职责纠纷,对职责分工有异议时,主办部门应当及时主动召集协办部门进行协商,协办部门应当予以配合。已明确

工作牵头部门的,以牵头部门为协商工作的主办部门;工作有多个牵头部门的,以排在第一位的牵头部门为协商工作的主办部门。尚未明确工作牵头部门的,以首先对职责分工提出异议且建议共同协商的部门为协商工作的主办部门,其他相关部门是协商工作的协办部门。协办部门或者相关部门也可以主动向主办部门提议协商。

设立议事协调机构的,议事协调机构的牵头部门或者承担日常工作的部门在组织落实具体工作任务过程中,发现相关部门对有关工作分工有异议或者需要进一步明确的,应当及时组织协商。相关部门提议协商的,议事协调机构的牵头部门或者承担日常工作的部门应当组织协商。

协商主要采取书面征求意见和组织召开协商会议的形式进行。书面征求意见应当给相关部门留有充分的办理时间,答复期限一般不少于10个工作日,不超过20个工作日;逾期未答复且未说明原因的,视为没有不同意见。协商会议应当由主办部门负责同志主持召开,提前通知与会部门,并告知协商事由。协商过程中,主办部门应当充分听取协办部门的意见,通过明晰任务分工、完善工作流程等方式,解决职责分工争议问题。部门协商时,主办部门和协办部门不得擅自改变法律、行政法规、"三定"规定和党中央国务院有关文件已经确定的职责分工。

协商达成一致意见的,主办部门应当将协商工作纪要报送机构编制部门。协商工作纪要应当加盖主办和协办部门印章。协商未达成一致意见,由主办部门及时向中央机构编制部门申请协调。

2. 机构编制部门协调

主办部门向机构编制部门申请协调,应当以书面形式向中央机构编制部门提出,同时报送以下材料:争议事项以及协商情况,申请协调的理由,职责争议涉及的法律、行政法规和党中央国务院文件,其他应当提供的相关材料。书面协调申请应当加盖主办和协办部门印章。

机构编制部门收到协调申请后,应当在10个工作日内作出受理或者不予受理的决定,并告知主办部门。不予受理的,应当说明理由。

有下列情形之一的,机构编制部门应当受理:(1)对"三定"规定和有关职责分工文件的表述理解不一致的;(2)对法律、行政法规中有关职责分工的表述与"三定"规定的表述存在不同理解的;(3)对同一事项的管理职责有争议的;(4)对同一事项均具有管理职责,但在实际工作中就各环节的职责分工有争议的;(5)因实际情况发生变化造成职责争议的;(6)因出现新的管理事项需要明确职责分工的;(7)其他涉及职责分工争议的。

有下列情形之一的,机构编制部门不予受理:(1)部门未经协商;

(2)不涉及职责分工的行政管理事务争议;(3)部门内部的职责分工争议;(4)部门与行政相对人发生的争议;(5)其他不涉及职责分工的争议。

机构编制部门办理协调事项,应当深入调查研究,充分听取意见,相关部门应当积极配合。机构编制部门可以采取书面征求意见、召开协调会议等方式进行协调。采取书面征求意见方式的,应当给相关部门留有充分的办理时间,答复期限一般不少于10个工作日,不超过20个工作日。逾期未答复且未说明原因的,视为没有不同意见。

采取召开协调会议方式的,依照下列程序进行:(1)提前通知相关部门;(2)组织召开会议,认真听取相关部门意见;(3)做好会议记录。

部门对"三定"规定理解不一致产生争议的职责分工协调事项,机构编制部门可以以书面形式作出解释,明确具体职责归属。

3.提出协调意见并报批执行

经协调,相关部门就职责争议事项达成一致意见的,由机构编制部门拟订书面协调意见,按程序报批。

职责分工争议协调意见应当科学、合理、公平,便于执行和操作,并经争议各方确认无理解上的歧义。机构编制部门在协调部门职责分工争议时,原则上不改变部门"三定"规定,因工作需要确需改变的,应当先征求司法行政工作部门的意见,并在报批协调意见时作出专门说明。

职责分工争议协调意见经批准后,由机构编制部门发文明确,相关部门必须执行。正式印发的职责分工意见,由机构编制部门抄送司法行政工作部门、相关部门和有关单位。主办部门可以召集协办部门对正式印发的职责分工意见在工作流程和管理环节中进一步明确和细化。

经三次会议协调,仍未能达成一致意见的,机构编制部门应当及时对职责归属进行认定,或者对职责归属争议进行裁决,拟订书面意见,按程序报批。

第十三章 行政组织间权限争议裁决机制

行政机关各职能部门之间的权限冲突,已成为当前阻碍依法行政的主要因素。它严重影响行政效率,导致大量行政不作为和相互推诿现象的发生,还可能损害行政相对人的合法权益。解决行政机关各职能部门之间的权限争议,是建设法治政府、构建和谐社会的一个重大课题,是行政组织立法的一个重要任务。只有从行政组织法和行政程序法制建设角度探求行政权限争议的法律解决途径,才能彻底改变长期以来依赖上级领导协调的行政手段,建立行政权限争议裁决法律机制,将权限争议的解决纳入法治化轨道。

一、行政权限争议裁决的性质

在人类社会,争议不可避免地广泛存在,这种争议既可能发生在公民、法人和其他组织相互间,公民、法人和其他组织与行政主体之间,也可能发生在行政主体相互间。因此,必须有一套争议解决机制。我们建立了人民调解、仲裁和民事诉讼制度来解决民事争议,建立了行政复议、行政诉讼制度来解决行政争议,但对于行政主体相互间的争议,至今并没有建立起一套通过法律途径的解决机制。《行政复议法》和《行政诉讼法》都排除了对内部行政行为,包括行政主体权限争议的受理。

行政主体之间的争议,主要是指行政机关相互之间在履行职责过程中引起的权限争议,是否包括下级行政机关不服上级行政机关作出的决定而引起的争议则还存有疑问。因为从行政管理体制上看,下级行政机关受上级行政机关领导或工作指导,下级服从上级的原则决定了对于上级的决定不得提起异议,必须无条件服从和执行。其实也未必尽然,无条件服从是无条件服从,有异议是有异议,《公务员法》还规定了公务员执行公务时,认为上级的决定或者命令有错误的,可以向上级提出改正或者撤销该决定或者命令的意见。

由于客观上机构设置、职权配置不合理和立法上的不完善,权限冲突现象普遍存在,主观上不同的行政主体对法律规范的认知相异,再加上部门利益、地方利益作祟,各行政主体在各自行使职权、履行行政职责过程中自然可能与其他机关发生职责权限争议。行政权限争议是行政权限冲突的外在表现形式。正如行政权限冲突难以消灭一样，行政权限争议无法避免。

争议必须解决。久拖不决，使社会关系处于一种不确定状态，造成人们的无所适从，损害当事人的合法利益。行政权限争议更不同于一般的民事争议、行政争议，它不仅损害争议双方当事人的利益，而且可能由于存在行政权限争议导致不作为，严重损害国家社会的公共利益和行政相对人的合法权益，正如有学者所说，我国行政机关之间权力争议现象的大量存在及其得不到及时有效解决的现状，不仅导致行政系统内部纠纷不断，影响行政机关的威信，还可能影响行政相对人的权益或公共利益。[①]

当然，对于行政机关间的权限争议，我们长期以来在不断探索解决权限争议的途径和方法。但在主观认识上，由于我们一直将行政机关各职能部门之间的权限争议理解为行政系统内部的一种管理权限之争，而不认为是一种法律之争，其法律效力范围限于行政主体系统之内，不涉及行政相对人的实体权利。“由于行政管辖权并不处置行政相对人的实体权利，因此，一个超越行政管辖权的行政主体作出了与一个有管辖权的行政主体相同的行政决定，如果通过法定程序由有行政管辖权的行政主体加以追认的话，该行政行为应当仍然有效。”[②]言外之意是对于行政相对人而言，只要行政行为的内容是合法正确的，由哪个行政机关作行政决定都一样。

由于权限争议被认为只是一个行政组织内部的事情，不涉及行政相对人的权利和义务，不是一个法律问题，因而对权限争议的解决途径长期以来也没有纳入行政法的研究视野。人们以为存在权限争议只是一种非常态的情况，通过行政管理体制改革就会迎刃而解。因而，当行政权限争议发生时，首先由争议的双方协商解决；协商不成时，由共同上级机关进行协调；协调不成时则指定管辖。

其实，权限争议的实质是各部门认为对发生争议的事情有无管辖权，而管辖权的基础是法律、法规对各部门职责权限的规定。根据职权法定原则，行政机关必须在法定的职权范围内行使权力，不得越权，也不得失职。权限争议的焦点是各部门有无法定职权，法律、法规将此类事项的管辖权赋予了哪个机关。解决权限争议的过程实际上也就是根据事实和法律确定法定权限的归属问题。

---

① 参见黄先雄：《法治视野下的我国行政机关权力之争》，载《河北法学》2006 年第 7 期。

② 章剑生：《行政管辖制度探索》，载《法学》2002 年第 7 期。

权限争议的解决不是“和稀泥”，而是一个根据法律、法规对于各职能部门职责权限的规定，认定事实和作出判断的带有司法性质的裁决行为。如在2003年12月由云南省质量技术监督局牵头的，针对生产经营伪劣“丰田”汽车配件而组织的一场打假行动，却引出了该省质量技术监督局和出入境检验检疫局之间的职权纠纷，双方都主张有权管辖。云南省质量技术监督局主张，根据《产品质量法》的规定，有权查处假冒伪劣汽车配件；检验检疫部门却认为，根据《进出口商品检验法》的规定，汽车配件属于“进口商品”，因此云南省质量技术监督局的处罚行为是越权的。双方各执一词。问题的焦点就在于，是将伪劣“丰田”汽车配件视为《产品质量法》中所谓的“产品”，由质量监督部门进行处罚；还是将其视为《进出口商品检验法》中所谓的“商品”，由检验检疫部门处罚呢？这就需要对法律、法规进行正确的阐释，对有关事实进行确认，在“以事实为根据，以法律为准绳”的基础上作出正确的判断。《产品质量法》所规制的对象是“产品”，立法目的在于通过对产品质量的监督管理，来保护消费者的合法权益。《进出口商品检验法》所规制的对象则是“进出口商品”，立法目的所更侧重保护的并非一般消费者的正当权益，而是通过维护进出口贸易有关各方的合法权益，以促进对外经济贸易关系发展。在这起打假案中，作为标的的伪劣汽车配件是由国内生产经销的，这些配件从来不曾进出过国门，更不曾涉及对外经贸关系。据此，应当将这些配件视为《产品质量法》中的“产品”，由质量监督部门进行处罚，属于质量监督部门的职权范围，质量监督部门的打假行为没有越权。

在我国当下的行政管理实践中，类似的事件屡见不鲜，例如，卫生部门和检验检疫部门围绕进出口食品卫生管理权展开的争议等。这些争议，如果将其在认定事实的基础上根据法律规定的各部门的职责权限予以裁决，就可以及时化解争议，避免一时一事的应急协调，形成解决矛盾和纠纷的法律机制。

从中我们可以看到，对权限争议的裁决是一个认定事实、适用法律的复杂过程，需要有一定的组织机构承担这一职责，非上级行政机关指定管辖所能解决的。笔者认为，指定管辖作为一种管辖制度，是指两个或两个以上的行政机关根据法定职责权限的规定客观上都有管辖权，而事实上都行使管辖权可能造成重复行政，导致行政不经济或加重当事人负担，而由上级行政主体指定某一行政主体行使管辖权。如2008年国家外汇管理局颁发的《检查处理违反外汇管理行为办案程序》第7条规定：“违反外汇管理行为涉及两个以上外汇局管辖的，应当协商决定管辖权。无法协商解决的，报请共同的上一级外汇局指定管辖。”指定管辖也可能发生在某一行政事务处于无行政主体管辖或者有管辖权的行政主体因客观原因不能行使管辖权时，由上级行政机关指定某一职能部门行使管辖权。指定管辖只是行政管辖制度的一种补充性制度，目的是使每一项行政事务都能及时、有效地得到处理。指定管辖的特点表现为：第一，它的前提是客观上两个或两个以上的职能部门都有管辖权，而共同管辖又不经济时；或者出现没有法定管辖部门或法定管辖部门无法行使管辖权。第二，指定管辖是针对某一行政事务的处理而临时决定的，如果不及时指定管辖机关，就会出现管理空白，或贻误时机。第三，指定管辖，是指上级行政机关将某一行政事务指定给某一行政主体管辖，是上级领导下级组织体制的体现。

指定管辖的这些特点决定了面对复杂的权限争议，尽管指定管辖能够暂时使行政事务得到处理，但却不能彻底解决纠纷。行政权限争议的特点表现为：第一，它的前提是管辖权不明确，是主观上认为都有管辖权或都没有管辖权，需要根据法律和客观事实确认。第二，权限争议处理是针对久拖不决的“老大难”问题进行彻底的解决，在提起争议裁决前，往往双方进行过协商，上级有关领导或协调小组进行过协调，在其他方法都无法解决问题的时候才进入权限争议的最终裁决。第三，权限争议处理不是仅针对一时一事的行政事务的处理权的指定，而是根据法律法规确认某类行政事务现在和以后应当由哪个职能部门管辖。

权限争议处理和指定管辖有时也可相互转换。上级行政机关认为提请指定管辖的事项涉及重大复杂的法律问题，需要彻底解决的，可以交行政权限争议裁决机构进行裁决。行政权限争议裁决机构在审查行政权限争议案件中认为属于客观存在共同管辖的，可以提请本级人民政府指定管辖。

立法和机构设置要解决的是职权配置问题，职权配置得合理就能从根本上减少权限冲突，也会相应地避免一些权限争议；指定管辖是当客观上出现多重管辖或无管辖时由上级行政机关行使领导权，确保一事一部门主管，发挥行政领导的组织指挥作用；而对行政权限争议的处理是当主观上各职能部门之间发生相互争权或推诿的情况下，由争议之外的第三方站在公正的立场上解决纠纷的准司法行为。三者相辅相成，确保行政管理得以有条不紊地进行。

二、行政权限争议的裁决机构

既然解决行政权限争议是一种带有司法性质的裁决活动，自然得有一定的机构站在公正的立场上予以处理。行政权限争议由什么机构解决?

对于我国应当采取什么样的行政权限纠纷解决模式,学者提出了行政裁决、机关诉讼、宪法诉讼三种模式。笔者认为,对于涉及中央和地方分权,行政权与其他权力关系的,理应也只能通过宪法监督机制由全国人大宪法和法律委员会解决。对组织间的权限争议求助宪法诉讼不符合实际,而且中央行政机关之间、中央行政机关与地方行政机关之间发生的行政权限纠纷属于国务院裁决范围。只有中央行政机关与地方权力机关之间的权限争议,可以提交国家最高权力机关解决。因而宪法解决机制可以作为权限冲突解决机制的一个组成部分,而不可能代替其他解决机制或成为主要解决途径,更不可能成为最终选择。

通过行政诉讼解决权限争议已在我国的行政诉讼实践中得到了贯彻。行政诉讼法规定超越职权范围的,人民法院可以判决撤销;不履行法定职责的,人民法院可以责令其履行。这种类型的诉讼尽管不是机关诉讼,但人民法院通过对法定职责权限的认定,确定了权限的归属,对机关的权限争议客观上起到了解决作用。行政相对人认为行政机关超越管辖权对其实施行政行为的,或者向行政机关提出请求要求其履行义务而行政机关以不属于管辖范围予以拒绝的或告知其向其他机关申请的,可以向人民法院提起行政诉讼,请求撤销超越权限的行政行为或责令其履行法定义务。在这样的诉讼中,人民法院首先要判断的是被告是否对被诉行为具有管辖权。其次在审理过程中,人民法院可以通知相关行政机关作为第三人参加诉讼,最后通过判决确认主管机关。

行政诉讼的特点决定了通过行政诉讼解决的行政机关权限纠纷只是涉及行政相对人权利义务的并且只是行政相对人提起行政诉讼的法律争议。从我国目前法院对法律规范冲突解决权力看,并不具有对法律、行政法规以及地方性法规的审查权,对大量存在于行政实践中的行政规章也只能参照适用,并不能撤销或者宣布其无效。

笔者认为,由上级人民政府对各职能部门之间的权限争议进行裁决是明智的选择,也是权限争议解决机制的主渠道。这既符合我国的宪法体制,也符合实际。根据我国宪法和法律对行政机关职权划分的规定,对人民政府各职能部门间权限争议的裁决机关是国务院和县级以上地方各级人民政府。

有学者担心,行政权力冲突的内部解决效果往往不稳固。① 因为行政

---

① 参见易谨、刘志英:《行政权力冲突:一个不容忽视的现象》,载《文史博览》2006 年第 20 期。

内部往往只能就事论事,行政机关以一个部门在此事上的让步,换取另一个部门在彼事上的让步。此举可暂时化解权限冲突,但权限冲突的根源仍在,冲突随时会再次发生。

这些问题并不是行政解决机制本身必然存在的先天问题,而是由于我们缺乏对行政权限纠纷裁决的法律规制。通过制定《行政复议法》和《行政复议法实施条例》,设立或指定专门的行政复议机构,规定复议的程序规则,将行政复议纳入了法制化的轨道,使其与行政诉讼制度一起成为我国行政救济的重要法律途径。行政权限纠纷的行政解决机制要充分发挥其效用,必须走上法制化的轨道,实行行政途径的法制化再造。而这里首要的任务是明确权限纠纷裁决的法定机构,授予其相应的权力,使其能代表本级人民政府行使裁决权。这个机构应当相对独立于其他行政机构,且凌驾于政府职能部门之上,建议各级人民政府设立权限纠纷裁决委员会,作为议事协调机构,由政府负责人担任委员会主任,由编制工作部门、司法行政工作部门、组织人事部门等相关部门组成,委员会办公室可以设在编制工作部门或司法行政工作部门。

为了使行政权限争议的裁决走上法制化、常态化的轨道,应参照行政复议制度,实行审查机关和决定机关分离,即由权限裁决委员会审理行政权限争议的案件,由本级人民政府决定。可以通过行政组织或行政程序立法规定由权限裁决委员会代表本级人民政府办理行政权限争议的裁决事项,具体包括受理行政权限争议纠纷裁决的申请,调查和审理有关权限争议,拟定裁决意见。在编制工作机构或司法行政工作机构内部,可以设立权限纠纷裁决处,或与行政复议处合署办公。编制工作机构作为负有协调政府各部门之间职责分工的议事协调机构,隶属于党委系统,比较超脱,权限争议本质上是一个职责分工进一步明确的问题,由其负责协调裁决专业性较强。在法治政府建设的语境下,职权法定,权限争议裁决又是一个法律问题,实质上也是对法定职权范围的解释和确定,重新组建的司法行政工作部门也承担着对行政执法的综合协调工作。由司法行政工作机构裁决,无论从实体法上,还是从程序法上,更符合法治的要求。但不管权限争议裁决工作机构设在编制工作机构还是司法行政工作机构,都不是以本机构的名义从事权限争议裁决工作,而是代表本级人民政府行使职权。正如县级以上地方人民政府办公厅(室)或者县级以上地方人民政府确定的其他政府信息公开工作主管部门负责推进、指导、协调、监督本行政区域的政府信息公开工作,并应当指定机构负责本行政机关政府信息公开的日常工作,行政复议机关负责法制工作的机构具体办理行政复议事项,权限纠纷裁决机构也只是委员会下设的一个工作办公室,负责组织纠纷裁决事宜而不是决定机构。

作为编制工作机构和司法行政机构中从事权限纠纷裁决的工作人员,应当具备相应的资格,从通过统一法律职业资格考试的公务员中选任,也可以从法学专家、律师中聘请兼职工作人员参加裁决工作。《行政复议法实施条例》第4条规定,专职行政复议人员应当具备与履行行政复议职责相适应的品行、专业知识和业务能力,并取得相应资格。行政权限争议裁决人员的资格也应当参考行政复议人员的要求依法予以规定。在具体的每一起裁决案件中,以合议制的方式组成裁决委员会,裁决委员会由政府司法行政工作机构的人员、编制机构工作人员和专家、律师组成。在行政复议中,北京市成立了由专职复议委员和从专家、学者和律师中聘任的非常任复议委员组成的行政复议委员会,负责对重大、复杂的行政复议案件的审理,以审议会的方式集体研究决定行政复议事项。笔者作为行政复议委员会的非常任复议委员,在工作中感觉到可以置身于行政机关之外,从客观的角度研究分析行政争议,提出复议意见,对于确保行政复议的公正性起到了一定作用。行政权限争议的裁决涉及争议双方的利益,就职责权限问题互不相让,各有各的理,上级行政机关有时也不得不"和稀泥",但问题一直没有解决。如果组成由专家、学者和律师参加的权限争议裁决委员会,负责对久拖不决、对社会有重大影响的权限争议案件进行审议,就能较客观地解决权限争议,恢复行政管理秩序。

三、行政权限争议裁决的程序

权限争议是职能分工的必然产物,只要有分工,不管客观上是否存在职能冲突,由于利益关系、所处的地位和角度以及认知能力的不同,都有可能产生权限争议。权限争议本身并不可怕,关键是需要从法律制度上建立起一套完善的权限争议解决机制,有了权限争议能及时予以化解。"因为错综复杂的行政关系经常会形成行政冲突的空间,但如果冲突双方有着规则共识,通常会力争求同存异,避免行政冲突危及合作关系的基础。"①这就需要通过行政程序立法明确规定行政权限争议的处理规则和程序。

但正如上述,由于长期以来我们仅将行政权限争议作为行政系统内部的一种职能冲突,没有认识到这是一个法律问题,因而直到现在,我国对行

① 宋衍涛:《行政冲突的价值分析——公共管理新模式探索》,载《公共管理学报》2005年第2期。

政权限争议裁决的法律程序规定基本上是空白的,对权限争议解决途径的启动、时限以及步骤等都没有具体的可操作的程序性规定,致使欠缺程序规定保障的权限争议解决途径在实际运行过程中随意性很大,有些权限争议长期得不到解决。

在对机关诉讼、宪法诉讼等权限争议解决途径进行考察,以及对我国传统的行政解决途径进行反思后,笔者提出,要对权限争议的行政解决模式进行再造,使其成为行政法制模式,其实现途径则是借助行政程序立法,对于权限争议的裁决程序,由国务院制定行政法规,作出统一规定,为行政权限争议的行政解决提供基本的程序法依据,使行政权限争议的处理进入法制化的常态轨道。

笔者认为,为了以法定程序规范行政权限争议处理,统一的行政程序法只作原则规定,数个行政机关对管辖权发生争议的,由争议各方协商解决,协商不成的,报它们的共同上级行政机关指定管辖。也可以规定争议解决前的紧急处置措施,但对于行政权限争议裁决的具体程序规则,则由国务院制定行政法规另行规定。由行政法规对行政权限争议解决的原则、主体、方式、程序以及时限等作出明确具体的规定,为各级人民政府解决所属各职能部门之间的权限纠纷提供基本的法律依据,也为争议各方寻求纠纷的解决开启了法制的大门,使行政机器及时恢复到正常状态。①

行政权限争议裁决的程序可以分为申请、受理、审理和决定几个环节:

1. 申请

争议必须及时解决,不能久调不决,这是解决权限纠纷的重要原则。争议不及时予以解决,导致行政关系处于一种不确定的状态,不仅严重影响行政效率,更会给行政相对人造成不必要的损害。在行政过程中,一旦产生权限纠纷,不管是积极的权限争议,还是消极的权限争议,行政法律规范首先应规定启动的程序,使行政权限争议一经产生,就能进入争议解决程序。这一点有别于民事仲裁和诉讼,民事仲裁和诉讼如果当事人不提起,损害的只是其自身的权益,当事人有选择的权利。而行政权限争议发生后,由于出现管理混乱或怠于作为,损害的是社会公共利益或行政相对人的合法权益。因而产生行政权限争议时双方或各方有积极寻求解决的义务。

① 有学者也表达了同样的看法,认为我们应尽快以法律的形式,明确确立各级政府法制办协调解决政府下属各行政机关之间权力争议的法律地位,并对法制办受理、审理、裁决权力争议的程序、时限、方式、效力和责任等作出明确具体的规定,增强可操作性。参见黄先雄:《法治视野下的我国行政机关权力之争》,载《河北法学》2007年第7期。

行政权限争议的裁决作为一种带有司法性质的纠纷解决活动，不同于行政协调，可以由协调机关主动进行，这是层级监督权的体现，而行政权限争议的裁决必须以申请人的申请为前提。在以下情况下，有关行政机关应当提起裁决申请：

（1）两个或者两个以上行政职能部门对同一事项均认为本部门具有或者不具有管理职责而发生的争议。

（2）两个或者两个以上行政职能部门对同一事项均具有管理职责，就执行环节、标准等事项而发生的争议。

（3）两个或者两个以上行政职能部门就同一事项因联合行政而发生的争议。

（4）其他行政机关认为正在履行行政职能的机关越权行政，侵犯本机关权限。

（5）对行政相对人请求的事项认为不属于自己职责范围而移送其他机关，被移送的机关也认为没有管辖权时，后者可以提起管辖权裁决申请。

（6）请求其他机关协助，而其他机关拒绝协助或怠于协助的，请求协助机关可以向权限争议裁决机构提起裁决请求。

行政相对人认为正在对自己实施行政行为的行政机关无管辖权，或请求有关行政机关履行法定义务被拒绝时，可以提起权限争议裁决。赋予行政相对人提请裁决的权利，可以及时保护行政相对人的合法权益，免除诉讼的拖累。

行政机关提起裁决申请应当以书面形式提出，并提交有关材料。《广州市行政执法协调规定》第 8 条第 1 款要求，争议各方应当依法自行协调；自行协调不成的，争议的任何一方行政主体均可书面向司法行政部门提请协调。提请协调的公文应当载明：争议的事项、相关法律依据、自行协商的情况、本单位的意见等内容。参照《湖北省行政执法争议协调办法》第 10 条的规定，行政职能部门提请行政执法争议协调时，应当报送下列材料：（1）行政权限争议裁决申请书，申请书应载明争议的事项、相关情况、建议及理由；（2）涉及裁决事项的有关法律、法规、规章和其他规范性文件；（3）其他有关涉及争议事项的材料。

2. 受理

对于权限争议裁决的受理，我国有关地方的地方政府规章已经作出了相关的程序性规定，在行政协调实践中也取得了一定的成效。《中央和国家机关部门职责分工协调办法》第 14 条规定，中央机构编制部门收到协调申请后，应当在 10 个工作日内作出受理或者不予受理的决定，并告知主办部门。不予受理的,应当说明理由。国家行政法律规范可以借鉴该经验,参照作出相应的规定,使行政裁决有法可依,实现全国的统一,步入正常化轨道。借鉴湖北省、广州市及深圳市的有关立法经验,对受理可以作出以下规定:县级以上人民政府权限争议裁决工作机构收到行政权限争议裁决申请后,应当及时进行审查,属于受案范围的,应当受理,并在5日内作出受理决定;不属于受案范围的,在5日内作出不予受理决定,并书面告知提请争议裁决的行政职能部门。裁决工作机构作出行政权限争议裁决受理决定后,应当在3日内通知行政权限争议另一方行政职能部门。另一方行政职能部门收到通知后,应当在7日内报送意见书和规定的有关材料。

3. 审理

对于权限争议的审理,湖北省和广州市的协调办法作出了基本上一致的规定,《湖北省行政执法争议协调办法》第13条规定,政府法制工作部门在办理行政执法协调争议事项时,应当调查了解有关情况,充分听取有关行政执法部门的意见;必要时,可以召开有关行政执法部门负责人参加的协调会议,也可以邀请有关专家学者对争议事项进行论证。《广州市行政执法协调规定》第11条规定,司法行政部门进行行政执法协调,应当召开协调会议,充分听取有关行政主体的意见,有关行政主体负责人应当参加;协调可能涉及行政主体职能变更时,应当通知编制主管部门参加。《深圳市人民政府行政执法协调办法(试行)》第15条也规定,市法制部门应当调查了解协调事项的有关情况,充分听取有关行政执法部门的意见。市法制部门可以召集由有关行政执法部门负责人参加的协调会议。

有学者认为,行政裁决可以实行书面审理原则。因为行政管辖权争议所涉及的事实一般并不复杂。[①] 笔者则认为恰恰相反,提请行政裁决的往往是久拖不决的“老大难”问题,这里既有法律法规的因素,也有体制的因素,还有主观因素,关系错综复杂,需要行政裁决机关厘清各种关系。司法行政工作部门在办理解决行政权限争议事项时,应当调查了解有关情况,充分听取有关行政主体的意见;必要时,可以召开有关行政机关参加的听证会,也可以邀请有关专家学者对争议事项进行论证。

为了避免在行政权限纠纷得以解决以前,由于行政权没有得到及时行使而造成难以挽回的损失,在裁决程序中应有采取应急措施的规定。具体而言,在裁决行政权限纠纷期间,如果可能出现难以恢复的对国家或者公民的重大损失时,争议的行政主体可以采取临时处置,并且及时告知裁决

---

① 参见章剑生:《行政管辖制度探索》,载《法学》2002年第7期。

的工作机构、争议的行政主体和有关的行政相对人。依法采取的应急措施的法律效果归属于最终管辖本案的行政主体,应急措施具有保全性,应当认为是最终处理决定的一个组成部分。《湖北省行政执法争议协调办法》第14条规定,在行政执法争议协调过程中,对因争议协调事项不及时处置可能给公共利益或行政相对人合法权益造成损失的,办理行政执法争议协调的政府法制工作部门应当建议有关行政执法部门采取临时性处置措施。

4. 决定

《行政复议法》第28条第1款规定,行政复议机关负责法制工作的机构应当对被申请人作出的具体行政行为进行审查,提出意见,经行政复议机关的负责人同意或者集体讨论通过后,作出行政复议决定。经过审查,最后作出决定,是行政复议制度具有权威性的基础。《行政复议法》很好地处理了行政复议机构作为专门审理行政纠纷的法定机构与其所在的行政机关作为行政复议决定机关间的关系。而现行行政执法协调机制之所以难以发挥有效的作用,关键就在于协调工作机构不是作为行政权限争议的裁决机关,而是作为协调机关出现的,这样,当协调不成时,无权作出裁决。

《湖北省行政执法争议协调办法》第16条第1款规定,政府法制工作部门对争议协调事项,应当按下列规定分别处理:(1)经协调,有关行政执法部门达成一致意见的,制作《行政执法争议协调意见书》,载明协调事项、依据和结果,加盖有关行政执法部门和政府法制工作部门印章,发送相关行政执法部门。(2)经协调,有关行政执法部门对争议事项所涉及的主要问题达成一致意见,但对其他枝节问题不能达成一致意见的,制作《行政执法争议协调意见书》,载明协调事项、事实状态、各方意见、法律依据、协调意见,加盖政府法制工作部门印章,发送相关行政执法部门。(3)经协调,有关行政执法部门无法形成一致意见的,应当提出书面建议报请同级人民政府决定。

《广州市行政执法协调规定》第12条第1款也规定,司法行政部门进行行政执法协调后,应当按以下情况处理:(1)经协调,相关行政主体就有关事项形成一致意见的,经相关行政主体书面确认并报本级人民政府同意后,制作《行政执法协调意见书》;(2)经协调,相关行政主体未能就有关事项形成一致意见的,报本级人民政府决定。协调成功,当然皆大欢喜,但协调不成的,仍需报本级人民政府决定,这样协调缺乏最后强制力,结果是大多数情况下仍得由政府领导定夺,协调本身并没有起到作用。

《深圳市人民政府行政执法协调办法(试行)》相对而言有一些突破。

该办法第18条第1款规定，市法制部门进行行政执法协调后，应当分别以下情况处理：(1)经协调，相关行政执法部门就有关事项形成一致意见的，市法制部门应当制作《行政执法协调意见书》，载明相关行政执法部门的意见；(2)经协调，相关行政执法部门未能就有关事项形成一致意见的，除第19条规定的情况外，市法制部门应当制作《行政执法协调意见书》，确定有关事项。“确定有关事项”意味着对争议的问题进行裁决。并且该办法规定了《行政执法协调意见书》下达后，市法制部门将监督其执行情况，行政执法部门不执行已生效的意见书的，市法制部门将向市政府报告，由市政府给予通报批评，对直接负责的主管人员和其他直接责任人员由行政监察机关追究行政责任。这样使行政协调意见带有一定的强制效力。据深圳市原法制办政府法制协调处负责人介绍，目前发生争议和矛盾，如果部门间不能自行解决，最经常性的方式就是由市政府领导出面主持协调。也有一些协调工作是由市政府办公厅或其他部门进行，效果往往不甚理想。因此，《深圳市人民政府行政执法协调办法（试行）》的出台有利于依法、及时解决行政执法部门在执法中发生的争议、冲突和矛盾，有利于杜绝行政执法部门之间各自为政、政令不一、推诿扯皮等现象。

但问题是，以行政执法协调意见书而不是决定书的形式确定有关事项，其法律效力如何，值得怀疑，任何一方对意见书有异议，能否请求作出决定。《深圳市人民政府行政执法协调办法（试行）》第19条规定，重大、复杂事项经市法制部门协调，行政执法部门仍无法形成一致意见的，市法制部门应当提出书面建议报请市政府决定。与其他地方一样，对于无法达成一致意见的，需要报人民政府决定。这里市法制部门是提出书面建议而不是意见。《行政复议法》规定的是法制工作机构提出意见，由行政复议机关决定，是指行政复议机关已经提出处理意见了，行政复议机关负责人只是签署，而不是重新审理。而建议显然是由于处理不了，将矛盾转移到政府部门，由人民政府再研究解决。

因此，应赋予权限争议裁决机构以行政权限争议的裁决权。具体规定可以参照《行政复议法》的规定，政府司法行政工作机构应当对被申请人提出的权限争议进行审查，提出意见，经本级人民政府负责人同意或者集体讨论通过后，作出裁决决定。《中央和国家机关部门职责分工协调办法》第25条规定，经3次会议协调，仍未能达成一致意见的，中央机构编制部门应当及时对职责归属进行认定，或者对职责归属争议进行裁决，拟订书面意见，按程序报批。这里的拟订书面意见，实质上就是裁决决定书，行政机关负责人同意即可下达。

行政管辖权争议裁决一经作出,应当按法定程序送达争议各方和行政相对人。争议双方对裁决必须服从,不得再提起异议。现行行政执法协调办法一般都规定可以提出异议,如《深圳市人民政府行政执法协调办法(试行)》第23条规定,行政执法部门对《行政执法协调意见书》有异议的,可以自收到该意见书之日起5个工作日内向市政府提出。第24条第1款规定,市政府认为行政执法部门对于《行政执法协调意见书》的异议成立的,可以撤销或者变更该意见书的内容,或者指示市法制部门另行协调;认为行政执法部门对于《行政执法协调意见书》的异议不成立的,应当决定维持该意见书。这是因为,现在的行政执法协调意见书是政府司法行政部门本身作出的,而笔者所设计的行政权限争议裁决决定书是权限争议裁决工作机构代表本级人民政府作出的,与行政复议决定一样,一经作出就发生法律效力。不仅如此,行政裁决对以后同类权限争议具有同样的拘束力。经批准后的裁决决定书,由机构编制部门重新发文明确,相关部门必须执行;经重新确认后的职责分工应当向社会公开。这样,通过一系列权限争议裁决的案例,可以逐步解决行政机关间的权限争议,对新出现的争议及时界定主管部门,避免相互推诿和职能冲突,从而构建和谐行政关系,保护公民、法人和其他组织的合法权益。

第十四章　对行政组织的监督

对行政组织的监督，是有关监督主体对行政组织的机构设置和组织活动以及人员、经费等情况依法进行监督检查的行政组织法律制度。对行政组织的监督，是行政法制监督的重要组成部分。完善行政组织监督体制，构建行政组织监督体系，是行政组织立法的基本内容之一。行政组织必须依法设置，行政组织行为应当符合组织法定原则，不得违法设置行政机构，违反编制配备工作人员。对行政组织的监督是确保行政机关组织机构和组织活动合法有效的保障。通过建立行政组织监督制约机制，促进行政组织依法设置、职权依法授予、行政机关工作人员依法配置。对行政组织的监督来自体制内部，也来自社会和人民群众的监督。从行政组织监督机制而言，组织法上主要构建体制内部监督体系和机制，并且建立开放系统，接受社会监督。

一、权力机关对行政组织的监督

行政机关是国家权力机关的执行机关，我国宪法和组织法明确规定了全国和地方各级人民代表大会对国家行政机关的监督权。在中央，国务院对全国人民代表大会负责并报告工作；在全国人民代表大会闭会期间，对全国人民代表大会常务委员会负责并报告工作。全国人民代表大会审查和批准国家的预算和预算执行情况的报告；有权罢免国务院总理、副总理、国务委员、各部部长、各委员会主任、审计长、秘书长。全国人民代表大会常务委员会监督国务院的工作，有权撤销国务院制定的同宪法、法律相抵触的行政法规、决定和命令。《国务院组织法》第 8 条规定，国务院各部、各委员会的设立、撤销或者合并，经总理提出，由全国人民代表大会决定；在全国人民代表大会闭会期间，由全国人民代表大会常务委员会决定。

根据《地方组织法》第 69 条第 1 款的规定，地方各级人民政府对本级人民代表大会和上一级国家行政机关负责并报告工作；在本级人民代表大会闭会期间，对本级人民代表大会常务委员会负责并报告工作。第 79 条第 3 款规定，省、自治区、直辖市的人民政府的厅、局、委员会等工作部门的设立、增加、减少或者合并，按照规定程序报请批准，并报本级人民代表大会常务委员会备案。自治州、县、自治县、市、市辖区的人民政府的局、科等工作部门的设立、增加、减少或者合并,按照规定程序报请批准,并报本级人民代表大会常务委员会备案。备案是地方组织法规定的地方国家权力机关对行政组织机构监督的主要形式。地方国家权力机关对行政机关机构设置如何备案审查,《各级人民代表大会常务委员会监督法》没有明确规定,在人大工作中一般重视对政府规范性文件的备案监督,对机构设置的监督还没有提到议事日程。备案审查尽管是事后监督,但根据《地方组织法》第 11 条关于县级以上的地方各级人民代表大会有权"撤销本级人民政府的不适当的决定和命令"的规定,在备案审查中,地方各级人大认为机构设置的决定是不适当的,可以予以撤销,行使否决权。不仅如此,基于地方国家权力机关对于行政机关的监督关系,地方各级人民代表大会及其常务委员会在行使监督权时,对行政组织的监督途径和方式是多样的。

1. 听取地方各级人民政府对于重大事项的工作报告,监督本级人民政府的工作

地方各级人民政府的重大决策,如有关经济建设和社会发展的重大改革方案,应向县级人大常委会报告,由人大常委会审议。这里的重大决策,也包括地方各级人民政府机构改革方案、行政执法体制的调整、职能的重新配置等有关行政组织建设方面的事宜。

2. 审查和批准本级人民政府的国民经济和社会发展计划、预算以及执行情况的报告

根据《预算法》第 24 条的规定,地方各级人民政府编制本级预算、决算草案;向本级人民代表大会作关于本级总预算草案的报告。预算支出包括国家管理费用支出。根据第 21 条的规定,地方各级人民代表大会审查本级总预算草案及本级总预算执行情况的报告,批准本级预算和本级预算执行情况的报告,有权撤销本级政府关于预算、决算的不适当的决定和命令。通过批准财政预决算,地方国家权力机关能够有效地控制政府的组织规模膨胀和人员超编的局面。

3. 视察政府工作

地方各级人民代表大会常务委员会可以组织人大代表进行专题视察或代表小组视察,代表也可以持代表证单独或者几位代表联合就地视察。通过视察,发现政府工作中的失误和缺陷,向有关部门提出批评、建议和意见,促使其改进工作。在视察中,人大代表如发现某一方面的工作无人去管,或有关部门在工作中发生相互扯皮,互相争管辖权或互相推诿的现象,就可以建议本级人民政府完善行政组织机构体系,明确职责权限划分,建立执法责任制。

4. 开展机构编制专项执法检查

例如，某区人大常委会组织部分人大代表对《地方各级人民政府机构设置和编制管理条例》开展了执法检查。执法检查组认为，区政府在贯彻执行《地方各级人民政府机构设置和编制管理条例》上取得了积极成效，但同时也存在机构编制的科学化、规范化、法制化相对滞后，机构设置、职能配置，还存在不科学、不合理等问题，如区政府职能部门职责调整了，但编制没实现合理同步调整，造成有的部门事多人少工作忙不过来的情况。从编制情况统计表上反映出，无论是行政编制，还是事业编制，总体都是空编占比较大，但具体到部门，却存在编制与职能相互矛盾，说明没有及时调编调岗，造成在编不在岗或编岗不一致等现象。为此，执法检查组建议：把握编制总量控制不突破，突出创新思维，根据机构职能变化，适时调整相关部门的行政编制，为部门依法履职创造充分条件，细化编制动态修复，进一步进行编制清理工作，将编岗不一致、在编不在岗的问题全面调整清理到位。又如，海南省人大常委会向省政府反馈了经省第三届人大常委会第十七次会议审议通过的执法检查报告和委员的审议意见。执法检查报告指出了机构编制管理工作存在的有些行政机关超编混岗、有的乡镇超职数配备领导干部、事业单位改革滞后等问题。对此，对省政府专题研究执法检查指出的问题、责成各市县和省政府相关部门对照执法检查报告及常委会委员审议意见指出的问题，有针对性地进行整改，确保机构编制管理规定得到有效的贯彻实施。经过两年多的整改，各市县及有关单位行政机关超编、混岗问题得到一定程度的解决，乡镇撤并后富余人员基本得到妥善安置，超职数配备领导的现象基本消除，垂直管理单位富余人员逐步得以分流安置。省人大充分肯定了机构编制的整改工作，认为经过两年多的整改，一些市县机关的超编混岗等问题得到了一定的解决，依法管理机构编制的意识在各级领导干部中不断增强，机构编制管理工作机制逐步完善，各项工作正在朝着法制化、规范化的轨道运行。①

5. 受理人民群众对本级人民政府和机关工作人员的申诉

通过受理和办理人民群众的申诉案件，找出行政组织管理工作中问题比较多的方面，探讨产生问题的原因有没有管理体制中的问题，从而加以改进。

6. 向地方人民政府提出质询和询问

地方各级人民代表大会举行会议的时候，代表 10 人以上联名可以书

---

① 参见海南省人大常委会内务司法工作委员会：《整改扎实有效　管理依法有序——关于机构编制管理规定执法检查整改情况的调研报告（摘要）》，载《海南人大》2007 年第 10 期。

面提出对人民政府及其工作部门的质询案，由大会主席团决定交受质询的机关，受质询的机关必须在会议中负责答复。在人民代表大会审议议案的时候，代表可以向有关的行政机关提出询问，由有关机关派人说明。地方国家权力机关的这一监督措施，当然也适用于对行政组织机构方面问题的质询和询问。

但总的来说，地方各级人民政府尽管是地方各级权力机关的执行机关，在对同级国家行政机关的监督方面，国家权力机关的法定监督权力还比较薄弱。对行政机构的设置，作为地方国家权力机关的人民代表大会及其常委会事先没有决定权，而只有备案审查权。笔者认为，在对行政组织的监督中，应充分发挥地方国家权力机关的作用，赋予地方国家权力机关对于地方行政组织机构改革和职能转变等的决定权。理由是：

首先，从地方各级人民政府与地方各级国家权力机关的关系来看，地方各级人民政府是地方各级国家权力机关的执行机关，由地方各级人民代表大会产生，对同级人大及其常委会负责并报告工作。既然地方各级人民政府是由同级人民代表大会产生的，那么，其机构改革和重大职能调整也应该得到同级人大及其常委会的同意。

其次，从人大及其常委会的职权看，它有权决定本行政区域内的政治、经济、文化等各方面的重大事项。行政组织的机构设置和职权分工，关系到行政管理体制，对地方来说也关系到地方政府财政预算和人员编制，不得不说是关系到地方发展的一个重要事项。

再次，从人大的人事任免权看，地方各级人民代表大会常务委员会根据省长、自治区主席、市长、州长、县长、区长的提名，决定本级人民政府秘书长、厅长、局长、委员会主任、科长的任免，报上一级人民政府备案。既然各个职能部门的行政首长由人大决定，那么对于是否应当成立这一部门，人大也应有决定权。

最后，从地方行政组织机构设置和职能分工是否科学合理的重要性来说，行政组织的机构设置和职能分工是否科学合理，关系法律、法规等行政法律规范能否得到正确全面及时的贯彻实施。行政法律规范需要相应的行政主管部门去贯彻执行，有些行政法律规范的全面贯彻落实还必须有相关部门的通力合作，如果地方各级行政组织机构设置不健全，职能分工不明确不科学，实施有关行政法律规范的主体不明确，这些行政法律规范就无法得到全面实施，追究有法不依的责任也无从查起。因此，为保证行政法律规范能得到贯彻执行，使地方各级人民政府真正成为同级地方国家权力机关的执行机关，地方各级人大及其常委会不仅应对同级行政组织的执法行为进行监督，而且应对地方各级人民政府的执法主体进行监督。

二、上级人民政府对下级人民政府及其所属各工作部门的监督

根据《宪法》和《地方组织法》的规定，全国地方各级人民政府，都是国务院统一领导下的国家行政机关，都服从国务院，县级以上的地方各级人民政府领导所属各工作部门和下级人民政府的工作。这一行政管理体制决定了行政系统从中央到地方是一个整体，下级受上级领导和监督。在行政组织机构上，《地方组织法》第 79 条第 3 款明确规定，自治州、县、自治县、市、市辖区的人民政府的局、科等工作部门的设立、增加、减少或者合并，按照规定程序报请批准，并报本级人民代表大会常务委员会备案。这就决定了对行政组织机构的决定权在行政机关而非国家权力机关，也决定了在对行政组织的监督上，主要监督主体必然是上级行政机关。

上级人民政府对下级人民政府、地方各级人民政府对所属各工作部门贯彻执行法律、法规、规章、决定和命令情况进行的监督，基于行政层级隶属关系而产生，体现为上级国家行政机关对下级国家行政机关的一种领导权，其目的在于保证政令的上下统一，确保上级的行政决定能够完整地贯彻实施。

上级人民政府对下级人民政府及其所属工作部门监督的方式主要有：

1. 审批

审批是上级行政机关基于行政领导关系对下级行政机关的重要决定事先进行审查批示的监督方式。需要经过审批的行政措施，只有在报请上级人民政府批准后，才能颁布实施和发生法律效力。根据《地方组织法》第 79 条第 3 款的规定，自治州、县、自治县、市、市辖区的人民政府的局、科等工作部门的设立、增加、减少或者合并，按照规定程序报请批准，并报本级人民代表大会常务委员会备案。县、自治县的人民政府如要设立若干区公所作为它的派出机关，也必须事先经省、自治区、直辖市的人民政府批准；同样，市辖区、不设区的市的人民政府，如要设立若干街道办事处作为它的派出机关，也要经上一级人民政府批准。

2. 报告工作

根据《地方组织法》的规定，地方各级人民政府应当对上一级国家行政机关负责并报告工作。上级行政机关通过下级行政机关的定期报告、专题报告、临时报告等，可以及时了解下级人民政府各方面的情况，从而更好地负起监督之责。如在地方政府机构改革方案的实施过程中，地方各级人民政府在贯彻机构改革方案中有哪些问题，应及时向上级人民政府报告。

机构改革完成后，新的行政机构的整体规模、机构设置、权限配置等情况，应认真总结，向上级人民政府作专题报告。在北京市，《行政处罚法》实施后，北京市人民政府发布了关于贯彻实施行政处罚法的通知，通知要求各区、县人民政府按照《行政处罚法》的规定，对本地区的执法主体进行全面清理，并规定了最后期限，要求将清理结果报告北京市人民政府有关部门。

3. 行政复议

行政复议是上级行政机关对所属各工作部门及其下级行政机关的一种事后监督方式，其目的是监督行政机关依法行使职权，防止和纠正违法或不当的行政行为，保护公民、法人和其他组织的合法权益。行政复议机关作出复议决定，以行政机关的法定职责权限为基础。行政复议制度的推行，要求行政组织各职能部门的权限分工必须明确，各职能部门在管理和执法中相互之间不得超越管辖范围或相互推诿，要认真履行各自的职责权限，否则，应当承担相应的法律责任。上级行政机关在办理行政复议案件的过程中，也容易发现在现行的行政组织机构中存在的机构设置不合理、职能配置交叉重复的现象。引起行政争议的案件，有很大一部分属于管辖权不明确而导致的相互推诿、重复处理的案件。行政复议机关通过受理和审查这类行政争议案件，可以找出问题所在，从而进一步调整行政机构的设置和职责权限的合理配置。

三、行政主管部门的监督

行政主管部门的监督，是指上级政府主管部门对下级政府主管部门进行的工作监督。根据《地方组织法》第 83 条第 2 款的规定，县级以上地方各级人民政府的各工作部门除了受本级人民政府的统一领导外，还依照法律或者行政法规的规定受上级人民政府主管部门的业务指导或者领导。在我国行政领导体制中，既有实行垂直领导的，也有实行双重领导的。由于领导体制不同，主管机关的监督权限和方式也有不同。在实行垂直领导的行政机关中，如税务、工商、海关等，下级行政主管部门由上级主管部门依法设立，行政编制、财政预算均由上级主管部门拨给，其机构设置、职权配置完全由上级行政主管部门决定，基本上不受同级人民政府的监督。在实行双重领导的行政机关中，各级人民政府主管部门受本级人民政府和上级主管部门的监督，上级主管部门的监督根据其是领导关系还是业务指导关系又有所不同。属于领导关系的，上级主管部门对下级工作部门的组织和行使职权进行全方位监督；属于业务指导关系的，上级主管部门一般只对其行使职权进行监督，而不监督其组织体系。

主管监督对确保行业管理、保证上级主管机关的行政决定和命令能够正确及时地贯彻执行具有重要意义；但在双重领导体制下，与各级人民政府的横向监督也会发生矛盾。

上级行政主管部门对下级人民政府相应部门的监督主要表现为：

第一，检查下级人民政府有无相应的职能部门贯彻相关法律、法规、规章以及上级主管部门发布的决定和命令，敦促下级人民政府设置对口机构或将该行业主管职责落实到其一职能部门。如根据《统计法》第 27 条第 3 款的规定，县级以上地方人民政府设立独立的统计机构，乡、镇人民政府设置统计工作岗位，配备专职或者兼职统计人员，依法管理、开展统计工作，实施统计调查。国家统计局和上级统计机构监督下级人民政府有没有独立设置统计机构。

第二，督促下级职能部门健全组织机构，依法正确行使职权，及时完成上级交办的任务。如根据《食品安全法》第 6 条第 3 款，县级人民政府食品安全监督管理部门可以在乡镇或者特定区域设立派出机构。

第三，受理不服下级人民政府相应职能部门具体行政行为的复议案件，通过处理行政复议案件，改正下级人民政府职能部门工作中的违法不当行为。通过复议，对下级主管部门在工作中暴露出来的与其他职能部门相重合交叉冲突的问题，向人民政府提出协调意见，建议人民政府综合协调各部门的职责权限，解决权限冲突。

四、编制管理部门的监督

根据《国务院行政机构设置和编制管理条例》第 22 条的规定，国务院机构编制管理机关应当对国务院行政机构的机构设置和编制执行情况进行监督检查。国务院行政机构应当每年向国务院机构编制管理机关提供其机构设置和编制管理情况的报告。中央机构编制委员会负责全国机构改革和机构编制管理工作，监督检查各级机关机构编制的执行情况。中央机构编制委员会办公室是中央机构编制委员会的常设办事机构，在中央机构编制委员会领导下负责全国行政管理体制和机构改革以及机构编制的日常管理工作。中央机构编制委员会办公室监督检查各级行政管理体制和机构改革以及机构编制的执行情况，报告中央编委并上报党中央、国务院。

《地方各级人民政府机构设置和编制管理条例》第四章专章规定了“监督检查”。根据《地方各级人民政府机构设置和编制管理条例》的规定，县级以上各级人民政府机构编制管理机关应当按照管理权限，对机构编制管理的执行情况进行监督检查;必要时,可以会同监察机关和其他有关部门对机构编制管理的执行情况进行监督检查。县级以上各级人民政府机构编制管理机关实施监督检查时,应当严格执行规定的程序,发现违反本条例规定的行为,应当向本级人民政府提出处理意见和建议。为加强监督,该条例还要求县级以上各级人民政府机构编制管理机关应当定期评估机构和编制的执行情况,并将评估结果作为调整机构编制的参考依据。如山东省烟台市根据新设机构启动情况、职责履行、机构编制管理情况设置了评估指标,采取了资料查询、个别访谈、问卷调查、座谈会等形式进行机构编制执行情况评估。山东省枣庄市台儿庄区编办联合组织、纪委监察、财政、人社和审计等相关部门组成区机构编制综合评估小组,评估小组通过听取被评估部门情况介绍、查看有关文件资料、开展观摩问询活动等形式,深入了解掌握评估内容的有关情况,并根据实地评估情况撰写评估报告,经审定后,及时将评估结果反馈给被评估部门,将评价结果作为调整"三定"规定的参考依据,作为改善机构编制管理的参考依据,作为清理在编不在岗、吃空晌的参考依据,作为财政核拨部门经费的参考依据,作为调整配备和改善人员结构的参考依据。

为规范机构编制监督检查工作,严肃机构编制纪律,2007 年颁布了《机构编制监督检查工作暂行规定》(已失效)。要求各级机构编制管理机关应当按照法定管理权限,履行机构编制监督检查职责;各级监察机关应当依法履行行政监察职责,检查执行机构编制管理规定中存在的问题,查处机构编制违法违纪行为。机构编制管理机关与监察机关在机构编制监督检查工作中应当互相支持,协作配合。

各级机构编制管理机关应当每年组织行政机构、事业单位开展机构编制管理自查自纠,并将有关情况报告同级人民政府和上级机构编制管理机关;遇有重要情况,随时报告。各级机构编制管理机关可以根据需要对有关单位的机构编制管理情况进行评估。

机构编制管理机关可以采取例行检查、专项检查等方式开展检查工作。如《杭州市机构编制监督检查工作办法》第 6 条规定了机构编制管理机关可以采取以下检查方式:例行检查、专项检查、个案查办、备案检查、其他方式。实施机构编制检查,可以采取听取汇报、召开座谈会、个别谈话、走访等方式进行。

根据《机构编制监督检查工作暂行规定》(已失效),机构编制检查工作按照下列程序进行:(1)拟订方案。(2)根据管理权限报批立项。(3)发出通知。特殊情况下,机构编制检查可以不事先通知。(4)组织实施。

(5)报告检查情况。(6)向被检查单位反馈检查情况,提出意见或者建议。重大检查活动,机构编制管理机关可以会同监察机关联合进行。

对违反机构编制管理规定的问题,机构编制管理机关应当按照职责和权限进行调查核实。调查核实应当两人以上共同进行。在调查核实过程中,被调查的单位和人员有权向机构编制管理机关申辩。上级机构编制管理机关可以责成下级机构编制管理机关调查核实有关违反机构编制管理规定的问题,并应当进行督办;必要时,可派出督促检查组进行督查。下级机构编制管理机关对上级机构编制管理机关批转的查核件,应当在60日内报告办理结果;逾期不能报告的,应当书面说明理由。

机构编制监督检查的对象应当配合机构编制监督检查工作,及时、全面、客观地提供相关材料,并对调查事项涉及的有关问题做出解释和说明。凡弄虚作假、妨碍监督检查以及对监督检查人员打击报复的,依据有关规定严肃处理。

各级机构编制管理机关应当建立举报制度。任何单位和个人有权向机构编制管理机关或者监察机关举报违反机构编制管理规定的行为。受理机关对举报人的情况应当予以保密。各级机构编制管理机关应当加强机构编制监督检查的信息工作,拓宽监督渠道,扩大信息来源,逐步建立覆盖面广、反应灵敏的机构编制监督检查信息网络。

为加强机构编制管理,畅通社会监督渠道,建立便捷、安全、高效的举报受理机制,根据《机构编制监督检查工作暂行规定》(已失效)、《机构编制违纪行为适用〈中国共产党纪律处分条例〉若干问题的解释》等有关规定,中央编办发布了《机构编制"12310"举报受理工作规定》,明确"12310"受理十类问题的举报,包括:超编进人的;擅自设立机构或提高机构级别的;超领导职数、超规格配备领导干部的;擅自变更机构职责、权限的;上级业务部门以发文件、开会议、批资金、上项目、搞评比等方式干预下级部门机构编制事项的;违反机构编制管理权限或审核、审批程序的;违反"三定"规定和改革方案中涉及机构编制事项的;伪造、篡改、虚报、瞒报机构编制统计资料的;挤占、挪用编制,及以虚报人员等方式占用编制并冒用财政资金的;其他违反机构编制法律法规和有关规定的。上述规定要求,对已经受理的举报件,根据机构编制管理权限和举报的内容、性质等情况,分级负责办理。举报事项属于本级管理的,由本级机构编制部门办理;属于上级管理的,应当将举报材料及时向上级机构编制部门报送;属于下级管理的,一般转、交下级机构编制部门办理,必要时也可直接办理。举报受理人员不准向被举报人或无关人员泄露举报件相关情况;不准私自摘抄、复制举报件或者擅自将举报件带出工作场所以及在无保密措施的载体上存储、传递、处理；不准歪曲、隐瞒和捏造举报内容及查核的事实真相；不准推诿、拖延、压制不办或者损毁举报件；不准利用举报件和调查核实举报问题之机谋取私利。

五、财政、审计部门的监督

财政部门通过财政预算，控制行政机关的行政经费总额，实现对行政组织规模的监督。根据《预算法》第 24 条的规定，各级政府监督下级政府的预算执行；下级政府应当定期向本级政府及上一级政府财政部门报告本级总预算执行情况。各级政府财政部门负责监督本级各部门及其所属各单位预算管理有关工作，并向本级政府和上一级政府财政部门报告预算执行情况。政府各部门负责监督检查所属各单位的预算执行，及时向本级政府财政部门反映本部门预算执行情况，依法纠正违反预算的行为。

审计机关则根据有关法律、法规审核和稽查各级人民政府各部门的财政财务收支情况，保证国家行政机关合理使用国家资财，减少和清除行政管理中的浪费和不正之风，督促政府和工作人员廉洁奉公。根据《审计法》的规定，国家实行审计监督制度。国务院和县级以上地方人民政府设立审计机关。国务院各部门和地方各级人民政府及其各部门的财政收支，国有的金融机构和企业事业组织的财务收支，以及其他依照《审计法》规定应当接受审计的财政收支、财务收支，接受审计监督。

审计署在国务院总理领导下，对中央预算执行情况、决算草案以及其他财政收支情况进行审计监督，向国务院总理提出审计结果报告。地方各级审计机关分别在省长、自治区主席、市长、州长、县长、区长和上一级审计机关的领导下，对本级预算执行情况、决算草案以及其他财政收支情况进行审计监督，向本级人民政府和上一级审计机关提出审计结果报告。

财政监督和审计监督对行政组织尽管不是一种直接的监督，但在行政经费包干严格控制预算外收入、禁止“小金库”的情况下，对于精简工作部门中的冗员、建立高效精干的行政队伍，具有较强的激励作用。

六、监察机关的监督

监察机关是行使国家监察职能的专责机关，依法对所有行使公权力的公职人员，包括行政机关工作人员进行监察。国家和地方各级监察委员会对公职人员开展廉政教育，对其依法履职、秉公用权、廉洁从政从业以及道德操守情况进行监督检查，有权对违法的公职人员依法作出政务处分决定；对履行职责不力、失职失责的领导人员进行问责；对涉嫌职务犯罪的，将调查结果移送人民检察院依法审查、提起公诉；向监察对象所在单位提出监察建议。监察机关根据检查、调查结果，认为录用、任免、奖惩决定明显不适当，应当予以纠正的，可以提出监察建议。如被录用、任命人员明显不符合所任职务的条件，或者不符合任职回避规定的；或者超越权限或者违反程序作出录用、任免、奖惩决定的；或者奖励明显不适当，或者处分畸轻畸重的。有关单位和人员应当自收到监察建议之日起30日内将采纳监察建议的情况通报监察机关。

监察机关发现有违反机构编制管理规定的问题时，应当及时向机构编制管理机关通报有关情况。机构编制管理机关经过调查核实，认为需要追究有关责任人员纪律责任的，属于监察对象的，移送监察机关处理。监察机关检查执行机构编制管理规定中存在的问题，查处机构编制违法违纪行为，依照《监察法》规定的程序办理。

七、司法机关的监督

司法机关的监督，是指人民法院通过审理行政诉讼案件对行政组织的组织和活动的合法性进行的监督。按照我国宪法规定的政治体制，人民法院对行政组织机构本身没有直接的监督权，它只是对行政组织所进行的行政行为的合法性实行司法审查权。通过对行政组织所进行的行政行为的个案审理，间接实施对行政组织的监督。这主要表现在：

1. 行政诉讼要求行政机关有行政主体资格

在行政诉讼中，被告是行使行政权、进行行政管理活动的行政机关。行政机关作为适格被告，必须有行政主体资格，即必须是依组织法成立的能以自己名义实施具体行政行为并能承担相应的行政法律责任的行政组织。人民法院在受理行政案件后，首先要对被告的主体资格进行认定，如果被诉的组织不具备行政主体资格，如派出机构、临时机构或联合执法组织等，就意味着其无权实施行政管理和行政执法行为，其行为不具备法律效力。该组织所进行的行为就会被人民法院撤销。因此，行动诉讼制度的贯彻实施，迫切要求行政组织的规范化，取消临时机构和不规范的行政部门，使人民政府各部门真正成为具有行政主体资格的行政主管机关。

2. 行政诉讼要求行政机关职责明确，履行法定职责

人民法院依法律、法规规定审理行政案件。在审理中，人民法院认为行政行为超越职权、滥用职权的，可以依法撤销；认为行政机关不履行法定

职责的，可以责令其在一定期限内履行。何为超越职权、滥用职权，何为不履行法定职责，均以各职能部门严格依法律规定明确划分各自的职责权限为基础。如果职责权限本身就不清，就无法依职权范围履行职责，谈不上越权或失职，有关的行政机关就随时有可能成为行政诉讼的被告。因此，行政诉讼制度的贯彻实施，也迫切要求政府各部门的职权范围有明确的划分，以便各行其职，且互相配合。

根据《地方组织法》第76条第3、6项的规定，乡、民族乡、镇的人民政府可以行使的职权有：保护社会主义的全民所有的财产和劳动群众集体所有的财产，保护公民私人所有的合法财产，维护社会秩序，保障公民的人身权利、民主权利和其他权利；保障宪法和法律赋予妇女的男女平等、同工同酬和婚姻自由等各项权利。农村集体经济组织成员资格，是公民的一项基本权利，关系到该集体经济组织成员的经济、政治、民主等一系列的权利。村民自治章程、村规民约以及村民会议或者村民代表讨论决定的事项不得有侵犯村民的人身权利、民主权利和合法财产权利的内容。村民会议可以讨论决定村集体经济所得收益的使用方案、方式，但不得对村民能否享有集体成员资格进行民主议定。在李某诉惠州市惠城区人民政府桥东街道办事处履行法定职责行政纠纷案中，原告向被告申请确认是否具有农村集体经济组织成员资格，被告在接到申请之日起依法应在2个月内作出行政处理，但被告已经超过2个月一直未作出行政处理，被告的行为违法。人民法院判决责令被告惠州市惠城区人民政府桥东街道办事处于本判决发生法律效力之日起60日内对原告李某提出《关于李某、钟××申请桥东街道办作出行政处理决定的申请书》的申请作出具体行政行为。人民法院在判决中引用上述地方组织法关于乡镇人民政府职责的规定，并以此为依据判决被告履行法定职责，通过司法程序监督行政组织法是否得到了落实。

3. 通过行政诉讼中暴露出来的问题，人民法院可以向有关行政机关提出司法建议，完善行政体制

通过对行政机关败诉典型案例的分析，人民法院发现，行政机关存在未及时、全面、准确履行法定职责和超越法定职权实施行政行为的现象。这些情况与行政机关机构设置和职能划分不科学有一定的关系。通过司法建议，可以促使各级人民政府进一步完善行政管理体制，建立机构设置合理、职责权限清晰的法治政府。

第十五章　行政组织法律责任

行政组织法律责任，是指行政机构设置、人员配备、经费使用以及行政组织活动违反组织法律规范应承担的法律责任，是一种行政法律责任制度。违法行为承担相应的法律责任，是法律实施的保证，是法律权威性的最终体现。行政组织法的宪法和行政法法律属性，决定了违反行政组织法律规范承担的主要是宪法和行政法责任。行政组织法律责任包括行政机关的组织责任以及行政领导和直接责任人员的个人责任。而行政组织法律责任的承担以组织违法行为为前提，除承担违法责任外，行政领导人员和直接责任人员还要承担政纪责任，其中的党员干部还要承担党纪责任。这里所说的行政组织法律责任仅指法律责任，不包括党纪、政纪责任。

一、行政组织违法行为

行政违法是行政法学研究的重要内容之一，是指行政机关及其工作人员违反行政法律规范的规定和要求，损害国家利益、社会公共利益或行政相对人的合法权益而应追究法律责任的行为。

行政组织违法是行政违法的一类违法行为，根据行政违法的内容不同，可分为行政职权配置违法、行政职权行使行为违法、监督行政行为违法等。行政组织违法行为，是指设置机构、职权配置、人员编制、公产行政经费使用等组织行为，违反组织法律规范的规定，而应当依法追究行政法律责任的行为。行政组织违法既包括实体违法，也包括程序违法；既包括行政机关的违法，也包括行政领导人员和行政机关工作人员的违法。我国现在行政法律规范对违法行使行政职权行为规定较明确，但对行政组织行为违法没有太多的规定，主要体现在《国务院行政机构设置和编制管理条例》和《地方各级人民政府机构设置和编制管理条例》中，前者第 23 条规定，国务院行政机构违反本条例规定，有下列行为之一的，由国务院机构编制管理机关责令限期纠正；逾期不纠正的，由国务院机构编制管理机关建议国务院或者国务院有关部门对负有直接责任的主管人员和其他直接责任人员依法给予行政处分：擅自设立司级内设机构的；擅自扩大职能的；擅自变更机构名称的；擅自超过核定的编制使用工作人员的；有违反机构设置和编制管理法律、行政法规的其他行为的。后者第 26 条规定，地方各级人民政府有擅自设立、撤销、合并行政机构等八种行为的，由机构编制管理机关给予通报批评，并责令限期改正；情节严重的，对直接负责的主管人员和其他直接责任人员，依法给予处分。

根据《地方各级人民政府机构设置和编制管理条例》的规定，行政组织违法行为主要包括：

1. 擅自设立、撤销、合并行政机构或者变更规格、名称

行政机构的设立、撤销、合并要结合经济社会发展的需要，根据职能变化、业务范围调整等因素，按照规定的权限和程序进行审批。行政机构、规格、名称的变更也要履行相应的程序。地方各级人民政府行政机构的设立、撤销、合并或者变更规格、名称，由本级人民政府提出方案，经上一级人民政府机构编制管理机关审核后，报上一级人民政府批准；其中，县级以上地方各级人民政府行政机构的设立、撤销或者合并，还应当依法报本级人民代表大会常务委员会备案。未经机构编制管理机关批准，任何组织和个人擅自设立、撤销、合并行政机构或者变更规格、名称的，都要承担法律责任。

2. 擅自改变行政机构职责

地方政府作为一个庞大的行政体系，是由不同层级和各种类别的行政机构组成的。每个行政机构都在各自职责范围内做好工作，社会才能正常有序运转。行政机构的职能配置有一定的程序，一般在“定职责、定机构、定编制”的“三定”规定中明确规定。擅自改变行政机构的职责，容易导致行政权力不受约束、随意增扩职能、职能交叉等一系列问题。因此，行政机构的职责按程序批准后，必须按照规定执行，不得擅自改变。

3. 擅自增加编制或者改变编制使用范围

编制作为重要的行政资源，其数额和使用范围的核定都要符合规定的条件和程序。任何行政机构的编制和使用范围一经确定，便具有法律效力，不得随意突破和更改。在核定的编制以外，自行增加的编制无效。

4. 超出编制限额调配人员或者为超编人员核拨经费

核定编制、调配人员、核拨经费是机构编制管理链条上环环相扣的几个环节，其中编制是“龙头”，是调配人员、核拨经费的依据和基础。按照规定，先有编制才能进人，超编调配人员或为超编人员核拨经费都要承担法律责任。

5. 擅自超职数、超规格配备领导成员

《公务员法》第 43 条规定：“公务员任职应当在规定的编制限额和职数内进行，并有相应的职位空缺。”各机关的领导职务和非领导职务，都是

根据该机关所担负的职能任务、工作性质、机构规格、编制总数、各级职务的比例关系等因素确定。这种规定具有法律效力,目的是保证机关因事设职、以职选人、精简高效,避免造成机构臃肿、人浮于事的状况,避免滋长办事拖拉、推诿扯皮等官僚主义风气。违反法律规定或机构编制管理机关核定的领导职数,擅自超职数、超规格配备领导人员的,应当承担法律责任。

6. 违反规定干预下级人民政府行政机构的设置和编制管理工作

各级人民政府行政机构的设置和编制管理应由本级人民政府根据当地的实际情况决定。现实中,上级政府或部门干预下级政府机构设置和编制配备的问题仍然比较突出,就是所谓的“条条干预”。干预的形式和方法也日趋多样,有的夹在部门文件、领导讲话中,有的通过项目审批、考核评比等方式,直接或间接干预下级人民政府的机构设置和编制管理。究其原因是多方面的,如有的部门和领导机构编制意识不强,一些地方机构编制管理不严,部门利益的驱使等。“条条干预”严重影响了地方机构编制管理秩序,不利于地方因地制宜、合理配置行政资源、降低行政成本。中央多次在文件中提出,在机构设置和人员编制管理方面,不要求上下对口,不强求上下组织形式一致。中共中央办公厅和国务院办公厅下发的《关于进一步加强和完善机构编制管理严格控制机构编制的通知》中明确要求:“对上级业务部门以下发文件、召开会议、批资金、上项目、搞评比、打招呼等方式干预下级部门机构设置、职能配置和人员编制配备的,要严肃查处。”

7. 违反规定审批机构、编制

这里包括两种情况:一种是机构编制管理机关以外的其他机构,超出职责权限审批机构和编制;另一种是机构编制管理机关自身违反有关规定审批机构和编制。机构和编制的审批有严格的条件和程序。按照规定,凡涉及机构编制事项,应由机构编制管理机关“一家承办、一家审批、一家行文”,其他部门下发文件或开会涉及机构编制事项的,不能作为增加和调整机构编制的依据。机构编制管理机关作为业务主管机关,更要严格按照有关规定履行职责,不能滥用职权、徇私枉法。

8. 违反机构编制管理规定的其他行为

除了上述几种外,还有一些其他的违反机构编制管理规定的行为,《地方各级人民政府机构设置和编制管理条例》专门规定了一项作为兜底条款,为追究违反机构编制管理规定其他行为的法律责任提供依据。

二、行政组织违法行为的法律责任的追究

机构编制管理机关对违反机构编制管理规定的行为,可以采取下列处

理措施：通报批评；建议改正或者责令限期纠正；予以纠正；建议财政部门对超编人员不予核拨经费；建议对负有直接责任的主管人员和其他直接责任人员给予处分。

地方各级人民政府在机构编制工作中超越权限或者违反规定程序设立、撤并各类机构，提高机构规格或者变更机构性质的；或者超职数、超规格配备领导干部的；或者超编制限额配备人员的；或者有其他违反机构编制管理规定行为的，由上级机构编制管理机关建议改正或者责令限期纠正。

国务院和地方各级人民政府所属行政机构在机构编制工作中违反规定干预下级职能配置、机构设置或者编制、职数配备的，或者违反规定擅自扩大或者缩小职责范围和权限的，或者擅自设立、撤并机构以及提高机构规格或者变更机构名称、隶属关系和经费渠道的，或者超职数配备内设机构或者下属机构领导干部的，或者擅自超过核定的编制使用工作人员或者改变编制使用范围的，或者为超编人员核拨经费或者办理录用、调任、社会保障等手续的，或者统计信息失实或者不按规定报送统计数据的，或者有其他违反机构编制管理规定行为的，由同级或者上级机构编制管理机关依法予以通报批评，建议改正或者责令限期纠正，予以纠正，建议对负有直接责任的主管人员和其他直接责任人员给予处分。有擅自设立、撤并机构以及提高机构规格或者变更机构名称、隶属关系和经费渠道的，或者擅自超过核定的编制使用工作人员或者改变编制使用范围的，或者为超编人员核拨经费或者办理录用、调任、社会保障等手续的，可以同时建议财政部门对超编人员不予核拨经费。

各级机构编制管理机关在机构编制工作中有超机构限额审批机构，超越权限提高机构规格、加挂机构牌子、变更机构性质或者名称的；或者超编制限额审批编制，或者违反规定挤占、挪用编制的；或者违反规定核定领导职数的；或者有其他违反机构编制管理规定的行为：由上级机构编制管理机关依法予以通报批评，建议改正或者责令限期纠正，予以纠正，建议对负有直接责任的主管人员和其他直接责任人员给予处分。

机构编制管理机关经过调查核实，认为需要追究有关责任人员纪律责任的，属于监察对象的，移送监察机关处理；不属于监察对象的，移送任免机关处理。涉嫌犯罪的，移送司法机关依法处理。

三、行政组织违法法律责任制度的完善

现行行政组织违法法律责任主要是由机构编制管理机关从编制管理

的角度予以监督和追究行政责任，但行政组织行为是宪法层面的行为，更多地需要从宪法、组织法的层面建立行政组织违法行为的法律责任追究制度。

（一）国家权力机关对行政组织违法行为追究违宪违法责任

行政组织行为，涉及宪法确定的国家机构组织体系，牵一发而动全身，如果行政组织行为涉及合宪性问题，应当由全国人民代表大会启动合宪性审查程序。根据《宪法》第 86 条第 3 款的规定，国务院和地方各级人民政府的组织由法律规定。第 67 条第 1 项规定，全国人民代表大会常务委员会负责解释宪法，监督宪法的实施。如果全国人民代表大会常务委员会认为国务院和省、自治区、直辖市人民政府关于机构改革的方案和机构设置的决定违反宪法所确定的国家机构组织体系，没有组织法依据，可以依宪法规定的职权予以撤销。

根据《宪法》第 104 条的规定，县级以上的地方各级人民代表大会常务委员会讨论、决定本行政区域内各方面工作的重大事项；监督本级人民政府的工作；撤销本级人民政府的不适当的决定和命令。

（二）国务院对地方各级人民政府行政组织行为统一实施监督和依组织法追究违法责任

根据《宪法》，国务院统一领导全国地方各级国家行政机关的工作，规定中央和省、自治区、直辖市的国家行政机关的职权的具体划分，有权改变或者撤销地方各级国家行政机关的不适当的决定和命令。全国地方各级人民政府都是国务院统一领导下的国家行政机关，都服从国务院。国务院对于地方各级人民政府在机构设置和人员配置方面存在违反组织法的行为，有权直接决定改变或者撤销该地方人民政府的决定，或者责令作出该决定的上级人民政府予以纠正。

（三）充分发挥行政审判对于行政组织违法行为的救济作用

行政诉讼虽然是公民、法人或者其他组织认为行政机关和行政机关工作人员的行政行为侵犯其合法权益依法向人民法院提起的诉讼，不是就组织本身提起的诉讼，但间接地对行政组织的法律责任也予以界定和明确。《行政诉讼法》关于被告的规定明确了责任主体，该法第 26 条规定，公民、法人或者其他组织直接向人民法院提起诉讼的，作出行政行为的行政机关是被告。经复议的案件，复议机关决定维持原行政行为的，作出原行政行为的行政机关和复议机关是共同被告；复议机关改变原行政行为的，复议机关是被告。复议机关在法定期限内未作出复议决定，公民、法人或者其他组织起诉原行政行为的，作出原行政行为的行政机关是被告；起诉复议机关不作为的,复议机关是被告。两个以上行政机关作出同一行政行为的,共同作出行政行为的行政机关是共同被告。行政机关委托的组织所作的行政行为,委托的行政机关是被告。行政机关被撤销或者职权变更的,继续行使其职权的行政机关是被告。

《行政诉讼法》的这些规定,不仅明确了行政诉讼的被告,也明确了责任主体。在行政许可行为中,按照"谁审批,谁负责"的原则,如果原审批机关在机构改革中被撤并,那么继续行使其职权的行政机关应当承担责任,不能因为原机关不再存在而无人负责或无法追责。同时,《行政诉讼法》关于判决理由的规定,强化了组织法定、职权法定原则,体现了有权必有责、违法受追究的行政法治精神。该法第70、72条分别规定,行政行为有超越职权的情形的,人民法院判决撤销或者部分撤销,并可以判决被告重新作出行政行为;人民法院经过审理,查明被告不履行法定职责的,判决被告在一定期限内履行。不管是超越职权范围还是不履行法定职权,都应承担行政法律责任。

人民法院审理行政案件的过程,也就是确认行政机关是否具有行政主体资格或是否具有法定职权的问题。在牡丹江桦橡物业管理有限责任公司(以下简称桦橡物业公司)诉黑龙江省牡丹江市阳明区人民政府(以下简称阳明区政府)侵犯企业经营自主权一案中,①法院经审理认为,根据2015年《地方组织法》第68条的规定,桦橡街道办是阳明区政府的派出机关,属于依法享有行政职权、能够独立对外承担法律责任的行政主体。中共牡丹江市阳明区委下发的《中共阳明区委员会关于桦林镇与桦橡街道机构改革的通知》,决定将桦橡街道办并入桦林镇,实行一套人马两块牌子,桦林镇对外挂桦橡街道办牌子。桦橡物业公司以桦橡街道办为被告,提起侵犯经营自主权纠纷之诉,经庭审法院向桦橡物业公司释明要求其变更被告,但该公司明确表示拒绝变更,因而裁定驳回。桦橡物业公司不服,提起上诉。

桦橡物业公司称:(1)桦橡街道办是阳明区政府依职权设立的,是阳明区政府的下设机构,其所有职权全部都是阳明区政府授权的。阳明区政府是适格被告,桦橡街道办不具有独立的诉讼主体资格。(2)根据《牡丹江市人民政府市长办公室会议纪要》,桦橡物业公司的职能权限划归阳明区政府管理,而桦橡街道办本身并无管理权。桦橡街道办对桦橡物业公司的经营管理进行干预与操控,阳明区政府默示与支持,是授权的表示。

① 参见最高人民法院行政裁定书,(2016)最高法行申285号。

(3)桦橡街道办与桦林镇合并是虚假的,该办事处仍使用原公章。被诉行政行为发生时,桦橡街道办没有归入桦林镇,属阳明区政府管辖,应以阳明区政府为被告。请求撤销裁定,依法改判或发回重审。

阳明区政府提交书面答辩意见称:(1)街道办事处依法在自身职责范围内开展工作,其所有职权并非基于政府授权。(2)桦橡物业公司认为《牡丹江市人民政府市长办公室会议纪要》是证明阳明区政府授权的证据,于法无据。(3)桦橡物业公司认为桦橡街道办与桦林镇合并是虚假的,违背客观事实。

终审法院认为,桦橡街道办提出《关于对物业公司遗留问题的处理意见》,请求阳明区政府授权桦橡街道办接管桦橡物业公司。本案被诉行政行为是桦橡街道办作出的处理意见,桦橡街道办应当是本案的适格被告。上述处理意见明确:"办事处通过向主管领导汇报后研究决定提出如下建议",实质上是行政机关内部下级向上级的请示行为,并未对外发生法律效力,未对桦橡物业公司的权利义务产生实际影响。根据《最高人民法院关于执行〈中华人民共和国行政诉讼法〉若干问题的解释》第1条第2款第6项规定,上述处理意见不属于行政诉讼的受案范围。

本案的裁决要旨,实质上就是明确街道办事处的行政主体资格。

在唐某兴诉辽宁省绥中县人民政府、辽宁省东戴河新区管理委员会行政强制措施并赔偿一案[①]中,法院经审理认为,东戴河新区管理委员会的前身是绥中滨海经济区管理委员会,原为葫芦岛市政府的派出机构。2010年年底,辽宁省政府决定绥中县实行省管县体制,并于2011年3月29日批准成立绥中高新技术产业开发区,由绥中县政府管理。2012年更名为"东戴河新区管理委员会"。参照2004年《地方组织法》第68条第2款规定,省级人民政府批准成立的区公所、开发区管委会等县级人民政府的派出机关,具有独立的行政主体资格。东戴河新区管理委员会是经辽宁省人民政府批准成立的、隶属于绥中县政府的派出机关,依法应当具有独立的行政主体资格,对其以自身名义作出的行政行为,应当依法独立承担法律责任。但是,本案中,绥中县政府认可东戴河新区管理委员会及其综合执法局、公安局的强制搬移行为是受其委托所为,行政机关委托的组织所作的行政行为,委托的行政机关是被告。绥中县政府委托东戴河新区管理委员会实施强制搬移,东戴河新区管理委员会不是本案适格被告,委托的绥中县政府是本案适格被告。东戴河新区管理委员会系受绥中县政府委托

---

① 参见最高人民法院行政裁定书,(2015)行监字第96号。

实施被诉的强制措施，绥中县政府认可由其承担法律后果，应为适格被告。原告认为东戴河新区管理委员会是独立的行政机关，在本案执法中有该区综合执法局和公安局人员参与，侵权行为发生在其管辖区域，法院判决遗露责任主体，没有事实和法律根据，法院不予支持。

根据《税收征收管理法实施细则》第9条第2款的规定，国家税务总局应当明确划分税务局和稽查局的职责，避免职责交叉。《国家税务总局关于稽查局职责问题的通知》规定了稽查局的现行职责是指：稽查业务管理、税务检查和税收违法案件查处；凡需要对纳税人、扣缴义务人进行账证检查或者调查取证，并对其税收违法行为进行税务行政处理（处罚）的执法活动，仍由各级稽查局负责。在广州德发房产建设有限公司诉广州市地方税务局第一稽查局税务处理决定案中，法院经审查后认为，国家税务总局经行政法规授权，有权对税务局和稽查局的职责作出明确和划分。该被审查的部门规范性文件的作出有上位法依据，文件中规定现阶段各级稽查局职责范围的条文，可作为被告作出被诉税务处理决定的职权依据。因此，被告具有对税收违法行为进行执法，作出被诉税务行政处理决定的职责。广州税稽一局在查处涉嫌税务违法行为时，依据《税收征收管理法》第35条的规定，核定纳税义务人的应纳税额是其职权的内在要求和必要延伸，符合税务稽查的业务特点和执法规律，符合《国家税务总局关于稽查局职责问题的通知》关于税务局和稽查局的职权范围划分的精神，因而法院认为不构成超越职权。人民法院在判决中尊重了行政机关长期执法活动中形成的专业判断和行政惯例，通过司法确认的方式，认可省级以下税务局及其税务稽查局在具体执法过程中形成的不违反法律原则和精神且符合具体执法规律和特点的惯例，不仅对人民法院处理类似问题提供借鉴方法，而且对税务机关行使职权也起到指导作用。

人民法院不仅可以判决撤销、责令履行义务，而且根据《国家赔偿法》可以根据行政相对人的申请判决赔偿损失，追究损害赔偿责任。即使赔偿义务机关被撤销的，继续行使其职权的行政机关也应当成为赔偿义务机关；如果没有继续行使其职权的行政机关的，撤销该赔偿义务机关的行政机关为赔偿义务机关。

对于行政组织行为所造成的损害是否需要法律救济的问题，有学者提出，在因组织行为而引致具体损害时，例如，一乡镇建制的撤销，便可使原乡镇政府所在自然村的公民的利益，如交通方便、商业流通、治安卫生等利益受到削减或丧失。所以，从理论上而言，应当赋予这些利益相关人的行政诉讼资格。[①] 行政组织行为，虽然表面上看起来是内部行为，只涉及机关内部的机构设置和调整，但这种内部行为影响行政相对人的权利和义务，如非法设立机构行使行政执法权，行政相对人可以无权限为由提起行政诉讼，人民法院可以判决行政行为因无行政主体资格而无效，如果给相对人造成损害的，设立该机构的行政机关应承担赔偿责任。根据《行政诉讼法》第 75 条的规定，行政行为有实施主体不具有行政主体资格或者没有依据等重大且明显违法情形，原告申请确认行政行为无效的，人民法院判决确认无效。第 76 条还规定，人民法院判决确认违法或者无效的，可以同时判决责令被告采取补救措施；给原告造成损失的，依法判决被告承担赔偿责任。该两条规定，间接地对行政组织违法行为进行监督，没有法律根据非法设立的组织的行为，自始视为无效。

① 参见朱维究、王成栋主编：《一般行政法原理》，高等教育出版社 2005 年版，第 168 页。

附　　录

一、中华人民共和国国务院组织法
（代拟稿）

第一条　［立法目的］为了规范国务院的组织和活动，保障依法全面正确履行政府职能，根据中华人民共和国宪法有关国务院的规定，制定本组织法。

第二条　［指导思想］国务院的组织和活动应当坚持中国共产党的领导，以马克思列宁主义、毛泽东思想、邓小平理论、“三个代表”重要思想、科学发展观、习近平新时代中国特色社会主义思想为指导，建设职能科学、结构优化、廉洁高效、人民满意的服务型政府。

第三条　［目标任务］国务院要全面正确履行经济调节、市场监管、社会管理、公共服务和生态环境保护的职能，形成权界清晰、分工合理、权责一致、运转高效、法治保障的机构职能体系，创造良好发展环境，提供基本均等公共服务，维护社会公平正义。

第四条　［权力界限］凡是公民、法人和其他组织能够自主解决的，市场竞争机制能够调节的，行业组织或者中介机构通过自律能够解决的事项，不得列入国务院部门职能。

第五条　［法治原则］国务院严格按照宪法和法律履行职责，按法定权限和程序行使权力。

第六条　［组成］国务院由总理、副总理、国务委员、各部部长、各委员会主任、审计长、秘书长组成。

国务院组成人员要模范遵守宪法和法律，认真履行职责，为民务实，严守纪律，勤勉廉洁。

第七条　［工作原则］国务院实行总理负责制。总理领导国务院的工作。

副总理、国务委员协助总理工作。副总理、国务委员按分工负责处理分管工作；受总理委托，负责其他方面的工作或专项任务，并可代表国务院进行外事活动。

总理外出、因病或其他原因不能行使权力时，由副总理代行其职务，其责任由代理人承担。

第八条 ［**办公机构**］国务院秘书长在总理领导下,负责处理国务院的日常工作。

国务院设副秘书长二至四人,协助秘书长工作。

国务院设立办公厅,由秘书长领导。

第九条 ［**组成部门**］国务院由下列部门组成:

中华人民共和国外交部

中华人民共和国国防部

中华人民共和国国家发展和改革委员会

中华人民共和国教育部

中华人民共和国科学技术部

中华人民共和国工业和信息化部

中华人民共和国国家民族事务委员会

中华人民共和国公安部

中华人民共和国国家安全部

中华人民共和国民政部

中华人民共和国司法部

中华人民共和国财政部

中华人民共和国人力资源和社会保障部

中华人民共和国自然资源部

中华人民共和国生态环境部

中华人民共和国住房和城乡建设部

中华人民共和国交通运输部

中华人民共和国水利部

中华人民共和国农业农村部

中华人民共和国商务部

中华人民共和国文化和旅游部

中华人民共和国国家卫生健康委员会

中华人民共和国退役军人事务部

中华人民共和国应急管理部

中国人民银行

中华人民共和国审计署

第十条 ［**宪法机构**］国务院设立审计署,在国务院总理领导下,依照法律规定独立行使审计监督权,不受其他行政机关、社会团体和个人的干涉。

审计机关的职责权限由法律规定。

第十一条　[机构设置权限]国务院组成部门的增加、减少或者合并，经总理提出，由全国人民代表大会决定，在全国人民代表大会闭会期间由全国人民代表大会常务委员会决定。

第十二条　[法定机构]国务院根据法律规定，可以设置法定机构，作为国务院的直属机构。

国务院可以根据工作需要，设立若干办事机构协助总理办理专门事项。每个机构设负责人二至五人。

第十三条　[职能]国务院履行下列职能：

（一）编制和执行国民经济和社会发展计划和国家预算；

（二）领导和管理经济工作和城乡建设、生态文明建设；

（三）领导和管理教育、科学、文化、卫生、体育和计划生育工作；

（四）领导和管理民政、公安、司法行政等工作；

（五）管理对外事务，同外国缔结条约和协定；

（六）领导和管理国防建设事业；

（七）领导和管理民族事务，保障少数民族的平等权利和民族自治地方的自治权利；

（八）保护华侨的正当的权利和利益，保护归侨和侨眷的合法的权利和利益。

第十四条　[职权]国务院行使下列职权：

（一）根据宪法和法律，规定行政措施，制定行政法规，发布决定和命令；

（二）向全国人民代表大会或者全国人民代表大会常务委员会提出议案；

（三）规定各部和各委员会的任务和职责，统一领导各部和各委员会的工作，并且领导不属于各部和各委员会的全国性的行政工作；

（四）统一领导全国地方各级国家行政机关的工作，规定中央和省、自治区、直辖市的国家行政机关的职权的具体划分；

（五）改变或者撤销各部、各委员会发布的不适当的命令、指示和规章；

（六）改变或者撤销地方各级国家行政机关的不适当的决定和命令；

（七）批准省、自治区、直辖市的区域划分，批准自治州、县、自治县、市的建置和区域划分；

（八）依照法律规定决定省、自治区、直辖市的范围内部分地区进入紧急状态；

（九）审定行政机构的编制，依照法律规定任免、培训、考核和奖惩行政人员。

第十五条 ［会议制度］国务院会议分为国务院全体会议和国务院常务会议。国务院全体会议由国务院全体成员组成。国务院常务会议由总理、副总理、国务委员、秘书长组成。

第十六条 ［会议制度］总理召集和主持国务院全体会议和国务院常务会议。国务院工作中的重大问题，必须经国务院常务会议或者国务院全体会议讨论决定。

第十七条 ［会议制度］国务院全体会议的主要任务是：

（一）讨论决定国务院工作中的重大事项；

（二）部署国务院的重要工作。

国务院全体会议根据需要可安排其他有关部门、单位负责人列席会议。

第十八条 ［会议制度］国务院常务会议的主要任务是：

（一）讨论决定国务院工作中的重要事项；

（二）讨论法律草案、审议行政法规草案；

（三）通报和讨论其他重要事项。

国务院常务会议一般每周召开一次。

第十九条 ［会议制度］提请国务院全体会议和国务院常务会议讨论的议题，由国务院分管领导协调或审核后提出，报总理确定；会议文件由总理批印。国务院全体会议和国务院常务会议的组织工作由国务院办公厅负责，议题和文件于会前送达与会人员。

第二十条 ［程序制度］国务院发布的决定、命令和行政法规，向全国人民代表大会或者全国人民代表大会常务委员会提出的议案，任免人员，由总理签署。

以国务院名义发文，经国务院分管领导同志审核后，由总理签发。

以国务院办公厅名义发文，由国务院秘书长签发；如有必要，报国务院分管领导同志签发或报总理签发。

第二十一条 ［组成部门］国务院各部、各委员会的设立、撤销或者合并，经总理提出，由全国人民代表大会决定；在全国人民代表大会闭会期间，由全国人民代表大会常务委员会决定。

第二十二条 ［组成部门］各部设部长一人，副部长二至四人。各委员会设主任一人,副主任二至四人,委员五至十人。人民银行设行长一人,副行长二至四人。审计署设审计长一人,副审计长二至四人。

第二十三条　[组成部门]各部、各委员会、人民银行、审计署实行部长、主任、行长、审计长负责制。各部部长、各委员会主任、人民银行行长、审计署署长领导本部门的工作,召集和主持部务会议或者委员会会议、委务会议,签署上报国务院的重要请示、报告和下达的命令、指示。副部长、副主任、副行长、副署长协助部长、主任、行长、署长工作。

第二十四条　[组成部门]各部、各委员会、人民银行、审计署根据法律、行政法规和国务院的决定、命令,在本部门的职权范围内,制定规章,发布命令、指示。

第二十五条　[组成部门]各部、各委员会、人民银行、审计署工作中的方针、政策、计划和重大行政措施,应向国务院请示报告,由国务院决定。

第二十六条　[配合协调]各部、各委员会、人民银行、审计署各司其职,各负其责,顾全大局,协调配合,切实维护团结统一、政令畅通,坚决贯彻落实国务院各项工作部署。

第二十七条　[权限争议]国务院部门之间的权限的争议,由国务院办公厅提交国务院常务会议裁决。

第二十八条　[复议机关]国务院设立行政复议机关,对国务院部门的复议决定进行复核,对国务院部门的规范性文件进行审查并作出决定。

第二十九条　[监督]国务院要自觉接受全国人大及其常委会的监督,认真负责地报告工作,接受询问和质询,依法备案行政法规;自觉接受全国政协的民主监督,虚心听取意见和建议。

二、机构编制法
(代拟稿)

第一章　总　　则

第一条　[立法目的和依据]为了规范党和国家机构设置,加强编制管理,优化职能配置,提高效率效能,推进国家治理体系和治理能力现代化,依据宪法、国务院组织法、地方各级人民代表大会和地方各级人民政府组织法,制定本法。

第二条　[指导思想]机构编制工作必须坚持以马克思列宁主义、毛泽东思想、邓小平理论、“三个代表”重要思想、科学发展观、习近平新时代中国特色社会主义思想为指导，坚持和加强党对机构编制工作的全面领导。

第三条 ［**适用范围**］党的机关、人大机关、行政机关、政协机关、监察机关、审判机关、检察机关、各民主党派机关、群团机关和事业单位的机构、编制、领导职数的配备和调整，以及党和国家机构改革、体制机制和职责调整，适用本法。

第四条 ［**管理体制**］中央机构编制委员会负责党和国家机构职能体系建设的顶层设计、总体布局、统筹协调、整体推进、督促落实。

中央机构编制委员会的主要职责是：

（一）贯彻落实党中央对党和国家机构编制工作的集中统一领导。

（二）研究提出机构编制工作的方针政策。

（三）研究提出党和国家机构改革方案并组织实施；审定省级机构改革方案，指导地方各级机构改革工作。

（四）审定中央一级副部级以上各类机构的职能配置、内设机构和人员编制“三定”规定。

（五）统一管理中央和国家机关各部门的职能配置以及调整工作，统筹协调部门之间、部门与地方之间的职责分工。

（六）统一管理中央一级党政机关，中央一级各民主党派机关、群团机关的机构编制工作。审批上述单位厅局级机构设置、人员编制和领导职数，中央和国家机关各部门垂直管理机构、双重领导并以部门领导为主的机构、派驻地方机构、我国驻外机构的机构设置、人员编制和领导职数。

（七）审定地方行政编制总额、机构限额和职能配置的重要调整，审批省、自治区、直辖市厅局级行政机构的设置。

（八）研究提出事业单位管理体制和机构改革方案，统一管理党中央、国务院直属事业单位以及部门所属事业单位的机构编制工作，审批地方厅局级事业单位的设置，指导协调地方事业单位机构编制工作。

（九）推进机构编制法治建设，研究完善党和国家机构编制法规制度。

（十）督促检查各地区各部门贯彻党中央关于机构编制工作的方针政策和重要决定，严肃机构编制纪律。

地方各级机构编制委员会负责地方行政体制改革、机构改革和机构编制管理。

中央和地方各级机构编制委员会办公室是机构编制委员会的常设办事机构，承担日常工作，根据授权和规定程序处理机构编制具体事宜。

各部门、各单位应当明确负责机构编制工作的机构和人员。乡镇、街道的机构编制事项由上一级机构编制委员会管理。

第五条 [**领导体制**]机构编制工作，实行中央统一领导、地方分级管理的体制。

中央编制管理机关对省、自治区、直辖市编制管理工作进行业务指导和监督。县级以上编制管理机关应当按照管理权限履行管理职责，并对下级机构编制工作进行业务指导和监督。

第六条 [**工作机制**]机构编制委员会由同级党委、国家机关有关领导和有关部门负责人组成。委员会设主任 1 名，副主任、委员若干名。

各级机构编制委员会实行委员会工作制度，重大问题由委员会集体讨论决定。

第七条 [**党的统一领导原则**]党和国家机构改革、重大体制机制和职责调整应当有利于构建系统完备、科学规范、运行高效的党和国家机构职能体系，完善党和国家机构布局，有利于推动各类组织在党的统一领导下协调行动、增强合力。

第八条 [**统筹设置原则**]统筹党和国家机构设置和职能配置，坚持一类事项原则上由一个部门统筹、一件事情原则上由一个部门负责。党的有关机构可以同职能相近、联系紧密的其他部门统筹设置，实行合并设立或者合署办公。

第九条 [**科学合理原则**]机构设置应当科学合理，具有比较完整且相对稳定的独立职能，能够与现有机构的职能协调衔接。

第十条 [**精简统一效能原则**]各级党政群机关机构设置和编制管理应当按照经济社会全面协调可持续发展的要求，符合政治、经济、社会、文化和生态文明建设发展和全面履行职能的需要，遵循精简、统一、效能的原则，做到机构编制精干、体制顺畅、工作高效。

第十一条 [**公开原则**]党政群机构、事业单位对不涉及国家秘密的编制和实有人员等情况，向本单位工作人员或者社会公开。

第十二条 [**法治原则**]机构设置、编制和领导职数配备应当符合机构编制法律法规，依法定程序设置的机构和核定的编制，是录用、聘用、调配工作人员、配备领导成员和核拨经费的依据。

部门规章和规范性文件不得就机构编制事项作出具体规定，不得作为审批机构编制的依据。

第十三条 [**独立自主性原则**]除中央有明确规定外，地方可以在规定限额内因地制宜设置机构和配置职能。县级以上各级人民政府行政机构不得干预下级人民政府行政机构的设置和编制管理工作，不得要求下级人民政府设立与其业务对口的行政机构。

第二章 职责配置

第十四条 ［**配置原则**］党政群各类机构的职责配置和调整，应当以法律、法规和规章为依据，做到职责明确、分工合理、权责一致，决策、执行和监督相互协调。

第十五条 ［**配置依据**］党政群机关的职能，由机构编制部门依据法律、法规和规章确定，并分解落实到其内部机构。

第十六条 ［**职责划分**］相同或相近的职责原则上由一个机构承担。对确需两个以上部门共同承担的职能，由机构编制部门负责界定，明确主次关系，建立健全工作协调制度。

需要对职责进行调整或对职责划分有异议的，由部门主动协商或提出意见，报本级机构编制管理机关审定，或由机构编制管理机关提出调整意见，报同级党委决定。对机构编制部门正在协调的职能问题，相关部门不得各行其是，制发易引起争议的文件。

第十七条 ［**职责调整**］有下列情形之一的，机构的职责应当调整：

（一）法律、法规、规章修改对职责作出调整的；

（二）机构设置变化的；

（三）职责交叉或者职责分工不明确的；

（四）管理事项变化或者管理权限调整的；

（五）其他需要调整的情形。

第十八条 ［**调整方案**］机构的职责配置或者调整方案，应当包括下列事项：

（一）主要依据；

（二）职责内容和范围；

（三）承担职责的行政机构；

（四）与相关行政机构的职责划分；

（五）其他有关事项。

第十九条 中央和各级党政机关应当编制权责清单，向社会公布，并对清单实行动态调整。

第三章 机构设置

第二十条 ［**设置原则**］党政群机关应当以职责的科学配置为基础，实行综合设置，做到职责明确、分工合理、机构精简、权责一致，决策和执行相协调。

第二十一条 [**稳定性**]党政群机关的设置可以根据履行职责的需要适时调整。但是,在一届任期内应当保持相对稳定。

第二十二条 [**中央机构**]党中央设立中共中央办公厅、各部、委员会和直属机构,国务院设立国务院办公厅、国务院组成部门、国务院直属机构、国务院办事机构、国务院组成部门管理的国家行政机构和国务院议事协调机构。

第二十三条 [**地方机构设置**]省、自治区、直辖市、设区的市地方各级党委和政府设立部、委、办、局等工作部门、办事机构、部门管理机构、特设机构和派出机构。

县、县级市、设区的市的区、不设区的市党委和政府设立部、委、办、局等工作部门、部门管理机构和派出机构。

区属街道、县级市属镇(街道)党政工作机构按有关规定综合设置。

省级垂直管理行政机构按规定审批,报省机构编制管理机关备案。

第二十四条 [**内设机构数量**]党政机构内设机构实行综合设置,其数量不得超出上一级业务部门内设机构。内设机构设置在 10 个以下的,非业务机构一般不超过 2 个;内设机构设置在 10 个及以上的,非业务机构占比不超过 30%。

第二十五条 [**内设机构名称**]内设机构名称和规格应当符合下列规定:

(一)中央机关内设机构一般称厅、局,为局级或副局级;

(二)省、副省级机关内设机构一般称处、室,为正处级或者副处级;一般不设置 5 人以下的处室;

(三)市(州)、副省级市、市辖区机关的内设机构一般称科、室,为正科级或者副科级;一般不设置 4 人以下的科室;

(四)县(市、区)级机关的内设机构根据需要可称股、室,一般不设置 3 人以下的科室。

按照有关法律法规规定,对外独立履行职责的内设机构可称局、办。其规格一般不高于机构的内设机构。

第二十六条 [**其他机构规格**]人大、政协的工作机构和专门委员会按有关法律规定和章程设置,其机关内部机构的规格按有关规定执行。法院、检察院、民主党派和人民团体机关内部机构的规格,与同级党委和政府工作部门的内部机构规格相同。

第二十七条 [**议事协调机构和临时机构设置**]各级党委、政府设立议事协调机构和临时机构，应当严格控制。可以交由现有机构承担的职能或者由现有机构协调可以解决问题的，不另设立议事协调机构。对需多个部门共同承担的临时任务，由相关部门采取联席会议等形式完成。确需设立议事协调机构和临时机构的，按照有关规定执行。

第二十八条　[程序]党政群机关工作部门内部机构的设立、撤销、合并、更名等，由其主管部门报机构编制管理机关审核办理。设立机构的，应当说明设立机构的必要性和可行性，机构类型、名称和职能，与业务相近机构职能的划分等；撤并机构的，应当说明撤销或合并的理由，撤销或合并机构后职能消失、转移情况，人员安置情况等。

第四章　人员编制管理

第二十九条　[原则]党政群机构的编制，应当根据其所承担的职责，按照精简的原则核定。

第三十条　[编制类别和使用范围]机构编制管理机关应当按照编制的不同类别和使用范围审批编制。党政机关均使用行政编制，除工会、共青团和妇联机关使用行政编制外，其他群团机关一般使用事业编制，事业单位应当使用事业编制。行政机构除核定少量的工勤人员编制外，应当使用行政编制。不得混用、挤占、挪用或者自行设定其他类别的编制。

第三十一条　[编制总额]中央党政群机构的编制总额，由中央编制委员会审核后，报中共中央批准；地方党政群机构编制总额，由省、自治区、直辖市人民政府提出，经中央机构编制管理机关审核后，报中共中央、国务院批准。

第三十二条　[专项编制]根据工作需要，中央机构编制管理机关报经党中央批准，可以在地方编制总额内对特定机构的编制实行专项管理。

第三十三条　[编制调整]地方根据调整职责的需要，可以在编制总额内调整本级机关有关部门的编制。但是，在同一个行政区域不同层级之间调配使用编制的，应当由省、自治区、直辖市编制管理机关报中央机构编制管理机关审批。

第三十四条　[议事机构编制]地方党政机关的议事协调机构不单独确定编制，所需要的编制由承担具体工作的机关解决。

第三十五条　[工勤人员编制]党政群机关工勤人员编制在各部门行政编制外单独核定，按本部门行政编制的10%配备。行政执法队伍和设立机关后勤服务机构的部门，不核定工勤人员编制。

第三十六条　[增减编制]党政群机关工作部门增减编制，应当向同级机构编制管理机关提出申请，内容包括职能变化、编制和人员情况，由机构编制管理机关审核批准。

第五章　领导职数管理

第三十七条　[法律依据]各级党委、人大、政府、政协领导班子成员的配备按《中国共产党章程》、地方各级人民代表大会和地方各级人民政府组织法、《中国人民政治协商会议章程》及上级党委组织部门有关规定等办理。

第三十八条　[领导职务名称]各级党政机关领导职务的名称应当与机构的名称、规格相对应。各级党政群机关和事业单位不得自行设置领导职务名称并配备相应干部。

第三十九条　[原则]各级党政群机关及事业单位领导职务的数量应与其机构性质、职责任务、管理幅度相适应，与编制规模保持适当比例。

各级党政群机构的领导职数，根据其部门职责，结合机构性质、机构规格、编制规模和管理幅度等因素核定。

第四十条　[中央领导职数]中央党政群机关司级内设机构的领导职数为一正二副；中央党政群机关管理的二级机关的司级内设机构的领导职数根据工作需要为一正二副或者一正一副。

第四十一条　[地方领导职数]省、自治区、直辖市党政群机关厅、处、科级领导职数，以及设区的市党政群机关处级、副处级领导职数总额由省、自治区、直辖市机构编制管理机关确定；县、设区的市的区、不设区的市党政群机关科级、副科级和乡镇科级、副科级领导职数总额，由设区的市机构编制管理机关确定。各级各部门不得擅自超职数配备或高配部门和内设机构领导。

第四十二条　[专业技术领导职数]具有技术要求高、专业性强、管理项目资金数额大等职能特点的工作部门，根据需要可在核心专业管理领域设置1名专业技术领导职数，在规定的领导职数内调整或由同级副职兼任。

第四十三条　[领导职务层次]各级党政群机关领导职务层次应当与机构规格相一致。

除党中央、国务院、中央编委文件及中央机构编制、组织部门文件另有规定外，按下列规定配备：

（一）正部级党政机关的内设机构（包括派出机构、直属机构）正职为厅局级正职；

（二）副部级党政机关的内设机构正职为厅局级副职；

（三）正厅级党政机关的内设机构正职为县处级正职；

（四）副厅级党政机关内设机构正职为县处级正职或县处级副职；

（五）正处级党政机关的内设机构正职为乡科级正职；

（六）副处级党政机关的内设机构正职为乡科级正职或乡科级副职。

第四十四条　［领导职数管理］领导职数实行集中统一管理，凡涉及领导职数的核定和调整，统一由机构编制部门评估论证后按程序办理。上级业务部门不得以任何形式干预下级部门的领导职数事项。

第四十五条　［总量控制和动态调整机制］各级机构编制部门可探索对下级党政群机关的部门领导职数实行总量控制，各地在上级机构编制部门下达的总量控制数内，统筹平衡核定部门领导职数，并进行动态调整。各部门在机构编制部门核定的内设机构领导职数总量内，根据有关规定，并结合工作实际具体确定各个内设机构的领导职数。

第四十六条　［公开原则］除涉密单位外，各级党政群机关和事业单位应当采取有效方式，公开领导职数核定和配备情况，接受监督。

第六章　机构编制程序

第四十七条　［动议］机构编制工作应当根据中央有关要求和工作需要，按照机构编制管理权限提出。

各部门可以提出对机关及其所属事业单位机构、职能、编制、领导职数等事项调整的动议，报本级机构编制委员会及其办公室。根据机构编制管理权限可以由部门决定的事项，按照有关规定办理。

重大事项和超出本级机构编制管理权限的事项应当按照规定向上级请示报告，上级同意后方可研究推进。

地方各级机构编制委员会可以根据规定权限，对本地区相关体制机制和职责调整提出动议。

地方各级党委可以提出本地区体制机制和职责调整动议，党和国家机构改革、重大体制机制和职责调整由党中央启动。

第四十八条　［论证］党和国家机构改革、重大体制机制和职责调整应当在党中央集中统一领导下组织论证。各地区各部门提出机构编制工作动议必须符合中央有关改革精神和机构编制有关规定，应当充分论证必要性、合理性、可行性。

第四十九条　［论证］各级机构编制委员会办公室研究论证机构编制事项时，应当进行深入调查研究和合法合规性审查，重大问题应当进行专家论证和风险评估。研究论证时应当充分听取各方面意见。

第五十条 [**审批**]机构编制事项应当按程序报批,严格遵守管理权限。

党和国家机构改革方案、重大体制机制和职责调整方案必须报党中央审议批准。

各部门提出的机构编制事项申请,由本级机构编制委员会办公室审核后报本级机构编制委员会审批,重大事项由本级机构编制委员会审核后报本级党委审批。需报上一级党委及其机构编制委员会审批的,按程序报批。各级机构编制委员会办公室根据授权审批机构编制事项。

地区或者部门专项体制机制和职责调整方案,由有相应机构编制管理权限的党委(党组)审议批准。超出本级机构编制管理权限的重大问题,党委(党组)在审议后应当向上一级党委请示报告,上一级党委同意后方可实施。

第五十一条 [**决定**]凡属机构编制重大问题,应当由党委(党组)或者机构编制委员会集体讨论作出决定。党委(党组)和机构编制委员会审议机构编制议题的程序,应当符合党内法规和中央机构编制委员会有关规定。

党委(党组)、机构编制委员会应当主要就以下内容对机构编制议题进行审议:

(一)是否有利于坚持和加强党的全面领导;

(二)是否符合党中央有关规定和机构编制党内法规、国家法律法规以及相关政策规定;

(三)是否适应经济社会发展需要和财政保障能力,能否有效解决实际问题;

(四)是否科学合理,充分考虑了除调整机构编制外的其他解决办法;

(五)是否对可能带来的问题和遇到的困难进行客观分析,并做好应对准备。

提请审议机构编制议题时,有关部门应当对照前款规定逐项作出说明。

第五十二条 [**评估**]各级机构编制委员会应当定期组织对机构编制执行情况和使用效益进行客观评估,或者委托第三方进行评估。评估结果作为改进机构编制管理、优化编制资源配置的重要依据。

第七章 监督检查

第五十三条 [**检查权限**]各级机构编制管理机关应当按照法定管理

权限,履行机构编制监督检查职责。

各级监察机关应当依法履行监察职责,检查执行机构编制管理规定中存在的问题,查处机构编制违法违纪行为。

机构编制管理机关与监察机关在机构编制监督检查工作中应当互相支持,协作配合。

第五十四条　[检查事项]机构编制管理机关、监察机关对下列事项实施监督检查:

(一)机构编制管理法律、法规的贯彻执行情况;

(二)地方各项机构编制管理政策、措施是否符合法律、法规和有关规定;

(三)上级党委、政府、机构编制管理机关批准的改革方案中涉及机构编制事项的执行情况;

(四)地方各级人民政府行政机构限额、行政和事业编制总量控制情况;

(五)行政机构、事业单位职能配置、机构设置、编制配备、领导职数配备等机构编制事项的执行情况;

(六)机构编制管理权限和审核、审批程序的执行情况;

(七)受理违反机构编制管理规定问题的举报和查处违反机构编制管理规定问题的情况;

(八)机构编制统计的情况;

(九)其他需要监督检查的事项。

第五十五条　[自查自纠]各级机构编制管理机关应当每年组织行政机构、事业单位开展机构编制管理自查自纠,并将有关情况报告本级党政领导和上级机构编制管理机关;遇有重要情况,随时报告。

各级机构编制管理机关可以根据需要对有关单位的机构编制管理情况进行评估。

第五十六条　[检查类别]机构编制管理机关可以采取例行检查、专项检查等方式开展检查工作。

第五十七条　[检查程序]检查工作按照下列程序进行:

(一)拟订方案;

(二)根据管理权限报批立项;

(三)发出通知;

(四)组织实施;

(五)报告检查情况;

（六）向被检查单位反馈检查情况，提出意见或者建议。

特殊情况下，机构编制检查可以不事先通知。

重大检查活动，机构编制管理机关可以会同监察机关联合进行。

第五十八条 ［检查方式］实施机构编制检查，可以采取听取汇报、召开座谈会、个别谈话、走访等方式。

第五十九条 ［调查］对违反机构编制管理规定的问题，机构编制管理机关应当按照职责和权限进行调查核实。调查核实应当两人以上共同进行。

在调查核实过程中，被调查的单位和人员有权向机构编制管理机关申辩。

第六十条 ［上下级关系］上级机构编制管理机关可以责成下级机构编制管理机关调查核实有关违反机构编制管理规定的问题，并应当进行督办；必要时，可派出督促检查组进行督查。

下级机构编制管理机关对上级机构编制管理机关批转的查核件，应当在60日内报告办理结果；逾期不能报告的，应当书面说明理由。

第六十一条 ［检查对象义务］机构编制监督检查的对象应当配合机构编制监督检查工作，及时、全面、客观地提供相关材料，并对调查事项涉及的有关问题作出解释和说明。凡弄虚作假、妨碍监督检查以及对监督检查人员打击报复的，依据有关规定严肃处理。

第六十二条 ［协作配合］机构编制工作情况和纪律要求执行情况应当纳入巡视巡察、党委督促检查、选人用人专项检查、党政主要领导干部经济责任审计等监督范围，发挥监督合力。

各级机构编制委员会办公室应当加强与纪检监察机关、巡视巡察机构和组织人事、财政、审计等部门的协作配合，建立健全情况通报、信息共享、线索移送、整改反馈等工作机制，必要时组成工作组，开展联合督查。

第八章 法律责任

第六十三条 ［纪律责任］各级机构编制委员会对有下列行为之一的，有权采取通报批评、责令限期纠正、予以纠正等处理措施；对有关责任人，可以采取约谈、责令说明情况、下达告诫书等处理措施：

（一）擅自设立、撤销、合并机构或者变更机构名称、规格、性质、职责权限，在限额外设置机构，变相增设机构或者提高机构规格；

（二）擅自增加编制种类、突破行政编制总额增加编制、改变编制使用范围、挤占挪用基层编制，擅自超编录（聘）用、调任、转任人员，挤占挪用财政资金、其他资金为超编人员安排经费，以虚报人员等方式占用编制并冒用财政资金；

（三）违规审批机构编制、核定领导职数，或者超职数、超规格配备领导干部；

（四）伪造、虚报、瞒报、拒报机构编制统计、实名信息和核查数据；

（五）通过项目资金分配、督查考核、评比表彰、达标验收等方式干预机构设置、职能配置和编制配备的行为；

（六）实施其他违反机构编制管理规定的行为。

第六十四条　［移送处理］机构编制管理机关经过调查核实，认为需要追究有关责任人员纪律责任的，移送监察机关处理；涉嫌犯罪的，移送司法机关依法处理。

第六十五条　［监管责任］机构编制管理机关工作人员在机构编制管理工作中滥用职权、玩忽职守、徇私舞弊，构成犯罪的，依法追究刑事责任；尚不构成犯罪的，依法给予处分。

第六十六条　［举报］任何组织和个人对违反机构编制管理规定的行为，有权向纪检监察机关、组织部门、机构编制委员会办公室等有关部门举报，受理机关、部门应当按照有关规定处理。

第九章　附　　则

第六十七条　［适用］中国共产党机关、人大机关、政协机关、监察机关、审判机关、检察机关的机构和编制，党内法规和法律另有规定的，从其规定；事业单业、社会团体的机构和编制管理，参照执行；中国人民解放军和中国人民武装警察部队的编制工作，按照中央军事委员会有关规定执行。

第六十八条　［解释权］本法由中央机构编制委员会办公室负责解释。

第六十九条　［施行日期］本法自　　年　　月　　日起施行。